POUR RÉUSSIR

GUIDE MÉTHODOLOGIQUE POUR LES ÉTUDES ET LA RECHERCHE

4e ÉDITION

BERNARD DIONNE

Beauchemin

CHENELIÈRE ÉDUCATION

POUR RÉUSSIR

GUIDE MÉTHODOLOGIQUE POUR LES ÉTUDES ET LA RECHERCHE
4e ÉDITION

BERNARD DIONNE

© 2004, Groupe Beauchemin éditeur, ltée

3281, avenue Jean-Béraud
Laval (Québec) H7T 2L2
Téléphone :   (514) 334-5912
              1 800 361-4504
Télécopieur : (450) 688-6269
www.beauchemineediteur.com

Éditeur : **Jean-François Bojanowski**
Chargée de projet : **Josée Desjardins**
Coordonnatrice à la production : **Maryse Quesnel**
Révision linguistique : **Louma Atallah, Claire Campeau**
Correction d'épreuves : **Marie Pedneault**
Recherche iconographique : **Claudine Bourgès,**
Violaine Charest-Sigouin
Recherchiste : **Geneviève Otis-Dionne**
Réalisation de la page couverture : **François Verreault**
Conception, production et illustrations : **Dessine-moi un mouton**
Impression : **Imprimeries Transcontinental inc.**

Le photocopillage entraîne une baisse des achats
de livres à tel point que la possibilité pour les auteurs
de créer des œuvres nouvelles et de les faire éditer
par des professionnels est menacée.

Nous reconnaissons l'aide financière du gouvernement du
Canada par l'entremise du Programme d'aide au développement
de l'industrie de l'édition (PADIÉ) pour nos activités d'édition.

Gouvernement du Québec — Programme de crédit d'impôt pour
l'édition de livres — géré par la Société de développement des
entreprises culturelles (SODEC).

L'éditeur a fait tout ce qui était en son pouvoir pour trouver les
sources des documents reproduits dans le pésent ouvrage. On
peut lui signaler tout renseignement susceptible de contribuer à
la correction d'erreurs ou d'omissions.

ISBN : 2-7616-2015-1

Dépôt légal : 2e trimestre 2004
Bibliothèque nationale du Québec
Bibliothèque et Archives Canada

Imprimé au Canada
3 4 5   08 07 06 05

Table des matières

CHAPITRE 7
Naviguer sur Internet

Chapitre 8
Se documenter grâce aux journaux et aux revues

TROISIÈME PARTIE
RÉALISER DE BONS TRAVAUX

→

Chapitre 9
Rédiger et expliquer les textes

CHAPITRE 10
Effectuer un travail de recherche

CHAPITRE 11
Travailler en équipe

Avant-propos

**À la mémoire de ma mère, Isabelle Laperle,
qui m'a légué l'amour du travail bien fait.**

Réussir ses études supérieures... tout un programme ! Et pourtant, c'est possible.

Le présent manuel vous est destiné si vous étudiez au cégep et il continuera de vous être utile à l'université. Il vous fournit un condensé pratique des règles et des moyens permettant de maîtriser la démarche du travail intellectuel, clé de la réussite.

De fait, la méthodologie est un ensemble de moyens qui permet de mieux chercher, s'exprimer, présenter ses idées, lire, découvrir de nouvelles réalités et créer. Acquérir de bonnes méthodes de travail, c'est se donner les moyens de comprendre le monde et d'y participer. À l'heure d'Internet, c'est apprendre à traiter les quantités considérables d'informations que nous serons tous de plus en plus appelés à utiliser au cours des années. Le défi d'aujourd'hui n'est pas tant d'emmagasiner un savoir que de traiter intelligemment des informations provenant d'innombrables sources et de prendre les bonnes décisions.

Ce manuel est divisé en trois parties. La première, « S'organiser pour réussir », présente les principes de base du métier d'étudiant : gérer son temps (chapitre 1), prendre des notes (chapitre 2), lire efficacement (chapitre 3) et préparer des examens (chapitre 4).

La deuxième, « S'outiller pour travailler », aborde successivement la recherche en bibliothèque (chapitre 5), la description de bons outils de travail en arts, en littérature, en philosophie, en sciences et en techniques humaines (chapitre 6), la navigation sur Internet (chapitre 7) et la documentation à l'aide de journaux et de revues (chapitre 8).

Enfin, la troisième, « Réaliser de bons travaux » donne les indications relatives au résumé, à l'analyse, à la critique et à la rédaction d'un texte (chapitre 9), au travail de recherche (chapitre 10), à la gestion du travail en équipe (chapitre 11), à la présentation d'un travail écrit (chapitre 12) et à la réussite des exposés oraux (chapitre 13).

LES PARTICULARITÉS DE L'OUVRAGE
Présentation des chapitres

Vous trouverez au début de chaque chapitre un **plan** qui vous permet de prendre rapidement connaissance du contenu de la section.

Une **citation** et une **illustration humoristique** liées au contenu du chapitre vous donneront envie d'en savoir plus sur les notions qui seront abordées.

Objectifs d'apprentissage

D'entrée de jeu, les objectifs d'apprentissage sont clairement énoncés. Vous pouvez ainsi mieux cerner la nature des apprentissages à faire, ce qui vous aide à planifier votre étude.

Renvois aux autres chapitres

Chacun des treize chapitres du présent guide est à la fois indépendant et lié au contenu de l'ensemble du livre. En effet, de nombreux renvois permettent d'établir des liens entre les différents chapitres. De plus, un **pictogramme** → facilite le repérage de ces références.

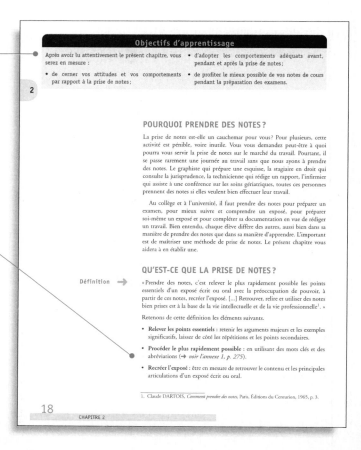

Tableaux

Il est difficile quelquefois de passer de la théorie à la pratique. C'est pour cette raison que, dans chaque chapitre, vous trouverez des tableaux contenant des exemples précis et clairs qui illustrent les notions exposées. Vous y trouverez également une mine de renseignements, comme une liste des principaux périodiques dans le monde ou encore un glossaire d'Internet.

Texte clair et concis, abondamment illustré

Un **souci de clarté** a constamment guidé la rédaction du texte. En outre, les **définitions** sont facilement repérables grâce à une indication dans la marge. Alors que de **nombreuses figures** illustrent le propos à l'étude, des tableaux explicites allègent le texte et permettent d'aller rapidement à l'essentiel de l'information. Des **exemples pertinents** viennent également appuyer les énoncés.

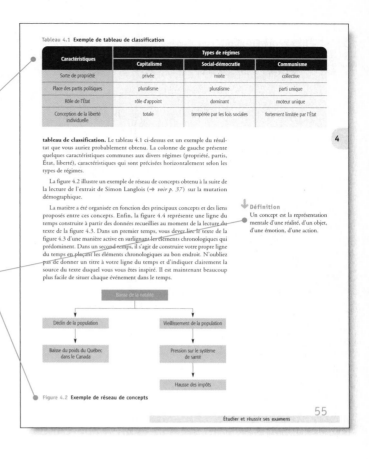

Techniques de pointe

Compte tenu du fait que les **techniques de pointe** sont de plus en plus souvent utilisées en matière de communication, ce manuel aborde souvent des thèmes qui y sont liés : nouvelles techniques relatives au traitement de l'information, logiciels utiles, Internet, etc. Une souris d'ordinateur se pointe à l'occasion pour signaler les passages où il en est question.

Rubrique « Tactique »

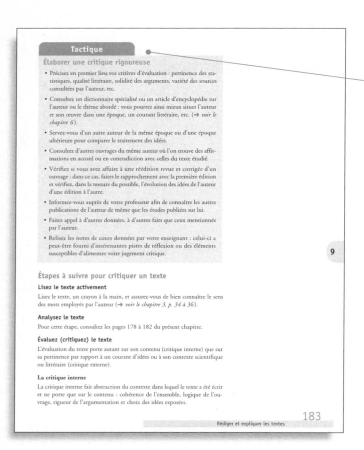

Le texte est ponctué d'encadrés contenant des « tactiques », qui sont en fait des **conseils pratiques** vous aidant à réaliser une tâche précise.

Rubrique « Compétence »

À la fin de chaque chapitre, la rubrique « Compétence » met l'accent sur un comportement ou un « savoir-être » dont la maîtrise est aussi essentielle que celle des informations contenues dans le chapitre.

Rubrique « À retenir »

Une liste à cocher vient clore chacun des chapitres. Elle vous permet de dresser en un coup d'œil le **bilan des compétences que vous avez acquises** à la suite de votre lecture et celles que vous devrez encore perfectionner en relisant certains passages du chapitre.

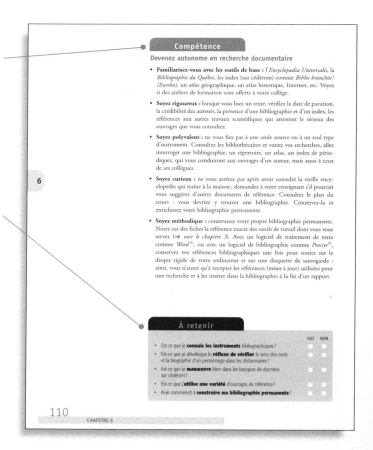

Autres outils pédagogiques

Une **bibliographie** permet à ceux qui le désirent d'approfondir leurs connaissances, notamment en méthodologie du travail intellectuel et en méthode de recherche en sciences humaines. De plus, un **index** détaillé facilite le repérage des pages où sont abordées les notions clés du manuel. Enfin, vous trouverez en annexe les **abréviations** utiles pour la prise de notes et la rédaction.

Bibliographie

Bibliothèques et recherche documentaire

BOURGET, Manon, Robert CHIASSON et Marie-Josée MORIN. *L'indispensable documentation. Les outils de travail*, La Pocatière et Drummondville, Documentor et Association professionnelle des techniciennes et techniciens en documentation du Québec, 1990, 201 p.

CHARTIER, Lise. *Mesurer l'insaisissable : méthode d'analyse du discours de presse*, Sainte-Foy, Presses de l'Université du Québec, 2003, 263 p.

DARROBERS, Martine, et Nicole LE POTTIER. *La recherche documentaire*, Paris, Nathan, 1994, 160 p.

GATES, Jean Key. *Guide to the Use of Libraries and Information Sources*, 7ᵉ éd., New York, McGraw-Hill, 1994, 304 p.

LE ROY DES BARRES, Alexandre. *Utiliser dictionnaires et encyclopédies*, Paris, Hachette, 1993, 224 p.

Manuel canadien de la référence juridique/Canadian Guide to Uniform Legal Citation, 3ᵉ éd., Scarborough (Ont.), Carswell, 1992, 169 p.

MARCIL, Claude. *Comment chercher. Les secrets de la recherche d'information à l'heure d'Internet*, 2ᵉ éd., Montréal, Multimondes, 2001, 240 p.

MOULIS, Anne-Marie. *Les bibliothèques*, Toulouse, éd. Milan, 1996, 63 p.

Répertoire des bibliothèques canadiennes, 11ᵉ éd., Toronto, Micromedia, 1997.

WHITE, Patrick. *Le village CNN. La crise des agences de presse*, Montréal, Presses de l'Université de Montréal, 1997, 190 p.

Enseignement et pédagogie

ANGELO, Thomas A., et K. Patricia CROSS. *Classroom Assessment Techniques. A Handbook for College Teachers*, 2ᵉ éd., San Francisco, Jossey-Bass, 1993.

AYLWIN, Ulric. *Petit guide pédagogique*, Montréal, Association québécoise de pédagogie collégiale, 1994, 102 p.

GOULET, Jean-Pierre, dir. *Enseigner au collégial*, Montréal, Association québécoise de pédagogie collégiale, 1995, 417 p.

GOUPIL, Georgette, et Guy LUSIGNAN. *Apprentissage et enseignement en milieu scolaire*, Boucherville, Gaëtan Morin, 1993, 445 p.

GOUPIL, Georgette. *Portfolio et dossiers d'apprentissage*, Montréal, Chenelière/McGraw-Hill, 1998.

LAFORTUNE, Louise, et Lise SAINT-PIERRE. *Les processus mentaux et les émotions dans l'apprentissage*, Montréal, éd. Logiques, 1994.

LEGENDRE, Renald. *Dictionnaire actuel de l'éducation*, 2ᵉ éd., Montréal/Paris, Guérin/Eska, 1993, 1500 p.

PRÉGENT, Richard. *La préparation d'un cours*, Montréal, éd. de l'École polytechnique, 1990.

Internet

CLARK, Carol Lea. *Working The Web: A Student's Guide*, New York, Harcourt Brace College Publishers, 1997, 232 p.

COURRIER INTERNATIONAL. *Le kiosque en ligne, Le Guide mondial de la presse en ligne*, Dossier hors-série, octobre-novembre-décembre 2003.

GIRI – Guide d'initiation à la recherche sur INTERNET, Québec, CREPUQ, 1996. http://www.unites.uqam.ca/bib/GIRI/index.htm

GUGLIELMINETTI, Bruno. *Les 1000 meilleurs sites en français de la planète*, 10ᵉ éd., Montréal, éd. Logiques, 2003, 319 p.

LALONDE, Louis-Gilles, et André VUILLET. *Internet. Comment trouver tout ce que vous voulez*, Montréal, éd. Logiques, 1997, 335 p.

LEVINE, John R., Carol BAROUDI et Margaret LEVINE YOUNG. *Internet pour les nuls*, 2ᵉ éd., Paris, First Interactive, 2002, 264 p.

PÉCHERAL, Rémi, et Thierry CROUZET. *Guide des meilleurs sites Web*, 5ᵉ éd., Paris, First Interactive, 2003, 288 p.

REDDICK, Randy, et Elliot KING. *The Online Student: Making the Grade on the Internet*, New York, Harcourt Brace College Publishers, 1996, 317 p.

Méthodologie des sciences humaines

ANGERS, Maurice. *Initiation pratique à la méthodologie des sciences humaines*, 3ᵉ éd., Montréal, CEC, 2000.

BIBEAU, Jean-Pierre *et al. Démarche d'intégration en sciences humaines*, Boucherville, Gaëtan Morin, 1997, 193 p.

CLICHE, Line *et al. Démarche d'intégration des acquis en sciences humaines*, Saint-Laurent, ERPI, 1996, 306 p.

DIONNE, Bernard, et Michel GUAY. *Histoire et civilisation de l'Occident*, 2ᵉ éd. rev. et corr., Laval, Études vivantes, 1994, 537 p.

GAUTHIER, Benoît, dir. *Recherche sociale. De la problématique à la collecte des données*, 3ᵉ éd., Sillery, Presses de l'Université du Québec, 1997, 529 p.

GRAWITZ, Madeleine. *Lexique des sciences sociales*, 7ᵉ éd., Paris, Dalloz-Sirey, 2000, 424 p.

GRENIER, Chantal, et Nathalie THIBAULT. *Un monde en mouvement. Géographie, carte du monde*, Laval, Études vivantes, 1995, 290 p.

LAMOUREUX, Andrée. *Recherche et méthodologie en sciences humaines*, Laval, Études vivantes, 1995, 403 p.

LAVILLE, Christian, et Jean DIONNE. *La construction des savoirs*, Montréal, Chenelière/McGraw-Hill, 1996.

QUIVY, Raymond, et Luc VAN CAMPENHOUDT. *Manuel de recherche en sciences sociales*, 2ᵉ éd., Paris, Dunod, 1995.

RATHUS, Spencer A. *Psychologie générale*, 3ᵉ éd., adaptation de L. Marinier, N. Perreault, N. Talon, M. Thibault et L. Sarazin, trad. de L. Lepage, Laval, Études vivantes, 1995.

TRUDEL, Robert, et Rachad ANTONIUS. *Méthodes quantitatives appliquées aux sciences humaines*, Montréal, CEC, 1991.

WILLIAMS, Bronwyn T., et Mary BRYDON-MILLER. *Concept to Completion. Writing Well in the Social Sciences*, New York, Harcourt Brace College Publishers, 1997, 147 p.

Méthodologie du travail intellectuel

ANDERSON, Paul V. *Technical Communication. A Reader-Centered Approach*, 4ᵉ éd., Forth Worth (Texas), Harcourt Brace, 1999, 643 p.

BUZAN, Tony. *Une tête bien faite*, Paris, Les éditions d'organisation, 1979, 167 p.

CHASSÉ, D., et R. PRÉGENT. *Préparer et donner un exposé. Guide pratique*, Montréal, Éditions de l'École Polytechnique de Montréal, 1990.

COEFFÉ, Michel. *Guide Bordas des méthodes de travail*, Paris, Bordas, 1990, 278 p.

DARTOIS, Claude. *Améliorez donc votre méthode de travail*, Paris, Les éditions d'organisation, 1981, 151 p.

ELLIS, Dave B. *La clé du savoir*, South Porcupine (Ontario), Collège Northern, 1992, 347 p.

Bibliographie

Remerciements

Depuis 1977, de nombreux collègues, enseignants, professionnels, techniciens et recherchistes m'ont aidé à produire les différentes versions de ce *Guide méthodologique pour les études et la recherche*. Je profite de la publication de cette quatrième édition pour les remercier à nouveau. Les personnes suivantes m'ont fourni des suggestions et des commentaires pour cette édition, j'aimerais les remercier :

Benoît Archambault, enseignant en géographie, collège Lionel-Groulx.

Raymonde Beaudry, bibliothécaire, collège de Rosemont.

Michel Chabot, enseignant en techniques administratives, collège Lionel-Groulx.

Christine Damme, enseignante en géographie, collège Gérald-Godin.

Maud Godin, bibliothécaire professionnelle, cégep de Limoilou.

Anne-Marie Lachance, bibliothécaire, collège de Bois-de-Boulogne.

Jacques Légaré, enseignant en histoire, collège Notre-Dame-de-Foy.

Irène Lizotte, enseignante en anthropologie, cégep André-Laurendeau.

Jacqueline Mathieu, enseignante en histoire de l'art, collège Gérald-Godin.

Daniel Mayer, enseignant en psychologie, collège Lionel-Groulx.

Christiane Mignault, enseignante en anthropologie, collège Édouard-Montpetit.

Claire Portelance, enseignante en politique, collège Lionel-Groulx.

Enfin, je voudrais remercier ma fille, Geneviève Otis-Dionne, qui a effectué avec compétence et rigueur les recherches nécessaires pour la mise à jour des informations contenues dans les chapitres 5 à 8, Danielle Nepveu, enseignante en histoire au collège Gérald-Godin, qui m'a soutenu tout au long de ce travail de révision, et toute l'équipe du Groupe Beauchemin, en particulier Josée Desjardins et Jean-François Bojanowski, qui ont soutenu le projet et l'auteur avec professionnalisme et enthousiasme.

Bernard Dionne

Avril 2004

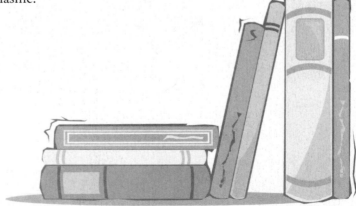

Première partie

S'organiser pour réussir

Chapitre 1

Établir son horaire de travail

« Je suis presque toujours à la dernière minute. J'en paie le prix, je me couche tard le soir, je devrais mieux planifier mon temps, mais je n'arrive pas à respecter un horaire trop planifié... »

Naima, 19 ans

→ **Des faits indiscutables**
  Mon horaire de travail

→ **Planifiez une session**
  Tactique : gérez votre temps dès la première semaine

→ **Planifiez une semaine**
  Construisez votre horaire chaque semaine

→ **Planifiez une journée de travail**

→ **Planifiez un travail de recherche**

→ **Compétence : soyez organisé**

Objectifs d'apprentissage

Après avoir lu attentivement le présent chapitre, vous serez en mesure :

- de comprendre l'importance d'une bonne gestion du temps ;

- de décrire votre gestion du temps ;

- d'analyser les aspects positifs de cette gestion ainsi que les aspects à améliorer ;

- de planifier une session, une semaine et même une journée de travail.

DES FAITS INDISCUTABLES

- Les enquêtes menées auprès d'élèves de plusieurs cégeps ont démontré un lien direct entre l'échec scolaire et le temps consacré au travail rémunéré. Plus ce temps est important, moins les résultats scolaires sont bons ; c'est souvent chez les élèves qui travaillent 20 heures et plus que l'on constate les taux d'échecs et d'abandons les plus élevés.

- Combien de temps consacrez-vous à votre emploi à temps partiel ? Savez-vous qu'au collégial, que l'on soit inscrit au secteur préuniversitaire ou technique, les normes du ministère de l'Éducation prévoient en moyenne pour chaque heure de cours une heure de travail et d'étude par semaine ?

- À l'université, le professeur qui donne trois heures de cours s'attend à ce que ses élèves consacrent trois heures à leurs travaux hebdomadaires. Accordez-vous suffisamment de temps à l'étude ?

- Planifier son emploi du temps permet d'équilibrer les périodes de travail, de repos et de loisir. Si vous planifiez votre horaire hebdomadaire, les résultats ne se feront pas attendre : un meilleur rendement, une capacité de concentration accrue et, aussi étrange que cela puisse paraître, davantage de loisirs !

Mon horaire de travail

1. Observez votre emploi du temps pendant une semaine

La figure 1.1 à la page suivante présente un exemple d'horaire hebdomadaire de travail. À l'aide de la figure 1.2 de la page 5, notez les différentes activités de votre propre emploi du temps pendant une semaine. Faites cet exercice sans tricher afin de constater, noir sur blanc, si votre gestion du temps est bien faite ou comment elle pourrait s'améliorer. Notez aussi à quels moments vous êtes le plus productif intellectuellement : ce sont des heures qu'il faut réserver pour l'étude.

Figure 1.1 Exemple de l'horaire hebdomadaire de Martin, élève inscrit en sciences humaines

Semaine : 2

Dates : 2 au 8 septembre

Heures	Lundi	Mardi	Mercredi	Jeudi	Vendredi	Samedi	Dimanche
7 h à 8 h	TR	S	TR	TR	TR	S	S
8 h à 9 h	Pol.	TL	Philo.	Photo.	Angl.	TL	S
9 h à 10 h	Pol.	TR	Philo.	Photo.	Angl.	TR	S
10 h à 11 h	Pol.	Éd. phys.	Philo.	Photo.	Angl.	EM	S
11 h à 12 h	Dîner	Éd. phys.	TL	Dîner	Biblio.	EM	TL
12 h à 13 h	Fr.	Dîner	Dîner	Fr.	Dîner	EM	Dîner
13 h à 14 h	Fr.	Hist.	Basket	Fr.	Biblio.	EM	Étude
14 h à 15 h	Éco.	Hist.	Basket	Biblio.	Biblio.	EM	Étude
15 h à 16 h	Éco.	Hist.	Biblio.	TL	Biblio.	EM	Étude
16 h à 17 h	Éco.	Étude	Biblio.	TL	TL	EM	Étude
17 h à 18 h	TR	TR	TR	TR/R	TL	TR	TL
18 h à 19 h	R	R	R	EM	R	R	R
19 h à 20 h	Étude	Étude	Étude	EM	Basket	Sortie	Étude
20 h à 21 h	Étude	Étude	Étude	EM	Basket	Sortie	Étude
21 h à 22 h	Télé	Étude	Télé	Télé	Basket	Sortie	Télé
22 h à 23 h	Télé	Télé	Télé	Télé	TR	Sortie	Télé
23 h à 24 h	S	S	S	S	S	Sortie	S

(Pour la légende, voir la page suivante.)

En somme, Martin :

- suit 24 heures de cours ;
- travaille 10 heures dans un dépanneur ;
- se réserve 14 heures d'étude à la maison et 7 heures de travail à la bibliothèque ;
- joue dans l'équipe intercollégiale de basket-ball.

Figure 1.2 Planification de mon horaire hebdomadaire de travail

Semaine : _____

Dates : _____

Heures	Lundi	Mardi	Mercredi	Jeudi	Vendredi	Samedi	Dimanche
7 h à 8 h	S	S	S	TR/R	TR/R	R/TR	TR/R
8 h à 9 h	R/SP/TR	S	S	C	C	EM	ALP
9 h à 10 h	TR	S	S/TS	C	C	EM	ALP
10 h à 11 h	Ecci/c	SP/R	TR/R	C	TL/TR/R	EM	ALP
11 h à 12 h	C	TS	C	TL	EM	EM/R	ALP
12 h à 13 h	TL	TL	C	TS	EM	EM	ALP
13 h à 14 h	TL	MME	C	C	EM	EM	ALP
14 h à 15 h	EM	C	C	C	EM	EM	TR/EM
15 h à 16 h	EM	C	C	TS	EM/R	EM/R	EM
16 h à 17 h	EM/R	C /TL	C	TLT/R	EM	TL/R	EM
17 h à 18 h	EM	TR	C	TLT	EM	TL	EM
18 h à 19 h	EM	MME	TS/R	TLR	EM	ALP	EM
19 h à 20 h	EM	TS	MME	TLTS	EM	ALP	EM
20 h à 21 h	EM	R/TV	TR/R	MMEP	TR	TR/TV	EM
21 h à 22 h	EM	SP	TL	TV	R/SP/TL	R/S	EM
22 h à 23 h	TR/SP	S/SP	SS	SS/SP	TL	SS	TR/R
23 h à 24 h	S	S	S	S	S	S	S

Légende

Voici des abréviations que vous pouvez utiliser pour remplir cet horaire.

ALP : activité de loisir planifiée

AO : activité obligatoire

C : cours

EM : emploi

MME : meilleur moment d'étude

R : repas

TL : temps libre

Télé : télévision

TR : transport

TS : travail scolaire (étude et travaux)

S : sommeil

SP : soins personnels

2. Compilez vos résultats

À la fin de la semaine, faites le total des heures consacrées à chaque catégorie et compilez les résultats ci-dessous.

Heures de cours (C)	23h
Heures de travail scolaire (TS)	13h
Heures de sommeil (S)	54
Heures consacré à mon emploi (EM)	0
Heures de repas (R)	7
Heures d'activités de loisir planifiées (ALP)	4
Heures de transport (TR)	5
Heures de télévision (Télé)	0
Heures de soins personnels (SP)	7
Activités obligatoires (ménage) (AO)	0
Temps libre (TL)	5

Total des heures / 168 heures

Mes meilleurs moments d'étude (MME) se situent en général :

Après que mes cours finissent

3. Analysez vos résultats

Reportez vos résultats pour certaines catégories d'activités dans le tableau 1.1.

Tableau 1.1 Analyse de mon emploi du temps

	Norme – Prévisions = Écart			Remarques / Analyse
1. Tâche scolaire				* C'est-à-dire 7 cours de 3 heures, plus 2 heures d'éducation physique. Corrigez cette norme, s'il y a lieu. La norme prévoit une heure d'étude ou de travail scolaire pour chaque heure de cours. Si l'écart est trop grand, c'est que le travail scolaire n'est pas en tête de vos priorités. Est-ce le bon choix?
• Heures de cours	23*	– 23	= 0	
• Heures d'étude	23	– 13	= 10	
• Total	46	– 36	= 10	
2. Emploi				Le nombre d'heures devrait idéalement se limiter à 10. Plus ce nombre approche de 20, plus il y a risque d'échec. Attention! N'oubliez pas que chaque année d'études est un investissement à long terme : une année supplémentaire, à cause d'échecs trop nombreux, peut coûter cher! C'est ici que le choix est douloureux. Pourquoi travailler tant pour gagner de l'argent? Est-ce pour combler mes besoins réels ou pour me payer du luxe? Travailler autant d'heures maintenant m'empêche-t-il d'atteindre mes objectifs scolaires?
• Heures de travail	20 (max.)	– 20	= –8	
3. Sommeil				Il faut une moyenne de 8 heures de sommeil par jour, soit 56 heures par semaine. Si l'on dort moins, il ne faut pas se surprendre d'être fatigué. Si l'on dort beaucoup plus, il faut se rappeler qu'un excès de repos fatigue (eh oui!), contribue à réduire l'énergie et enlève des heures précieuses à la vie. Il faut alors se demander si ce n'est pas un symptôme de fatigue psychologique et vérifier son état de santé en consultant un médecin.
• Heures de sommeil et récupération	56	– 63	= +7	
4. Repas et soins personnels				À raison de 30 minutes pour le petit déjeuner, 1 heure pour le dîner et 1 heure pour le souper, il faut compter 17,5 heures pour ces activités. Bien s'alimenter et prendre le temps nécessaire pour le faire ont une incidence positive sur la réussite scolaire!
• Heures de repas	17,5	– 14	= 35	
• Heures pour les soins	3,5	– 6	= 35	
5. Loisirs, déplacements, autres activités				Il n'y a pas de norme pour déterminer la place de ces activités dans le cours d'une semaine régulière. Mais si on fait le total de tout ce qui précède, il ne reste plus que 25 heures pour les réaliser. À vous de planifier!
• Heures d'activités	25	– 35	= 10	
Total	168	–	=	C'est maintenant l'heure du bilan : ai-je sous-estimé le temps nécessaire à l'étude? Ou au contraire, ai-je pris trop de cours, ce qui ne me laisse pas suffisamment de temps pour m'occuper de la maison, élever mon enfant, travailler pour subvenir à mes besoins ou pour toute autre activité?

PLANIFIEZ UNE SESSION

Dès la deuxième semaine de cours, vous connaissez, grâce aux plans de cours (bien sûr, vous lisez attentivement tous les plans de cours au début de la session!), les exigences de chacun des enseignants en matière de travaux et d'examens. Vous connaissez le nombre de travaux de recherche, de travaux pratiques, d'exercices, de laboratoires, et ainsi de suite, que vous devrez effectuer.

La figure 1.3 à la page 9 vous propose un exemple de grille de planification, dans laquelle l'information relative aux plans de cours peut être notée, afin d'éviter les engorgements au milieu et à la fin de la session. La figure 1.4 à la page 10 vous permet de planifier une session à votre tour : photocopiez-la autant de fois que nécessaire. Dans la colonne de gauche, indiquez le titre de chacun de vos cours et les principaux travaux qui vous sont demandés, de même que la pondération de chaque travail. Indiquez les dates d'échéance (remise du rapport, date d'examen, etc.) dans les colonnes qui suivent. Vous êtes alors en train de faire un cheminement critique, bref, vous planifiez votre session. Conservez ce tableau sur votre bureau tout au long de la session et n'hésitez pas à le modifier au besoin.

Tactique

Gérez votre temps dès la première semaine

Le passage du secondaire au collégial est un événement marquant pour la plupart des élèves. C'est le temps de passer aux choses sérieuses, mais c'est aussi l'occasion de disposer enfin de son temps et de le gérer en fonction de ses priorités.

Malheureusement, **plus du tiers des élèves échouent ou abandonnent des cours dès leur première session au cégep** parce qu'ils n'ont pas planifié leur emploi du temps! Devenir un bon gestionnaire de son temps, c'est **planifier** sa session, utiliser les outils pertinents (l'agenda, les grilles hebdomadaires, les instruments de planification d'une session, d'un travail de recherche, etc.) et savoir déceler et **éviter** les **pertes de temps.**

Cela veut dire qu'il faut commencer à planifier son temps dès la première semaine de cours en prenant les mesures suivantes :

- se procurer un bon agenda ;
- planifier sa première semaine à l'aide de la grille de la page 12 ;
- lire ses plans de cours ;
- planifier les travaux de recherche, s'il y a lieu ;
- acheter ses manuels et commencer les lectures obligatoires ;
- effectuer une visite de la bibliothèque ;
- réduire immédiatement le nombre d'heures de travail rémunéré.

Figure 1.3 Exemple de planification des travaux à effectuer au cours d'une session

Semaines / Cours	1	2	3	4	5	6	7	8	9	10	11	12	13	14	15	16	17
Dates	27 août	3 sept.	10 sept.	17 sept.	24 sept.	1er oct.	8 oct.	15 oct.	22 oct.	29 oct.	5 nov.	12 nov.	19 nov.	26 nov.	3 déc.	10 déc.	17 déc.
Philosophie																	
• Résumé de livre (25 %)					✓												
• Recherche sur Socrate (40 %)														✓			
Histoire du Québec • Recherche (50 %)																	
– Bibliographie				✓													
– Fiches de lecture									✓								
– Rapport															✓		
Politique • Dossier de presse (25 %)																	
– Remise des coupures de presse										✓							
– Analyse														✓			
Mathématiques • Examens (4 x 25 %)				✓				✓			✓						✓
Anglais • Compositions (3 x 25 %)					✓					✓				✓			
• Examen oral (25 %)															✓		
Français • Roman 1 (20 %)					✓												
• Roman 2 (25 %)										✓							
• Roman 3 (25 %)																	✓

Figure 1.4 Planification d'une session

Semaines	1	2	3	4	5	6	7	8	9	10	11	12	13	14	15	16	17
Cours / Dates																	

Ne vous laissez pas écraser par le poids des travaux : répartissez la charge sur toute la session ! Attention surtout aux fins de session : en décembre et en mai, tout le monde est fatigué, la session a été dure, les travaux s'accumulent et les échéances se rapprochent, augmentant votre stress : bientôt, ce seront les examens ! C'est le temps de planifier minutieusement chaque journée de la semaine et de ne pas surcharger son horaire en acceptant les heures supplémentaires que votre employeur vous propose. Évitez de terminer des travaux de recherche au moment où votre énergie est requise pour la préparation des examens. Assurez-vous donc d'avoir l'esprit libre durant les deux dernières semaines de la session.

PLANIFIEZ UNE SEMAINE

À l'aide de la figure 1.5 à la page 12, construisez votre horaire hebdomadaire. Il ne s'agit pas de construire un horaire de travail idéal, mais plutôt un horaire réaliste qu'il est toujours possible d'améliorer au fil des semaines.

Un bon horaire possède les qualités suivantes.

- **La précision :** un horaire précis permet de développer des habitudes de travail régulières et méthodiques, de vérifier chaque jour si le travail prévu a été accompli.

- **La souplesse :** il ne faut pas devenir esclave de son horaire. Lorsque les besoins l'exigent, il faut le modifier en conséquence ; par exemple, en période intensive d'examen, il faut adopter un horaire de travail spécial.

- **La fidélité :** un horaire de travail est une contrainte que l'on s'impose pour être plus efficace. Placer son horaire bien en vue dans son agenda ou sur son bureau permet de le consulter chaque matin et chaque soir.

Construisez votre horaire chaque semaine

Photocopiez d'abord la figure 1.2 à la page 5 (grille-horaire hebdomadaire) pour chaque semaine de cours. Inscrivez en haut la semaine et les dates correspondantes, et bloquez les mêmes périodes pour vos activités obligatoires fixes : repas, cours, transport, emploi, etc., selon l'exemple de la figure 1.1 à la page 4.

Puis planifiez vos travaux scolaires hebdomadaires : étude à la bibliothèque ou à la maison, rencontre avec une équipe de travail, réalisation d'un exercice, rencontre avec l'enseignant de philosophie, etc. Une suggestion : écrivez ces éléments avec un crayon d'une autre couleur, pour bien les démarquer du reste.

Enfin, laissez-vous du temps pour vos loisirs, dans la mesure où vos travaux scolaires ont été faits.

Figure 1.5 **Planification de mon horaire personnel de travail**

Semaine : _____

Dates : _____

Heures	Lundi	Mardi	Mercredi	Jeudi	Vendredi	Samedi	Dimanche
7 h à 8 h							
8 h à 9 h							
9 h à 10 h							
10 h à 11 h							
11 h à 12 h							
12 h à 13 h							
13 h à 14 h							
14 h à 15 h							
15 h à 16 h							
16 h à 17 h							
17 h à 18 h							
18 h à 19 h							
19 h à 20 h							
20 h à 21 h							
21 h à 22 h							
22 h à 23 h							
23 h à 24 h							

PLANIFIEZ UNE JOURNÉE DE TRAVAIL

Un conseil : utilisez l'agenda de votre collège afin de visualiser toute la semaine. Le travail de planification sera d'autant facilité.

En second lieu, faites-vous une liste des tâches quotidiennes en commençant par les plus importantes. Vous serez surpris des résultats de cette petite suggestion : elle vous rendra cent fois plus efficace. Vous pourrez vérifier chaque soir l'état de votre liste et noter ce qui a été oublié ou négligé, afin de le reporter sur la liste du lendemain.

Sachez profiter des courtes périodes de temps, de 15 à 30 minutes, entre les cours, par exemple, pour réviser vos notes, lire les notes du cours précédent, faire un saut à la bibliothèque ou rencontrer un enseignant. Ces petits gestes « rapportent » beaucoup et ne demandent qu'un minimum de planification.

Votre temps est précieux, gérez-le donc intelligemment !

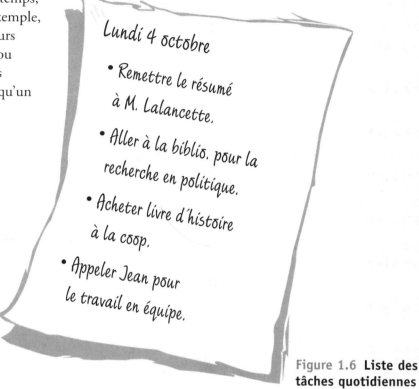

Lundi 4 octobre
- Remettre le résumé à M. Lalancette.
- Aller à la biblio. pour la recherche en politique.
- Acheter livre d'histoire à la coop.
- Appeler Jean pour le travail en équipe.

Figure 1.6 **Liste des tâches quotidiennes**

PLANIFIEZ UN TRAVAIL DE RECHERCHE

Le travail de recherche est une activité de longue haleine qui doit être planifiée soigneusement. Jetez un coup d'œil à la figure 1.7 à la page 14, qui propose une planification sous forme de cheminement critique, appelée aussi diagramme de Gantt, et servez-vous de la figure 1.8 à la page 15 pour planifier chacun de vos travaux de recherche. Cet exercice consiste à décomposer le travail de recherche en diverses opérations dont on planifie l'exécution le plus soigneusement possible. Faites appel à votre expérience et tentez d'allouer un nombre de semaines réaliste à l'exécution de chaque tâche, en respectant l'échéancier imposé par l'enseignant. Cette technique nous pousse à commencer le travail le plus tôt possible, à cause des échéances serrées. Les figures 1.7 et 1.8 contiennent 17 semaines d'activités, même si une session normale comporte 15 semaines de cours en raison des congés, des journées pédagogiques, etc. (➔ *voir le chapitre 10, Effectuer un travail de recherche.*)

Figure 1.7 **Planification d'un travail de recherche (diagramme de Gantt)**

Activités	Temps de production (semaines)																
	1	2	3	4	5	6	7	8	9	10	11	12	13	14	15	16	17
Former l'équipe	●	●	●														
Choisir le sujet	●	●	●														
Établir la problématique	●	●	●	●													
Poser une hypothèse	●	●	●	●													
Dresser la bibliographie		●	●	●	●												
Élaborer ou choisir les instruments de recherche			●	●	●	●											
Recueillir les données					●	●	●	●	●	●							
Rencontrer les personnes-ressources									●	●							
Traiter les données										●	●	●	●				
Rédiger le brouillon												●	●	●			
Rédiger le texte final													●	●	●		
Saisir le texte à l'aide d'un ordinateur													●	●	●	●	
Faire un exposé oral														●	●	●	
Remettre le rapport														●	●	●	●

1

Figure 1.8 Planification d'un travail de recherche (diagramme de Gantt)

Activités	Temps de production (semaines)																
	1	2	3	4	5	6	7	8	9	10	11	12	13	14	15	16	17
Former l'équipe																	
Choisir le sujet																	
Établir la problématique																	
Poser une hypothèse																	
Dresser la bibliographie																	
Élaborer ou choisir les instruments de recherche																	
Recueillir les données																	
Rencontrer les personnes-ressources																	
Traiter les données																	
Rédiger le brouillon																	
Rédiger le texte final																	
Saisir le texte à l'aide d'un ordinateur																	
Faire un exposé oral																	
Remettre le rapport																	

Compétence

Soyez organisé

- **Établissez d'abord vos priorités pour la session.** Combien de cours devez-vous suivre? Quelle note vous satisfait le plus dans ces cours, compte tenu de votre potentiel et de vos intérêts? Quels moyens devez-vous prendre pour y arriver?

- **Organisez-vous!** Ayez un agenda et un lieu de travail propre et aéré; utilisez les outils suggérés dans le présent chapitre.

- **Sachez vous construire un réseau de personnes-ressources.** Obtenez le numéro de téléphone d'un collègue dans chacun de vos groupes-cours ainsi que le numéro de téléphone du bureau de vos enseignants.

- **Soyez réaliste!** Acceptez de vous questionner sur votre emploi du temps. Planifiez le temps nécessaire à la réalisation de chaque tâche. Ne sous-estimez pas le temps requis pour la recherche en bibliothèque, les déplacements, etc. Prévoyez en moyenne une heure d'étude ou de travail scolaire pour chaque heure de cours.

- **Soyez souple!** Prévoyez qu'il y aura des imprévus. N'occupez pas les 168 heures de votre semaine. Réservez des périodes pour les impondérables et les cas d'urgence.

- **Organisez aussi vos loisirs.** Prenez le temps de vous amuser, de vous faire plaisir, laissez-vous du temps pour flâner, mais planifiez ces activités!

- **Offrez-vous des récompenses!** Après une période intense d'étude, prévoyez du temps pour vous faire plaisir.

- **Décelez les pertes de temps!** Par exemple, entre 16 h et 18 h, ou le soir après les repas, ou le samedi matin. Utilisez ces moments pour accomplir des tâches simples, de petits travaux domestiques par exemple.

- **Enfin, ne vous laissez pas submerger par le travail.** Établissez vos priorités et réalisez d'abord les tâches les plus importantes.

À retenir

	OUI	NON
Ai-je un agenda? Est-ce que je m'en sers chaque jour?	☐	☐
Ai-je **établi mes priorités** pour l'année?	☐	☐
Est-ce que je **travaille** trop **à l'extérieur?**	☐	☐
Est-ce que j'ai **lu tous mes plans de cours** afin de planifier ma session?	☐	☐
Est-ce que j'ai une **bonne idée** de **ce que je fais** chaque semaine?	☐	☐
Est-ce que j'ai entrepris de construire mon **cheminement critique** pour chacun de mes travaux de recherche (ou longs travaux)?	☐	☐

Chapitre 2

Prendre des notes en classe

« Ceux qui sont mal organisés, on leur demande les notes du dernier cours et ils vont les chercher pendant une demi-heure... On ne voit pas la structure de leur prise de notes. »

Annie, 18 ans

→ **Pourquoi prendre des notes ?**

→ **Qu'est-ce que la prise de notes ?**

→ **Comment prendre des notes efficacement ?**
   Que faire avant le cours ?
   Que faire pendant l'exposé ?
     Tactique : pour être actif en classe...
     Tactique : veuillez noter...
   Que faire après la prise de notes ?

→ **Préparez l'épreuve synthèse de programme**

→ **Compétence : soyez actif dans vos apprentissages**

Après avoir lu attentivement le présent chapitre, vous serez en mesure :

- de cerner vos attitudes et vos comportements par rapport à la prise de notes ;

- d'adopter les comportements adéquats avant, pendant et après la prise de notes ;

- de profiter le mieux possible de vos notes de cours pendant la préparation des examens.

POURQUOI PRENDRE DES NOTES ?

La prise de notes est-elle un cauchemar pour vous ? Pour plusieurs, cette activité est pénible, voire inutile. Vous vous demandez peut-être à quoi pourra vous servir la prise de notes sur le marché du travail. Pourtant, il se passe rarement une journée au travail sans que nous ayons à prendre des notes. Le graphiste qui prépare une esquisse, la stagiaire en droit qui consulte la jurisprudence, la technicienne qui rédige un rapport, l'infirmier qui assiste à une conférence sur les soins gériatriques, toutes ces personnes prennent des notes si elles veulent bien effectuer leur travail.

Au collège et à l'université, il faut prendre des notes pour préparer un examen, pour mieux suivre et comprendre un exposé, pour préparer soi-même un exposé et pour compléter sa documentation en vue de rédiger un travail. Bien entendu, chaque élève diffère des autres, aussi bien dans sa manière de prendre des notes que dans sa manière d'apprendre. L'important est de maîtriser une méthode de prise de notes. Le présent chapitre vous aidera à en établir une.

QU'EST-CE QUE LA PRISE DE NOTES ?

Définition « Prendre des notes, c'est relever le plus rapidement possible les points essentiels d'un exposé écrit ou oral avec la préoccupation de pouvoir, à partir de ces notes, recréer l'exposé. [...] Retrouver, relire et utiliser des notes bien prises est à la base de la vie intellectuelle et de la vie professionnelle[1]. »

Retenons de cette définition les éléments suivants.

- **Relever les points essentiels** : retenir les arguments majeurs et les exemples significatifs, laisser de côté les répétitions et les points secondaires.

- **Procéder le plus rapidement possible** : en utilisant des mots clés et des abréviations (→ *voir l'annexe 1, p. 275*).

- **Recréer l'exposé** : être en mesure de retrouver le contenu et les principales articulations d'un exposé écrit ou oral.

---

1. Claude DARTOIS, *Comment prendre des notes*, Paris, Éditions du Centurion, 1965, p. 3.

- **Base de la vie intellectuelle et professionnelle** : votre succès scolaire et professionnel dépend d'une bonne technique de prise de notes, car celle-ci vous permet de réfléchir en utilisant la pensée des autres ou vos propres idées retranscrites.

Prenons conscience du fait que les notes ne sont pas une fin en soi, mais :

- un moyen de se concentrer pendant un exposé ;

- un moyen de recueillir de l'information et de l'organiser ;

- un moyen d'approfondir une question.

Bref, les notes sont un **moyen** d'organiser son propre processus d'apprentissage et sa vie professionnelle.

On prend des notes en classe pour aider sa mémoire (➔ *voir le chapitre 4, p. 57 à 61*) et classer l'information. La figure 2.1 illustre ce qui se passe après avoir suivi un cours : le lendemain, si l'on n'a pas pris de notes, on oublie 80 % de ce qui a été dit[2]. Par conséquent, **il est important de réviser ses notes le jour même** après un exposé, un cours ou une conférence et, si on le juge nécessaire, de les recopier au propre immédiatement après l'activité ou avant la fin de la journée.

COMMENT PRENDRE DES NOTES EFFICACEMENT ?

Que faire avant le cours ?

Dès le début d'une année scolaire, achetez :

- des feuilles blanches, lignées et perforées, de 22 cm × 28 cm ;

- quelques cartables à anneaux pour insérer vos notes de cours et les feuilles distribuées en classe.

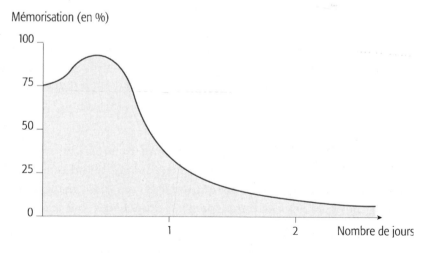

Figure 2.1 Perte de mémoire après un exposé

---

2. Adaptée de Tony BUZAN, *Une tête bien faite*, Paris, Les Éditions d'organisation, 1979, p. 62.

Avant chaque cours, prenez le temps de faire les activités suivantes.

- Lisez le plan du cours (ou syllabus) que l'enseignant distribue au début de la session afin de savoir quelles sont les activités prévues.

- Relisez et complétez les notes du cours précédent : c'est la meilleure façon de se préparer à prendre des notes dans un cours.

- Effectuez une lecture préparatoire, soit dans le manuel, soit dans une encyclopédie ou un ouvrage choisi à la bibliothèque. Prenez des notes dans le but de reconstituer la structure du texte, en insistant sur les idées principales, les titres et les intertitres. Cette lecture vous introduit à la matière qui sera abordée durant le cours.

- Cherchez les définitions des mots du vocabulaire technique ou scientifique en vue de constituer votre lexique personnel. Si vous connaissez déjà le vocabulaire de la révolution industrielle qui sera utilisé dans votre cours d'*Histoire de la civilisation occidentale* (révolution, exode rural, bourgeoisie, classe ouvrière ou prolétariat, machinisme, libéralisme, socialisme, marxisme, syndicalisme, etc.), vous ne trébucherez pas continuellement sur le sens des mots et vous suivrez mieux l'exposé de l'enseignant (➔ *voir p. 28*).

- Choisissez un endroit tranquille dans la classe où vous pourrez tout voir et tout entendre, de préférence à quelque distance d'un camarade, pour ne rien perdre de l'exposé.

- Préparez-vous mentalement à être attentif, car prendre des notes aide à rester alerte et à ne rien manquer de l'exposé. Dès votre arrivée en classe, sortez votre matériel pour prendre des notes et ouvrez votre manuel à la bonne page.

Que faire pendant l'exposé ?

Engagez-vous dans le cours

- Soyez actif ! Participez ! Mettez-vous à la place de l'enseignant et suivez son raisonnement. Si vous ne le suivez pas ou si vous ne comprenez pas, posez-lui des questions. Ainsi, vous serez toujours attentif et vous comprendrez mieux la matière, qui est la base d'une bonne préparation en vue d'un examen.

- Soyez attentif ! Écoutez! Écouter un enseignant est une activité qui est loin d'être simple et qui n'est surtout pas passive. Il faut d'abord se demander quelle est la structure de l'exposé et quel est le but de l'enseignant. Ensuite, on peut faire le lien avec ses propres expériences ou ses propres connaissances, avec ses autres cours, et déterminer ce qui est important. Tout cela demande de la concentration et de la participation au cours.

Pour être actif en classe...

Pour être actif en classe, il faut :

- se présenter en classe frais et dispos, l'esprit alerte ;

- ne pas s'asseoir à côté des amis qui risquent de vous parler ;

- ne pas s'asseoir trop loin de l'enseignant ;

- faire le vide et mettre de côté vos problèmes personnels ou familiaux ;

- ne pas étudier pour un autre cours ;

- oublier le mauvais examen qu'on vient de passer dans le cours précédent ;

- ne pas essayer de rattraper ce qui vient d'être dit et que l'on a manqué : il faudra y revenir après le cours.

Bref, **il faut être disponible mentalement et physiquement à 100 %,** car ce que l'on vient chercher dans un cours, c'est le savoir d'un spécialiste, l'enseignant. Pourquoi ne pas en profiter au maximum ?

Notez l'essentiel

Faut-il tout prendre en note ou vous concentrer sur les grandes lignes ? Cela dépend en partie de votre jugement personnel. Les grandes lignes vous suffisent-elles ou devez-vous tout noter ? Retenez-vous plus d'information à l'aide des exemples qu'à l'aide de la seule structure d'un exposé ?

La prise de notes est d'abord un travail mental effectif sur une matière donnée. On cherche à saisir la logique de l'exposé de l'enseignant, car on apprend et on retient seulement ce qu'on comprend. Il faut donc retenir la trame de l'exposé, sa structure.

Ensuite, on s'intéresse aux exemples significatifs sur lesquels l'enseignant insiste. On délaisse les commentaires sur les exemples et les questions secondaires et, surtout, on met de côté ce qui ne contribue pas à éclairer l'essentiel.

Tactique

Veuillez noter...

Il faut noter :

- le plan général de l'exposé (souvent présenté verbalement ou au tableau au début du cours);
- ✓ les noms propres;
- ✓ les chiffres;
- les dates importantes;
- ✓ les schémas, les figures et les tableaux;
- les équations;
- ✓ les définitions;
- ✓ les arguments majeurs;
- les suggestions de lectures complémentaires;
- les dates de remise de travaux, d'examens, de rencontres spéciales ou d'activités;
- les questions susceptibles d'être reprises à l'examen.

Il faut surtout être attentif aux indices donnés par l'enseignant quand :

- il insiste sur un point (« Ceci est très important. »);
- il souligne des termes oralement ou en les indiquant au tableau;
- ✓ il répète une explication;
- ✓ sa posture, son ton de voix ou sa mimique indiquent un point important;
- ✓ il parle des questions de l'examen.

Notez de manière structurée

La prise de notes est une activité très personnelle. Vous devez organiser vos notes pour qu'elles s'adaptent à votre style d'apprentissage. Les figures 2.2 et 2.3, des pages 23 et 24, présentent des exemples de mauvaise structure de notes, alors que la figure 2.4, de la page 25, illustre une prise de notes structurée. Remarquez dans ce dernier cas que chaque niveau d'information est précédé d'une lettre ou d'un chiffre, selon la notation usuelle « I, A, 1, a » (➜ *voir le chapitre 10, p. 214*), et qu'il est décalé vers la droite de façon à repérer rapidement la structure de l'exposé de l'enseignant.

Voici quelques consignes générales relatives à une prise de notes structurée.

- Laissez une marge d'environ cinq centimètres à gauche de la feuille dans laquelle vous ne prendrez pas de notes. Cette marge vous servira par la suite pour indiquer des questions sur les notes de cours ou pour retranscrire le plan de l'exposé.

- N'écrivez que sur le recto des feuilles afin de pouvoir utiliser, le cas échéant, le verso de la page précédente pour noter des définitions, des schémas, des questions ou d'autres points accessoires.

- Laissez des espaces entre les points importants de l'exposé : ainsi, vous pourrez ajouter des remarques ou des compléments d'information.

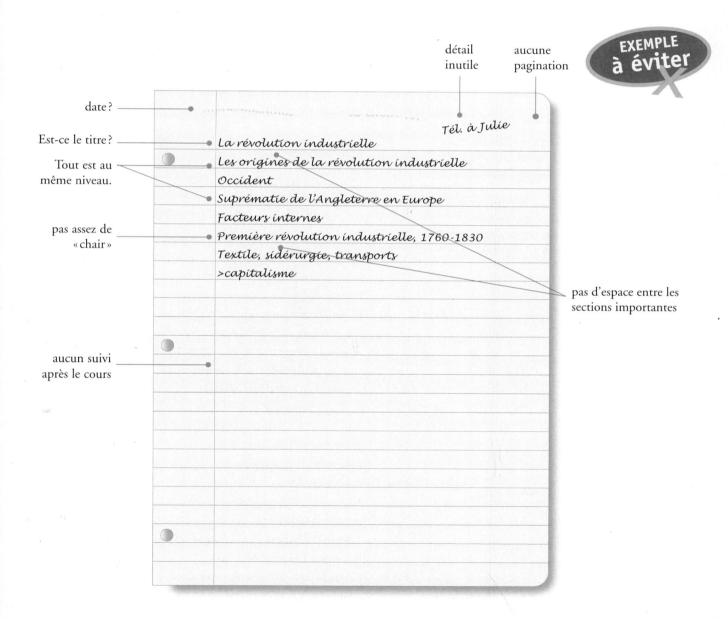

Figure 2.2 **Premier exemple de *mauvaise* structure de notes**

- Prenez vos notes en décalant les titres de la gauche vers la droite selon leur importance respective :
  - inscrivez les titres principaux à l'extrême gauche ;
  - décalez chaque intertitre vers la droite ;
  - gardez le même espace pour les titres de même importance.

- Paginez vos feuilles de notes afin de vous retrouver, le cas échéant.

- Indiquez la date du cours dans le coin supérieur gauche de la feuille.

- Évitez d'utiliser un correcteur liquide : cela demande trop de temps. Biffez les erreurs et continuez d'écrire pour ne pas perdre le fil de l'exposé. Ce qui est important ici, ce n'est pas de prendre de «belles notes», mais de comprendre le sens de l'exposé et d'en retenir les grandes lignes !

- Dressez une table des matières pour vos notes de cours : elle vous servira durant les examens si l'enseignant vous autorise à utiliser vos notes.

- Enfin, consultez le tableau 2.1 de la page 26, qui présente les lacunes les plus courantes dans la prise de notes. Vous y trouverez des éléments de solution pour résoudre vos problèmes.

Notes qui ne mettent pas en valeur la structure de l'exposé.

La plupart des titres et des intertitres ne sont pas numérotés ni décalés vers la droite.

pas d'espace entre les sections importantes

aucun travail de révision en marge

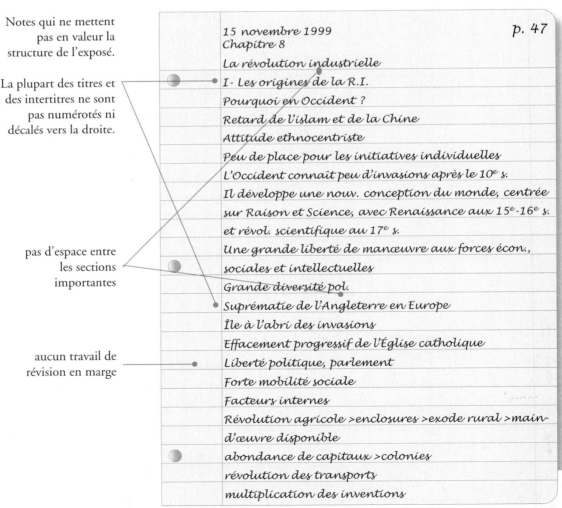

15 novembre 1999
Chapitre 8
La révolution industrielle   p. 47
I - Les origines de la R.I.
Pourquoi en Occident ?
Retard de l'islam et de la Chine
Attitude ethnocentriste
Peu de place pour les initiatives individuelles
L'Occident connaît peu d'invasions après le 10e s.
Il développe une nouv. conception du monde, centrée
sur Raison et Science, avec Renaissance aux 15e-16e s.
et révol. scientifique au 17e s.
Une grande liberté de manœuvre aux forces écon.,
sociales et intellectuelles
Grande diversité pol.
Suprématie de l'Angleterre en Europe
Île à l'abri des invasions
Effacement progressif de l'Église catholique
Liberté politique, parlement
Forte mobilité sociale
Facteurs internes
Révolution agricole >enclosures >exode rural >main-
d'œuvre disponible
abondance de capitaux >colonies
révolution des transports
multiplication des inventions

Figure 2.3 Second exemple de *mauvaise* structure de notes

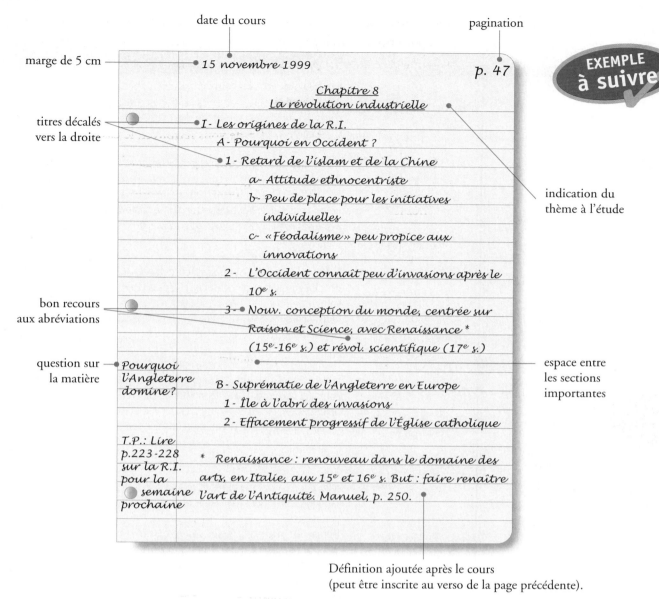

Les annotations autour de l'image :

- date du cours
- pagination
- marge de 5 cm
- titres décalés vers la droite
- bon recours aux abréviations
- question sur la matière
- indication du thème à l'étude
- espace entre les sections importantes
- Définition ajoutée après le cours (peut être inscrite au verso de la page précédente).

Contenu de la page de notes :

15 novembre 1999   p. 47

Chapitre 8
La révolution industrielle

I- Les origines de la R.I.
  A- Pourquoi en Occident ?
    1- Retard de l'islam et de la Chine
      a- Attitude ethnocentriste
      b- Peu de place pour les initiatives individuelles
      c- « Féodalisme » peu propice aux innovations
    2- L'Occident connaît peu d'invasions après le 10e s.
    3- Nouv. conception du monde, centrée sur Raison et Science, avec Renaissance * (15e-16e s.) et révol. scientifique (17e s.)

Pourquoi l'Angleterre domine ?

  B- Suprématie de l'Angleterre en Europe
    1- Île à l'abri des invasions
    2- Effacement progressif de l'Église catholique

T.P.: Lire p.223-228 sur la R.I. pour la semaine prochaine

* Renaissance : renouveau dans le domaine des arts, en Italie, aux 15e et 16e s. But : faire renaître l'art de l'Antiquité. Manuel, p. 250.

Figure 2.4 Exemple d'une *bonne* prise de notes

Que faire après la prise de notes ?

Il faut réviser le plus tôt possible les notes que l'on vient de prendre.

- Relisez vos notes et complétez-les avec votre manuel, un autre élève ou l'enseignant. Pour certains, il peut être utile de recopier leurs notes au complet afin de réviser la matière.

- Cherchez le sens des mots inconnus et notez les définitions au verso de la page précédente.

- Déterminez les titres importants et soulignez (ou surlignez) les mots clés.

- Soignez les schémas, les figures et les tableaux. N'hésitez pas à les reproduire en les agrandissant.

Tableau 2.1 Principales difficultés relatives à la prise de notes

Difficultés	Solutions
Vous perdez facilement le fil de l'exposé.	Notez le plan de l'exposé si l'enseignant vous en propose un au début du cours ; sinon, suivez l'exposé en regardant le syllabus du cours. N'arrêtez pas de prendre des notes. Ainsi, vous serez constamment attentif.
Vous manquez des portions de phrases.	Tracez une ligne horizontale et continuez de noter. Vous demanderez plus tard à l'enseignant ce que vous avez manqué ; ou bien, un élève vous renseignera ; ou encore, en révisant vos notes, vous découvrirez peut-être, par le contexte, les mots manqués. Échangez la photocopie de vos notes avec celle d'un bon élève.
Vous ignorez le sens de certains mots « savants ».	Notez-les au verso de la page précédente. Ensuite, demandez-en le sens à l'enseignant ou consultez le glossaire de votre manuel ou votre dictionnaire, et notez-en la définition. Vous travaillez ainsi à vous construire un lexique personnel (➔ *voir p. 28*).
Vous ne suivez pas le rythme des exposés dans la plupart de vos cours.	Demandez à l'enseignant de ralentir ou de revenir sur un point majeur. Créez une liste d'abréviations et de symboles pour chaque cours (le vocabulaire de l'économie est différent de celui de la philosophie). Placez cette liste bien en vue durant l'exposé. Faites un effort pour utiliser ces abréviations. En peu de temps, vous prendrez deux fois plus de notes qu'avant. (➔ *voir l'annexe 1, p. 275*).
Malgré ces abréviations, vous ne notez pas assez rapidement.	Allez voir l'enseignant après le cours : il se fera un plaisir de répondre à vos questions et de vous suggérer des lectures pertinentes. Demandez aux autres élèves s'ils éprouvent la même difficulté que vous. Il est possible que vous ne soyez pas le seul dans la classe qui éprouve cette difficulté. Il faut alors en parler à l'enseignant et chercher avec lui des moyens d'améliorer la situation.

- Imaginez que vous êtes l'enseignant et que vous préparez des questions d'examens portant sur une partie du cours. Relisez vos notes et écrivez dans la marge de gauche toutes les questions qui vous viennent à l'esprit.

  Exemples – « Qu'est-ce que… ? » (définition)
  – « Décrivez… » (description)
  – « Pourquoi… ? » (causes)
  – « Comment… ? » (description d'un processus)
  – « Comparez… » (avantages/désavantages, aspects positifs/négatifs)
  – « Situez dans son contexte… » (date, époque, idéologie)

Depuis 50 ans, de nombreuses recherches ont démontré que le fait de formuler des questions sur les notes de cours augmente les résultats scolaires.

- Organisez vos notes en tableaux de classification ou en réseaux de concepts (→ *voir le chapitre 4, p. 55*). En histoire, construisez une ligne du temps ; en géographie, dessinez vos propres cartes ; en économie, indiquez les données sur des graphiques ou, à l'inverse, rédigez des phrases complètes à partir des graphiques ; en politique, faites des tableaux avec les noms des chefs de partis et leurs idées, etc. Plus vous travaillerez avec vos notes et vous les structurerez, plus vous maîtriserez la matière en profondeur et améliorerez vos résultats scolaires.

- Prévoyez un mode de classement de vos notes de cours : regroupez les sujets ou les types de cours semblables dans un même cartable ; classez vos cartables ou vos cahiers de manière à les retrouver facilement, et ce, année après année, car les notes d'un cours peuvent vous être utiles dans un autre cours au cégep ou à l'université.

PRÉPAREZ L'ÉPREUVE SYNTHÈSE DE PROGRAMME

Au collégial, chaque élève est inscrit à un programme d'études. À la fin de ce dernier, vous devrez passer une épreuve synthèse de programme pour évaluer votre maîtrise et votre capacité d'intégrer en un tout cohérent les notions acquises durant votre séjour au collège. Cette épreuve pourra prendre la forme d'un stage, de la préparation d'un portfolio ou d'un examen.

Trois techniques permettent de s'y préparer dès la première session de cours.

1. Le tableau synthèse à la fin de chaque cours

Après avoir suivi un cours de 45 heures, par exemple en philosophie ou en histoire, faites un tableau synthèse d'une ou deux pages, des principales notions apprises dans ce cours. Servez-vous de votre plan de cours et des notes prises pendant la session à cette fin.

2. Le lexique personnel

Définition →

Un lexique est un «dictionnaire spécialisé regroupant les termes utilisés dans une science ou une technique», selon *Le Petit Larousse illustré*[3]. En sciences humaines par exemple, vous devrez maîtriser le sens de nombreux concepts, tels que comportement, évolution, marché, classes sociales, légitimité, développement, entreprise, éthique et culture. Les définitions de ces concepts varient parfois selon les disciplines et selon les auteurs.

C'est pourquoi nous vous recommandons de vous fabriquer un lexique personnel dès le début du collégial (→ *voir p. 61*). Vous pouvez noter les mots dans un cartable, dans un cahier de notes, sur des fiches (→ *voir le chapitre 3, p. 40*) ou dans une banque de données, à l'aide d'un logiciel de traitement de texte, comme *Word*©, ou avec un logiciel plus spécialisé, comme *FileMaker Pro 6*©.

Avec *Word*©, créez un document intitulé «Lexique» et entrez vos définitions les unes à la suite des autres, en ordre alphabétique ou en les regroupant selon les disciplines (philosophie, littérature, histoire, etc.). *Word*© indexe automatiquement tous les mots dans votre document. Ainsi, si vous entrez une définition de «classe sociale» qui contient les mots «Karl Marx», vous aurez toutes les autres définitions dans lesquelles se trouvent ces mots et ferez des liens entre elles.

Avec *FileMaker Pro 6*©, c'est un jeu d'enfant de créer une grille (→ *voir figure 2.5, p. 29*) comportant les entrées suivantes : nom du concept, définition, source de cette dernière, discipline. Ajoutez un espace pour insérer une réflexion personnelle, un autre pour indexer, etc.

3. Le portfolio

Définition →

Dès votre première session au collégial, commencez votre portfolio. Un portfolio est un «document écrit dans lequel les acquis de formation d'une personne sont définis, démontrés et articulés en fonction d'un objectif[4]». C'est un «dossier évolutif» rassemblant notamment des «œuvres» et des travaux que l'élève a produits au cours d'une année scolaire ou même de plusieurs[5]. En somme, le portfolio vous permet de préparer à l'avance votre épreuve synthèse de programme ou l'activité qui se déroulera lors de la dernière session de votre programme d'études, car vous y conservez, regroupez et classez les travaux scolaires qui font état de vos compétences.

Un portfolio contient :

– des travaux écrits ;

– des examens corrigés ;

– des textes que vous avez rédigés au cours de vos études et qui portent sur un ou des éléments de votre programme d'études : analyses de texte, résumés, notes de lecture, etc.

---

3. *Le Petit Larousse illustré*, 1998, article «lexique» p. 593.

4. Renald LEGENDRE, *Dictionnaire actuel de l'éducation*, 2e éd., Montréal, Guérin, 1993, p. 1 003.

5. Source : http://francois.muller.free.fr/diversifier/le_portfolio.htm

- des plans de cours que vous avez suivis ;

- des attestations de formation autres que celles que vous avez suivies au collège : cours de langue, d'informatique, formations sur mesure en emploi, etc. ;

- des attestations d'activités parascolaires, comme des activités sportives, du bénévolat, etc. ;

- des lettres d'appréciation de vos enseignants ;

- tout autre document pertinent, comme les cahiers de cours que les enseignants vous ont demandé d'acheter tout au long de votre formation, etc.

En *sciences humaines,* étant donné que l'enseignant vous demande de faire le point sur la formation acquise au collège dans le cours « Démarche d'intégration des acquis en sciences humaines », qui se donne à la dernière session du programme, vous devez conserver vos plans de cours, vos rapports de recherche et d'autres textes pertinents. En *arts et lettres,* le portfolio sera utile dans les cours « Épreuve synthèse » ou « Projet d'intégration ». Quel que soit votre programme, vous avez intérêt à conserver des traces de vos apprentissages au collégial.

Les entrées sont classées selon l'ordre alphabétique des noms, des disciplines, des sources, au choix.

La grandeur du champ est illimitée ; vous inclurez autant de lignes que vous le souhaitez.

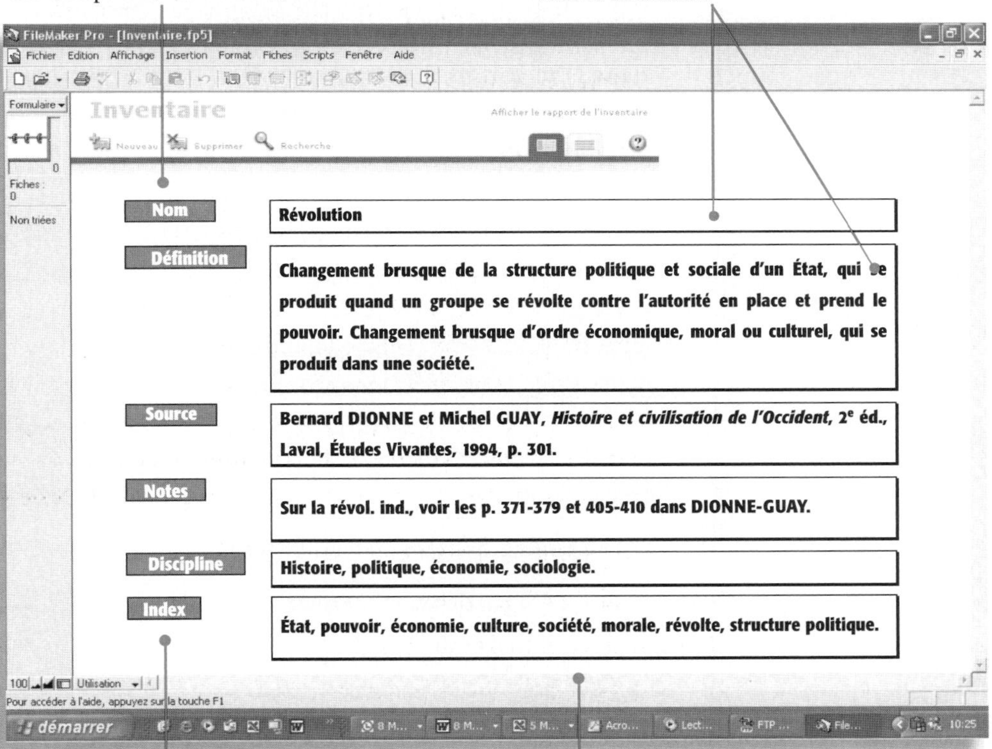

L'index est facultatif : *FileMaker Pro 6*© indexe automatiquement tous les mots inscrits dans les champs.

Créez votre propre mise en pages, avec ou sans encadrés.

Figure 2.5 **Exemple d'une fiche dans une banque de données réalisée à l'aide de *FileMaker Pro 6*©**

Compétence

Soyez actif dans vos apprentissages

Étudier, c'est s'engager personnellement dans un processus de changement. Prendre l'engagement de terminer ses cours et d'obtenir son diplôme, c'est déjà beaucoup. Toutefois, il faut réaliser les objectifs de son programme d'études. Cela veut dire :

- **participer,** suivre les plans de cours, lire avant chaque cours, s'il y a lieu, et réviser les notes des cours précédents ;

- **être concentré,** s'installer avant que l'enseignant ne commence, préparer son matériel, être attentif et ne pas se laisser distraire ;

- **être critique,** poser des questions à l'enseignant, se questionner sur le contenu du cours et sur les textes ;

- **toujours prendre des notes** pour résumer les textes et reproduire la structure d'un exposé ; en prendre également après la projection d'un film, au cours d'une sortie pédagogique, à la fin d'une journée de stage, quand on navigue sur Internet, quand on lit un journal ou un texte relié à la matière d'un cours, etc. ;

- **être actif dans tous ses apprentissages,** en classe et à l'extérieur des cours, faire des lectures complémentaires, constituer une banque de notes de lecture et un lexique personnel, et poursuivre ce travail à l'université et dans sa vie professionnelle.

À retenir

	OUI	NON
• Ai-je tout le **matériel nécessaire** pour prendre des notes ?	☐	☐
• Est-ce que je prépare soigneusement le prochain cours en **révisant mes notes** du cours antérieur ?	☐	☐
• Est-ce que je **participe activement** aux cours ?	☐	☐
• Est-ce que je **pose des questions** sur le contenu de mes cours et de mes lectures ?	☐	☐
• Est-ce que j'**organise le contenu de mes notes** en construisant des schémas, des tableaux, etc. ?	☐	☐
• Est-ce que j'**emploie un logiciel** pour construire ma banque de données ou mon lexique personnel ?	☐	☐

Chapitre 3

Lire efficacement

« Je prends des notes sur le texte. Mais je surligne trop. En histoire, dans mon manuel, tout est jaune, car je vois que tout me semble important. J'ai tendance à mettre un peu trop de jaune… »

Geneviève, 18 ans

Après avoir lu attentivement le présent chapitre, vous serez en mesure :

- de lire activement des textes en vue de les résumer ou de réaliser une recherche ;

- de lire activement des textes pour en faire des comptes rendus ou pour répondre à des questions ;

- de classer et de traiter l'information recueillie en utilisant la méthode des fiches bibliographiques et documentaires.

3

LIRE POUR S'OUVRIR AU MONDE

Définition →

La lecture est probablement l'activité intellectuelle la plus courante et la plus exigeante qui soit. En effet, lire, c'est d'abord comprendre les idées des autres. C'est recevoir une série de messages qui font appel à notre culture, à nos émotions et à notre intelligence. C'est une activité hautement complexe qui suppose une bonne connaissance de la grammaire et de la syntaxe de la langue française ou des autres langues, s'il y a lieu.

En outre, la lecture est une des activités intellectuelles les plus enrichissantes. On pénètre dans le monde intérieur d'une romancière, on découvre de nouvelles connaissances, on ressent l'émotion du poète ou la passion de l'essayiste. De plus, contrairement à l'opinion courante, la vague Internet qui déferle de nos jours ne peut que nous entraîner à lire davantage.

CINQ MYTHES À DÉTRUIRE SUR LA LECTURE[1]

Premier mythe : il n'y a qu'une bonne façon de lire

Comment pourrait-il en être autrement? Lire des mots, des phrases, des paragraphes, c'est la même chose peu importe le texte, non? Pas tout à fait. Lire un journal quotidien, un roman de Michel Tremblay, un article dans une revue scientifique ou un manuel de philosophie, ce n'est pas, en réalité, la même chose. Lire pour son plaisir ou lire pour chercher les idées d'un auteur afin de réaliser un travail de recherche ou dans le but de passer un examen sont deux opérations complètement différentes qui font appel à des sens variés et qui exigent un état d'esprit différent.

Deuxième mythe : les bons lecteurs lisent vite et une seule fois

Certains cours de « lecture rapide » laissent entendre que le but de la lecture, c'est de lire vite et une seule fois. Mais les bons lecteurs, ceux qui recherchent les idées et non les records de vitesse, savent qu'il faut parfois lire lentement et recommencer une lecture afin de bien saisir l'idée de l'auteur. C'est un peu comme l'écriture : la première lecture correspond au premier jet. Les autres lectures

---

1. Adapté de B.T. WILLIAMS et M.B. MILLER, *Concept to Completion. Writing Well in the Social Sciences*, N.Y., Harcourt Brace College Publishers, 1997, p. 58-60.

constituent autant de révisions du texte, exactement comme dans tout processus d'écriture. Ne pas comprendre du premier coup le texte d'un article scientifique ne veut pas dire que vous êtes stupide, cela signifie que vous travaillez avec des idées complexes et qu'il faut y mettre l'énergie et le temps requis.

Troisième mythe : il n'y a qu'une seule façon « correcte » d'interpréter ce qu'on lit

Vraiment? Votre analyse du texte différera probablement de celle d'un ami, d'un enseignant ou de l'auteur lui-même! Non pas que toutes les opinions se vaillent, mais tous les textes peuvent entraîner divers types d'analyse, différents niveaux de compréhension, selon que vous êtes un spécialiste dans le domaine ou un novice, selon votre capacité de comparer les idées d'un auteur avec celles d'un autre, et ainsi de suite. Il s'agira pour vous d'atteindre le niveau de compréhension exigé pour le cours.

Quatrième mythe : il faut toujours lire un texte en entier

Cela dépend... Il faut parfois lire un livre au complet, qu'il s'agisse d'un roman ou d'un essai, pour bien saisir la pensée d'un auteur. Cependant, un texte sur l'histoire de la Révolution française, par exemple, qui contient de longs développements sur la personnalité de Louis XVI, de Robespierre ou de Napoléon, et pour lequel votre enseignant vous a demandé de ne vous intéresser qu'aux causes et aux conséquences de cette révolution, requiert une lecture sélective plutôt qu'une lecture intégrale. Certains auteurs prétendent même que 80 % de l'information d'un texte se trouve dans 20 % de ce dernier (dans l'introduction, la conclusion, une section majeure, etc.). Comment faire le bon choix? En parcourant la table des matières, en lisant l'introduction et la conclusion, en survolant les grands titres, afin de déterminer s'il faut tout lire ou choisir les passages les plus importants pour le travail qu'on a à faire.

Cinquième mythe : lire et écrire sont deux activités séparées

Au contraire, ce sont deux activités étroitement liées. Un bon lecteur lit avec un crayon à la main, prend des notes, pose des questions et jette quelques idées sur papier, car l'écriture aide à réfléchir sur la matière. En écrivant, vous organisez vos idées, vous faites des liens et vous répondez à des questions, ce qui est essentiel pour effectuer une bonne lecture. En somme, plus vous lisez, mieux vous écrirez, car l'analyse de texte que vous effectuez en lisant vous rend plus habile à écrire des textes structurés, clairs et « bien tournés ».

LISEZ ACTIVEMENT

Lire activement suppose une idée claire de l'objectif poursuivi en vue d'un travail intellectuel sur le texte : il faut toujours annoter et surligner un texte, et prendre des notes afin d'en retenir l'essentiel. On doit donc commencer par survoler l'ouvrage.

Tactique

Effectuez un survol de l'ouvrage

Ne commencez pas votre lecture par la première phrase du volume. Faites d'abord un survol de l'ouvrage pour vous faire une idée globale de son contenu et de l'objectif poursuivi par l'auteur. Ce survol porte sur les points suivants.

- La page couverture

  Elle fournit des indications telles que le titre et le sous-titre (qui précisent le sujet du livre), le nom de l'auteur, la maison d'édition et, parfois, des renseignements complémentaires sur le contenu du livre (l'annonce d'une préface par une personnalité connue, par exemple).

- La quatrième de couverture du livre

  Elle peut contenir une brève biographie de l'auteur, un résumé ou des commentaires sur le livre.

- La page de titre

  Située à l'intérieur du livre, elle peut contenir des renseignements sur l'édition ou sur la traduction : par exemple, si vous rédigez un travail sur la Deuxième Guerre mondiale et que votre livre est traduit de l'allemand, ce renseignement constitue un indice important.

- Le verso de la page de titre

  Il présente souvent la liste des publications antérieures de l'auteur, son évolution. On y trouve également le copyright (précédé du symbole ©) et la mention du dépôt légal du livre (à la Bibliothèque nationale du Québec, par exemple), de même que le numéro de l'édition et l'année de publication, ce qui est très important pour situer l'œuvre dans son contexte.

- La préface

  Un collègue de l'auteur, une personnalité ou un spécialiste peut rédiger une préface de livre ; dans cette dernière, l'importance du livre dans la production courante sera mise en évidence.

- La table des matières

  C'est probablement l'étape la plus importante de ce survol, car on y trouve le plan du livre et la logique du cheminement suivi par l'auteur. On voit s'il est utile de lire l'ouvrage au complet ou si quelques chapitres pertinents suffisent.

- L'introduction

  Habituellement, l'auteur y expose le cheminement de son livre, de même que le sujet, le but de l'ouvrage, la méthode qu'il a choisie pour aborder son sujet et les hypothèses qu'il formule.

- La conclusion

  L'auteur y expose les conclusions auxquelles il est parvenu, les solutions qu'il met de l'avant, etc.

Le survol de l'ouvrage permet donc de répondre à deux questions essentielles. Pourquoi faut-il entreprendre la lecture du livre ? Faut-il lire tout le volume ou choisir les chapitres pertinents ?

Déterminez clairement vos objectifs de lecture

Les étapes de la lecture active peuvent différer légèrement selon les objectifs visés au départ. Lisez-vous un livre pour en faire le résumé ou pour compléter une recherche documentaire ? Devez-vous répondre à des questions de l'enseignant ou faire un compte rendu de l'ouvrage ?

Pour faire un résumé

Si vous rédigez un compte rendu ou un résumé du livre (➜ *voir le chapitre 9, p. 167 à 173*), lisez d'abord l'introduction et la conclusion, afin de bien saisir les intentions et les thèses de l'auteur ; ensuite, lisez chaque chapitre de manière active. Commencez par l'introduction et la conclusion de chacun des chapitres : vous y trouverez une présentation de la structure du texte et les conclusions auxquelles est parvenu l'auteur. Notez sur une feuille lignée les arguments de ce dernier, dans leur ordre de présentation. Vous aurez ainsi le matériel requis pour faire le résumé demandé.

Pour répondre à des questions

Si vous répondez par écrit à des questions de l'enseignant, analysez les questions (➜ *voir la méthode décrite au chapitre 4, p. 62 à 65*) et repérez les réponses dans les différentes parties du livre ou du texte. La lecture des intertitres vous aidera, de même que la lecture de la première phrase de chaque paragraphe, car celle-ci indique en général l'idée maîtresse développée dans le paragraphe et lui sert d'introduction. S'il n'y a pas d'intertitres, survolez la première phrase de chaque paragraphe et entourez au crayon deux ou trois mots importants (des concepts ou des faits), et formulez une question avec ces mots. Répondez à cette question. Notez votre réponse sur une feuille de notes de lecture.

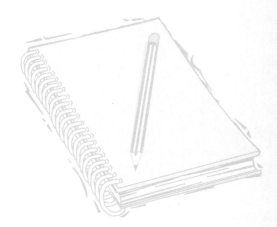

Pour rassembler de l'information en vue d'une recherche

Si vous devez faire une recherche sur un thème précis, utilisez l'une des deux tactiques que nous vous suggérons : la méthode du cahier de notes à double entrée (➜ *voir p. 39*) ou celle des fiches (➜ *voir p. 40*). Mais quel que soit l'objectif recherché, la lecture active suppose de souligner ou de surligner et d'annoter un texte.

Surlignez et annotez un texte

Dans le cadre d'un cours de sociologie, vous lisez, par exemple, un extrait du livre *L'annuaire du Québec 2004* (➜ *voir la figure 3.2, p. 38*). Bien entendu, vous devez comprendre le sens du texte et prendre des notes en vue de la rédaction d'un travail de recherche sur les défis démographiques dans la société québécoise.

Méfiez-vous des deux erreurs suivantes : certains abusent du surligneur, de sorte que, à la fin, plus rien ne ressort, tellement le texte est... coloré ! D'autres, au contraire, croient posséder la science infuse et la mémoire totale : ils lisent sans souligner ni surligner, sans prendre de notes...

Dans l'exemple de la figure 3.1, rien ne ressort, car presque tout le texte est surligné. Lorsque viendra le temps d'utiliser ce matériel, il faudra reprendre la lecture, puisque rien n'a été mis en évidence. Observons l'exemple de la figure 3.2 dans lequel le texte est souligné et annoté correctement.

Remarquez les éléments suivants :

- les chiffres significatifs sont réécrits dans la marge ;
- les idées principales sont soulignées ;
- certains mots sont entourés, car il s'agit d'idées principales ;
- les caractéristiques de la « mutation démographique » sont indiquées en marge, car c'est l'objectif de la lecture : faire ressortir les principales caractéristiques des changements démographiques tels que l'auteur les présente ;
- le sens d'un intertitre est clarifié : effectivement, la population est en croissance mais elle croît plus lentement qu'avant. En le signalant, on favorise une seconde lecture de révision, on repère plus rapidement le sens du texte, etc. ;
- des chiffres sont ajoutés en marge du texte pour les faire ressortir ;
- le tableau est « travaillé » : on fait ressortir la chute dramatique du poids du Québec dans le Canada en calculant la différence de 5,3 points de pourcentage entre 1966 et 2003 (tableau 1.1).

L'état du Québec

Démographie : vieillissement, immigration, urbanisation et solitude

Les changements démographiques s'étendent sur une période plus longue que celle des cycles économiques et ils ne sont pas facilement perceptibles à court terme. Ces changements n'en sont pas moins spectaculaires et surtout, déterminants pour l'avenir. Le Québec est en train de vivre une importante mutation démographique plus marquée que celle qui caractérise le Canada anglophone, plus rapide aussi. Les indicateurs qui suivent le montrent avec évidence. Ainsi, la part des jeunes va décliner plus vite au Québec que dans l'ensemble du Canada au cours des années à venir.

Une population encore en croissance

La population totale du Québec devrait dépasser la barre des sept millions et demi d'habitants vers la fin de l'an 2003 (tableau 1.1). La population québécoise est toujours en croissance — en hausse de 42 % depuis 1961 — mais celle-ci est maintenant beaucoup plus lente qu'auparavant et on envisage déjà le moment où la population commencera à décroître, comme c'est déjà le cas dans certains pays européens développés. Il est difficile de prévoir en quelle année au juste arrivera le déclin net de la population mais divers scénarios de l'Institut de la statistique du Québec prévoient que cela se produira entre 2016 et 2026, donc dans un avenir rapproché. «La structure par âge est encore très favorable à la croissance démographique de la population du Québec. En effet, malgré des hypothèses de fécondité qui n'atteignent jamais le seuil de remplacement des générations, l'accroissement naturel demeure positif pendant plusieurs périodes quinquennales ».

Le déclin démographique est cependant déjà amorcé dans plusieurs régions du Québec. Fait nouveau qui n'a pas encore vraiment retenu l'attention et qui est apparu en 2002, l'accroissement de la population par la migration nette est maintenant rendu au même niveau que l'accroissement naturel de la population, comme on le verra plus loin. Les lentes mutations démographiques commencent donc à être visibles, bien qu'elles aient été annoncées depuis des lustres par les démographes.

Tableau 1.1 **Population du Québec en nombre, en indice et en % du Canada, de 1961 à 2003**
(Nouvelles données révisées depuis 1971)

Année	Nombre*	Indice	en % du Canada
1961	5 259 211	100,0	28,8
1966	5 780 845	109,9	28,9
1971	6 137 368	116,7	27,9
1976	6 396 735	121,6	27,3
1981	6 547 704	124,5	26,4
1986	6 708 352	127,6	25,7
1991	7 064 735	134,3	25,2
1996	7 274 019	138,3	24,5
2000r	7 381 766	140,4	24,0
2001r	7 417 732	141,0	23,8
2002r	7 455 208	141,8	23,7
2003	7 467 626	142,0	23,6

* Données révisées depuis 1971 par l'ISQ. La série tient compte des Québécois de retour et des résidents non permanents. Années 1999 à 2002, données révisées ; année 2003, au 1er juillet.

Source : Institut de la statistique du Québec, www.stat.gouv.qc.ca.

142

Figure 3.1 **Exemple d'un texte *mal* surligné**

Source : Simon LANGLOIS, « Le Québec du XXIe siècle : une société en profonde mutation », dans Michel VENNE, dir., *L'annuaire du Québec 2004*, Montréal, Fides/Le Devoir, 2003, p. 142-143.

Démographie : vieillissement, immigration, urbanisation et solitude

Mutation = changement, évolution

Depuis 2000, l'indice n'augmente presque plus

De 1966 à 2003, baisse de 5,3 %

Les changements démographiques s'étendent sur une période plus longue que celle des cycles économiques et ils ne sont pas facilement perceptibles à court terme. Ces changements n'en sont pas moins spectaculaires et surtout, déterminants pour l'avenir. Le Québec est en train de vivre une importante mutation démographique plus marquée que celle qui caractérise le Canada anglophone, plus rapide aussi. Les indicateurs qui suivent le montrent avec évidence. Ainsi, la part des jeunes va décliner plus vite au Québec que dans l'ensemble du Canada au cours des années à venir.

1996 : le Qc = -25 % Can.

Tableau 1.1 Population du Québec en nombre, en indice et en % du Canada, de 1961 à 2003
(Nouvelles données révisées depuis 1971)

Année	Nombre*	Indice	en % du Canada
1961	5 259 211	100,0	28,8
1966	5 780 845	109,9	28,9
1971	6 137 368	116,7	27,9
1976	6 396 735	121,6	27,3
1981	6 547 704	124,5	26,4
1986	6 708 352	127,6	25,7
1991	7 064 735	134,3	25,2
1996	7 274 019	138,3	24,5
2000r	7 381 766	140,4	24,0
2001r	7 417 732	141,0	23,8
2002r	7 455 208	141,8	23,7
2003	7 467 626	142,0	23,6

* Données révisées depuis 1971 par l'ISQ. La série tient compte des Québécois de retour et des résidents non permanents. Années 1999 à 2002, données révisées ; année 2003, au 1ᵉʳ juillet.

Source : Institut de la statistique du Québec, www.stat.gouv.qc.ca.

Mais plus lente

Une population encore en croissance

La population totale du Québec devrait dépasser la barre des sept millions et demi d'habitants vers la fin de l'an 2003 (tableau 1.1). La population québécoise est toujours en croissance — en hausse de 42 % depuis 1961 — mais celle-ci est maintenant beaucoup plus lente qu'auparavant et on envisage déjà le moment où la population commencera à décroître, comme c'est déjà le cas dans certains pays européens développés. Il est difficile de prévoir en quelle année au juste arrivera le déclin net de la population mais divers scénarios de l'Institut de la statistique du Québec prévoient que cela se produira entre 2016 et 2026, donc dans un avenir rapproché. « La structure par âge est encore très favorable à la croissance démographique de la population du Québec. En effet, malgré des hypothèses de fécondité qui n'atteignent jamais le seuil de remplacement des générations, l'accroissement naturel demeure positif pendant plusieurs périodes quinquennales ».

Le déclin démographique est cependant déjà amorcé dans plusieurs régions du Québec. Fait nouveau qui n'a pas encore vraiment retenu l'attention et qui est apparu en 2002, l'accroissement de la population par la migration nette est maintenant rendu au même niveau que l'accroissement naturel de la population, comme on le verra plus loin. Les lentes mutations démographiques commencent donc à être visibles, bien qu'elles aient été annoncées depuis des lustres par les démographes.

$$migration\ nette = \frac{déplacement\ de\ population\ vers\ le\ Qc}{déplacement\ de\ population\ hors\ Qc}$$

142

Figure 3.2 Exemple d'un texte *bien* surligné et annoté

Source : Simon LANGLOIS, « Le Québec du XXIᵉ siècle : une société en profonde mutation », dans Michel VENNE, dir., *L'annuaire du Québec 2004*, Montréal, Fides/Le Devoir, 2003, p. 142-143.

	Le cahier de notes à double entrée	Le système de fiches
Avantages	• Les feuilles lignées sont grandes et peuvent contenir beaucoup d'information. • Les notes de lecture sont insérées dans un cartable, à côté des notes de cours par exemple. • On peut ajouter en tout temps des notes personnelles en marge, en bas, etc.	• Chaque fiche présente une idée. • Les fiches permettent un classement précis de l'information en fonction du plan de l'élève, et non en fonction de la structure des textes consultés. • On peut facilement intercaler des fiches provenant de plusieurs sources, mais portant sur un même thème. • On peut aussi intercaler des fiches de réflexion personnelle entre celles qui rapportent les idées des autres.
Inconvénients	• La grande feuille se prête mal à des manipulations en vue d'un classement. • En voulant tout mettre sur quelques feuilles, on suit de trop près la structure du texte, et l'on ne peut pas se détacher de ce dernier.	• Elles ne sont guère utiles dans le cas d'un petit travail, quand il ne faut lire qu'un seul texte. • Il n'y a pas beaucoup d'espace sur une fiche.

3

DEUX FAÇONS DE PRENDRE DES NOTES DE LECTURE

Une fois le texte lu et annoté, il faut transcrire ses notes sur papier pour qu'elles soient prêtes à être utilisées au moment d'écrire son rapport de recherche. À cette fin, on aura recours soit au cahier de notes à double entrée, soit au système de fiches.

Le cahier de notes à double entrée

Pour la prise de notes, il faut choisir un système. Si l'on prend des notes seulement sur un texte, des feuilles de « cartable » (relieur) feront l'affaire, car elles **contiennent beaucoup d'information** et se **conservent facilement.** Le système est dit « à double entrée » car, d'un côté, vous notez et, de l'autre, vous questionnez et ajoutez des indications pertinentes.

À remarquer dans la figure 3.3 de la page 40.

- La source est mise bien en évidence, encadrée en couleur, etc.
- La source est complète : NOM DE L'AUTEUR, prénom de l'auteur, titre du livre souligné, lieu d'édition, maison d'édition, année de publication. Le nombre de pages de l'ouvrage ou encore les pages consultées peuvent aussi être notés. Cela est capital lors de la remise du rapport et de la bibliographie (➜ *voir le chapitre 12, p. 235 à 261*).

- Les intertitres sont décalés vers la droite selon leur importance.
- Les titres et intertitres sont soulignés.
- On a recours à des abréviations.
- Il n'y a pas beaucoup de guillemets, sauf lorsqu'une idée principale est exprimée et qu'on veut la conserver telle quelle. Le reste est paraphrasé.
- Le numéro des pages est inscrit dans la marge.
- Un travail personnel est ajouté : un calcul de proportion, une note, une critique, avec un crayon d'une autre couleur.

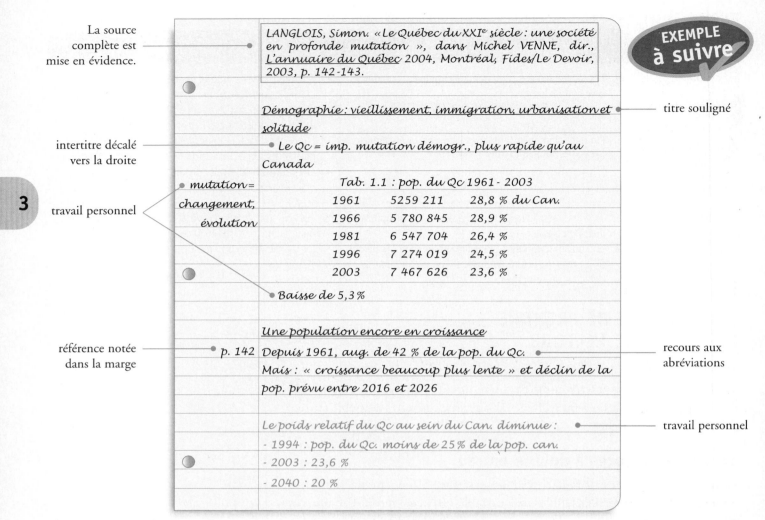

La source complète est mise en évidence.

titre souligné

intertitre décalé vers la droite

travail personnel

référence notée dans la marge

recours aux abréviations

travail personnel

Contenu de la fiche :

LANGLOIS, Simon. « Le Québec du XXIᵉ siècle : une société en profonde mutation », dans Michel VENNE, dir., L'annuaire du Québec 2004, Montréal, Fides/Le Devoir, 2003, p. 142-143.

Démographie : vieillissement, immigration, urbanisation et solitude

Le Qc = imp. mutation démogr., plus rapide qu'au Canada

mutation = changement, évolution

Tab. 1.1 : pop. du Qc 1961-2003

1961	5 259 211	28,8 % du Can.
1966	5 780 845	28,9 %
1981	6 547 704	26,4 %
1996	7 274 019	24,5 %
2003	7 467 626	23,6 %

Baisse de 5,3 %

Une population encore en croissance

p. 142 Depuis 1961, aug. de 42 % de la pop. du Qc. Mais : « croissance beaucoup plus lente » et déclin de la pop. prévu entre 2016 et 2026

Le poids relatif du Qc au sein du Can. diminue :
- 1994 : pop. du Qc. moins de 25 % de la pop. can.
- 2003 : 23,6 %
- 2040 : 20 %

Figure 3.3 Exemple d'une *bonne* prise de notes sur des feuilles de cartable

Le système de fiches

Pourquoi faire des fiches ? Parce que les fiches permettent d'indiquer une idée à la fois, de bien noter sa source (auteur) et de la classer en fonction d'une structure adoptée par l'élève et non par les auteurs consultés. Qui décide que telle idée, tel fait, telle citation va se trouver dans la section 3 du premier chapitre de son rapport, sinon l'élève qui effectue une recherche ? Les fiches obligent l'élève à classer l'information et à reconstituer une argumentation personnelle. Voici un survol de tous les types de fiches manuscrites ainsi qu'un exemple de fichier informatique.

Les types de fiches manuscrites

Employez les grandes fiches de 12,7 cm × 20,3 cm ou découpez en deux des feuilles de 22 cm × 28 cm. Les petites fiches ne sont pas recommandées, car on ne peut y inscrire plus d'une ou deux courtes phrases. Cependant, elles peuvent être utiles pour les fiches bibliographiques.

La fiche titre

Chaque fichier doit être précédé d'une fiche titre sur laquelle se trouvent les renseignements suivants :

- vos prénom et nom, le titre du cours et son numéro ;
- le titre du travail, suivi de l'expression « Fiches de lecture » ;
- le nom de l'enseignant à qui vous présentez le rapport ;
- le nom du collège et la date de remise du rapport.

Jeanne CORMIER
Individu et société

387-HA1-SJ, gr. 01

LES EFFETS DE LA CHUTE DE LA NATALITÉ
SUR LA SOCIÉTÉ QUÉBÉCOISE
Fiches de lecture

Travail remis à M. Serge CHARLAND

Collège de Saint-Jérôme
Le lundi 7 mai 2009

Figure 3.4 Modèle de fiche titre

La fiche bibliographique

Notez la référence bibliographique complète (→ *voir le chapitre 12, p. 246 à 253*) et indiquez la cote de l'ouvrage, s'il y a lieu : ainsi, vous trouverez facilement l'ouvrage si vous devez le consulter de nouveau.

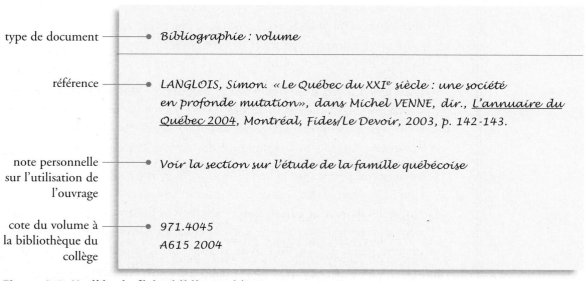

type de document — *Bibliographie : volume*

référence — *LANGLOIS, Simon. « Le Québec du XXIᵉ siècle : une société en profonde mutation », dans Michel VENNE, dir., L'annuaire du Québec 2004, Montréal, Fides/Le Devoir, 2003, p. 142-143.*

note personnelle sur l'utilisation de l'ouvrage — *Voir la section sur l'étude de la famille québécoise*

cote du volume à la bibliothèque du collège — *971.4045 A615 2004*

Figure 3.5 Modèle de fiche bibliographique

Vous pouvez également ajouter d'autres renseignements concernant les chapitres essentiels à lire, la biographie de l'auteur, etc. Les fiches bibliographiques sont essentielles, car elles contiennent les sources de votre documentation, et elles vous serviront à dresser la bibliographie de votre rapport.

La fiche de lecture

La fiche de lecture remplit plusieurs fonctions et contient plusieurs types d'informations. En théorie, on peut tout mettre sur des fiches : des citations textuelles, des résumés, des tableaux statistiques, des photocopies de cartes, des commentaires, des critiques, etc.

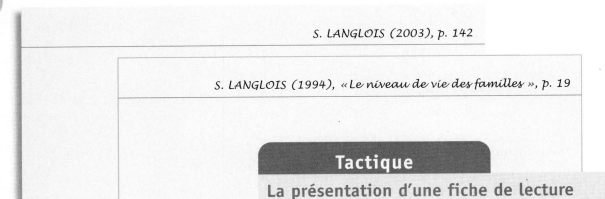

S. LANGLOIS (2003), p. 142

S. LANGLOIS (1994), « Le niveau de vie des familles », p. 19

Figure 3.6 Exemples d'indication de la source de l'information sur une fiche

Tactique

La présentation d'une fiche de lecture

Une fiche de lecture contient trois éléments.

- **Le thème :** placé en haut, à gauche, le thème résume la fiche. Il n'exprime qu'une seule idée. Vous déduisez ce thème du contenu de la fiche : c'est la première étape du classement de l'information.

- **La source :** écrivez en haut, à droite, le nom et le prénom de l'auteur, suivi du titre de l'ouvrage et de la page qui contient les renseignements notés sur la fiche. Si vous ne consultez qu'un seul ouvrage du même auteur, la mention du titre est facultative, comme à la figure 3.7 de la page 43, pourvu que l'on trouve celui-ci dans une fiche bibliographique complète. Si vous consultez plusieurs ouvrages d'un même auteur, vous devez indiquer le titre en abrégé ou faire suivre le nom de l'auteur de l'année de publication de l'ouvrage.

  Dans les exemples de la figure 3.6, la mention (2003) indique la date de parution de l'ouvrage. La mention (1994) sur la seconde fiche signifie qu'il s'agit d'un autre ouvrage de Simon Langlois, dont le titre se trouve sur la seconde fiche bibliographique des ouvrages de Langlois.

- **Le contenu :** écrit sous la ligne rose. Ne dactylographiez pas vos fiches, c'est une perte de temps. Écrivez lisiblement avec un stylo. Normalement, vous ne devez pas recopier vos fiches « au propre », c'est aussi une perte de temps. Si vous ajoutez un commentaire personnel sur une fiche, utilisez un crayon d'une autre couleur. Pour des exemples de contenu, voir les fiches citation, résumé et commentaire dans les pages suivantes.

La fiche citation

La fiche citation est la reproduction fidèle d'un extrait significatif du texte consulté, qui respecte le texte cité. Il n'est pas question de changer les mots ni de résumer une partie de phrase : on recopie fidèlement les passages en indiquant les pages exactes de l'ouvrage ou de l'article consultés. On inclut même les fautes ou les erreurs, en ajoutant entre crochets la mention [*sic*], qui veut dire tel quel.

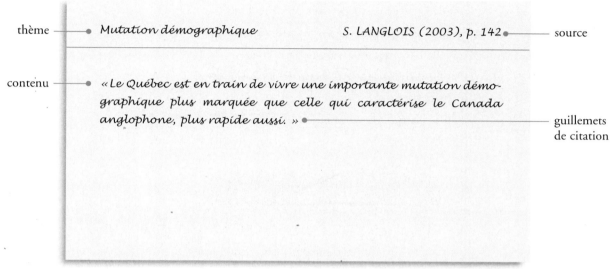

Figure 3.7 Fiche citation

La fiche citation et résumé

On peut ajouter un résumé du chapitre d'où provient la citation à condition qu'il porte sur le même thème.

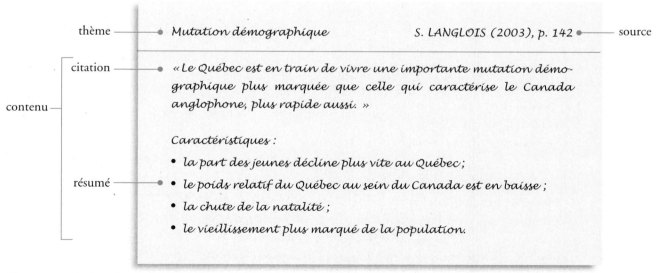

Figure 3.8 Fiche citation et résumé

La fiche résumé

Servez-vous de cette fiche pour résumer les propos d'un auteur dans vos propres mots, sans que le sens de sa pensée soit modifié. On peut ainsi résumer une idée, un paragraphe, un chapitre, pourvu que cela porte sur un seul et même thème.

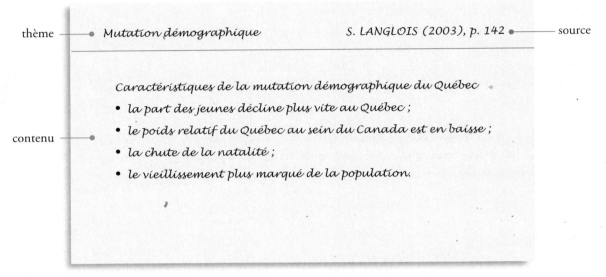

thème — Mutation démographique — S. LANGLOIS (2003), p. 142 — source

contenu —

Caractéristiques de la mutation démographique du Québec
- la part des jeunes décline plus vite au Québec ;
- le poids relatif du Québec au sein du Canada est en baisse ;
- la chute de la natalité ;
- le vieillissement plus marqué de la population.

Figure 3.9 Fiche résumé

La fiche commentaire

La fiche commentaire contient vos notes personnelles sur un passage du livre consulté, une critique de l'ouvrage, une idée, une question ou un commentaire. L'important : se retrouver dans ses notes et ne jamais confondre son opinion avec celle de l'auteur. Le commentaire est ajouté après un résumé ou une citation, pourvu que la distinction entre la pensée de l'auteur et la vôtre soit très clairement indiquée.

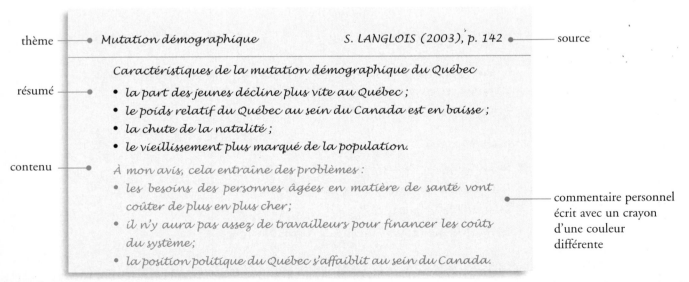

thème — Mutation démographique — S. LANGLOIS (2003), p. 142 — source

Caractéristiques de la mutation démographique du Québec

résumé —
- la part des jeunes décline plus vite au Québec ;
- le poids relatif du Québec au sein du Canada est en baisse ;
- la chute de la natalité ;
- le vieillissement plus marqué de la population.

contenu —
À mon avis, cela entraîne des problèmes :
- les besoins des personnes âgées en matière de santé vont coûter de plus en plus cher ;
- il n'y aura pas assez de travailleurs pour financer les coûts du système ;
- la position politique du Québec s'affaiblit au sein du Canada.

commentaire personnel écrit avec un crayon d'une couleur différente

Figure 3.10 Fiche commentaire

La fiche schéma ou le réseau de concepts

La fiche reproduit ou crée un schéma ou un réseau de concepts qui présentent les relations entre les principales idées de l'auteur. Ainsi, dans la figure 3.11, l'auteur établit des liens entre la chute de la natalité et les conséquences pour la société québécoise. Un réseau de concepts représente ces relations ou évoque la pensée de cet auteur. Si ce réseau n'existe pas dans le volume consulté, indiquez au bas de la fiche que vous avez construit ce réseau à partir de ce texte. La formule « Construit par moi », suivie de vos initiales, suffit. Vous pouvez évidemment construire un réseau de concepts personnel, pour lequel vous n'indiquez pas la source en haut, à droite, puisqu'il s'agit de vos propres réflexions. Utilisez un crayon d'une couleur différente pour bien marquer l'origine personnelle de ce réseau.

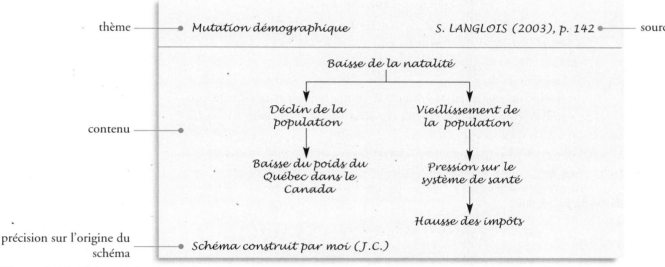

Figure 3.11 Fiche schéma

La fiche tableau

La fiche présente un tableau statistique ou une photocopie d'un document, que l'on agrafera sur la fiche.

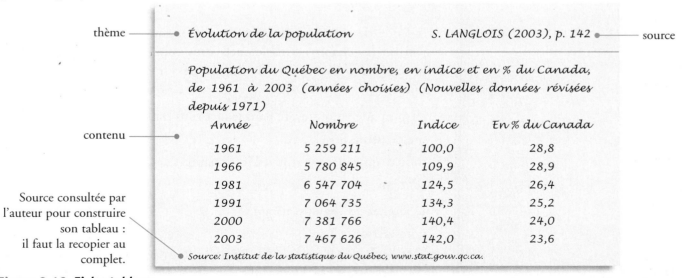

Figure 3.12 Fiche tableau

Autre fiche résumé sur le même thème

Au besoin, on ajoutera une autre fiche, par exemple une fiche résumé sur le même thème que celui abordé dans la fiche tableau. Un numéro entre parenthèses, après le thème de la fiche, indiquera la place de cette fiche dans la série.

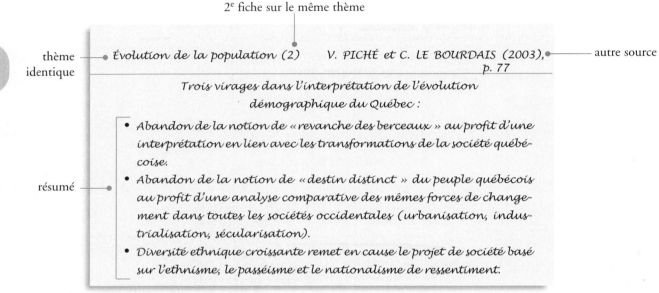

2ᵉ fiche sur le même thème

thème identique

autre source

Évolution de la population (2)   *V. PICHÉ et C. LE BOURDAIS (2003), p. 77*

Trois virages dans l'interprétation de l'évolution démographique du Québec :

- *Abandon de la notion de « revanche des berceaux » au profit d'une interprétation en lien avec les transformations de la société québécoise.*
- *Abandon de la notion de « destin distinct » du peuple québécois au profit d'une analyse comparative des mêmes forces de changement dans toutes les sociétés occidentales (urbanisation, industrialisation, sécularisation).*
- *Diversité ethnique croissante remet en cause le projet de société basé sur l'ethnisme, le passéisme et le nationalisme de ressentiment.*

résumé

Figure 3.13 Autre fiche résumé

Le fichier informatique

À l'ère de l'informatique, le fichier manuscrit paraît dépassé. De nombreux logiciels réalisent des fichiers pratiques dont le contenu pourra être directement transféré au moment d'utiliser un logiciel de traitement de texte. Deux de ces logiciels sont *Cardfile*© ou *Filemaker Pro 6*© (➔ *voir le chapitre 2, p. 29*).

À l'aide de ces logiciels, vous créez une nouvelle base de données en organisant les **champs** dans lesquels vous entrez de l'information. Ainsi, pour créer des fiches sur la plupart des sujets, les champs suivants s'imposent :

- chapitre (de votre travail, dans lequel vous classerez la fiche) ;
- thème (de la fiche) ;
- source (où vous avez trouvé l'information) ;
- contenu.

Vous ajoutez les champs suivants :

- notes personnelles ;
- index des mots clés (bien que *Filemaker Pro 6*© indexe automatiquement tous les mots de tous les champs).

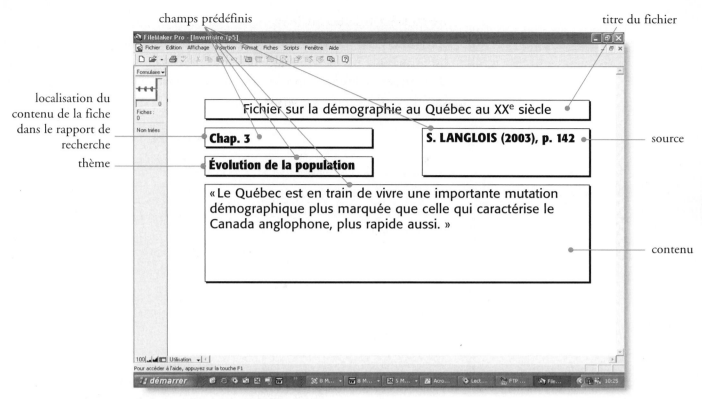

Figure 3.14 Exemple de fiche sur fichier informatisé

Les avantages des fiches informatisées sont les suivants.

- Le texte est déjà formaté et prêt à être utilisé avec un logiciel de traitement de texte à l'aide des fonctions « copier » et « coller ».

- L'indexation des mots est automatique : on trouve toutes les fiches qui contiennent le mot cherché instantanément.

- La fonction « tri » recherche et ordonne les fiches selon un critère de sélection : par exemple, selon l'ordre des chapitres ou selon l'ordre alphabétique des noms d'auteurs.

- La fonction « recherche » permet de trouver instantanément un mot, une idée, le nom d'un personnage, etc., dans toutes les fiches où ils sont mentionnés.

- Le fichier informatisé permet de manipuler des centaines de fiches à la fois.

- Il permet d'importer des notes d'un autre document (avec Internet, par exemple) dans votre fichier principal.

- Enfin, vous pouvez conserver votre fichier (toujours faire au moins une copie de sécurité) et le réutiliser en le combinant avec un autre fichier lors d'une recherche ultérieure. Vous créez ainsi une banque permanente.

Le classement des fiches

La méthode des fiches donne d'excellents résultats. Elle vous oblige à classer l'information. Même si le classement de l'information demande un peu plus de temps, à la longue, vous en économiserez beaucoup plus, en particulier lors de la rédaction d'un rapport de recherche.

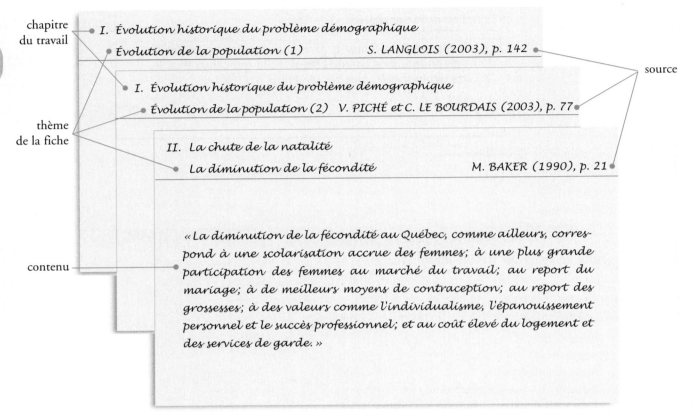

chapitre du travail

thème de la fiche

contenu

source

I. Évolution historique du problème démographique

Évolution de la population (1)   S. LANGLOIS (2003), p. 142

I. Évolution historique du problème démographique

Évolution de la population (2)   V. PICHÉ et C. LE BOURDAIS (2003), p. 77

II. La chute de la natalité

La diminution de la fécondité   M. BAKER (1990), p. 21

« La diminution de la fécondité au Québec, comme ailleurs, correspond à une scolarisation accrue des femmes; à une plus grande participation des femmes au marché du travail; au report du mariage; à de meilleurs moyens de contraception; au report des grossesses; à des valeurs comme l'individualisme, l'épanouissement personnel et le succès professionnel; et au coût élevé du logement et des services de garde. »

Figure 3.15 Exemple de fiches classées

La figure 3.15 montre les avantages de cette méthode, car toute la documentation consultée est classée selon le plan du travail, qui porte sur « Les effets de la chute de la natalité sur la société québécoise ». Chaque fiche est classée selon la place qu'elle occupe dans le plan de travail. Un chapitre regroupe plusieurs fiches sur plusieurs thèmes du chapitre. Ainsi, le travail de rédaction est facilité : par le jeu des fiches, le contenu du rapport est ordonné selon un plan rigoureux. Il ne reste qu'à rédiger l'introduction, la conclusion et les formules de transition (➔ *voir le chapitre 10, p. 215 à 216*).

La méthode des fiches : que faut-il en retenir ?

- On n'écrit qu'une seule idée par fiche.
- Sur la fiche de lecture, on copie le texte de l'auteur (citation), on le reformule (résumé) ou on le commente (commentaire).
- Une fiche comprend une citation (entre guillemets) et un commentaire ou une reformulation sur le même thème ou la même idée.
- Une fiche comprend les trois éléments suivants :
  1. le thème de la fiche ;
  2. la source de l'information : l'auteur, le titre abrégé si nécessaire et l'année de publication (entre parenthèses) ;
  3. le contenu de l'information sous forme de citation, de résumé ou de commentaire.
- Ne pas recopier ses fiches au propre : c'est une importante perte de temps.

CRÉEZ VOTRE FICHIER PERMANENT DE NOTES DE LECTURE

Ce fichier pourrait prendre la forme d'un cartable où les feuilles de notes seront insérées selon des catégories (disciplines, auteurs, champs d'intérêt, etc.).

Il pourrait aussi être constitué d'un fichier informatisé avec ses caractéristiques particulières.

Cette méthode permet d'atteindre deux objectifs :

- maximiser votre temps de lecture en accumulant des notes qui sont autant d'éléments d'information et de réflexion qui proviennent de spécialistes (les auteurs sont, très souvent, des spécialistes dans leur domaine) ;
- réutiliser le matériel d'un cours à l'autre, d'une année à l'autre, car vos lectures sont effectuées dans le cadre d'un programme et leur intégration est une condition de votre réussite. Vous pourrez donc, par exemple, réutiliser vos notes de philosophie pour effectuer un travail de recherche en politique, vos notes d'histoire pour mieux comprendre un exercice en littérature médiévale, vos notes de psychologie pour aborder un programme de soins infirmiers ou pour réaliser une étude de cas sur un conflit de travail, etc. Vous pourrez enfin les utiliser dans le cadre de l'épreuve synthèse de programme obligatoire à la fin de vos études collégiales.

Devenez un lecteur compétent

Être un lecteur compétent[2], c'est :

- **ne pas paniquer** si l'on ne comprend pas la matière du premier coup et être prêt à lire un texte plusieurs fois avant de bien le comprendre ;

- **accepter de lire avec un dictionnaire,** de buter sur des mots nouveaux et d'en profiter pour apprendre leur sens dans un contexte donné ;

- **lire un crayon à la main,** car le fait de prendre des notes de lecture aide à penser, à définir des questions, à faire des liens, à ne pas oublier ses propres idées et, enfin, à ralentir le tempo parce qu'il faut digérer la pensée d'un autre ;

- désirer aborder des questions nouvelles et trouver des réponses, les rédiger et, ainsi, **structurer sa propre pensée** ;

- **avoir un esprit ouvert,** s'intéresser à d'autres idées, s'ouvrir à d'autres mondes, accepter de se laisser surprendre. Ainsi, on découvre ses aptitudes, ses champs d'intérêt, voire ses passions ;

- **avoir un esprit critique** et être prêt à contester des opinions et des informations, à considérer l'auteur comme quelqu'un qui a des idées, des préjugés, qui emploie des méthodes parfois contestées par d'autres et qu'il faudra évaluer soi-même ; c'est éviter d'absorber les informations comme un aspirateur, c'est engager une conversation avec l'auteur et débattre de ses idées ;

- savoir que les données peuvent être interprétées de plusieurs façons et qu'il faut **évaluer chaque argument.**

À retenir

	OUI	NON
- Est-ce que j'**envisage** la lecture comme une opération active ?	☐	☐
- Est-ce que je **prépare ma lecture** par un bon survol de l'ouvrage ?	☐	☐
- Est-ce que je **souligne** et j'**annote** mes textes ?	☐	☐
- Est-ce que je **prends des notes** avec le cahier de notes ou le fichier ?	☐	☐
- Est-ce que j'**emploie un logiciel** pour construire mon fichier permanent de notes de lecture ?	☐	☐

2. Inspiré de B.T. WILLIAMS et M. BRYDON-MILLER, *Concept to Completion. Writing Well in the Social Sciences*, New York, Harcourt Brace College Publishers, 1997, p. 60-62.

Chapitre 4

Étudier
et réussir
ses examens

4

« La meilleure astuce, c'est d'écouter en classe. Quand j'ai compris la matière, elle reste en mémoire. C'est la clef. »

Annie, 19 ans

Après avoir lu attentivement le présent chapitre, vous serez en mesure :

• d'utiliser efficacement les heures prévues pour le travail scolaire ;

• d'adopter les comportements adéquats avant, pendant et après les examens.

COMMENT PRÉPARER DES EXAMENS ?

Stratégie d'ensemble

La figure 4.1 permet de visualiser les liens qui unissent les différents éléments importants d'une stratégie pour l'étude. Chacun de ces aspects est abordé ci-dessous.

But

Fixez clairement votre objectif, et vous saurez pourquoi vous voulez faire les efforts requis.

Gestion du temps

Établissez un plan d'attaque pour atteindre le but fixé (➔ *voir le chapitre 1*).

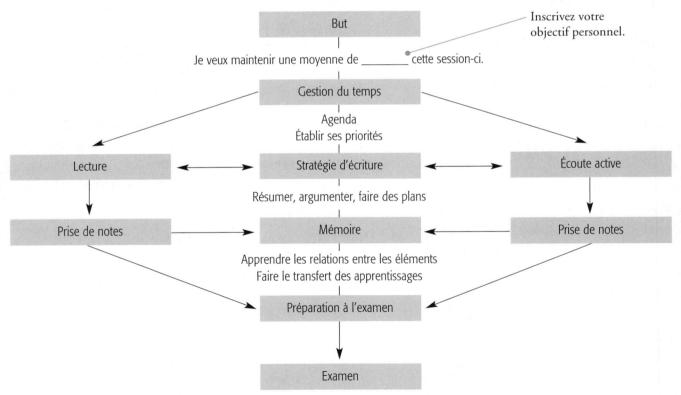

Figure 4.1 Exemple de stratégie d'ensemble pour réussir

Stratégie d'écriture

Développez suffisamment vos connaissances sur le sujet pour être capable de rédiger un essai ou d'élaborer une argumentation serrée (➜ *voir le chapitre 9*).

Lecture

Survolez, questionnez, relisez, récitez, révisez (➜ *voir la méthode SQ4R, p. 54*).

Écoute active

Notez, questionnez, relisez, récitez, révisez (➜ *voir le chapitre 3*).

Prise de notes

Notez pour pouvoir reconstituer la structure de l'exposé, du texte (➜ *voir le chapitre 3, p. 36*).

Mémoire

Souvenez-vous des éléments acquis pour réussir l'examen et pour appliquer vos connaissances à de nouvelles situations en transposant vos apprentissages (➜ *voir p. 57*).

Principes de l'étude efficace

- Précisez les tâches à faire et donnez la priorité aux plus importantes et aux plus urgentes.
- Subdivisez les tâches afin de ne pas vous laisser décourager par leur ampleur.
- Prévoyez une courte pause-récompense après chaque tâche.
- N'étudiez pas plus de deux heures d'affilée : votre travail devient probablement improductif quand vous dépassez cette limite.
- Variez les sujets d'étude : par exemple, changez de matière après une heure.
- Révisez vos notes de cours à la fin de la journée.
- Cochez la liste de vos tâches à mesure que vous les accomplissez. Ainsi, vous constaterez les progrès accomplis et aurez le courage de continuer.
- Étudiez dans un endroit calme et bien aéré, à des moments appropriés.
- Enfin, préparez-vous un échéancier en planifiant le temps requis pour l'étude en fonction :
  - du nombre et des dates d'examens,
  - des types d'examens,
  - de la valeur respective des examens par rapport à l'évaluation globale,
  - de la matière à étudier ou visée par les examens,
  - de la durée des examens.

Ressources pour réussir

Dans un collège, les ressources suivantes sont à votre disposition pour vous aider à réussir :

l'**alternance travail-études** (stages en entreprise dans les programmes techniques) ;

les **ateliers** sur la prise de notes, l'étude efficace, etc. ;

les **API** (aides pédagogiques individuels) ;

la **bibliothèque** et son personnel, les ateliers sur la recherche documentaire, etc. ;

les **centres d'aide** en français, en mathématiques, en anglais, en philosophie, en informatique, etc. ;

le service **d'orientation scolaire** ;

le **tutorat par les pairs** (élèves qui aident d'autres élèves) ;

et, bien entendu...

les **enseignants** qui affichent leurs heures de disponibilité : n'hésitez pas à prendre rendez-vous ou à les consulter à leur bureau.

4

La méthode SQ4R et ses applications

La méthode SQ4R est une méthode d'étude et de préparation à des examens. **SQ4R** signifie **S**urvoler, **Q**uestionner, **R**elire, **R**estructurer, **R**éciter et **R**éviser. Cette méthode d'étude n'est pas la seule, mais elle peut très bien s'adapter aux besoins de chacun. L'important, c'est de vous donner une bonne méthode de travail afin d'atteindre le but fixé, qui n'est pas l'étude en soi, mais bien l'acquisition et l'intégration de connaissances pour mieux vivre sa vie personnelle et professionnelle. De plus, avant de vous lancer aveuglément dans la mémorisation, il est primordial de bien comprendre. **On n'apprend bien que ce que l'on comprend!** Examinons le processus de la méthode SQ4R.

Survoler

C'est prendre rapidement connaissance du sujet, vous familiariser avec l'objet d'étude, vous donner une vue d'ensemble de la matière à étudier. Pour cela, il faut revoir attentivement l'introduction, les titres et intertitres, les divisions, les graphiques, les schémas, la conclusion, etc., d'un livre, d'un chapitre ou de vos notes de cours (➜ *voir le chapitre 3, p. 34 et 35*).

Questionner

Il faut vous débarrasser de toute attitude passive à l'égard de l'étude et en adopter une plus dynamique et plus positive. Une bonne façon de le faire, c'est de formuler des questions sur la matière à partir des notes de cours et à partir des titres, des intertitres, etc. Le couple question-réponse est l'une des meilleures façons d'apprendre une matière donnée.

Relire

Relisez attentivement et activement (notez, soulignez, etc.) la matière en essayant de répondre aux questions. Portez attention aux faits, aux idées et au sens précis des mots. **Lisez tout :** le texte, bien sûr, mais aussi les graphiques, les cartes, les tableaux, etc.

Restructurer

Il faut aussi assimiler la matière en la restructurant pour la rendre claire dans votre esprit. Par exemple, il est très utile de faire des **tableaux de classification,** des **réseaux de concepts** et des **lignes du temps** qui vous serviront d'aide-mémoire pour les examens : ce sont trois moyens de classer l'information. Le tableau et le réseau présentent les concepts importants inclus dans une matière; ces concepts, représentés sous forme de mots clés, constituent les réponses aux questions posées pendant des lectures ou des révisions de notes. Le tableau et le réseau permettent de comparer les idées et de les différencier. La ligne du temps permet d'ordonner les événements selon une séquence chronologique.

À titre d'exemple, imaginez que vous avez lu un texte sur les trois types de régimes socio-économiques dans les principaux pays industrialisés et que vous devez regrouper les informations dans un **tableau à double entrée** ou

Tableau 4.1 **Exemple de tableau de classification**

Caractéristiques	Types de régimes		
	Capitalisme	**Social-démocratie**	**Communisme**
Sorte de propriété	privée	mixte	collective
Place des partis politiques	pluralisme	pluralisme	parti unique
Rôle de l'État	rôle d'appoint	dominant	moteur unique
Conception de la liberté individuelle	totale	tempérée par les lois sociales	fortement limitée par l'État

tableau de classification. Le tableau 4.1 ci-dessus est un exemple du résultat que vous auriez probablement obtenu. La colonne de gauche présente quelques caractéristiques communes aux divers régimes (propriété, partis, État, liberté), caractéristiques qui sont précisées horizontalement selon les types de régimes.

La figure 4.2 illustre un exemple de réseau de concepts obtenu à la suite de la lecture de l'extrait de Simon Langlois (→ *voir p. 37*) sur la mutation démographique.

La matière a été organisée en fonction des principaux concepts et des liens proposés entre ces concepts. Enfin, la figure 4.4 représente une ligne du temps construite à partir des données recueillies au moment de la lecture du texte de la figure 4.3. Dans un premier temps, vous devez lire le texte de la figure 4.3 d'une manière active en surlignant les éléments chronologiques qui prédominent. Dans un second temps, il s'agit de construire votre propre ligne du temps en plaçant les éléments chronologiques au bon endroit. N'oubliez pas de donner un titre à votre ligne du temps et d'indiquer clairement la source du texte duquel vous vous êtes inspiré. Il est maintenant beaucoup plus facile de situer chaque événement dans le temps.

Définition

Un concept est la représentation mentale d'une réalité, d'un objet, d'une émotion, d'une action.

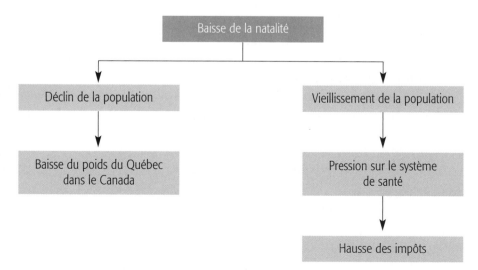

Figure 4.2 **Exemple de réseau de concepts**

LE CONTEXTE LITTÉRAIRE

LA FORMATION DE LA LANGUE FRANÇAISE

Dans la Gaule du 5ᵉ siècle coexistent deux langues : le latin, langue savante, parlé par l'élite et utilisé par l'Église pour conserver par écrit les traditions religieuses, le savoir scientifique et la culture *antique*; et la langue vulgaire, sorte de latin déformé par les influences celtiques, parlée par la majorité de la population. C'est de cette langue vulgaire que va naître, après les invasions germaniques, une langue composite, le roman, qui deviendra l'ancien français (du 11ᵉ au 14ᵉ siècle), puis le moyen français (15ᵉ – 16ᵉ siècles) et enfin le français moderne (à partir du 17ᵉ siècle).

Couramment parlé par la population sous le règne des Mérovingiens, la langue romane parvient, sous le règne des Carolingiens, à être reconnue par l'Église comme langue de prédication et son usage est rendu officiel, alors que le latin (devenu langue morte) est récupéré par les clercs et sert de langue d'étude.

Le roman est donc, au départ, une langue essentiellement parlée, et ses œuvres littéraires sont destinées à être propagées oralement de génération en génération grâce aux jongleurs. Aussi les premiers textes écrits en roman sont-ils d'abord des documents juridiques. En effet, *Les Serments de Strasbourg* (842) est le plus ancien document administratif écrit en langue romane qui nous est parvenu. Écrit en deux langues, romane et germanique, pour permettre aux soldats des deux armées de comprendre ce qui leur était lu, ce texte conclut l'entente du partage de l'Empire entre les descendants de Charlemagne.

Sous les Capétiens, le morcellement féodal favorise, à partir du 11ᵉ siècle, l'éclosion de dialectes variés. Ainsi voit-on la France de cette époque se découper en deux communautés linguistiques (la langue d'oïl au Nord et la langue d'oc au Sud) et chacune de celles-ci se morceler en de nombreux dialectes. Puis, à la faveur d'une centralisation administrative, le francien (ou ancien français), dialecte de l'Île-de-France où réside le roi, s'impose et l'emporte sur tous les autres dialectes. La naissance de la langue française est ainsi liée à la naissance de l'État français, incarné par une monarchie qui impose[8] graduellement sa puissance.

texte surligné à la suite d'une lecture active

8. Il ne faut surtout pas croire que l'unité linguistique est réalisée ni que la langue française ressemble à celle que nous parlons aujourd'hui. Il faut attendre le 17ᵉ siècle. Quant à l'unification linguistique, ce sera le fruit de la Révolution française (18ᵉ siècle).

Figure 4.3 Exemple de texte *bien* surligné
Source : Carole Pilote, *Langue et littérature au collégial 1, le Moyen Âge et la Renaissance,* Laval, Éditions Études Vivantes, 2000, p. 15.

La formation de la langue française

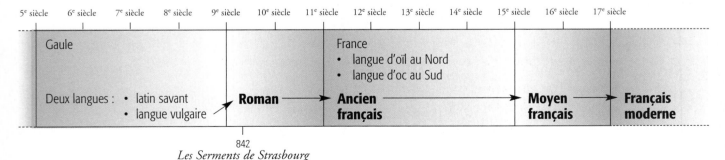

Figure 4.4 Exemple de ligne du temps
Source : *Ibid.*

Réciter

Il faut ensuite maîtriser les connaissances acquises en les récitant ou, du moins, en reproduisant l'essentiel de l'information. Ce sera d'autant plus facile que vous pourrez vous servir de vos réseaux et de vos tableaux. Ne vous contentez pas de réciter l'information, mais écrivez vos réponses ou, encore, dressez des plans et des schémas reproduisant l'essentiel des données nécessaires pour répondre à une question. La mémoire est sélective : elle retient plus facilement une série de grands thèmes (mots clés) que des phrases complètes. Si vous avez vraiment compris la matière étudiée, il vous suffira donc de vous rappeler les grands thèmes et la logique qui les relie.

Réviser

Refaites un survol du texte ou de vos notes de cours. Cette opération sera facilitée si vous avez pris la peine de faire un résumé de la matière étudiée ainsi que quelques schémas de concepts ou des tableaux regroupant les principaux éléments. Faites cette opération dès la fin de la période d'étude.

Tactique

Vingt techniques pour améliorer la capacité de votre mémoire

Qu'est-ce que la mémoire? «La mémoire est la propriété de conserver et de restituer des informations[1]. » C'est aussi une «activité biologique et psychique qui permet de retenir des expériences antérieurement vécues»[2]. Si l'on fait une analogie avec l'informatique, la mémoire est un organe du cerveau qui permet l'enregistrement, la conservation et la restitution des informations.

Ainsi, nous disposons d'abord d'une **mémoire à court terme,** un espace de mémoire temporaire qui ne peut retenir qu'un nombre limité d'informations à la fois, soit généralement sept éléments (chiffres, lettres, idées, etc.), comme les chiffres d'un numéro de téléphone.

Il y a également la **mémoire à long terme,** qui est une sorte d'entrepôt où les informations sont stockées. Deux problèmes se posent donc : comment transférer l'information de la mémoire à court terme à la mémoire à long terme? Et comment avoir accès rapidement à l'information stockée dans la mémoire à long terme? Voici donc une liste de 20 techniques pour améliorer votre capacité de mémorisation.

1. **Apprenez du général au particulier.** Ne commencez jamais par les détails. Survolez l'ensemble de la matière et situez cette matière par rapport au plan de cours de l'enseignant.

---

1. *Encyclopædia Universalis,* article «mémoire», 1989.
2. *Le Petit Larousse illustré,* article «mémoire», 1996, p. 646.

2. **Soyez actif.** Saviez-vous que les cadres des grandes entreprises tiennent parfois leurs réunions debout? Tout le monde est plus actif, certains disent même que leur cerveau fonctionne mieux ainsi, et les réunions durent moins longtemps! Essayez d'étudier debout : il est bien difficile alors de vous endormir devant un manuel d'exercices! Promenez-vous dans la pièce où vous étudiez, gesticulez, répétez vos leçons à voix haute, faites une démonstration en utilisant tout votre corps. Si vous préférez rester assis à votre bureau de travail, assoyez-vous sur le bout de votre chaise, comme si vous étiez sur le point de vous lever.

3. **Détendez-vous.** Cela est-il en contradiction avec la deuxième technique? Pas du tout. Nous assimilons de nouvelles informations plus facilement lorsque nous sommes détendus. Qui n'a pas vécu cette situation d'être incapable de se souvenir de la matière durant un examen et de s'en rappeler plus tard, dans un moment de détente? Avoir l'esprit détendu permet de vous amuser avec la matière, de créer des associations et des schémas ou de mettre en pratique les techniques de mémorisation.

4. **Récitez et répétez.** Lorsque vous répétez un texte à voix haute, vous exprimez les choses et vous les entendez en même temps : vous savez alors si ce que vous dites a du sens et vous le retenez mieux. La répétition permet de mieux ancrer la matière dans votre mémoire à long terme. Répétez une série d'informations jusqu'à ce que vous les sachiez par cœur. Dites-les cinq autres fois.

5. **Regroupez les informations.** Puisque la mémoire à court terme ne retient en général que sept éléments, il faut essayer de regrouper les informations de façon à diminuer la charge de la mémoire à court terme. Si vous devez retenir une cinquantaine de lieux géographiques européens, regroupez-les en types de lieux : lacs, fleuves, villes, chaînes de montagnes; ou selon les pays : France (Seine, Alpes, Paris), Belgique (Bruges, Gand, Bruxelles), Allemagne (Rhin, Bonn, Berlin), etc. Créez des catégories, qui seront autant de clés d'accès à l'information stockée dans la mémoire à long terme.

6. **Organisez l'information.** Ne suivez pas nécessairement l'ordre de vos notes de cours ou celui d'un manuel. Donnez du sens aux informations que vous devez apprendre en les classant dans une structure, un ordre. Faites des tableaux de classification, des lignes du temps ou des réseaux de concepts (➜ *voir p. 54*). Reliez toutes les informations pertinentes à un concept central. Par exemple, reliez au concept de capitalisme le type d'entreprise, le crédit, la propriété, la Bourse, les actions, les dividendes, le profit, etc. Si vous retenez «capitalisme», il y a de fortes chances que vous reteniez aussi les termes que vous aurez associés à ce concept.

7. **Visualisez l'information.** Créez des associations entre des idées, grâce à un ensemble de flèches par exemple (➜ *voir le réseau de*

concepts, p. 55). Associez des images mentales à des concepts. Par exemple, vous devez comparer la démocratie d'Athènes, au 5e siècle avant notre ère, avec l'État central mis en place par Alexandre le Grand, au 4e siècle avant notre ère. Associez la démocratie à une assemblée de centaines de personnes sur la place publique (agora) et le régime d'Alexandre à l'image d'un dieu trônant sur un nuage. N'ayez pas peur de créer des images farfelues, drôles, signifiantes pour vous. L'imagination n'a pas de limites!

8. **Interrogez-vous sur la matière.** Êtes-vous de ces élèves qui vont voir l'enseignante en disant «Madame, je n'ai rien compris»? Il est fort probable que vous n'ayez rien compris si vous ne vous posez pas de questions sur la matière. Vous retiendrez plus d'éléments si vous avez réfléchi à la matière en vous posant des questions. Prenez, par exemple, les intertitres d'un chapitre, dont un parle des causes d'un phénomène. Transformez-le en vous demandant : «Quelles sont les causes de ce phénomène?» Vous donnez ainsi un sens à votre étude (➜ *voir la méthode SQ4R, p. 54*).

9. **Trouvez des exemples concrets.** Lorsque l'enseignant aborde des concepts abstraits, trouvez des exemples concrets à associer à ces concepts. Ainsi, le concept d'acteur social, en sociologie, est incarné par les syndicats ou les groupes communautaires; en philosophie, le concept d'éthique se comprend en associant des valeurs (honnêteté, courage) à des situations (une discussion, une décision difficile); en économie, le concept de monopole s'illustre au moyen d'une entreprise que l'on connaît bien (Hydro-Québec, Société des alcools du Québec, etc.).

10. **Écrivez l'essentiel.** L'écriture permet d'ancrer la matière dans la mémoire à long terme, et ce, d'une manière différente de la parole. L'écriture et la parole sont complémentaires. Vous aurez à subir beaucoup plus d'examens écrits qu'oraux au cours de vos études : en écrivant l'essentiel d'une leçon, vous vous exercez à répondre aux questions que l'enseignant risque de poser à l'examen.

11. **Sélectionnez l'information à mémoriser.** Toute la matière d'un cours ne doit pas être mémorisée. C'est donc à vous d'organiser votre étude pour sélectionner la matière essentielle et la mémoriser. Comment sélectionner l'essentiel? En relisant le plan de cours, en révisant vos notes de cours ou en allant rencontrer l'enseignant afin de déterminer les principaux éléments de la matière.

12. **Créez des acronymes.** Créez des mots nouveaux, des sigles, composés de la première lettre de chaque mot à mémoriser. Il est plus facile de se rappeler l'acronyme «SIDA» que le terme «**s**yndrome d'**i**mmuno-**d**éficience **a**cquise». Ainsi, BLJB-JPB permet de retenir la liste des premiers ministres du Québec de 1970 à 1998 : **B**ourassa, **L**évesque, **J**ohnson (Pierre-Marc), **B**ourassa, **J**ohnson (Daniel fils), **P**arizeau et **B**ouchard.

13. **Créez des acrostiches.** Vous avez une liste à mémoriser, mais les termes de cette liste ne présentent aucun lien entre eux. Donnez du sens à l'information : remplacez les mots par d'autres qui, tout en commençant par la même lettre, auront un sens à vos yeux. Peut-être avez-vous déjà utilisé l'acrostiche suivant pour mieux retenir le nom des planètes et leur position par rapport au Soleil : « Mon vieux, tu m'as jeté sur une nouvelle planète » ? Soit

Mon : Mercure
vieux : Vénus
tu : Terre
m'as : Mars
jeté : Jupiter

sur : Saturne
une : Uranus
nouvelle : Neptune
planète : Pluton.

14. **Chantez-le sur un air populaire.** Qui ne se souvient pas avoir appris ses tables d'addition en chantonnant « un plus un deux, deux plus deux quatre, quatre... » ? Le fait de chanter ou de fredonner des informations sur un air populaire aide à retenir ces informations par association.

15. **Réduisez les interférences.** Fermez le poste de télévision, la chaîne stéréo ou la radio (si la musique vous dérange, bien entendu!) lorsque vous étudiez. Installez-vous dans un endroit tranquille, à l'écart des activités de la maisonnée. Une soirée complète d'étude devant la télé ne vaut probablement pas mieux qu'une bonne demi-heure d'étude bien concentrée. Vous disposez de trois heures dans votre soirée? Une heure trente d'étude, suivie d'une heure trente de télé pour relaxer : étudiez sans vous distraire, détendez-vous sans vous culpabiliser!

16. **Sortez de la mémoire à court terme.** L'important dans l'étude, c'est que l'information retenue par la mémoire à court terme soit transférée dans la mémoire à long terme de façon durable. Un bon truc : effectuez une courte révision quelques minutes ou quelques heures après une séance d'étude. Cela permet de transférer l'information de la mémoire à court terme à la mémoire à long terme.

17. **Utilisez l'information avant de l'oublier.** Vous connaissez votre adresse actuelle, mais vous rappelez-vous celle d'il y a cinq ans? Vous allez peut-être constater que la récupération des informations stockées dans la mémoire est difficile si elle n'est pas effectuée régulièrement. Une méthode est efficace : relisez vos notes du cours précédent avant le cours suivant. Une autre technique est aussi efficace : enseignez la matière à quelqu'un d'autre; la reformulation de l'information vous oblige à mieux comprendre et à vous concentrer. Pourquoi ne pas former un **club d'étude** avec deux ou trois amis? C'est en expliquant le fonctionnement du parlementarisme britannique, la définition de la conscience chez Freud ou la nature du romantisme en littérature que vous saurez si vous l'avez vous-même bien compris.

18. **Testez réellement vos connaissances.** Après avoir étudié, faites-vous passer des tests difficiles, entre deux cours, une semaine plus tard, puis deux jours avant l'examen. Demandez à quelqu'un de votre groupe d'étude de vous en faire passer un. Si vous échouez, reprenez l'étude. Au moins, vous saurez ce qui manque et vous vous concentrerez sur les éléments les plus difficiles.

19. **Préparez-vous à l'avance.** Le secret de l'étude, c'est de se préparer à l'avance. Cela commence par les notes de cours et les notes de lecture bien claires. Révisez vos notes rapidement après chaque cours (➔ *voir le chapitre 2*), complétez-les le plus vite possible, avec les notes d'un ami ou après une rencontre avec l'enseignant. Vous n'aurez plus qu'à réviser la veille de l'examen.

20. **Ne vous fiez pas seulement à votre mémoire.** Certains des trucs donnés ici fonctionnent mieux pour certaines personnes que pour d'autres. Il faut les expérimenter à son rythme et sélectionner ceux qui s'appliquent à son style d'apprentissage. Mais attention : s'il est important de travailler sur sa mémoire, il est inutile de penser étudier toute la matière en l'apprenant par cœur ! La mémoire n'est pas le seul facteur qui influence la réussite scolaire.

COMMENT PASSER ET RÉUSSIR DES EXAMENS ?

Lire et respecter les consignes

- Faites d'abord un survol de l'examen en lisant attentivement les consignes, qui peuvent être très variées, comme dans les exemples suivants.

   - « Choisissez **l'une** des deux questions suivantes. »
   - « **Cochez** la bonne réponse. »
   - « Faites une **introduction** et une **conclusion.** »
   - « Parmi les réponses possibles, **une seule** est vraie. »
   - « **Résumez d'abord** le texte qui suit avant de répondre… », etc.

- Si vous n'êtes pas sûr de comprendre une consigne, demandez à l'enseignant de vous l'expliquer.

- Lisez tout le questionnaire et répartissez le temps de réponse entre les questions, selon les difficultés, le type de questions et la pondération allouée à chacune (insistez sur une question de 40 ou 50 points, par exemple).

- Répondez d'abord aux questions les plus faciles. Le fait d'écrire et d'activer la mémoire à court terme permet d'éviter les blocages sur une question difficile, par exemple, et de repérer les éléments requis dans la mémoire à long terme.

- Repérez les éléments de réponse éventuellement compris dans l'énoncé des autres questions.

> **Tactique**
>
> **Le téléphone cellulaire en classe**
>
> Fermez votre **téléphone cellulaire** lors d'un examen. Si vous oubliez de le faire et que quelqu'un vous appelle, ne répondez pas sinon l'enseignant croira que vous trichez.

S'adapter au type de questions d'examen

L'examen à choix multiple (objectif)

- Avant de répondre à une question, décelez les mots clés et analysez-les. Par exemple, des mots comme tous, la plupart, souvent, aucun, toujours, etc., sont lourds de signification pour l'interprétation du sens de la question. D'ailleurs, les affirmations comportant des «toujours» ou des «jamais» sont fréquemment fausses. Mais attention...

  Exemples — «Les philosophes grecs sont **tous** matérialistes» est faux, tandis que

  — «**La plupart** des enfants de 0 à 6 ans connaissent les mêmes stades de développement» est vrai.

- Devant une affirmation partiellement vraie, répondez faux.

  Exemple «Henri VIII adopta l'Acte de suprématie en 1534 contre Martin Luther» est partiellement vrai, mais on doit répondre faux, car ce n'est pas contre Luther que cet acte fut adopté.

- Pour les questions plus difficiles, risquez une réponse sauf si les mauvaises réponses sont pénalisées.

- Les questions à choix multiple visent à vous faire reconnaître les bons éléments, à sélectionner les bonnes réponses et non à vous faire redire la matière. C'est ici que la réalisation d'un lexique personnel, tout au long de la session, vous viendra en aide (➜ *voir le chapitre 2, p. 28*), car il vous familiarisera avec les termes techniques propres à chacune des disciplines de votre programme.

- Devant une question à choix multiple, répondez d'abord mentalement avant de lire les choix suggérés. Puis, procédez par élimination pour choisir la réponse la plus juste. En somme, si vous ne connaissez pas spontanément la réponse, vous devez analyser chaque choix de réponse et procéder par élimination.

  Exemple Le philosophe français Voltaire :

  a) s'oppose à la domination de l'Église sur l'État ;

  b) est l'inventeur du voltmètre ;

  c) a dit : « Un roi, une loi, une foi » ;

  d) a été guillotiné par Robespierre.

  Si vous n'êtes pas certain que Voltaire s'est réellement opposé à la domination de l'Église sur l'État (a), lisez les trois autres choix de réponse. Vous savez que le voltmètre est un beau piège..., (b) est donc à éliminer. Quant à la réponse (c), c'est Bossuet au 17e siècle qui a dit «Un roi, une foi, une loi», ce n'est donc pas Voltaire; la réponse (c) est aussi à éliminer. Enfin, puisque Voltaire est mort en 1786, il n'a pu être guillotiné par Robespierre, qui est arrivé au pouvoir en 1793 en France, (d) est donc à éliminer. C'est (a) qui est la bonne réponse.

- L'enseignant ajoute parfois le choix de réponse suivant : «Toutes ces réponses [sont vraies]» ou «Aucune de ces réponses [n'est vraie].» Dans le premier cas, tous les éléments de toutes les phrases doivent être vrais; dans le second cas, il faut vraiment s'assurer qu'aucun des choix proposés n'est vrai. Selon une autre variante, on peut vous demander d'indiquer l'énoncé inexact parmi une brochette d'affirmations : il faut alors trouver l'énoncé qui comporte au moins un élément faux.

- Après avoir répondu au questionnaire, relisez calmement vos réponses et faites des liens avec l'ensemble de l'examen : vous aurez peut-être à changer une réponse en fonction des informations fournies dans l'ensemble des questions.

L'examen à développement

- Analysez systématiquement chaque question avant d'y répondre. Demandez-vous : «Quels aspects de la question dois-je développer pour répondre correctement?» Selon la question, il vous faut avant tout comprendre le sens de mots tels que comparez, énumérez, analysez, résumez, illustrez, expliquez, etc., (➜ *voir le tableau 4.3, p. 65*).

- Notez, dans la marge, les premières idées qui vous viennent à l'esprit.

- Commencez par répondre à la question : dès le premier paragraphe, énoncez le sens de la réponse à venir par une phrase complète et signifiante. Ainsi, à la question «Quelles sont les caractéristiques thématiques du romantisme?», vous commencez par répondre : «Les caractéristiques thématiques du romantisme sont le mal du siècle, l'expansion du moi, la liberté totale, le règne de l'individualisme, le culte de la nature et la recherche de l'évasion[3].» Les autres paragraphes serviront à expliquer chacune des six caractéristiques que vous aurez retenues.

- Jumelez un exemple à chaque idée énoncée : c'est souvent ce qui manque dans les réponses, alors que l'enseignant s'attend que l'élève soit capable d'illustrer une idée principale par un exemple significatif. Ainsi, au sujet du «règne de l'individualisme», vous pouvez citer Chateaubriand : «J'écris principalement pour rendre compte de moi à moi-même, pour m'expliquer mon inexplicable cœur[4].»

- Dressez un petit plan de votre réponse avant de commencer à rédiger afin de ne pas oublier de points importants. À cet égard, les schémas et les tableaux de classification peuvent servir de plan de réponse.

- Il ne faut pas écrire tout ce que vous savez à propos d'une question. Limitez-vous à ce qui est demandé; par exemple, ne décrivez pas six causes si l'on vous en demande cinq, et n'expliquez pas les conséquences si la question ne porte que sur les causes.

3. Selon Carole PILOTE, *Français, Ensemble 1, Méthode d'analyse littéraire et littérature française*, Laval, Éditions Études Vivantes, 1997, p. 217-221.

4. Chateaubriand, *Mémoires*, cité par C. PILOTE, *op. cit.,* p. 220.

Tactique

Le pour et le contre

Vous devez répondre à la question suivante : «Expliquez l'échec du Nouveau Parti démocratique (NPD) au Canada à prendre le pouvoir» et vous êtes à court d'idées. Prenez une feuille et séparez-la en deux parties par une ligne au milieu. D'un côté, décrivez le pour ou les aspects positifs de l'action du NPD, puis, de l'autre côté, le contre ou les aspects négatifs. Vous pourriez obtenir un tableau comme celui-ci.

Tableau 4.2 Le pour et le contre

Pour	Contre

• À l'origine des programmes sociaux
  – pensions de vieillesse
  – assurance-emploi
  – etc.
• Défenseurs des droits civiques
• Leaders populaires
• Soutien des syndicats
• Soutien des agriculteurs de l'Ouest
• Appui aux revendications des femmes
• Deux femmes chefs de parti
	• N'a jamais formé le gouvernement fédéral
	• Méconnu au Québec
	• Parti régional (de l'Ouest)
	• Trop associé à la gauche et à l'État providence (dette)

Vous en concluez que, bien que le NPD n'ait jamais pris le pouvoir, il a fortement contribué à la création de programmes sociaux au pays et qu'à ce titre, il a connu un succès certain. Il ne vous reste qu'à élaborer vos idées autour de cette thèse. La formulation d'une thèse ou d'un argument majeur vous permet d'organiser vos idées de manière logique, et non de répondre par une liste d'épicerie du style « Il y a le manque d'appui au Québec ; il y a les pensions et aussi les droits civiques ; il y a les syndicats et… », ainsi de suite ! Donnez une chance à l'enseignant d'évaluer vos idées, pas seulement votre mémoire !

- Si jamais le temps vous manque pour répondre entièrement à une question, vous pouvez au moins inscrire sur votre feuille de réponses le plan ou les mots clés pertinents ; vous pourriez ainsi accumuler des points précieux.

- Relisez votre copie en vérifiant l'orthographe, la ponctuation et la syntaxe : la construction des phrases permet-elle au correcteur de comprendre les idées que vous avez voulu exprimer ? Dans un examen à développement, on ne remplace jamais les phrases complètes par des flèches, des abréviations ou des listes ; soignez votre style, bannissez les expressions ou mots familiers comme la «chose», «Il était *cool*», etc.

- Ne terminez jamais un examen en vous excusant de n'avoir pas étudié. Les phrases du genre «Je n'ai pas étudié, excusez-moi», «Désolé, je n'ai pas eu le temps de répondre aux trois dernières questions» ou «L'examen était

Tableau 4.3 Les mots clés dans les examens à développement

Mots clés (origine grecque ou latine)	Définition
Analysez (du grec *analusis*, décomposition)	Décomposez un texte, évaluez-en les parties en établissant les liens pertinents entre chacune d'elles.
Appréciez (du latin *precium*, prix)	Estimez, déterminez la valeur d'un argument en utilisant, par exemple, un cadre de référence (éthique, théorique, analytique ou autre).
Argumentez (du latin *argumentum*, argument)	Justifiez une opinion ou une idée à l'aide d'arguments, c'est-à-dire de preuves.
Caractérisez (du grec *kharaktêr*, signe gravé)	Définissez une réalité, un point de vue ou une situation par le ou les caractères qui les distinguent.
Commentez (du latin *commentarius*, commentaire)	Expliquez, appréciez les multiples aspects d'un sujet. Si le commentaire est critique, on y ajoute son opinion.
Comparez (du latin *comparare*, comparer)	Examinez deux éléments ou plus. Déterminez les similitudes et les différences entre eux, et dégagez une conclusion.
Critiquez (du grec *kritikos*, juger)	Portez un jugement personnel, prenez position. Évaluez la valeur respective de divers arguments : le pour et le contre, les avantages et les limites, la part de vérité et la part d'erreur, la pertinence et le manque de pertinence.
Décrivez (du latin *describere*, décrire)	Donnez les caractéristiques, les qualités et les éléments (ou les parties) d'un phénomène.
Définissez (du latin *definire*, définir)	Donnez le sens d'une expression, d'un concept ; déterminez les limites précises du terme à définir.
Démontrez (du latin *demonstrare*, démontrer)	Prouvez. Soutenez une thèse, une opinion en donnant des faits, des arguments, des chiffres. La démonstration doit mener logiquement à la conclusion, qui réaffirme l'idée de départ.
Discutez (du latin *discutere*, secouer)	Débattez du pour et du contre d'un thème donné. Comparez, mettez en évidence les éléments essentiels, concluez fermement.
Énumérez (du latin *enumerare*, énumérer)	Donnez la liste des idées, des éléments, des facettes, des choses, des qualités, des causes, etc.
Expliquez (du latin *explicare*, déployer)	Montrez. Faites comprendre la nature d'un phénomène en donnant, par exemple, ses causes ou faites connaître la nécessité d'une solution en posant le problème correspondant ou en éclairant le contexte dans lequel il se pose.
Illustrez (du latin *illustrare*, illustrer)	Donnez des exemples concrets. Expliquez en donnant des comparaisons ou des exemples.
Justifiez (du latin *justificare*, justifier)	Établissez le bien-fondé d'une argumentation, la nécessité d'une action, etc., en ayant recours à des arguments variés et probants.
Prouvez (du latin *probare*, approuver)	Démontrez. Soutenez une thèse, une opinion en donnant des faits, des arguments, des chiffres, etc.
Résumez (du latin *resumere*, recommencer)	Donnez un bref mais fidèle compte rendu des idées principales d'un texte selon la structure donnée par l'auteur ; évitez les détails.

4

trop dur » sont à éviter absolument ! Votre correcteur est assez intelligent pour s'en rendre compte et il croira que vous essayez d'attirer sa pitié.

Le test de lecture

L'enseignant a demandé de lire certaines pages dans un manuel et il va poser des questions sur la matière. Voici les règles à respecter pour passer ce type de test.

- Assurez-vous de bien comprendre les consignes : l'enseignant va-t-il poser des questions sur des détails (dates, caractéristiques, formules, listes de noms, etc.) ou veut-il simplement que vous dégagiez le sens global des passages ?

- Lisez activement le texte, un crayon à la main (➜ *voir le chapitre 3, p. 34*).

- Découpez le texte selon ses parties ; servez-vous des titres et des intertitres à cette fin.

- Posez-vous des questions sur la matière en vous servant, encore une fois, des titres et des intertitres.

- Révisez vos notes de lecture un peu avant l'examen.

- N'oubliez pas de lire les tableaux et toutes les figures.

- Vérifiez si le manuel comporte des questions de révision qui peuvent donner une idée de ce que l'enseignant peut demander.

L'examen oral

Ce type d'examen se fait en général à l'occasion d'une rencontre individuelle avec l'enseignant. Prenez garde aux éléments suivants.

- Évitez les comportements qui pourraient indisposer l'enseignant : gomme à mâcher, baladeur sur les oreilles, téléphone cellulaire ouvert, attitude nonchalante, etc.

- Soyez ponctuel. Arrivez de préférence quelques minutes avant le rendez-vous.

- Ayez une attitude confiante, sans être arrogant.

- Préparez l'examen de la même manière qu'un examen écrit.

- Assurez-vous de bien comprendre la question. N'hésitez pas à la faire préciser par l'enseignant en lui demandant : « Jusqu'où voulez-vous que j'aille ? » « Combien d'éléments dois-je énumérer ? », etc.

- Répondez d'abord à la question, puis donnez des exemples.

- Pour avoir des conseils sur le comportement à adopter en cette circonstance, ➜ *voir le chapitre 13.*

QUE FAIRE APRÈS L'EXAMEN ?

- Gardez précieusement la copie des questions, car vous pourrez vous inspirer de leur style pour prévoir les questions du prochain examen. Si l'enseignant ne vous laisse pas cette copie, dépêchez-vous de noter soigneusement les questions dont vous vous rappelez et consultez d'autres élèves à ce propos.

- À la remise de votre copie, lisez attentivement les remarques de l'enseignant : acceptez la critique et tirez les leçons qui s'imposent ! Lorsque l'enseignant indique « incomplet », « exemples », « absence d'introduction ou de conclusion », etc., c'est qu'il s'attend à un type de réponse et que vous n'avez pas répondu à son attente. Prenez-en bonne note pour la prochaine fois. Si l'enseignant n'écrit pas de commentaires, allez le rencontrer et demandez-lui de vous expliquer vos points faibles.

- Ainsi, dès que vous recevez vos résultats, qu'ils soient bons ou mauvais, faites un retour écrit sur ce que vous avez fait pour préparer cet examen et ce que vous auriez pu faire. Gardez cette feuille à portée de la main pour vous aider à votre prochaine préparation d'examen.

- Si le résultat ne vous satisfait pas, allez rencontrer votre enseignant et demandez-lui comment procéder pour mieux réussir la prochaine fois. Votre méthode d'étude ne convient peut-être pas au type de matière ou d'examen de l'enseignant.

- Par ailleurs, si votre étude ne donne pas les résultats escomptés, peut-être est-il temps de vous joindre à un groupe d'étude ? Une simple entente, avec un ou deux camarades de cours ou de programme, vous engageant à étudier ensemble un certain nombre d'heures par semaine peut s'avérer très profitable ; vous pourrez tester vos connaissances, expliquer quelques notions et recevoir quelques explications, afin de mieux vous préparer pour le prochain examen.

- Si vous obtenez un excellent résultat, profitez-en pour vous récompenser de l'effort fourni (car le succès résulte de l'effort, n'est-ce pas ?). Une sortie ou une activité spéciale marquera votre réussite de façon tangible. Vous l'avez bien mérité, après tout !

- Après un échec, ne vous découragez surtout pas ! Relisez vos réponses d'examen et analysez soigneusement les causes de l'échec, révisez vos notes de cours, rencontrez l'enseignant, bref, tentez de comprendre pourquoi vous avez échoué.

4

Maîtrisez votre stress

Le stress est une « demande adressée à l'organisme pour qu'il s'adapte »[5]. Une certaine dose de stress est normale. Mais un stress mal maîtrisé, trop intense ou prolongé peut entraîner l'anxiété et la dépression. Dans la vie d'un cégépien, l'examen est un événement particulièrement stressant. Apprenez à gérer votre stress et à transformer l'anxiété en énergie positive.

- **Avant l'examen :** la peur de l'inconnu est une source de stress : réduisez cette peur. Demandez à l'enseignant le type de questions qu'il posera ; révisez ses examens antérieurs ; préparez-vous longtemps à l'avance.

    Évitez toute hostilité envers la matière, l'enseignant ou l'examen. Réprimez les pensées irrationnelles, du genre « Je dois absolument réussir cet examen » ; « Je dois faire de mon mieux » est plus réaliste.

- **Le jour de l'examen :** soyez bien reposé après une bonne nuit de sommeil. Arrivez à l'heure et évitez les discussions avec les autres élèves : vous pourriez paniquer si vous constatez que certains en savent plus que vous.

- **Pendant l'examen :** croyez en vos capacités. Dites-vous : « Ce qui vient de moi a de la valeur. »

    Représentez-vous mentalement un cadre positif en fermant les yeux et en vous imaginant dans une situation de bien-être. Respirez profondément, imprégnez-vous de ce bien-être pendant quelques instants avant de vous mettre au travail.

    Appliquez une stratégie pour respecter les consignes. Lisez les questions et soulignez les mots clés. Répartissez le temps alloué entre les questions. Commencez par les plus faciles.

- **Après l'examen :** lâchez prise, relaxez. Il est déjà temps de vous concentrer sur l'étude et la préparation du prochain examen !

À retenir

	OUI	NON
• Est-ce que j'**adopte une stratégie d'ensemble** pour préparer mes examens ?	☐	☐
• Est-ce que je **fais partie d'un groupe d'étude** ?	☐	☐
• Est-ce que je **restructure** à ma façon le contenu de la matière à étudier ?	☐	☐
• Est-ce que j'**applique les bonnes techniques** pour améliorer ma mémoire ?	☐	☐
• Est-ce que je **prépare** le prochain examen en faisant le **bilan** de celui qui vient de se terminer ?	☐	☐
• Est-ce que je **maîtrise** mon **stress** ?	☐	☐

---

5. S.A. RATHUS, *Psychologie générale*, 3e éd., Laval, Éditions Études Vivantes, 1995, p. 245.

S'outiller pour travailler

Chapitre 5

Se retrouver à la bibliothèque

« Une bibliothèque est une véritable mine d'or : on y trouve un grand nombre d'ouvrages de référence et on peut même y avoir accès à Internet. Quand j'ai une recherche à faire, c'est là que je m'arrête en premier lieu. »

Stéphane, 21 ans

→ **Que trouve-t-on dans une bibliothèque moderne ?**

→ **Quelles sont les étapes d'une recherche documentaire ?**

→ **Comment classe-t-on les documents ?**

→ **Comment retrouve-t-on les documents ?**
   Les catalogues et les notices qui décrivent les documents
   Les ouvrages de référence ou de consultation
   Les documents officiels
   Les périodiques
   Les documents audiovisuels
   Les cédéroms et les sites Internet

→ **Où trouve-t-on les bibliothèques ?**

→ **Compétence : devenez un chercheur autonome**

Après avoir lu attentivement ce chapitre, vous serez en mesure :

- de comprendre les systèmes de classification des documents dans une bibliothèque ;

- d'utiliser les catalogues et instruments de recherche afin de repérer les documents ;

- de connaître et d'utiliser la grande variété des ressources documentaires mises à votre disposition dans une bibliothèque : volumes, ouvrages de référence, documents officiels, périodiques, documents audiovisuels, cédéroms et sites Internet ;

- d'élargir votre perspective de recherche en retraçant les grandes bibliothèques municipales, gouvernementales et universitaires, et en consultant les bibliothèques virtuelles.

5

QUE TROUVE-T-ON DANS UNE BIBLIOTHÈQUE MODERNE ?

La bibliothèque est un lieu de travail hors pair : non seulement y trouve-t-on la documentation nécessaire pour réaliser une recherche, mais on y trouve aussi les trésors de la littérature et de tout le savoir constitué et sauvegardé depuis des générations. On peut toutefois se sentir perdu parmi ces quelques dizaines ou centaines de milliers de volumes, de documents audiovisuels, de périodiques, de documents officiels, d'encyclopédies, de dictionnaires, de cédéroms, de brochures, et quoi encore !

Pour s'y retrouver, il faut apprendre à connaître sa bibliothèque municipale, celle de son école, de son collège ou de son université. Surtout, il faut appliquer une méthode de travail.

De nos jours, une bibliothèque offre non seulement des livres (ou « monographies »), mais également les ressources suivantes :

- des périodiques ;

- des microfilms ;

- des ouvrages de référence ou de consultation sur support papier, sur cédérom et dans Internet ;

- des documents audiovisuels ;

- des publications officielles ou gouvernementales ;

- des documents cartographiques ;

- des collections spéciales (livres rares ou anciens) ;

- de la documentation spécialisée.

De plus, la bibliothèque offre les **services** suivants :

- un site web pour effectuer des recherches en ligne ;

- des bibliothécaires de référence (n'hésitez pas à leur poser des questions !) ;

- un catalogue informatisé ou en ligne ;

- des banques de données en ligne pour repérer les articles de périodiques ;

- le prêt de volumes ;

- une réserve (pour une période de temps limitée, les enseignants peuvent y laisser des ouvrages à consulter sur place) ;

- des visionneuses de microfilms, des photocopieurs ;

- des banques de données sur support informatique (cédérom) ;

- le prêt entre bibliothèques, etc.

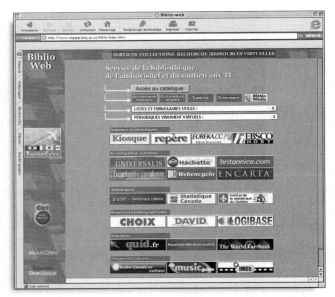

Figure 5.1 *Biblio Web,* **page d'accueil de la bibliothèque du cégep de Granby-Haute-Yamaska**
Source : www.cegepgranby.qc.ca/biblio/index.html

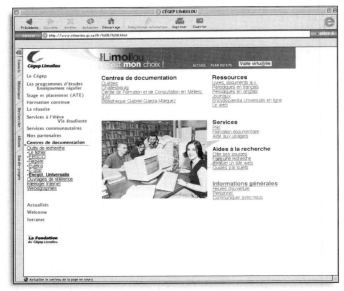

Figure 5.2 **Page d'accueil du site de la bibliothèque du cégep de Limoilou. Consultez-la pour obtenir des trucs de recherche documentaire.**
Source : www.climoilou.qc.ca/fr/fs08/fs08.html

Maximisez votre efficacité dans une bibliothèque grâce à une **stratégie de recherche,** en suivant les étapes d'une recherche documentaire (➜ *voir la page suivante*).

QUELLES SONT LES ÉTAPES D'UNE RECHERCHE DOCUMENTAIRE ?

Tableau 5.1 **Les étapes de la recherche documentaire**

Étapes	Tactiques	Consultez les sections suivantes
1. Déterminez le sujet.	• Effectuez un remue-méninges. • Dégagez une **problématique** et une **hypothèse** de travail ; déterminez les variables sur lesquelles vous voulez travailler (dépendante, indépendante, temps, espace, etc.). Par exemple, votre sujet porte sur «les effets du divorce sur le comportement des enfants» et votre hypothèse est la suivante : «Les enfants d'un couple divorcé ont davantage de troubles de comportement que les enfants dont les parents ne sont pas divorcés.»	• Chapitre 10, p. 194 à 196
2. Précisez les mots clés.	• Effectuez un **remue-méninges :** divorce, enfants, comportement, effets, famille, etc. • **Cernez et délimitez votre sujet** en l'exprimant simplement. Ex. : «L'effet du divorce sur le comportement des enfants» • **Discernez les principaux concepts** contenus dans cette formule : 1er concept : divorce 2e concept : comportement 3e concept : enfants	• Chapitre 10, p. 194 à 196
3. Établissez une stratégie de recherche à partir des concepts ou des mots clés.	• **Cherchez les mots associés aux principaux concepts.** Les thésaurus (liste de mots clés ou de vedettes-matière), les banques de données ou le **catalogue** de votre bibliothèque, les index de mots clés dans les encyclopédies et certains moteurs de recherche sur Internet associent des termes d'un même domaine les uns aux autres, ce qui vous permet d'élargir la recherche. Ainsi, les expressions «conciliation», «aspects psychologiques» s'ajouteront à «divorce»; de même qu'«enfants – problèmes affectifs», «adolescents», «famille» complèteront la recherche sur «enfants», et «troubles de ou chez l'enfant» et «agressivité» s'ajouteront à «comportement». • **Multipliez les angles d'attaque** ou effectuez des croisements : **l'opérateur ET (AND)** permet de chercher des références où les concepts A (divorce), B (comportement) et C (enfants) apparaissent. L'opérateur ET précise la recherche et permet de diminuer le nombre de références ; **l'opérateur OU (OR)** permet de chercher des références où l'un OU l'autre des concepts apparaissent : troubles OU comportement OU agressivité. L'opérateur OU élargit la recherche en augmentant le nombre de références ; **l'opérateur SAUF (NOT)** permet d'exclure un ensemble de références : enfants SAUF adolescents.	• Chapitre 5, p. 76
4. Inventoriez les centres de documentation et les sites Internet.	• Fréquentez **votre bibliothèque** de collège, d'abord ; allez sur son site Internet. • Fréquentez votre **bibliothèque municipale** et celle d'une université. • Constituez-vous une liste de sites favoris (signets ou *bookmarks*) sur Internet.	• Chapitre 5, p. 77 • Chapitre 7, p. 129-130

(Voir la suite à la page suivante.)

5

Tableau 5.1 *(suite)* **Les étapes de la recherche documentaire**

Étapes	Tactiques	Consultez les sections suivantes
5. Consultez les outils de la recherche documentaire.	• Le **catalogue de la bibliothèque** (site Web) • Les **ouvrages de référence** (dictionnaires, encyclopédies, etc.) • Les **répertoires de documents audiovisuels** • Les **bibliographies** spécialisées • Les **répertoires de thèses** • Les **répertoires de publications gouvernementales** • Les **index de périodiques**	• Chapitre 6, p. 90 et les suivantes • Chapitre 8, p. 154 à 159
6. Inscrivez les références bibliographiques sur des fiches.	• **Notez tous les éléments d'une description bibliographique :** le ou les auteurs, le titre, la ville où a été publié le livre, la maison d'édition, l'année de publication et les pages consultées. • Photocopiez les **bibliographies** à la fin des ouvrages spécialisés.	• Chapitre 12, p. 244 à 253 • Pour les fiches bibliographiques, *voir chapitre 3, p. 41*
7. Recherchez les documents pertinents dans la bibliothèque.	• Les volumes, traités, manuels, monographies, etc. • Les documents officiels • Les thèses • Les périodiques • Les documents audiovisuels • Les ouvrages de référence sur papier ou sur cédérom • Les sites Web	• Chapitre 5, p. 76 • Chapitre 8, p. 140 à 154
8. Dépouillez la documentation.	• Utilisez la méthode des **fiches bibliographiques** pour compiler et classer les informations. • N'indiquez qu'une seule référence bibliographique (un livre, un article, etc.) par fiche. • Constituez-vous un **coffre à outils personnel :** liste d'encyclopédies, de dictionnaires, d'ouvrages de consultation, de synthèses majeures dans le domaine qui vous intéresse, etc.	• Chapitre 3, p. 41 • Chapitre 6, p. 90 et les suivantes
9. Analysez l'information recueillie.	• Effectuez un **retour** sur votre problématique et sur votre hypothèse de travail. • **Sélectionnez** l'information pertinente, rejetez le reste. • **Évaluez** votre matériel en vérifiant la qualité des informations et en tenant compte de la compétence des auteurs ou d'autres caractéristiques de ce type en vue de la rédaction d'un rapport de recherche.	• Chapitre 10, p. 194

Avant de présenter les ouvrages de référence, les documents officiels, les périodiques et les documents audiovisuels, voyons comment sont classés les documents et comment les trouver grâce aux catalogues.

COMMENT CLASSE-T-ON LES DOCUMENTS ?

Comme la plupart des bibliothèques fonctionnent de la même façon, nous présentons ici leurs grands principes d'organisation et la méthode à suivre pour s'y retrouver.

On attribue à chaque document (livre, revue, vidéo, disque, cédérom, etc.) une **cote** composée de chiffres seulement ou de chiffres et de lettres. Cette cote classifie et permet de repérer les volumes sur les rayons de la bibliothèque ; en somme, il s'agit de l'adresse de chaque document.

Exemple Le roman de François GRAVEL, *Je ne comprends pas tout*, a pour cote «C848.9» (littérature québécoise) et pour numéro d'auteur «G7746» (pour l'auteur François Gravel) suivi de la première lettre du titre de l'ouvrage, «j», ce qui donne :

C848.9

G7746j

Il existe deux méthodes pour classer les livres : la **classification décimale Dewey,** appelée également la classification décimale universelle (CDU) et la **classification de la Bibliothèque du Congrès** à Washington, aux États-Unis (➔ *voir le tableau 5.2 ci-dessous*).

Tableau 5.2 Les méthodes de classification des livres

Caractéristiques	La classification décimale Dewey	La classification de la Bibliothèque du Congrès
Organisation du système en classes	La méthode Dewey classe les volumes par sujets. Créée au 19e siècle par l'Américain Melvil Dewey (1851-1931), cette méthode divise l'ensemble des connaissances en dix grandes classes : • 000 : généralités, nouvelles connaissances (l'informatique, par exemple) 100 : philosophie et psychologie 200 : religion 300 : sciences sociales 400 : langues 500 : sciences de la nature et mathématiques 600 : sciences appliquées (technologies) 700 : arts, jeux, divertissements et sports 800 : littérature 900 : géographie et histoire	La plupart des bibliothèques des universités et les grandes bibliothèques québécoises utilisent le système de classification de la Bibliothèque du Congrès, située à Washington. La classification de la Bibliothèque du Congrès regroupe toutes les disciplines de la connaissance sous 21 grandes classes, désignées par une des lettres de l'alphabet. • A : ouvrages généraux • B : philosophie, psychologie, religion • C : sciences auxiliaires de l'histoire (généalogie, etc.) • D : histoire (sauf l'Amérique) • E : histoire de l'Amérique et des États-Unis • F : histoire locale du Canada et des autres pays d'Amérique • G : géographie, anthropologie, folklore, mœurs et coutumes, récréation et loisirs • H : sciences sociales en général • J : politique, y compris les relations internationales • K : droit • L : éducation • M : musique • N : beaux-arts • P : langue et littérature • Q : sciences (par exemple, QC Physique) • R : médecine, psychiatrie, thérapies • S : agriculture • T : technologie • U : science militaire • V : science navale • Z : bibliographie, bibliothéconomie

(Voir la suite à la page suivante.)

5

Tableau 5.2 *(suite)* **Les méthodes de classification des livres**

Caractéristiques	La classification décimale Dewey	La classification de la Bibliothèque du Congrès
Les sous-classes	Chacune de ces dix classes se subdivise en dix sous-classes, dont la première regroupe les ouvrages généraux et les autres les disciplines particulières. La classe 300, sciences sociales, a pour sous-classes les catégories suivantes : • 300.1-300.9 : généralités • 301-307 : sociologie et anthropologie • 310-319 : statistiques • 320-329 : science politique • 330-339 : économie • 340-349 : droit • 350-359 : administration publique • 360-369 : problèmes et services sociaux • 370-379 : éducation • 380-389 : commerce, communication, transports • 390-399 : folklore, coutumes	L'ajout d'une deuxième lettre crée une sous-classe. La classe H, sciences sociales en général, comprend notamment les sous-classes suivantes : • HA : statistiques • HB : économie politique • HD : gestion • H : sociologie • HQ : sexualité, femmes et féminisme • HV : travail social • HX : socialisme, communisme, anarchisme
Les sections	Chacune de ces sous-classes se subdivise en dix sections dont la première est consacrée aux ouvrages généraux sur la section. **Exemples** 320 : ouvrages généraux sur la politique 321 : formes d'États et de gouvernements 322 : relations de l'État avec les corps organisés On ajoute d'autres subdivisions en faisant suivre les trois premiers chiffres d'un point et de nouveaux chiffres. **Exemple** 942.05 : histoire de l'Angleterre au temps de la dynastie Tudor Notez bien que ces chiffres, 942.05, se retrouvent au début de la cote du volume recherché (*voir l'exemple p. 76*).	L'addition d'un numéro entre 1 et 9999 subdivise les sujets. **Exemple** La lettre F regroupe les ouvrages portant sur l'histoire du Canada et des autres pays d'Amérique. On trouve les volumes d'histoire du Canada sous F 980 à 1140, ceux sur l'histoire du Québec sous FC 2901 à 2950.

COMMENT RETROUVE-T-ON LES DOCUMENTS ?

Les catalogues et les notices qui décrivent les documents

Toute bibliothèque possède un inventaire de ses ressources, un catalogue, accessible à tous les usagers. Les catalogues contiennent une **description bibliographique complète** de chaque document (volume, périodique, vidéo, etc.), présentée sous forme de **notice.** Celle-ci fournit tous les renseignements pertinents sur les documents trouvés. Le **catalogue est informatisé;** le système RESDOC ou le système REGARD utilisés dans les collèges du Québec en sont des exemples. Tous les catalogues permettent de repérer un document selon trois voies d'accès principales : **par l'auteur, par le titre et par le sujet.**

Les documents sont classés à l'aide d'une **cote** qui indique l'emplacement du document sur les rayons. Le document de Natacha JOUBERT, par exemple, qui s'intitule *Parce que la vie continue*, a reçu la cote **306.89 J86p.** Cette cote est divisée en trois parties :

- l'indice classificateur (méthode Dewey) : **306.89**
- le chiffre d'auteur : **J86**
- l'indice de l'œuvre : **p**

Dans cet exemple, le chiffre **306** indique un volume de sciences sociales (300) et plus précisément de sociologie de la culture et des institutions (306). Le chiffre 89 est attribué à la sous-catégorie « mariage et familles ». Le chiffre d'auteur commence par la première lettre du nom de l'auteure, « **J** », suivie d'un numéro attribué à cette auteure par un code de classification officielle : ici, le numéro **86** est attribué à Natacha JOUBERT. Chaque auteur se voit ainsi décerner un chiffre pour l'ensemble de son œuvre. L'indice de l'œuvre est constitué de la première lettre du premier mot du titre (ici, « **p** » pour *Parce que la vie continue*).

Les figures suivantes illustrent le processus d'une recherche **par auteur** (Natacha JOUBERT) à partir du catalogue de la bibliothèque du cégep de Granby-Haute-Yamaska (REGARD) et une recherche **par sujet** (divorce) dans le catalogue de la bibliothèque du collège Lionel-Groulx (RESDOC).

Le nom de l'auteur recherché

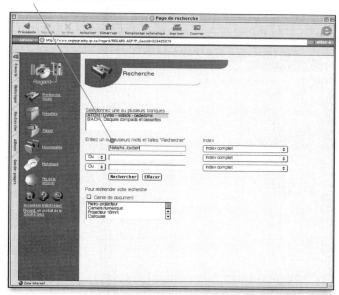

Figure 5.3 Exemple de recherche par auteur dans REGARD

Un seul document est trouvé. En cliquant à gauche sur les livres, on a accès à la notice détaillée du document (➜ *voir la figure 5.5*).

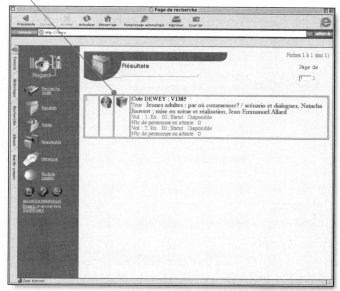

Figure 5.4 Exemple de résultat de recherche par auteur dans REGARD

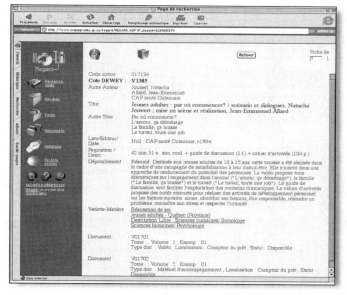

Figure 5.5 Exemple de notice détaillée dans REGARD

77

Les ouvrages de référence ou de consultation

Les ouvrages de consultation ne sont pas conçus pour la lecture suivie. Ils se composent d'un certain nombre de notices de longueur variable rangées selon un classement commode. Ce classement est alphabétique (dictionnaires et encyclopédies), chronologique (répertoires bibliographiques, annuaires, almanachs), systématique (par sections), régional (atlas) ou tabulaire (séries statistiques).

Le tableau 5.3 présente les principaux types d'ouvrages de consultation. Pour une liste d'ouvrages de référence utiles en français, en philosophie, en arts et en sciences humaines, → *voir le chapitre 6.*

Les documents officiels

En raison de leur caractère public, les publications gouvernementales sont fréquemment regroupées dans une section spéciale de la bibliothèque et elles possèdent également leur propre système de classification. Toutefois, on les repère grâce au catalogue informatisé de la bibliothèque en effectuant une recherche par auteur, par titre ou par sujet. Consultez les ouvrages suivants pour la mise à jour des publications officielles canadiennes et québécoises : *Canadiana* et *Bibliographie du Québec* (publié par la Bibliothèque nationale du Québec depuis 1968) (→ *voir le chapitre 6, p. 91*).

Le sujet (ou l'expression) de recherche est entré ici.

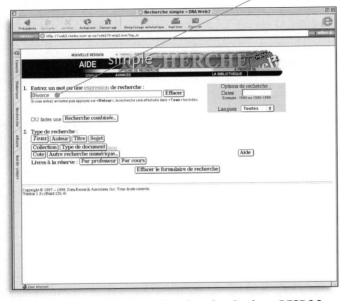

Figure 5.6 Exemple de recherche simple dans RESDOC

RESDOC donne une première liste de dix notices abrégées. En cliquant sur le lien hypertexte (souligné en bleu) associé à l'une des notices, on obtiendra une notice complète (→ *voir la figure 5.8*).

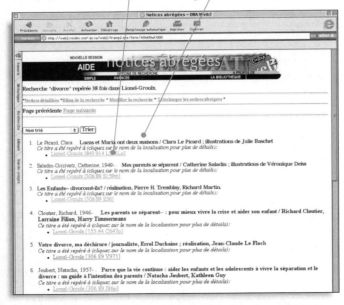

Figure 5.7 Exemple de notices abrégées dans RESDOC

Figure 5.8 Exemple de notice complète dans RESDOC

Tableau 5.3 **Les principaux types d'ouvrages de consultation**

Types d'ouvrages	Exemples
Guides bibliographiques	Daniel LATOUCHE, dir., *Politique et société au Québec. Guide bibliographique*, Montréal, Boréal, 1993.
Index	*Repère* (➡ *voir le chapitre 6, p. 95*).
Encyclopédies	*Encyclopædia Universalis* (➡ *voir le chapitre 6, p. 95*).
Traités et manuels	F. DUMONT, S. LANGLOIS et Y. MARTIN, dir., *Traité des problèmes sociaux*, Québec, IQRC, 1994.
Dictionnaires terminologiques	Renald LEGENDRE, *Dictionnaire actuel de l'éducation*, 2e éd., Montréal/Paris, Guérin/Eska, 1993, 1 500 p.
Annuaires et almanachs	*Annuaire du Canada* (➡ *voir le chapitre 6, p. 96*).
Répertoires d'adresses	ASTED, *Répertoire des centres de documentation et des bibliothèques spécialisées et de recherche*, Montréal, ASTED, 1992.
Atlas géographiques, économiques, historiques ou linguistiques	*Atlas encyclopédique mondial*, Montréal, Libre expression, 2002, 736 p. (➡ *voir le chapitre 6, p. 102*).
Répertoires biographiques	*Who's Who in Canada*, Toronto, International Press, 1922 (➡ *voir le chapitre 6, p. 95*).

5

Le gouvernement canadien

On peut consulter les publications du gouvernement canadien sur le site officiel du gouvernement : http://canada.gc.ca/publications/publication_f.html

Le gouvernement québécois

On peut consulter les publications du gouvernement québécois sur le site officiel du gouvernement : http://publicationsduquebec.gouv.qc.ca/home.php

Les périodiques

Un périodique est une publication qui paraît à intervalles plus ou moins réguliers, pendant un temps non limité et dont les fascicules s'enchaînent chronologiquement les uns après les autres pour constituer, en fin d'année, un volume dans une série continue. Les types de périodiques les plus connus sont les journaux, les revues et les bulletins.

⬅ **Définition**

Les articles de périodiques sont indexés dans des outils comme *Biblio branchée!* et *Repère*. Pour repérer, consulter et utiliser les périodiques et les index, ➡*voir le chapitre 8*.

Les documents audiovisuels

En bibliothèque, bon nombre de documents audiovisuels servent de point de départ à une recherche ou de sources d'information pure et simple.

Vous pouvez trouver des films, des bandes vidéo, des diapositives, des bandes enregistrées, des cédéroms ou des disques dans le catalogue informatisé de votre bibliothèque : vous y cherchez les vedettes-matière liées au thème de votre recherche, comme lorsque vous cherchez des livres. Vous pouvez également consulter les index et les répertoires de la documentation audiovisuelle.

Index et répertoires de la documentation audiovisuelle

- *Catalogue de films et vidéos,* Montréal, Office national du film (ONF), 1984, www.nfb.ca/f/

- La Cinémathèque québécoise (335, boul. De Maisonneuve Est, Montréal) dispose d'une impressionnante collection de films, de vidéos, d'affiches, de photographies, etc., que l'on peut consulter grâce à son site Internet : www.cinematheque.qc.ca/index.html

- *DAVID (Documents Audio Visuels Disponibles)* est une banque de données qui répertorie la documentation audiovisuelle de langue française. Elle contient pas moins de 75 000 références que l'on peut consulter sur support papier (ou sur microfiches) dans *Choix : documentation audiovisuelle,* bimestriel édité depuis 1978 par les Services documentaires multimédias (SDM) de Montréal ou sur Internet (un mot de passe est nécessaire): http://david.sdm.qc.ca/index.html

- *Film/vidéo canadiana,* Office national du film, depuis 1969. Catalogue annuel qui contient des renseignements sur plus de 30 000 vidéos et films canadiens et sur 4 000 maisons de production et de distribution canadiennes.

- *Le Guide vidéo,* Québec, Gestion Ciné Vidéo Club, depuis 1983.

- Régie du cinéma du Québec : www.rcq.gouv.qc.ca/RCQ221FilmClasseRecent.asp

- *Répertoire des documents audiovisuels gouvernementaux,* Québec, Éditeur officiel, 1986.

Les cédéroms et les sites Internet

La recherche documentaire informatisée est devenue incontournable aujourd'hui. Voici quelques exemples de bases de données que peut consulter le chercheur.

- **Amérique française, Histoire et civilisation** : comprend 225 000 références d'ouvrages parus depuis 1946, plus de 5 000 notices biographiques de personnalités politiques ou littéraires et des centaines de documents en texte intégral sur l'histoire, la littérature et la vie politique de l'Amérique française, des origines à nos jours.

- **Biblio branchée** : donne accès aux textes intégraux des principaux journaux canadiens et français et à quelques périodiques. Plus de 20 millions d'articles de périodiques accessibles. Service offert dans les bibliothèques de collèges et d'universités.

- **Bibliographie du Québec** : publiée tous les mois sur papier, de 1968 à 2002 ; recense tous les documents qui ont été publiés au Québec durant l'année en cours et l'année précédente. On y trouve en outre des documents publiés à l'étranger mais relatifs au Québec. Depuis janvier 2003, elle est accessible gratuitement sur le site Internet de la Bibliothèque nationale du Québec (BNQ). L'adresse du catalogue *IRIS* de la BNQ permet de chercher dans une banque des millions de titres : www.biblinat.gouv.qc.ca

- **Canadiana (Amicus Web)** : plus de 25 millions de notices bibliographiques décrivant les livres, les périodiques, les publications officielles, les thèses, les cartes, les enregistrements sonores, de 1 300 bibliothèques canadiennes, y compris la Bibliothèque nationale du Canada. *Voir* www.nlc-bnc.ca/index-f.html et www.nlc-bnc.ca/amicus/index-f.html

- **E-STAT** : didacticiel de Statistique Canada, vaste dépôt de données statistiques fiables et mises à jour sur le Canada et sa population. *Voir* http://estat.statcan.ca/

- **Encyclopædia Universalis** : remarquable encyclopédie, idéale pour une recherche à l'aide de mots clés dans son thésaurus-index qui donne accès à 30 000 articles. La plupart des bibliothèques scolaires permettent de consulter l'encyclopédie sur support cédérom ou directement en ligne sur Internet (➜ *voir la description de cette encyclopédie p. 95*).

- **Francis** : base internationale de données bibliographiques multidisciplinaires, multilingue (un tiers en français), signale plus de 2,5 millions de références dans les domaines des sciences humaines et sociales. *Voir* www.inist.fr/produits/francis.php

- **Logibase** : une banque de données qui répertorie 13 000 documents électroniques et logiciels de tous types en vente au Québec, sur cédérom ou sur disquettes. *Voir* http://logibase.sdm.qc.ca

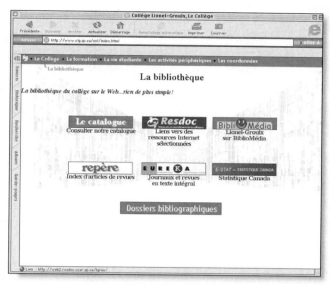

Figure 5.9 **Exemples de bases de données sur le site d'une bibliothèque collégiale (collège Lionel-Groulx)**

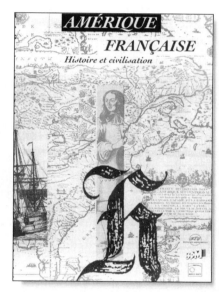

Figure 5.10 *Amérique française, histoire et civilisation*

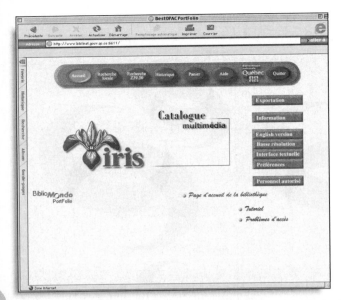

Figure 5.11 Page d'accueil du site Internet _Iris_ de la Bibliothèque nationale du Québec (BNQ)

Figure 5.12 _Encyclopædia Universalis_

- **_Repère_** : 380 000 références d'articles de périodiques en français : 18 000 avec le texte intégral, dont 6 000 dans Internet (http://repere.sdm.qc.ca). Existe sous forme d'imprimé (➜ _voir le chapitre 8, p. 158_).

Enfin, pour une liste plus détaillée de banques de données pour les disciplines d'arts, de littérature française, de philosophie et de sciences humaines, ➜ _voir le chapitre 6, p. 91 et suivantes._

OÙ TROUVE-T-ON LES BIBLIOTHÈQUES ?

Les travaux de recherche plus poussés nécessitent l'utilisation de sources documentaires qui ne se trouvent pas nécessairement à la bibliothèque de votre collège ou de votre université. Des répertoires contiennent les adresses des bibliothèques.

De plus, les catalogues informatisés permettent d'effectuer des recherches documentaires dans plusieurs bibliothèques de collège et d'université à la fois, de même que dans certaines bibliothèques publiques et dans les bibliothèques nationales.

- L'association Les Bibliothèques publiques du Québec, _Les Bibliothèques publiques du Québec_, www.bpq.org/

- CANADA, _Liste des sites Web et catalogues de bibliothèques canadiennes_, www.nlc-bnc.ca/canlib/findex.htm

- QUÉBEC, _Répertoire des bibliothèques et des centres de documentation du gouvernement du Québec_, www.ba.gouv.qc.ca/R_Biblio/ bibliothequesB.htm

- _Répertoire des bibliothèques canadiennes_, 11e éd., Toronto, Micromedia, 1997.

Une nouveauté : la **bibliothèque virtuelle !** Des associations, des ministères, des universités et des individus mettent à notre disposition des bibliothèques générales ou spécialisées sur le Web. À titre indicatif, on consultera :

- _La bibliothèque virtuelle_, Répertoire de sites sélectionnés par des bibliothécaires pour répondre aux besoins d'information des usagers des bibliothèques publiques du Québec, www.bpq.org/biblio_virtuelle.html

- Bibliothèque nationale du Québec, _Le répertoire des sites Web de référence du Québec_, www.bnquebec.ca/Wgraphie/ INTRO.HTM

5

- *La Bibliothèque virtuelle de périodiques* est un projet franco-québécois développé et mis à jour par une quinzaine de bibliothécaires et de documentalistes. À ce jour, elle répertorie environ 500 revues et magazines électroniques offrant leur contenu sur Internet, www.biblio.ntic.org/bouquinage.php?ct=1

- *Gallica*, bibliothèque virtuelle de la bibliothèque nationale de France, http://gallica.bnf.fr/

Tableau 5.4 **Quelques bibliothèques importantes**

Bibliothèque (adresse et site Internet)	Remarques, collections, etc.
Bibliothèque nationale du Canada 395, rue Wellington, Ottawa **www.nlc-bnc.ca/**	Créée en 1953, elle collectionne tous les écrits portant sur le Canada. Elle publie *Canadiana* (➔ *voir p. 80*) et tient à jour le catalogue collectif des bibliothèques canadiennes. La loi oblige tous les éditeurs à y verser un exemplaire de leurs publications. C'est elle qui gère le service de prêt entre bibliothèques à l'échelle nationale et qui permet à un chercheur de Rouyn d'avoir accès à un livre qui se trouve dans une bibliothèque de Vancouver.
Bibliothèques législatives des provinces canadiennes • Bibliothèque législative de l'Alberta : **www.assembly.ab.ca/lao/library/index.htm** • Bibliothèque législative de la Colombie-Britannique : **http://www.llbc.leg.bc.ca/** • Bibliothèque législative de la Nouvelle-Écosse : **www.gov.ns.ca/legislature/LIBRARY/index.html** • Bibliothèque législative des Territoires du Nord-Ouest : **www.assembly.gov.nt.ca/Library/index.html** • Bibliothèque législative du Manitoba : **www.gov.mb.ca/chc/leg-lib/index.html** • Bibliothèque législative du Nouveau-Brunswick : **http://www.gnb.ca/legis/leglibbib/index-f.asp** • Bibliothèque législative du Nunavut : **www.assembly.nu.ca/english/library/index.html** • Bibliothèque législative de l'Ontario : **www.ontla.on.ca/library/libraryindex.htm** • Bibliothèque législative de la Saskatchewan : **www.legassembly.sk.ca/LegLibrary/à**	Au Canada, il y a 12 bibliothèques de ce type.

5

Pour accéder directement aux sites Internet suggérés, tapez :
www.beaucheminediteur.com/pourreussir

(Voir la suite à la page suivante.)

Tableau 5.4 *(suite)* **Quelques bibliothèques importantes**

Bibliothèque (adresse et site Internet)	Remarques, collections, etc.
• Bibliothèque législative de Terre-Neuve-et-Labrador : **http://www.gov.nf.ca/** • Bibliothèque législative de l'Île-du-Prince-Édouard : **http://www.assembly.pe.ca/index.php**	
Bibliothèque de l'Assemblée nationale du Québec 1035, rue des Parlementaires, Québec **www.assnat.qc.ca/fra/Bibliotheque/**	À Québec, la bibliothèque de l'Assemblée nationale existe depuis 1967. Les collections se regroupent en cinq catégories : la collection générale et les usuels, les brochures, les publications officielles, les périodiques et les micro-documents, la collection de livres rares et précieux (brochures et livres anciens). L'ensemble représente plus de 900 000 volumes ou l'équivalent et est constamment enrichi par de nouvelles acquisitions. Cette collection comporte en outre l'essentiel des ouvrages juridiques canadiens et québécois.
Bibliothèque du Parlement (fédéral) du Canada **www.parliamenthill.gc.ca/text/ongoinglibrary_f.html**	À Ottawa, fondée en 1792.
Bibliothèque nationale du Québec (BNQ) **www.bnquebec.ca/**  **Figure 5.13 Le site Internet de la Bibliothèque nationale du Québec (BNQ)**	La Bibliothèque nationale du Québec, fondée en 1967, a ouvert la **Grande Bibliothèque** au public le 30 avril 2005. Localisée en plein cœur du Quartier latin à Montréal, tout près de l'UQÀM, la Grande Bibliothèque est ouverte du mardi au vendredi, de 10 h à 22 h, et la fin de semaine, de 10 h à 17 h. Elle est fermée tous les lundis, à l'exception de la section Actualité et nouveautés (livres sur des sujets d'actualité, romans et autres œuvres récemment publiées, sélection de classiques, une centaine de revues et journaux, nouveautés musicales et cinématographiques en disques compacts, etc.), située au rez-de-chaussée de l'édifice, qui est quant à elle ouverte sept jours par semaine, et ce, jusqu'à minuit. La Grande Bibliothèque offre aux Québécois, sur place, par Internet ou par prêt entre bibliothèques, un accès sans précédent à leur patrimoine ainsi qu'à la culture contemporaine d'ici et d'ailleurs. Dans ce nouvel espace, plus de quatre millions de documents, dont 1,2 million de livres, sont en accès libre. On y trouve deux collections principales : la première, structurée en bibliothèques thématiques, est en grande partie destinée au prêt. La seconde, constituée de la collection patrimoniale québécoise (Collection nationale), doit être consultée sur place. L'édifice, d'une superficie de 33 000 mètres carrés, dispense également des services spécialisés destinés à plusieurs clientèles, notamment aux jeunes, aux gens d'affaires, aux nouveaux arrivants, aux membres des communautés culturelles et aux personnes ayant un handicap visuel ou autre[1]. On peut consulter le catalogue *Iris* de la BNQ (*voir p. 82, figure 5.11*) sur place ou via Internet, à l'adresse suivante : http://www.bnquebec.ca/portal/dt/accueil.html

1. Source : http://www.bnquebec.ca/portal/dt/accueil.html

(Voir la suite à la page suivante.)

Tableau 5.4 *(suite)* **Quelques bibliothèques importantes**

Bibliothèque (adresse et site Internet)	Remarques, collections, etc.
Bibliothèques de l'Université de Montréal	On peut consulter le catalogue ATRIUM pour repérer des ouvrages dans toutes les bibliothèques de l'Université de Montréal, sauf celles des HEC et de l'École polytechnique.
• Bibliothèque des lettres et sciences humaines 3000, rue Jean-Brillant, Montréal **www.bib.umontreal.ca/SS/**	Possède près de deux millions de documents en sciences humaines.
• Bibliothèque de droit 3101, chemin de la Tour, 4e étage, salle 4433, Montréal **www.bib.umontreal.ca/DR/**	La Bibliothèque de droit loge une collection de près de 200 000 documents et peut recevoir jusqu'à 470 lecteurs en même temps. Sa collection de périodiques et de publications en série comprend près de 1 100 titres courants.
• Bibliothèque de l'École des Hautes Études Commerciales 3000, chemin de la Côte-Sainte-Catherine, Montréal **www.hec.ca/biblio/**	Très utile en économie, finance, marketing et relations industrielles.
• Bibliothèque d'éducation, de psychologie, de communication et de biologie (ÉPC-Biologie) 90, avenue Vincent d'Indy, 2e étage, Salle G-205, Montréal **www.bib.umontreal.ca/ED/**	Plusieurs documents de référence en éducation, psychologie, psycho-éducation, communication et biologie.
• Bibliothèque de géographie Pavillon de géographie, 520, chemin de la Côte-Sainte-Catherine, salle 339, Montréal **www.bib.umontreal.ca/GP/**	Elle renferme une collection de près de 70 000 cartes topographiques et thématiques, 70 000 photographies aériennes, 400 cartes murales.
Bibliothèques de l'Université du Québec à Montréal • Bibliothèque centrale Pavillon Hubert-Aquin, 400, rue Sainte-Catherine Est, local A-M100, Montréal **www.bibliotheques.uqam.ca/bibliotheques/centrale/**	Grâce à BADADUQ/MANITOU, la banque de données qui sert de fichier, on a accès aux ressources du réseau de l'Université du Québec, à des banques de ressources groupées par discipline et à des guides de recherche spécialisés.
• Bibliothèque des sciences de l'éducation Pavillon de l'Éducation, 1205, rue Saint-Denis, local N-1000, Montréal **www.bibliotheques.uqam.ca/bibliotheques/education/**	Collections : éducation, psychologie, kinanthropologie, matériel didactique et littérature jeunesse.
• Bibliothèque des science juridiques Pavillon Hubert-Aquin, 400, rue Sainte-Catherine Est, local A-2190 Montréal **www.bibliotheques.uqam.ca/bibliotheques/sc_juridiques/index.html**	Collections : traités, recueils de lois, monographies, périodiques, ouvrages de référence sur le droit.
• Publications gouvernementales et internationales Pavillon Hubert-Aquin, 400, rue Sainte-Catherine Est, local A-2100 Montréal **www.bibliotheques.uqam.ca/bibliotheques/pgi/**	Collection multidisciplinaire de documents publiés par les éditeurs officiels du Canada, du Québec, des autres pays et des organismes internationaux (ONU, UNESCO, OCDE, OMS, etc.).

5

(Voir la suite à la page suivante.)

Tableau 5.4 *(suite)* **Quelques bibliothèques importantes**

Bibliothèque (adresse et site Internet)	Remarques, collections, etc.
• Centre de documentation en sciences de la gestion Pavillon de l'École des sciences de la gestion 315, rue Sainte-Catherine Est, local R-1625, Montréal **www.bibliotheques.uqam.ca/Bibliotheques/Doc_Gestion/** **index.html**	Le centre de documentation se spécialise dans les domaines des sciences administratives, des sciences économiques, des sciences comptables et des études urbaines. Ses collections et celles de la Bibliothèque centrale sont complémentaires.
Bibliothèque de l'Université du Québec **en Abitibi-Témiscamingue** 425, boul. du Collège, Rouyn-Noranda **web2.uqat.uquebec.ca/biblio/**	Le Cégep de l'Abitibi-Témiscamingue et l'Université du Québec en Abitibi-Témiscamingue regroupent leurs collections, ce qui permet de fournir un plus grand nombre de livres aux usagers.
Bibliothèque de l'Université du Québec à Trois-Rivières 3351, boul. des Forges, Trois-Rivières **www.uqtr.ca/biblio/**	La bibliothèque de l'UQTR possède 360 000 livres ou monographies. Sa cartothèque regroupe une documentation axée principalement sur la région Mauricie-Bois-Francs, le Québec et le Canada.
Bibliothèque de l'Université du Québec à Rimouski 300, allée des Ursulines, Rimouski **wwwb.uqar.uquebec.ca/**	La bibliothèque de l'UQAR possède une importante documentation en sciences de la mer et donne accès à plusieurs périodiques électroniques dans ce secteur de recherche. Vaste collection en documentation régionale sur l'Est du Québec.
Bibliothèque de l'Université du Québec à Chicoutimi (Bibliothèque Paul-Émile-Boulet) 555, boul. de l'Université, Chicoutimi **http://bibliotheque.uqac.ca**	Une bibliothèque qui comprend de nombreuses références sur le Saguenay et la région du Lac-Saint-Jean.
Bibliothèque de l'Université du Québec en Outaouais 101, rue Saint-Jean-Bosco, Hull **www.uqo.ca/biblio/**	Seule bibliothèque universitaire francophone à offrir une vaste collection de bandes dessinées et d'ouvrages de référence concernant les arts graphiques, la création, la scénarisation et le dessin. Elle possède également une importante collection en études langagières.

Bibliothèques de l'Université McGill
www.library.mcgill.ca/
 	
Une vingtaine de bibliothèques, dont :
• Bibliothèque McLennan
  3459, rue McTavish, Montréal
  www.library.mcgill.ca/human/hssl.htm
 	
• Bibliothèque de droit Nahum Gelber
  3660, rue Peel, Montréal
  www.law.library.mcgill.ca/
 	
• Howard Ross Library of Management,
  1001, rue Sherbrooke Ouest, Montréal
  www.mcgill.ca/howardross/
	L'une des plus complètes en sciences humaines au Canada ayant près de 30 000 ouvrages de référence dans le domaine !
	
	Spécialisée en économie.

(Voir la suite à la page suivante.)

5

Tableau 5.4 *(suite)* **Quelques bibliothèques importantes**

Bibliothèque (adresse et site Internet)	Remarques, collections, etc.

Bibliothèques de l'Université Concordia
http://library.concordia.ca/
 	
• Institut Simone de Beauvoir
  2170, rue Bishop, Montréal
  http://artsandscience.concordia.ca/wsdb/
 	
• Bibliothèque Webster
  1400, boul. de Maisonneuve Ouest, Montréal
  http://library.concordia.ca/
 	
• Bibliothèque Vanier
  7141, rue Sherbrooke Ouest, Montréal
  http://library.concordia.ca/faqs/vanlib.html
	Centre de documentation en études sur les femmes.

Bibliothèque de l'Université de Sherbrooke
2500, boul. Université, Sherbrooke
www.usherbrooke.ca/biblio/bib/
 	
• Bibliothèque des sciences humaines
  2500, boul. Université, Sherbrooke
  www.usherbrooke.ca/biblio/bib/
  www.usherbrooke.ca/biblio/bib/humaines/
	Offre plusieurs références dans l'ensemble des disciplines des sciences humaines.

Bibliothèques de Montréal **www2.ville.montreal.qc.ca/biblio/**	La Ville de Montréal possède sur son territoire 56 bibliothèques. La liste collective des périodiques des bibliothèques publiques de l'Île de Montréal est offerte sur Internet. La base de données des collections de journaux et de magazines de plusieurs bibliothèques a été mise à jour et peut maintenant être consultée à l'aide de l'interface Gulliver.
Centre de documentation, Statistique Canada Complexe Guy-Favreau, 200, boul. René-Lévesque Ouest, Montréal **www.statcan.ca/**	Publications de Statistique Canada ; accessible au public.

Bibliothèques de Québec
www.bibliothequesdequebec.qc.ca
 	
• Bibliothèque Gabrielle-Roy
  300, rue Saint-Joseph Est, Québec
  www.bibliothequesdequebec.qc.ca/bibliotheques/
  horaires/bibli_Gabrielle_Roy/default.html
	Le réseau des bibliothèques de la ville de Québec est composé de 28 bibliothèques réparties dans les 8 arrondissements de la ville.

Bibliothèque de l'Université Laval Édifice Pamphile-Lemay, pavillon Jean-Charles-Bonenfant, Québec **www.bibl.ulaval.ca**	La Bibliothèque possède une collection de plus de 4 millions de documents comprenant près de 17 000 films et vidéos, 19 000 disques, 208 000 diapositives et 328 000 cartes géographiques. Signalons, entre autres, la richesse de ses collections en littérature québécoise et en histoire du Québec et du Canada, de même qu'une collection, unique au Canada, de manuels scolaires.

5

Devenez un chercheur autonome

- **Explorez la bibliothèque** de votre collège ou de votre université, « perdez du temps » à vous promener dans les rayons et les différentes sections. Arrêtez-vous fréquemment devant la section des « nouveautés » (nouvelles acquisitions) : vous y ferez des découvertes passionnantes. Et, en tout temps, **consultez le personnel de la bibliothèque :** ce sont des professionnels qui ne demandent pas mieux que de vous aider.

- **Soyez méthodique :** écrivez toutes les informations bibliographiques relatives à un document dès que vous le consultez. Créez votre coffre à outils personnel, votre propre fichier de références.

- **Consultez plusieurs ressources :** ne vous contentez jamais d'un seul type de document. Cherchez du côté des périodiques, des encyclopédies, des documents officiels, des sites Internet, des documents audiovisuels, etc.

- **Approfondissez votre recherche :** trouvez un auteur qui s'oppose à celui que vous lisez. Discutez avec votre professeur, lisez les comptes rendus dans les revues, recherchez des ouvrages sur le même sujet, etc. N'oubliez pas qu'un auteur est souvent spécialiste d'une question : consultez donc ses autres ouvrages pour approfondir un sujet.

- **Soyez sélectif :** ayez toujours en tête votre hypothèse de travail, s'il y a lieu. Demandez-vous si l'information vaut la peine d'être retenue. Rejetez ce qui est inutile. Demandez-vous **quand** l'information a été publiée et, surtout, quand les informations ont été recueillies par l'auteur (surtout dans Internet !).

- **Adoptez une approche critique :** abordez chaque source d'information avec scepticisme (surtout dans Internet !). N'acceptez jamais une opinion ou une statistique sans l'analyser et sans vérifier sa validité auprès d'une autre source. Ce n'est pas parce qu'une idée est imprimée qu'elle est vraie ou pertinente pour votre recherche. Même les études scientifiques sont biaisées ; soyez prudent avant d'adopter les conclusions d'un auteur.

À retenir

	OUI	NON
• Est-ce que je **connais** ma bibliothèque et ses ressources ?	☐	☐
• Est-ce que j'**adopte une stratégie** de recherche documentaire qui commence par l'établissement des mots clés ?	☐	☐
• Est-ce que je suis capable de **déchiffrer** une notice bibliographique ? de **comprendre** une cote ? de chercher dans le **catalogue informatisé** de ma bibliothèque ?	☐	☐
• Est-ce que j'**utilise** tous les ouvrages de consultation ?	☐	☐
• Est-ce que je **repère** bien les articles dont j'ai besoin dans les index de périodiques ?	☐	☐
• Est-ce que j'**ai apprivoisé** les banques de données et les cédéroms ?	☐	☐
• Est-ce que je **connais** les autres bibliothèques dans ma région ?	☐	☐
• Est-ce que j'**ai une approche critique** devant les sources d'information ?	☐	☐

Chapitre 6

Utiliser de bons outils de travail

« J'aime aller au fond d'un problème, chercher toutes les facettes. »

André, 20 ans

6

→ **Que trouve-t-on dans un bon coffre à outils ?**
  Les bibliographies
  Les dictionnaires
  Les bases de données
  Les ouvrages de référence supplémentaires

→ **Liste des outils suggérés**
  Arts
  Sciences humaines en général
  Administration
  Anthropologie
  Économie
  Géographie
  Histoire
  Littérature française
  Philosophie
  Politique
  Psychologie
  Sociologie

→ **Compétence : devenez autonome en recherche documentaire**

Objectif d'apprentissage

Après avoir lu attentivement le présent chapitre, vous serez en mesure :

- de vous constituer un coffre à outils personnel pour vos recherches en Français et en Philosophie, pour vos études en *Arts et lettres*, en *Administration* et en *Sciences humaines*, de même que dans les techniques humaines au collégial.

Au terme de vos études collégiales, vous aurez acquis des connaissances de base dans diverses disciplines. Vous saurez manipuler des concepts fondamentaux et des méthodes pour analyser les phénomènes artistiques, humains et sociaux. Les principaux courants et genres littéraires vous seront familiers tout comme certaines des conceptions de l'être humain parmi les plus importantes. Vous aurez abordé non seulement les théories liées à l'éthique, mais en outre les questions qu'elles soulèvent.

Ce chapitre présente 200 outils de base dans les disciplines des arts, des sciences humaines, de la philosophie et de la littérature.

QUE TROUVE-T-ON DANS UN BON COFFRE À OUTILS ?

Le présent chapitre contient une liste d'outils de travail que nous avons sélectionnés et regroupés en quatre catégories : les bibliographies, les dictionnaires, les bases de données et les ouvrages de référence supplémentaires.

Les bibliographies

Elles permettent de faire le point avant d'entreprendre une recherche sur un sujet donné. Elles fournissent également des pistes de recherche fascinantes. Il y a plusieurs sortes de bibliographies : les guides bibliographiques contiennent des indications sur la qualité des ouvrages recensés ; les bibliographies thématiques décrivent l'état de la production dans un domaine précis ; les bibliographies de bibliographies donnent accès à des outils extrêmement complexes, qui dressent l'inventaire des bibliographies dans un domaine de connaissances ; enfin, les bibliographies nationales, comme la *Bibliographie du Québec*, recensent toutes les publications d'un pays ou d'une région.

Les dictionnaires

Tout le monde connaît les dictionnaires de langue comme *Le Petit Robert* ou *Le Petit Larousse illustré*. Mais il existe une foule d'autres sortes de dictionnaires, comme les dictionnaires terminologiques ou les lexiques, qui analysent le vocabulaire propre à un domaine du savoir, et les dictionnaires biographiques, comme les fameux *Who's Who ?*

Les bases de données

Les bases de données sur disque compact (cédérom veut dire *Compact Disc-Read Only Memory*) ou sur Internet permettent d'emmagasiner des milliers de pages ou de disquettes d'informations. La plupart des cédéroms disponibles sont des bases de données bibliographiques ou des banques d'images qui vous permettent de repérer des documents pour vos recherches en vous fournissant des références parfois accompagnées de résumés, d'analyses et d'évaluations de certains documents.

Les ouvrages de référence supplémentaires

Nous avons regroupé dans cette catégorie des ouvrages essentiels comme des atlas (cartes), des encyclopédies, des annuaires, des recueils statistiques, des anthologies (recueils de textes), des manuels, etc., qui sont généralement recommandés par les enseignants de votre collège ou de votre université.

Pour accéder directement aux sites Internet suggérés, tapez : **www.beaucheminediteur.com/pourreussir**

Ce sont tous des outils précieux qui permettent d'accélérer la collecte d'informations. On les trouve pour la plupart dans la section « ouvrages de référence » de la bibliothèque. Une préférence marquée a été accordée ici aux ouvrages récents des arts, de la philosophie, de la littérature française et des sciences humaines rédigés en français et accessibles dans les collèges et les universités du Québec. Quelques ouvrages en anglais, indispensables pour les travaux sur le Canada et les États-Unis, ont été ajoutés. Nous avons limité nos commentaires au strict minimum : n'hésitez pas à demander conseil à vos enseignants quand viendra le moment de choisir des instruments de travail pertinents.

En complément d'information, vous retrouverez une liste de sites Internet au chapitre 7 (➜ *voir p. 131 à 137*) et la description détaillée des principaux index et périodiques au chapitre 8 (➜ *voir p. 139 et suivantes*).

LISTE DES OUTILS SUGGÉRÉS

Arts

Bibliographies

- *Bibliographie du Québec*
  www.bnquebec.ca/fr/biblio/bib_bibliographie.htm

- *Canadiana (Amicus Web)*
  www.nlc-bnc.ca/index-f.html et http://www.nlc-bnc.ca/amicus/index-f.html

Dictionnaires

- *L'Atelier du peintre : dictionnaire des termes techniques*, Paris, Larousse, 1998, 405 p.

- COULOMBE, Michel, et Marcel JEAN, dir. *Le Dictionnaire du cinéma québécois*, 3ᵉ éd., Montréal, Boréal, 1999, 721 p.

- CUZIN, Jean-Pierre. *Dictionnaire de la peinture*, Paris, Larousse, 1999, 1 152 p. (Coll. « Les Grands Dictionnaires culturels »)

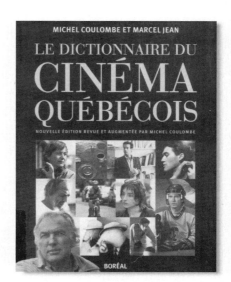

Figure 6.1 *Le Dictionnaire du cinéma québécois*

- *Dictionnaire mondial de la photographie : des origines à nos jours*, Paris, Larousse, 1994, 735 p.

- PASSEK, Jean-Loup. *Dictionnaire du cinéma*, Paris, Larousse, 2001, 1 088 p. (Coll. « Les Grands Dictionnaires culturels »)

- VIRMAUX, Alain, et Odette VIRMAUX. *Dictionnaire mondial des mouvements littéraires et artistiques contemporains : groupes, courants, pôles, foyers : littérature, peinture, théâtre, cinéma, musique, architecture, photo, bande dessinée,* Monaco, Éditions du Rocher, 1992, 461 p.

Bases de données

- *Artchive*

  www.artchive.com

  Banque d'images et information sur les artistes internationaux les plus importants, de la Renaissance jusqu'à nos jours.

Figure 6.2 *Artchive*

- BIBLIOTHÈQUE NATIONALE DU CANADA. *Encyclopédie de la musique au Canada*
  www.nlc-bnc.ca/4/17/index.html

- *Encyclopédie universelle Larousse 2004 : l'intégrale*, Paris, Larousse, 2003, disques optiques compacts ; son, coul. ; 12 cm, un guide de l'utilisateur (31 p.).

- *Encyclopédie de l'art moderne et contemporain,* Paris, Hazan/Videomuseum/ Réunion des musées nationaux/Akal/Centre Georges Pompidou, 1996. Un disque optique compact : son, coul., 12 cm, un guide d'utilisation (9 p.). Le cédérom couvre la totalité du domaine artistique moderne et contemporain : 1 800 artistes, 200 groupes et mouvements, 100 institutions, les principales revues, publications, expositions de l'histoire de l'art du 20e siècle.

- MALYON, John. *Artcyclopedia*
  www.artcyclopedia.com
  Images et information. Recherche par courant, médium, artistes, nationalités, sujet, etc. Couvre la plupart des grands musées internationaux.

- *Le Québec en images*
  www.ccdmd.qc.ca/quebec/rens-frame.html
  Banque d'images d'artistes québécois du 20e siècle.

Ouvrages de référence supplémentaires

- FRONTISI, Claude. *Histoire visuelle de l'art*, Paris, Larousse, 2001, 516 p.
  Présente en 1 000 œuvres l'évolution de l'art occidental, de l'Antiquité à nos jours, en peinture, sculpture et architecture.

- HAUSTRATE, Gaston. *Le guide du cinéma mondial*, tome 1, *1895-1967*, Paris, Syros, 1997.

- HONOUR, Hugh, et John FLEMING. *Histoire mondiale de l'art*, trad. par J. Auboyer *et al.*, préf. d'A. Chastel, 3ᵉ éd. rev. et augm., Paris, Bordas, 1992, 766 p.

- MAUBOURGUET, Patrice, dir. *Théma. Arts et culture : littérature, beaux-arts, musique, cinéma, danse, médias*, Paris, Larousse, 2000, 584 p.

- PINEL, Vincent. *Écoles, genres et mouvements au cinéma*, Paris, Larousse-Bordas/Her, 2000.

- SUREDA, Joan, *et al. Histoire universelle de l'art*, Paris, Larousse, 1988-1990, 11 volumes.
  Volume 1 *Les premières civilisations : préhistoire, Égypte, Proche-Orient*; v. 2 *L'antiquité : Grèce et Rome*; v. 3 *Afrique, Amérique, Asie*; v. 4 *Le Moyen Âge : art byzantin, art islamique. De Rome à l'art préroman*; v. 5 *Le Moyen Âge : art romain, art gothique*; v. 6 *La Renaissance : le* quattrocento *italien, la peinture flamande*; v. 7 *Renaissance et maniérisme : Italie, Espagne et Portugal, France, Pays-Bas, Grande-Bretagne, Allemagne et pays germaniques vers le XVIIᵉ siècle ;* v. 8 *Classicisme et baroque*; v. 9 *Le XIXᵉ siècle*; v. 10 *Le XXᵉ siècle*; v. 11 *Index.*

- WALTHER, Ingo F., dir. *L'art au XXᵉ siècle, première partie : peinture*, [Madrid], Benedikt Taschen Verlag, 2000, 840 p.

Sciences humaines en général

Bibliographies

- BIBLIOTHÈQUE NATIONALE DU CANADA. *Canadiana*, Ottawa, BNC, mensuel depuis 1950.
  Bibliographie nationale du Canada, contenant la liste des publications canadiennes (y compris québécoises) et des ouvrages qui ont un intérêt particulier pour le Canada. Comprend des ouvrages publiés à l'étranger, mais portant sur le Canada. Mensuel, avec une refonte annuelle. Offert sur cédérom. *Voir* www.nlc-bnc.ca/canadiana/index-f.html

- BIBLIOTHÈQUE NATIONALE DU QUÉBEC. *Bibliographie du Québec*, Québec, BNQ, mensuel, depuis 1968.
  Relevé mensuel de toutes les publications québécoises. La *Loi sur les publications du Québec* oblige les éditeurs à envoyer un exemplaire de leurs publications à la BNQ. Comprend des ouvrages publiés à l'étranger, mais portant sur le Québec. Les publications du gouvernement du Québec y sont classées dans une partie spécifique. Depuis janvier 2003, la bibliographie

6

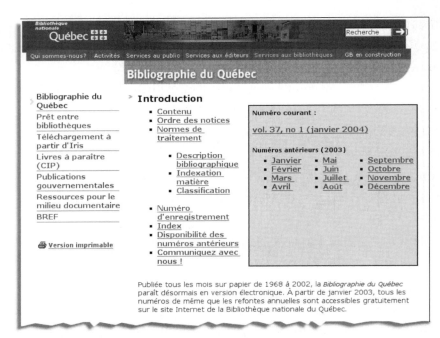

Figure 6.3 **Site de la *Bibliographie du Québec***

paraît désormais en version électronique. *Voir* www.bnquebec.ca/fr/biblio/bib_bibliographie.htm

- BOND, Mary E., et Martine M. CARON. *Ouvrages de référence canadiens : une bibliographie annotée : ouvrages de référence généraux, histoire, sciences humaines*, Vancouver, University of British Columbia Press, 1996, 1 076 p.

- GAGNON, Alain-G. *Bibliographie commentée sur le Québec,* Montréal, Éditions Saint-Martin, 2000, 363 p.

Dictionnaires

- BORMANS, Christophe, et Charles TAFANELLI. *Dictionnaire des grands auteurs de littérature et de sciences humaines*, Paris, Jeunes Éditions, 2000, 392 p.

- GRAWITZ, Madeleine. *Lexique des sciences sociales*, 7ᵉ éd., Paris, Dalloz-Sirey, 2000, 424 p.

- GRESLE, François, *et al. Dictionnaire des sciences humaines : sociologie, psychologie sociale, anthropologie*, Paris, Nathan, 1994, 469 p.

- LEGENDRE, Renald. *Dictionnaire actuel de l'éducation*, 2ᵉ éd., Montréal/Paris, Guérin/Eska, 1993, 1 500 p.

- MORFAUX, Louis-Marie. *Vocabulaire de la philosophie et des sciences humaines*, Paris, A. Colin, 2002, 399 p.

- *The International Who's Who*, Londres, Europa Publications, annuel, depuis 1935.

- THIOLLIER, Marguerite-Marie. *Dictionnaire des religions*, 4ᵉ éd., Bruxelles, Chapitre douze, 1995, 598 p.

- *Who's Who in Canada*, Toronto, International Press, depuis 1922.

Bases de données

- *Biblio branchée*
  Donne accès à plus de 10 millions d'articles cumulés sur 16 années d'archives. Les nouvelles sont mises à jour quotidiennement par un accès simultané à plusieurs sources de presse.

- *Choix*
  Offre quelque 482 000 notices sur les livres de langue française en provenance de plusieurs pays, dans tous les domaines, pour tous les publics et pour tous les âges ; offert en version imprimée, bimensuelle, ainsi qu'en refonte annuelle.

- *Encyclopædia Universalis*
  La version 2002 du cédérom de l'encyclopédie propose 30 000 articles de 4 000 auteurs, soit l'ensemble des textes publiés dans la version papier de l'encyclopédie, et 20 000 documents multimédias réunissant 17 000 photographies, dessins scientifiques ou techniques originaux.

- *E-STAT*
  Toutes les statistiques du gouvernement du Canada portant sur l'économie, les territoires, la société, le gouvernement, les recensements, les élections. Accessible sur le site de votre bibliothèque. *Voir* http://estat2.statcan.ca/Estat/data_f.htm (mot de passe requis lorsqu'on tente d'accéder à ce site de l'extérieur d'un collège ou d'un cégep)

- *FRANCIS*
  Base internationale de données bibliographiques multidisciplinaires, multilingue (un tiers en français). Plus de 2,5 millions de références bibliographiques en sciences humaines et sociales. Elle est réalisée en partenariat avec différents organismes nationaux et internationaux, dont l'Institut de l'Information scientifique et technique (INIST). www.inist.fr/INIST/coopere.php

- *Le Monde diplomatique (1980-2000)*
  Contient plus de 17 000 documents, dont des articles, des cartes et des chronologies issus du prestigieux journal français du même nom. Au moment de mettre sous presse, un nouveau cédérom d'archives était en préparation et devait être offert au printemps 2004. Il contiendra l'ensemble des textes publiés par le journal entre 1973 et 2003.

- *PAIS*
  Fournit 480 000 références en provenance de 120 pays en administration publique, en politique et en sciences sociales, de 1972 à nos jours.

- *Repère*
  380 000 références d'articles de périodiques en français (depuis 1980) : contient également 18 000 articles en texte intégral et les adresses de

6 000 articles en texte intégral sur Internet. *Voir* http://repere.sdm.qc.ca/. Cet outil existe aussi sous forme d'imprimé dans l'index *Point de Repère*.

Ouvrages de référence supplémentaires

- BERNIER, Gérald, Robert BOILY et Daniel SALÉE. *Le Québec en chiffres de 1850 à nos jours*, Montréal, ACFAS, 1986, 389 p.
  Utile pour des recherches à caractère historique.

- CANADA, STATISTIQUE CANADA. *Annuaire du Canada*, Ottawa, Approvisionnements et Services Canada, depuis 1905.
  Regroupe les statistiques sur le Canada : la démographie, la santé, l'emploi, l'éducation, la sécurité sociale, la construction, les richesses naturelles, la science et la technologie, les communications, les arts et la culture, les industries, le commerce et les banques, le gouvernement, le système judiciaire, les relations extérieures, les finances publiques et l'économie dans son ensemble. Paraît maintenant tous les deux ans. *Voir* www.statcan.ca

- CANADA, STATISTIQUE CANADA. *Recensement*, Ottawa, Statistique Canada, 2001. Le recensement s'effectue tous les 10 ans depuis 1851. Depuis 1956, le Bureau fédéral de la statistique procède de plus à un recensement quinquennal centré sur certaines caractéristiques de la population. Le dernier, effectué en 2001, portait sur le revenu et les caractéristiques sociales et économiques des particuliers, des familles et des ménages. *Voir* http://www12.statcan.ca/francais/census01/release/Index_f.cfm

Figure 6.4 Site de Statistique Canada sur le recensement

- *Encyclopædia Universalis*, 5ᵉ éd., Paris, Éditions Encyclopédia Universalis France, 2002, 28 volumes.

  – *Thesaurus Index :* quatre volumes renvoient aux sujets dans le *Corpus.*

  – *Corpus :* en 23 volumes, avec des bibliographies.

  – *Les Pays :* traite de l'histoire des pays depuis 1990, à l'aide de chronologies, de cartes et de fiches politiques et économiques.

  – *Universalia :* un volume par année présente les enjeux de l'année écoulée.

  – *Universalia & la Science au présent :* dresse annuellement un tableau complet de l'actualité scientifique et technique.

- *L'encyclopédie Canada 2000*, Montréal, Stanké, 2000, 2 639 p. Présente les territoires et les provinces du Canada, la démographie, les personnalités des mondes culturel et politique, sportif et économique, la politique fédérale et provinciale, la flore et la faune, les communautés culturelles, les arts, etc.

- *Encyclopédie universelle Larousse,* Paris, Larousse, 2004. Encyclopédie en 20 volumes, atlas universel, dictionnaire de français intégré et dictionnaire français-anglais.

- ORGANISATION DES NATIONS UNIES. *Annuaire démographique*, New York, ONU, depuis 1948.

- ORGANISATION DES NATIONS UNIES. *Annuaire statistique*, New York, ONU, depuis 1948.

- ORGANISATION DES NATIONS UNIES POUR L'ÉDUCATION, LA SCIENCE ET LA CULTURE (UNESCO). www.unesco.org

  Renseignements sur l'UNESCO, sur l'éducation, la science et la culture ; statistiques sur l'éducation, l'alphabétisation, la santé, l'édition, la recherche et les médias dans le monde.

- QUÉBEC, INSTITUT DE LA STATISTIQUE. *Le Québec, chiffres en main,* Québec, ISQ, 2003 (annuel), 46 p.
  Renferme une centaine de tableaux statistiques couvrant différents aspects de la société québécoise : population, travail, consommation, économie, territoire, santé, etc.
  www.stat.gouv.qc.ca/publications/referenc/qcmfr.htm

- QUÉBEC, INSTITUT DE LA STATISTIQUE. *Comparaisons inter-provinciales.* Données mises à jour mensuellement sur chaque province et territoire ainsi que sur le Canada : la population, l'immigration, la francophonie canadienne, l'économie et les parlements.
  http://www.stat.gouv.qc.ca/donstat/econm_finnc/conjn_econm/TSC/index.htm

- VENNE, Michel, dir. *L'annuaire du Québec 2004*, Montréal, Fides, 2003, 1 007 p.
  Rétrospective annuelle des événements politiques, sociaux, économiques et culturels qui se sont déroulés au Québec.

Figure 6.5 ***Encyclopédie Universalis***

Figure 6.6 **Page de l'*Encyclopédie du Canada***

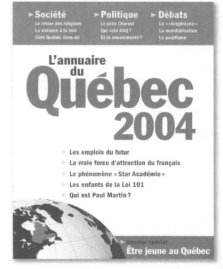

Figure 6.7 ***L'annuaire du Québec 200***

6

Administration

Bibliographies

- *Bibliographie du Québec*
  www.bnquebec.ca/fr/biblio/bib_bibliographie.htm
- *Canadian Index*, Toronto, Micromedia. Mensuel avec refonte annuelle, depuis 1993.
- *Canadiana (Amicus Web)*
  www.nlc-bnc.ca/index-f.html et http://www.nlc-bnc.ca/amicus/index-f.html
- KARP, Rashelle S., et Bernard S. SCHLESSINGER. *The Basic Business Library*, 4ᵉ éd., Wesport (Connecticut), Greenwood Press, 2002, 288 p.

Dictionnaires

- BALLAND, Jean-Jacques. *Dixeco de l'entreprise*, 8ᵉ éd., Paris, Dunod, 2000, 276 p.
- DION, Gérard. *Dictionnaire canadien des relations du travail*, 2ᵉ éd., Québec, Presses de l'Université Laval, 1986, 993 p.
- MÉNARD, Louis, Murielle ARSENAULT et Jean-François JOLY. *Dictionnaire de la comptabilité et de la gestion financière,* Montréal, Institut canadien des comptables agréés, 1994.
  Lexique anglais-français des termes de comptabilité en usage au Canada.
- *Who's Who in Canadian Business*, 24ᵉ éd., University of Toronto Press, 2004, 1 100 p.

Bases de données

- *ABI-INFORM*
  Extraits d'articles de plus de 1 500 périodiques américains et canadiens. Accès au texte intégral d'environ la moitié des périodiques répertoriés.
- *CBCA (Canadian Business and Current Affairs)*
  Dépouille plus de 600 périodiques, revues populaires et périodiques canadiens, depuis 1988.
- *PAIS*
  Offre 385 000 références, depuis 1972, en administration publique notamment.

Ouvrages de référence supplémentaires

- AUCLAIR, Jean, et Raymond BOISVERT. *Le profil complet des 500 plus grandes entreprises du Québec*, Québec, Le Journal économique de Québec, 1998, 773 p.
- *Canadian Markets 2003,* Toronto, The Financial Post Co., 2003, [pagination multiple].
  Annuaire sur les marchés canadiens, les provinces, les villes, les régions, les populations, le revenu, le pouvoir d'achat, les ventes au détail, la main-d'œuvre active, l'éducation, etc.

Anthropologie

Bibliographies

- *Bibliographie du Québec*
  Voir http://www.bnquebec.ca/fr/biblio/bib_bibliographie.htm

- *Bibliographie internationale d'anthropologie sociale et culturelle/ International Bibliography of Social and Cultural Anthropology,* Londres et New York, Routledge, depuis 1955.

- *Canadiana (Amicus Web)*
  www.nlc-bnc.ca/index-f.html et http://www.nlc-bnc.ca/amicus/index-f.html

Dictionnaires

- BONTE, Pierre, et Michel IZARD. *Dictionnaire de l'ethnologie et de l'anthropologie,* Paris, Presse universitaires de France, 2000, 842 p.

- GAILLARD, Gérald. *Dictionnaire des ethnologues et des anthropologues,* Paris, A. Colin, 1997, 286 p. (Coll. « Cursus »)

- TAMISIER, Jean-Christophe, dir. *Dictionnaire des peuples : sociétés d'Afrique, d'Amérique, d'Asie et d'Océanie,* préface de Maurice Godelier, Paris, Larousse, 1998, 413 p.

Bases de données

- *Anthropological Index Online*
  Plus de 300 000 références dans le domaine, dont le journal de la Bibliothèque d'anthropologie du British Museum.

- *Anthropological Literature on Disc*
  Fournit, en anglais seulement, plus de 93 000 références d'articles et de monographies en anthropologie, depuis 1984.

- *Anthropology Biography Web*
  www.mnsu.edu/emuseum/information/biography/index.shtml
  Biographies de plus de 600 personnes ayant influencé l'anthropologie, parfois avec photographies.

- *FRANCIS* (➔ *Voir p. 95.*)

Figure 6.8 *Dictionnaire des peuples*

Ouvrages de référence supplémentaires

- BURENHULT, Göran. *Les premiers hommes : des origines à 10 000 ans avant Jésus-Christ,* Paris, Bordas, 1994, 239 p.

- DELSON, Eric, *et al.,* dir. *Encyclopedia of Human Evolution and Prehistory,* 2ᵉ ed., New York, Taylor & Francis, Inc., 1999, 800 p.

- GUIRAND, Félix. *Mythes et Mythologie, Histoire et dictionnaire,* Paris, Larousse, 1998, 896 p.

- INGOLD, Tim, dir. *Companion Encyclopedia of Anthropology,* London, Routledge, 1994, 1 127 p.

Économie

Bibliographies

- *Bibliographie du Québec*
  www.bnquebec.ca/fr/biblio/bib_bibliographie.htm

- *Bibliographie internationale d'économie/International Bibliography of Economics,* Londres et New York, Routledge, depuis 1952.

- BROWN, Barbara E. *Sources d'information économiques et commerciales canadiennes,* 3e éd., Ottawa, Canadian Library Association, 1992, 675 p.

- *Canadiana (Amicus Web)*
  www.nlc-bnc.ca/index-f.html et http://www.nlc-bnc.ca/amicus/index-f.html

Dictionnaires

- BALLAND, Jean-Jacques. *Dixeco de l'entreprise,* 8e éd., Paris, Dunod, 2000, 276 p.

- BEAUD, Michel, et Gilles DOSTALER. *La pensée économique depuis Keynes : historique et dictionnaire des principaux auteurs,* éd. abrégée, Paris, Éditions du Seuil, 1996, 444 p.

- BERSTEIN, Serge, *et al. Dictionnaire d'histoire économique de 1800 à nos jours : les grands thèmes, les grandes puissances,* Paris, Hatier, 1987, 616 p.

- CAPUL, Jean-Yves, et Olivier GARNIER. *Dictionnaire d'économie et de sciences sociales,* Paris, Hatier, 2002, 542 p.

- TEULON, Frédéric. *Dictionnaire (d')histoire, économie, finance, géographie : hommes, faits, mécanismes, entreprises, concepts,* 3e éd., Paris, Presses universitaires de France, 1999, 715 p.

Bases de données

- CANADA, INDUSTRIE CANADA. *Analyses sectorielles et statistiques (industries canadiennes)*
  http://commercecan.ic.gc.ca/scdt/bizmap/interface2.nsf/frndocBasic/0.html

- CANADA, INDUSTRIE CANADA. *Statistiques relatives à l'industrie canadienne*
  http://strategis.ic.gc.ca/sc_ecnmy/sio/homepagf.html

- CANADA, GOUVERNEMENT DU CANADA. *L'économie canadienne à votre portée*
  www.economiecanadienne.gc.ca/francais/economy/index.cfm

- *FRANCIS* (→ *Voir p. 95.*)

- *STATCAN : DISQUE CANSIM*
  Présente 500 000 séries chronologiques sur la main-d'œuvre, le commerce, la finance, etc. Accès via *E-STAT* sur le site de votre bibliothèque.

Ouvrages de référence supplémentaires

- *L'année internationale : annuaire économique et géopolitique mondial*, Paris, Éditions du Seuil, depuis 1992.

- *Atlaséco 2004. Atlas économique et politique mondial*, Paris, Le Nouvel Observateur, 2003.

- *Encyclopédie thématique MÉMO. L'homme et l'économie mondiale : démographie, évolution économique, productions et échanges, organisations internationales*, Paris, Larousse, 1995, 112 p.

- NÊME, Collette. *La pensée économique contemporaine depuis Keynes*, Paris, Économica, 2001, 254 p.

Géographie

(→ *Voir les outils en géopolitique, p. 107.*)

Bibliographies

- *Bibliographie du Québec*
www.bnquebec.ca/fr/biblio/bib_bibliographie.htm

- *Canadiana (Amicus Web)*
www.nlc-bnc.ca/index-f.html et http://www.nlc-bnc.ca/amicus/index-f.html

Dictionnaires

- BAUD, Pascal, Serge BOURGEAT et Catherine BRAS. *Dictionnaire de géographie,* Paris, Hatier, 2003.

- BRAND, Denis, et Maurice DUROUSSET. *Dictionnaire thématique : Histoire, géographie,* 6e éd., Paris, Sirey-Dalloz, 2002, 550 p.

- CABANNE, Claude, et George B. BENKO. *Lexique de géographie humaine et économique,* 2e éd., Paris, Sirey-Dalloz, 1997, 449 p.

- *Dixeco de l'environnement,* Paris, Eska, 2000, 276 p.

- GEORGE, Pierre, et Fernand VERGER. *Dictionnaire de la géographie,* 7e éd., Paris, Presses universitaires de France, 2000, 512 p.

- QUÉBEC, COMMISSION DE TOPONYMIE. *Noms et lieux du Québec : dictionnaire illustré,* Québec, Les Publications du Québec, 1996, 978 p. *Voir* http://www.toponymie.gouv.qc.ca/

Bases de données

- *L'état du monde*
Recueil des articles et des cartes publiés de 1981 à 1996. Indispensable
(→ *Voir p. 102.*)

- *Geobase*
Informations gratuites sur le Canada (réseau géodésique, les noms géographiques, le réseau de transport, etc.).
www.geobase.ca

Figure 6.9 *Atlaséco 2004*

6

101

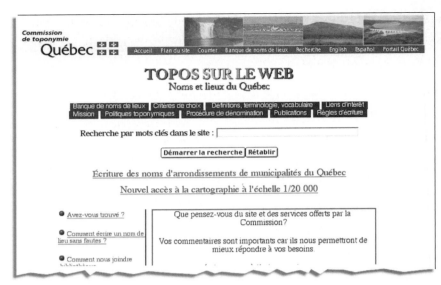

Figure 6.10 **Noms et lieux du Québec**

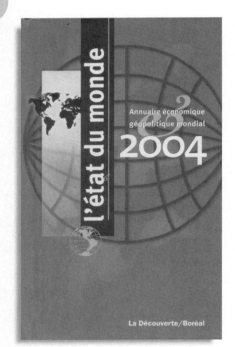

Figure 6.11 *L'état du monde 2004 :*
un annuaire
incontournable

Ouvrages de référence supplémentaires

- *Atlaséco 2004, Atlas économique et politique mondial,* Paris, Le Nouvel observateur, 2003.

- *Atlas encyclopédique mondial,* Montréal, Libre expression, 2002, 736 p.

- *L'état du monde : annuaire économique et géopolitique mondial,* Montréal/ Paris, Boréal/La découverte, annuel, depuis 1981.
  Aborde les questions stratégiques, les ensembles géopolitiques, les événements et les tendances dans le monde, les statistiques mondiales.

- *Le grand atlas du Canada et du monde,* Bruxelles, GRPI-De Boeck, 2002.

- SMITH, Dan. *Atlas du nouvel état du monde,* Paris, Autrement, 1999, 144 p.
  Cartographie et statistiques sur l'évolution du monde : population, espérance de vie, alimentation, qualité de la vie, inégalités, troisième âge, mondialisation de l'économie.

Histoire

Bibliographies

- AUBIN, Paul, dir. *Bibliographie de l'histoire du Québec et du Canada, 1966-1975,* 2 tomes ; *1976-1980,* 2 tomes ; *1946-1975,* 2 tomes ; *1981-1985,* 2 tomes, Québec, Institut québécois de recherche sur la culture, 1981, 1985, 1987, 1990.
  Histoire du Québec et du Canada, de la préhistoire à nos jours : Amérindiens, folklore, art, architecture, politique, municipalités, banques, etc. Intégrée à la banque de données *Amérique française, Histoire et civilisation.* (➜ *Voir le chapitre 5, p. 81.*)

- HAMELIN, Jean, dir. *Guide du chercheur en histoire canadienne,* Québec, Presses de l'Université Laval, 1986, 808 p.

- ROUILLARD, Jacques, dir. *Guide d'histoire du Québec du régime français à nos jours, Bibliographie commentée*, 2ᵉ éd., Montréal, Méridien, 1993, 354 p.

Dictionnaires

- BRAND, Denis, et Maurice DUROUSSET. *Dictionnaire thématique : Histoire, géographie*, 6ᵉ éd., Paris, Sirey-Dalloz, 2002, 550 p.

- BURGUIÈRE, André, dir. *Dictionnaire des sciences historiques*, Paris, Presses universitaires de France, 1986, 693 p.

- *Dictionnaire biographique du Canada*, Québec, Presses de l'Université Laval, 14 volumes publiés depuis 1966.
  Du premier volume, sur la période de l'an 1 000 à 1 700, au quatorzième sur la période 1910-1920, c'est un ouvrage incontournable sur les personnages qui ont fait le Canada. Maintenant **disponible en ligne, gratuitement** : voir le site de *Bibliographie et Archives Canada*, www.biographi.ca

- MOURRE, Michel. *Dictionnaire encyclopédique d'histoire*, 3ᵉ éd., Paris, Bordas, 1996, 5 volumes, 5 884 p.

- VOISIN, Jean-Louis. *Dictionnaire des personnages historiques*, Paris, Le Livre de poche/Éditions de Fallois, 1995, 1 166 p.

Bases de données

- *Amérique française, Histoire et civilisation*, Montréal, Services documentaires multimédias, 1995. (→ *Voir le chapitre 5, p. 81.*)

- *FRANCIS* (→ *Voir p. 95.*)

- *World History Fulltext. Ebsco Host Research Databases*
  Présente des documents en textes complets sur l'histoire universelle (en anglais). www.lib.utc.edu/news/2003/0213.html

- *Statistiques historiques du Canada*
  www.statcan.ca/francais/freepub/11-516-XIF/free_f.htm

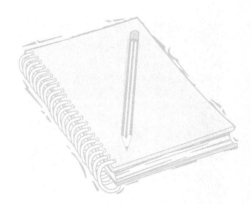

Ouvrages de référence supplémentaires

- BARRACLOUGH, Geoffrey, dir. *Le grand atlas de l'histoire mondiale*, Paris, Encyclopædia Universalis/Albin Michel, 1991, 370 p.
  De la préhistoire à l'ère du nucléaire. Cartes immenses et originales, texte rigoureux et accessible ; indispensable pour entreprendre une recherche historique.

- BOUDET, Jacques. *Chronologie universelle d'histoire*, Paris, Larousse, 1997, 1 408 p.
  L'histoire du monde en 10 000 dates.

- CHESNAIS, Jean-Claude. *La population du monde, de l'Antiquité à 2050*, Paris, Bordas, 1991, 96 p.

- COURVILLE, Serge, et Normand SÉGUIN. *Atlas historique du Québec : le pays laurentien au XIXe siècle : les morphologies de base*, Québec, Presses de l'Université Laval, 1995.

- DUBY, Georges. *Grand atlas historique : L'histoire du monde en 520 cartes*, Paris, Larousse, 2001, 400 p.

- KINDER, Hermann, et Wernwe HILGEMANN. *Atlas historique. De l'apparition de l'homme sur la terre à l'ère atomique*, Paris, Perrin, 2003, 670 pages.

- LEACY, F. H., dir. *Statistiques historiques du Canada*, 2e éd., Ottawa, Statistique Canada, 1983, 800 p.

- MATTHEWS, Geoffrey J., dir. *Atlas historique du Canada,* Montréal, Presses de l'Université de Montréal, 1987-1993, 3 volumes.

Littérature française

Bibliographies

- *Bibliographie du Québec*
www.bnquebec.ca/fr/biblio/bib_bibliographie.htm

- *Canadiana (Amicus Web)*
www.nlc-bnc.ca/index-f.html et www.nlc-bnc.ca/amicus/index-f.html

- COPPENS, Patrick. *La littérature québécoise : 2001*, Montréal, Services documentaires multimédias, 2001.

Dictionnaires

- CORVIN, Michel. *Dictionnaire encyclopédique du théâtre*, 3e éd., Paris, Larousse, 2001, 1 894 p.

- *Dictionnaire des œuvres littéraires du Québec*, 7 vol., Québec, Fides, 1978-1994.
Volume 1 *Des origines à 1900*; v. 2 *1900-1939*; v. 3 *1940-1959* ; v. 4 *1960-1969*; v. 5 *1970-1975*; v. 6 *1976-1980* ; v. 7 *1981-1985*.

- DUBOIS, Jean. *Dictionnaire de linguistique et des sciences de langage*, Paris, Larousse, 2001, 514 p.

- FOREST, Gilbert. *Dictionnaire des citations québécoises*, Montréal, Québec/Amérique, 1994, 850 p.

- HAMEL, Réginald, John HARE et Paul WYCZYNSKI. *Dictionnaire des auteurs de langue française en Amérique du Nord,* Montréal, Fides, 1989, 1 364 p.

- LAFFONT, Robert, et Valentino BOMPIANI, dir. *Dictionnaire des personnages littéraires et dramatiques de tous les temps et de tous les pays : poésie, théâtre, roman, musique*, 7 tomes, Paris, R. Laffont, depuis 1994, 8 000 p.

- MITTERAND, Henri, dir. *Dictionnaire des œuvres du XXe siècle : littérature française et francophone*, Paris, Le Robert, 1995, 621 p.

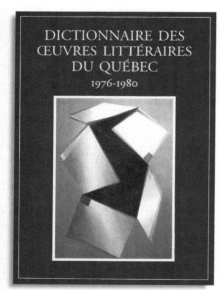

Figure 6.12 *Dictionnaire des œuvres littéraires du Québec* (volume 6)

Bases de données

- *Repère* (➜ *Voir p. 95.*)

- *Biblio Branchée :* Base de données multidisciplinaire. Elle contient le texte intégral des articles de la presse canadienne francophone et anglophone et de certains journaux francophones européens. Mise à jour quotidienne.

- *FRANCIS* (➜ *Voir p. 95.*)

Ouvrages de référence supplémentaires

- HAMEL, Réginald, dir. *Panorama de la littérature québécoise contemporaine, 1967-1997,* Montréal, Guérin, 1997, 832 p.

- HORVILLE, P., dir. *Anthologie de la littérature française,* Paris, Larousse, 1994, 5 vol.

- LAURIN, Michel. *Anthologie de la littérature québécoise,* 2e éd., Montréal, Éditions CEC, 2000, 360 p.

- LEMIRE, Maurice, dir. *La vie littéraire au Québec,* tome IV, *1870-1894,* Sainte-Foy, Presses de l'Université Laval, 1999, 669 p.

- MARCOTTE, Gilles. *Anthologie de la littérature québécoise,* Montréal, L'Hexagone, 1994, 2 vol.

- NEPVEU, Pierre, et Laurent MAILHOT. *La Poésie québécoise, anthologie,* Montréal, L'Hexagone, 1996, 642 p.

- WEINMANN, Heinz, et Roger CHAMBERLAND, dir. *Littérature québécoise. Des origines à nos jours (textes et méthode),* Montréal, HMH, 1996, 349 p.

Philosophie

Bibliographies

- *Bibliographie du Québec*
  www.bnquebec.ca/fr/biblio/bib_bibliographie.htm

- *Canadiana (Amicus Web)*
  www.nlc-bnc.ca/index-f.html et www.nlc-bnc.ca/amicus/index-f.html

- INSTITUT INTERNATIONAL DE PHILOSOPHIE. *Bibliographie de la philosophie,* Paris, depuis 1954, annuel.

Dictionnaires

- BLAY, Michel. *Grand dictionnaire de la philosophie,* Paris, Larousse/CNRS, 2003, 1 105 p.
  Contient quelque 1 100 entrées (notions, courants et doctrines) et 70 dissertations rédigées par près de 200 auteurs.

- CANTO-SPERBER, Monique, dir. *Dictionnaire d'éthique et de philosophie morale,* Paris, Presses universitaires de France, 2001, 1 809 p.

- DUROZOI, Gérard, et André ROUSSEL. *Dictionnaire de philosophie,* Paris, Nathan, 2002, 407 p.

- JULIA, Didier. *Dictionnaire de la philosophie,* nouv. éd. rev. et corr., Paris, Larousse, 2001, 301 p.

- RAYNAUD, Philippe, et Stéphane RIALS, dir. *Dictionnaire de philosophie politique,* Paris, Presses universitaires de France, 2003, 928 p.

- RUSS, Jacqueline. *Mémo références : Philosophie : les auteurs, les œuvres,* Paris, Bordas, 2003, 512 p.

Bases de données

- *ATLA Religion Database :* Base de données en religion, spiritualité et philosophie. Répertorie les articles de revues, des ouvrages collectifs et des comptes-rendus de livres.

- CRAIG, Edward. *Routledge Encyclopædia of Philosophy CD-ROM,* Londres, Routledge, 1998.

- *FRANCIS* (→ *Voir p. 95.*)

Ouvrages de référence supplémentaires

- BOR, Jean, Errit PETERSMA et Jelle KINGMA, dir. *Histoire universelle de la philosophie et des philosophes,* Paris, Flammarion, 1997, 400 p.
  Toutes les grandes traditions philosophiques de l'Inde, de la Chine et du Proche-Orient, sans oublier la civilisation occidentale.

- JACOB, André, dir. *Encyclopédie philosophique universelle,* Paris, PUF, 4 volumes : I- *L'univers philosophique*; II- *Les notions philosophiques,* 2 tomes; III- *Les œuvres philosophiques,* 2 tomes; IV- *Le discours philosophique,* depuis 1989.

- PIOTTE, Jean-Marc. *Les grands penseurs du monde occidental. L'éthique et la politique de Platon à nos jours,* nouv. éd. rev. et aug., Montréal, Fides, 1999, 619 p.
  Une trentaine de penseurs et leurs œuvres, des philosophes de Platon à Kierkegaard, des sociologues comme Weber et Arendt, des penseurs du politique, comme Machiavel et Marx, etc.

Politique

Bibliographies

- *Bibliographie internationale de science politique/International Bibliography of Political Science,* Londres et New York, Routledge, depuis 1952.

- COMEAU, Robert, et Michel LÉVESQUE. *Partis politiques et élections provinciales au Québec : bibliographie rétrospective (1867-1991),* Québec, Bibliothèque de l'Assemblée nationale, 1992, 391 p.

- LATOUCHE, Daniel. *Politique et société au Québec. Guide bibliographique,* Montréal, Boréal, 1993, 432 p.

Dictionnaires

- BIBLIOTHÈQUE DE L'ASSEMBLÉE NATIONALE. *Dictionnaire des parlementaires du Québec, 1792-1992,* Sainte-Foy, Presses de l'Université Laval, 1993, 859 p.

- COLAS, Dominique. *Dictionnaire de la pensée politique, auteurs, œuvres, notions,* Paris, Larousse, 1997, 295 p.

- CORDELLIER, Serge. *Dictionnaire historique et géopolitique du 20ᵉ siècle,* Paris, La Découverte, 2002, 768 p.

- DEBBASH, Charles, *et al. Lexique de politique,* Paris, Hatier, 2001, 453 p.

- GOULET, Cyrille. *Lexique constitutionnel,* Ottawa, Direction de la terminologie et des services linguistiques, ministère de la Justice, 1993, 279 p.

- LACOSTE, Yves. *Dictionnaire géopolitique des États,* Paris, Flammarion, 1997, 704 p.

- LACOSTE, Yves. *Dictionnaire de géopolitique,* éd. mise à jour, Paris, Flammarion, 1995, 1 699 p.

Bases de données

- *ABC*
  Bibliographie en science politique.

- *Débats de la Chambre des communes – Canada. Parlement.*
  Compte rendu officiel des débats de la Chambre des communes du Canada, depuis 1984.

- *L'état du monde*
  (➜ *Voir p. 102.*)

- *PAIS*
  (➜ *Voir p. 95.*)

Ouvrages de référence supplémentaires

- *L'année internationale : annuaire économique et géopolitique mondial,* Paris, Éditions du Seuil, depuis 1992.

- BEJERMI, John. *Répertoire parlementaire canadien,* Ottawa, Borealis Press, 1994.

- BONIFACE, Pascal, dir. *L'année stratégique 2004. Analyse des enjeux internationaux, économie, diplomatie, stratégie,* Paris, L'Étudiant, 2003, 621 p.

- CHALIAND, Gérard, *Atlas du nouvel ordre mondial,* Paris, Robert Laffont, 2003, 150 p.
  Présente les grandes situations conflictuelles du monde contemporain. Il tente notamment d'illustrer le monde tel que le perçoivent les Chinois, les Russes et les Arabes musulmans, ce qui tranche avec la vision occidentale traditionnelle.

Figure 6.13 *Atlas du nouvel ordre mondial*

- *L'état du monde : annuaire économique et géopolitique mondial,* Montréal/ Paris, Boréal/La découverte, annuel, depuis 1981. (→ *Voir p. 102.*)

- VENNE, Michel, dir. *L'annuaire du Québec 2004,* Montréal, Fides/Le Devoir, 2003, 1 007 p.

Psychologie

Bibliographies

- *Bibliographie du Québec*
  www.bnquebec.ca/fr/biblio/bib_bibliographie.htm

- *Canadiana (Amicus Web)*
  www.nlc-bnc.ca/index-f.html et www.nlc-bnc.ca/amicus/index-f.html

Dictionnaires

- BENESCH, Hellmuth. *Atlas de la psychologie,* Paris, Livre de poche/ Librairie générale française, 1995, 511 p.
  Présente un panorama synthétique des diverses spécialités de la psychologie, de même qu'une histoire des théories et des paradigmes méthodologiques propres à cette science.

- BLOCH, Henriette, *et al. Grand dictionnaire de la psychologie,* Paris, Larousse, 2002, 1 062 p.
  Réalisé par plus de 150 spécialistes des sciences psychologiques. Propose les définitions de plus de 2 300 termes.

- *Dictionnaire de la psychanalyse,* Paris, Encyclopædia Universalis/Albin Michel, 2001, 922 p.

- DORON, Roland, et Françoise PAROT. *Dictionnaire de psychologie,* Paris, Presses universitaires de France, 2003, 768 p.

- ROUDINESCO, Élisabeth, et Michel PLON. *Dictionnaire de la psychanalyse,* nouv. éd. aug., Paris, Fayard, 2000, 1 224 p.
  On y trouve 600 articles définissant les concepts, et décrivant la biographie des théoriciens et des praticiens de la psychiatrie (y compris de Canadiens).

- SILLAMY, Norbert, dir. *Dictionnaire de la psychologie*, Paris, Larousse, 2003, 288 p.

Bases de données

- *CBCA*
  Articles publiés dans plus de 500 périodiques principalement canadiens, dont certains en psychologie. Dépouille aussi les grands quotidiens canadiens anglais.

- *PSYCINFO*
  Répertorie, depuis 1974, les articles de 1 300 périodiques et, depuis 1989, les livres et les chapitres de livres en psychologie et dans les disciplines

connexes. Correspond au répertoire imprimé *Psychological abstracts* et remplace la banque de données *PsycLit*.

Ouvrages de référence supplémentaires

- AMERICAN PSYCHIATRIC ASSOCIATION. *Diagnostic and statistical Manual of Mental Disorders,* 4ᵉ éd., Washington, APA, 2000, 943 p.

- CHÉNÉ, Hubert. *Index des variables mesurées par les tests de la personnalité,* 2ᵉ éd., Québec, Presses de l'Université Laval, 2000, 695 p.

Sociologie

Bibliographie

- *Bibliographie internationale de sociologie/International Bibliography of Sociology,* Londres et New York, Routledge, depuis 1951.

Dictionnaires

- BESNARD, Philippe. *Dictionnaire de la sociologie,* Paris, Larousse, 2003, 288 p. (Coll. « In Extenso »)

- BOUDON, Raymond, et François BOURRICAUD. *Dictionnaire critique de la sociologie,* 2ᵉ éd., Paris, Presses universitaires de France, 2002, 736 p.

- ÉTIENNE, Jean *et al. Dictionnaire de sociologie. Les notions, les mécanismes, les auteurs,* 2ᵉ éd., Paris, Hatier, 1997, 351 p.

- FÉRROL, Gilles *et al., Dictionnaire de la sociologie,* 3ᵉ éd., Paris, Armand Colin, 2002, 256 p.

Bases de données

- *BRSS*
  Banque sur la recherche sociale et la santé.

- *SOCIOFILE*
  Dépouille 1 600 périodiques de 55 pays, depuis 1974.

Ouvrages de référence supplémentaires

- DAIGLE, Gérard, et Guy ROCHER, dir. *Le Québec en jeu,* Montréal, Presses de l'Université de Montréal, 1998, 811 p.

- DELAS, Jean-Pierre, et Bruno MILLY. *Histoire des pensées sociologiques,* Paris, Éditions Sirey, 1997, 327 p.

- DUMONT, Fernand, Simon LANGLOIS et Yves MARTIN, dir. *Traité des problèmes sociaux,* Québec, Institut québécois de recherche sur la culture, 1994, 1 164 p.

- GAGNÉ, Gilles, et Jean-Philippe WARREN. *Sociologie et valeurs. Quatorze penseurs québécois du XXᵉ siècle,* Montréal, Presses de l'Université de Montréal, 2003, 396 p.

6

Devenez autonome en recherche documentaire

- **Familiarisez-vous avec les outils de base :** l'*Encyclopædia Universalis*, la *Bibliographie du Québec*, les index (sur cédérom) comme *Biblio branchée! (Eureka)*, un atlas géographique, un atlas historique, Internet, etc. Voyez si des ateliers de formation sont offerts à votre collège.

- **Soyez rigoureux :** lorsque vous lisez un texte, vérifiez la date de parution, la crédibilité des auteurs, la présence d'une bibliographie et d'un index, les références aux autres travaux scientifiques qui attestent le sérieux des ouvrages que vous consultez.

- **Soyez polyvalent :** ne vous fiez pas à une seule source ou à un seul type d'instrument. Consultez les bibliothécaires et variez vos recherches, allez interroger une bibliographie, un répertoire, un atlas, un index de périodiques, qui vous conduiront aux ouvrages d'un auteur, mais aussi à ceux de ses collègues.

- **Soyez curieux :** ne vous arrêtez pas après avoir consulté la vieille encyclopédie qui traîne à la maison ; demandez à votre enseignant s'il pourrait vous suggérer d'autres documents de référence. Consultez le plan du cours : vous devriez y trouver une bibliographie. Conservez-la et enrichissez votre bibliographie permanente.

- **Soyez méthodique :** construisez votre propre bibliographie permanente. Notez sur des fiches la référence exacte des outils de travail dont vous vous servez (➜ *voir le chapitre 3*). Avec un logiciel de traitement de texte comme *Word*©, ou avec un logiciel de bibliographie comme *Procite*©, conservez vos références bibliographiques une fois pour toutes sur le disque rigide de votre ordinateur et sur une disquette de sauvegarde : ainsi, vous n'aurez qu'à recopier les références (mises à jour) utilisées pour une recherche et à les insérer dans la bibliographie à la fin d'un rapport.

À retenir

	OUI	NON
• Est-ce que je **connais les instruments** bibliographiques ?	☐	☐
• Est-ce que je développe le **réflexe de vérifier** le sens des mots et la biographie d'un personnage dans les dictionnaires ?	☐	☐
• Est-ce que je **manœuvre** bien dans les banques de données sur cédérom ?	☐	☐
• Est-ce que j'**utilise une variété** d'ouvrages de référence ?	☐	☐
• Ai-je commencé à **construire ma bibliographie permanente** ?	☐	☐

Chapitre 7

Naviguer sur Internet

« Avant, j'avais peur de naviguer sur Internet : peur de ne pas trouver l'information désirée et peur de perdre mon temps. Maintenant que je me suis initié à cette technologie, je sais que j'avais tort... »

Martin, 19 ans

7

Après avoir lu attentivement le présent chapitre, vous serez en mesure :

- d'utiliser les ressources d'Internet ;
- de faire une recherche sur le Web ;
- d'indexer vos sites favoris ;
- de distinguer l'information pertinente parmi la masse des données accessibles ;
- de citer adéquatement une référence tirée du Web.

Le présent chapitre est une introduction à Internet. Il en présente les ressources et fournit des conseils d'utilisation, de même qu'une liste de sites pertinents pour une formation générale au collégial et à l'université.

Vous devez connaître au préalable le fonctionnement d'un ordinateur et son vocabulaire. Certains termes importants sont définis dans le tableau 7.1 (→ *voir la page suivante*). Enfin, vous trouverez dans la bibliographie, en fin de volume, des ouvrages beaucoup plus complets portant sur Internet.

QU'EST-CE QU'INTERNET ?

Définition et vocabulaire

C'est de la compression des mots anglais *interconnexion* et *network* (réseau) qu'a été formé le mot «Internet». Ce terme désigne donc l'interconnexion entre de nombreux réseaux d'ordinateurs qui permettent à chacun de communiquer avec les autres, peu importe le système utilisé. Internet est devenu le plus grand réseau de communication du monde, ce que certains appellent l'autoroute de l'information.

Le principal service d'Internet est le *World Wide Web* (WWW), que l'on appelle familièrement le Web ou la toile. Grâce à ce service, de votre ordinateur personnel ou de celui de votre collège, vous accédez à des millions de sites et d'ordinateurs.

On navigue sur le Web à l'aide des connexions de l'**hypertexte.** Ces connexions permettent d'accéder à une information simplement en cliquant sur une image, un mot ou une phrase soulignés dans un document ; ces éléments soulignés sont un appel de lien pointant vers une autre page, un autre site. C'est grâce à des outils de navigation, ou **navigateurs,** que l'on peut consulter ces pages de liens hypertextes. Les plus connus de ces navigateurs sont *Netscape Navigator©* et *Microsoft Internet Explorer©.*

Avant de décrire certains services du réseau Internet, comme la consultation des **pages Web,** le **courrier électronique** et les **groupes de discussion,** définissons le vocabulaire de base d'Internet.

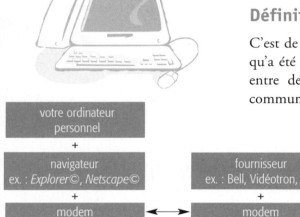

Figure 7.1   La toile d'Internet

Tableau 7.1 Le vocabulaire d'Internet[1]

Terme	Définition	Exemples
Adresse URL (*Uniform Resource Locator*)	Adresse Web dans laquelle figurent intégralement tous les éléments d'une page : la méthode d'accès, le nom du serveur, le chemin d'accès et le nom du fichier (→ *voir p. 115*).	*Vocabulaire d'Internet de l'Office de la langue française* **www.olf.gouv.qc.ca/ressources/ bibliotheque/dictionnaires/Internet/ Index/index.html**
Clavardage (*Internet Relay Chat*)	Activité permettant à un internaute d'avoir une conversation écrite, interactive et en temps réel avec d'autres internautes, par clavier interposé.	→ *Voir p. 119.*
Courriel **Courrier électronique** (*E-mail*)	Service de correspondance caractérisé par un échange de messages se faisant à travers un réseau de téléinformatique. Il s'agit donc d'un message transmis par un utilisateur vers un ou plusieurs destinataires, d'ordinateur à ordinateur, par l'intermédiaire d'un réseau informatique favorisant entre eux un échange rapide et sans frontières.	Adresse de courrier électronique de l'auteur de *Pour réussir :* **bdionne@clg.qc.ca**
FAQ ou Foire aux questions (*Frequently Asked Questions*)	Fichier constitué des questions les plus fréquemment posées par les internautes novices, ainsi que des réponses qui y correspondent.	La plupart des sites commerciaux offrent une liste de FAQ.
Forum de discussion, ou Groupe d'intérêt (*Newsgroup*)	Groupes de discussion utilisant les ressources du courrier électronique.	Tous les moteurs de recherche comme *Google* donnent accès à des milliers de groupes de discussion et à des sites pour vous aider à former votre propre groupe.
Hypertexte (lien)	Connexion activable à la demande sur le Web, reliant des données textuelles ayant une relation de complémentarité les unes avec les autres et ce, où qu'elles se trouvent dans Internet. Dans les pages Web, la présence d'un lien hypertexte est signalée visuellement par son ancre qui peut être une partie de phrase ou un mot, soulignée ou de couleur différente de celle du texte ; l'hypertexte peut également être présenté sous la forme d'une image, d'une icône ou d'un graphique.	En cliquant sur le texte souligné [...En lien avec la Toile du Québec. Ce site...], vous accédez au site *La Toile du Québec*.
Index	Moteur de recherche qui permet à l'usager de chercher des informations à partir de mots clés. • *Alta Vista* • etc. → *Voir p. 125.*	Catalogue des listes de discussion francophones Site Internet : **www.francopholistes.com/**

7

(Voir la suite à la page suivante.)

---

1. Définitions tirées du *Vocabulaire d'Internet de l'Office québécois de la langue française,*
www.olf.gouv.qc.ca/ressources/bibliotheque/dictionnaires/Internet/Index/index.html

Tableau 7.1 *(suite)* **Le vocabulaire d'Internet**

Terme	Définition	Exemples
Métamoteur de recherche	Logiciel permettant de lancer une requête dans plusieurs moteurs de recherche simultanément.	• *Starting point* (**www.startingpoint.ns.ca/**) • *Savvy Search* (**www.search.com**)
Moteur de recherche *(Search engine)*	Programme qui indexe le contenu de différentes ressources Internet, plus particulièrement de sites Web, et qui permet, à l'aide d'un navigateur Web, de rechercher de l'information selon différents paramètres en se servant de mots clés, puis d'avoir accès à l'information ainsi trouvée.	Les principaux moteurs de recherche sont les répertoires, les index et les métamoteurs. ➜ *Voir p. 124-127.*
Navigateur ou fureteur *(Web browser)*	Logiciel capable d'exploiter les ressources d'Internet à partir du Web et, notamment, les documents hypertextes.	•*Netscape Navigator*© •*Microsoft Internet Explorer*©
Page d'accueil *(Home page)*	Première partie d'un document Web qui est affichée à l'écran. Elle contient généralement une présentation de ce document et d'autres informations sous forme d'images et de liens hypertextes (ou de liens hypermédias).	➜ *Voir la figure 7.2, p. 115.*
Portail	Site Web dont la page d'accueil propose, en plus d'un moteur de recherche interne, des hyperliens avec une foule d'informations et de services utiles. Il est conçu pour guider les internautes et faciliter leur accès au réseau.	•*Yahoo!* (Canada, français : **http://cf.yahoo.com/**) •*La Toile du Québec* (**www.toile.qc.ca**)
Signets ou favoris *(Bookmarks)*	Référence à un site, à un document ou à une partie de document qui est mise en mémoire par l'internaute et qui lui permet de retrouver facilement des données jugées intéressantes, lors d'une consultation ultérieure.	➜ *Voir p. 129.*
Sites Web *(WEB site)*	Emplacement affecté à l'implantation d'un système informatique. Un site est, en somme, un espace occupé par la page Web d'un individu, d'une entreprise, d'une université, etc.	Le site du gouvernement du Québec est situé à l'adresse suivante : **www.gouv.qc.ca**
Téléchargement	Opération qui consiste soit à transférer des données ou des programmes stockés dans un ordinateur distant vers un ordinateur local à travers un réseau, soit à transférer des données ou des programmes stockés dans un ordinateur central vers un micro-ordinateur.	Pour trouver un fichier ou un logiciel de la compagnie Microsoft, allez à l'adresse suivante : **www.microsoft.com/**

Les principaux services d'Internet

Internet offre un ensemble de services, dont les plus utiles pour réussir ses cours au collège sont la recherche d'informations sur le Web, le courrier électronique, les forums de discussion et le téléchargement de fichiers.

Rechercher des informations sur le Web (WWW)

Le Web est sans contredit le service le plus populaire sur Internet. Grâce à un navigateur comme *Netscape*© ou *Explorer*©, vous accédez à des millions de sites et d'ordinateurs dans le monde. Les navigateurs permettent de voir des images et du texte, de sélectionner des séquences vidéo et des fichiers de musique, etc. Un lecteur de courrier électronique et de forums de discussion y est souvent incorporé (➜ *voir p. 120 pour la recherche sur Internet*).

En règle générale, la recherche sur le Web se fait par la consultation de **sites** qui sont un ensemble de **pages Web** liées les unes aux autres. Par exemple, le site de la Bibliothèque nationale du Québec, celui de l'Université du Québec à Rimouski ou celui de *La Toile du Québec*. Pour se rendre sur un site, il faut connaître son **adresse.** Celle-ci est appelée **adresse URL,** pour *Uniform Resource Locator*, et elle permet de connaître la façon de se rendre à une adresse de site Web.

L'adresse d'une page activée est affichée dans le champ « adresse » en haut de l'écran. Il y a trois façons d'accéder à un site.

- Si vous connaissez l'adresse exacte de ce site, vous pouvez la taper directement dans ce champ et votre navigateur vous y amènera.

- Si vous ne connaissez pas l'adresse du site, vous pouvez faire une recherche à l'aide d'un **moteur de recherche** comme *Google* (**www.google.ca/**), qui affichera à l'écran le lien hypertexte qui vous amènera sur le site dont vous connaîtrez ainsi l'adresse.

Par exemple, si vous demandez à *Google* de trouver « Toile du Québec », il affichera une sélection de titres et d'adresses et, en cliquant sur l'expression soulignée « Toile du Québec : le répertoire des sites Web québécois », vous vous rendrez directement sur son site (**www.toile.qc.ca/**).

- De même, si vous êtes dans un site qui fait référence au site de la « Toile du Québec » au moyen d'un lien hypertexte, vous n'avez qu'à cliquer sur l'expression soulignée pour changer de site et vous diriger vers celui de *La Toile du Québec*.

Champ adresse Espace pour écrire le mot recherché

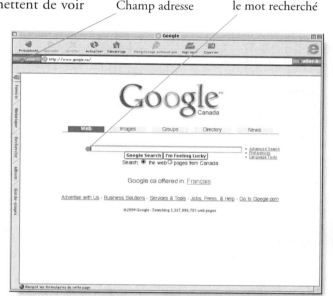

Figure 7.2 **Page d'accueil de *Google***

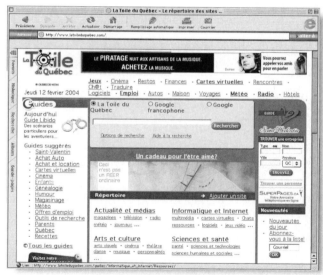

Figure 7.3 **Page d'accueil de *La Toile du Québec***

7

En apparence, les adresses Web sont difficiles à déchiffrer. En réalité, elles se lisent facilement du moment que l'on connaît leur structure. Chaque adresse se compose de trois sections qui s'identifient successivement par :

- le **protocole,** c'est-à-dire le type d'information ou de service que vous désirez atteindre ;

- le **serveur,** ou l'ordinateur éloigné que vous tentez de joindre ;

- et le **chemin d'accès au site,** qui comprend le **répertoire** et le **fichier,** voire le **nom d'un individu** au sein d'une organisation.

Voyons trois exemples d'adresses URL :

- *La Toile du Québec.* Site Internet : **www.toile.qc.ca**

- Le journal *Le Monde.* Site Internet : **www.lemonde.fr/**

- *L'Office québécois de la langue française.* Site Internet : **www.olf.gouv.qc.ca/ ressources/bibliotheque/dictionnaires/internet/index/e_francais.html**

Dans les trois cas, le protocole est identifié par l'expression « http », qui veut dire *Hyper Text Transfer Protocol,* qui marque l'existence d'un lien hypertexte. Le symbole www (Web) suit les deux-points et les deux barres obliques. Dans ce chapitre, nous avons volontairement omis d'indiquer l'expression « http:// » lorsqu'elle est suivie des célèbres trois « w » (www) ; dans le cas contraire, nous l'avons conservée.

Dans les deux premiers exemples cités plus haut, le serveur est identique au nom de la ressource que vous tentez de joindre. Le chemin d'accès du premier passe par le Québec (qc) et le Canada (ca), tandis que le second passe par la France (fr).

Enfin, le troisième exemple présente une adresse plus détaillée, identifiant le serveur (**olf.gouv.qc.ca**) de l'Office québécois de la langue française, ainsi que le répertoire (ressources/bibliotheque/ dictionnaires/internet) et le fichier (index/e_francais.html).

L'expression « html », qui veut dire *Hyper Text Markup Language,* vient souvent terminer une adresse. Certaines adresses comportent un suffixe indiquant la nature de l'organisme visité sur le Web. Le tableau 7.2 présente les principaux suffixes.

La figure 7.4 propose une **page d'accueil** qui comporte l'adresse du site de la bibliothèque virtuelle de l'Office québécois de la langue française et une série de liens hypertextes (soulignés). Vous n'avez qu'à choisir celui qui vous intéresse en cliquant dessus pour y accéder. C'est ce que l'on appelle « naviguer » sur Internet. Pour effectuer une recherche et gérer les informations sur le Web, → *voir les pages 120 à 130.*

Tableau 7.2 Principaux suffixes et leur signification

Suffixe	Nature de l'organisme
.com	commercial
.edu	éducation
.gov ou .gouv	gouvernement
.mil	militaire
.net	réseau (*networking*)
.org	organisation non commerciale

Figure 7.4 **Page d'accueil de *La bibliothèque virtuelle* de l'Office québécois de la langue française**

7

Envoyer et recevoir du courrier électronique

Le **courrier électronique** est l'un des services les plus utiles d'Internet. Il permet de transmettre des messages, des textes, des chiffriers, des images et des sons d'un utilisateur à un autre. Ce système est gratuit (à condition d'avoir accès à une connexion Internet) et rapide (de quelques secondes à quelques minutes selon l'endroit et le moment de l'envoi). Il est, de plus, aussi facile et rapide d'envoyer un message à une seule personne qu'à cent puisqu'on écrit le texte une seule fois.

Il n'entre pas dans les objectifs du présent manuel de décrire en détail le fonctionnement du courrier électronique. Vous pouvez consulter d'excellents guides à ce sujet (➜ *voir la bibliographie, p. 277*). Sachez cependant que pour correspondre, vous devez posséder une adresse électronique et connaître celle de votre correspondant. Ces adresses prennent la forme suivante : le nom de l'utilisateur, suivi du symbole arobas @, et des informations sur le réseau et parfois sur le domaine (commercial ou éducationnel) de l'utilisateur (➜ *voir la figure 7.5*).

identité du destinataire
serveur

pourreussir@videotron.ca

Canada

Figure 7.5 **Adresse de courrier électronique de Bernard Dionne, auteur de ce manuel**

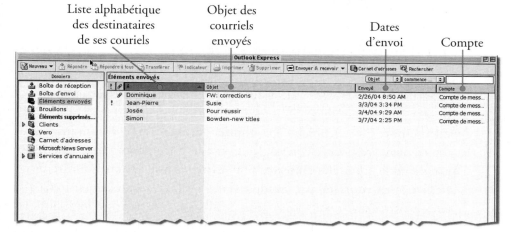

Liste alphabétique des destinataires de ses courriels

Objet des courriels envoyés

Dates d'envoi

Compte

Figure 7.6 **La gestion des courriels**

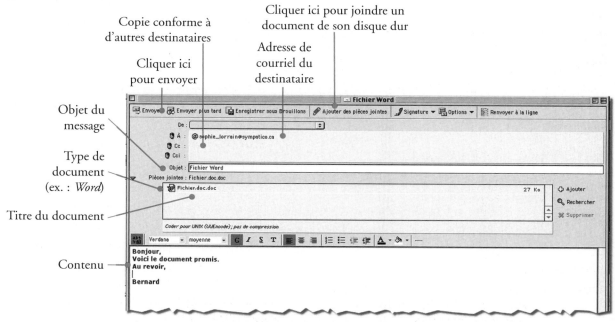

Copie conforme à d'autres destinataires

Cliquer ici pour joindre un document de son disque dur

Cliquer ici pour envoyer

Adresse de courriel du destinataire

Objet du message

Type de document (ex. : *Word*)

Titre du document

Contenu

Figure 7.7 **Un exemple de courriel avec un fichier attaché**

Figure 7.8 *Omnivox* est un système de guichet multiservices qui vous permet de consulter les informations personnelles contenues dans votre dossier académique, ainsi que d'effectuer plusieurs opérations en relation avec votre collège et ce, du confort de votre maison, sept jours par semaine, pendant une grande plage horaire. Pour utiliser le système, vous devez vous servir de votre numéro d'admission.

Communiqués divers   Liste des services   Aide en ligne

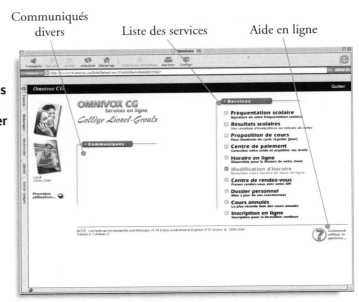

Tactique

Utilisez le courriel à bon escient

Utilisez le courriel pour correspondre avec vos amis et les membres de votre famille, bien entendu. Mais servez-vous-en aussi pour contacter un enseignant, lui poser des questions sur la matière, lui faire parvenir un rapport de recherche en **fichier attaché,** ou communiquer directement avec votre collège pour choisir votre horaire de cours ou, par exemple, pour connaître vos notes dans un cours. Pour **joindre un fichier à un courriel,** par exemple un rapport de recherche saisi grâce au logiciel *Word*©, vous avez deux possibilités : dans votre logiciel de courriel (*Outlook Express*© par exemple), cliquez sur l'onglet « Joindre », identifié par le dessin d'un trombone et sélectionnez le document que vous souhaitez joindre à votre courriel. Vous pouvez également envoyer le document que vous avez terminé de saisir dans *Word*© en cliquant sur les menus « Fichier » et « Envoyer vers (destinataire du message en tant que pièce jointe) » (➜ *voir les menus du logiciel Word*© *sur le site Internet du Groupe Beauchemin,* **www.beaucheminediteur.com/pourreussir**).

Dans tous les cas, respectez les règles suivantes :

- Les courriels sont des documents écrits. Respectez donc les règles de français dans vos textes, corrigez-les et soignez-les, surtout lorsque vous vous adressez à un enseignant.

- N'employez pas d'abréviations ou d'expressions comme « *cool* », « genre », « *hot* », car elle sont trop familières ; n'employez pas non plus de dessins, de lettres ou de signes comme « J » ou « - :) », car votre interlocuteur n'en connaît peut-être pas la signification.

- Le courriel crée une certaine familiarité : n'oubliez pas que vous vous adressez à un enseignant qui n'est pas votre ami. Adoptez un ton respectueux et poli avec votre interlocuteur en le vouvoyant, par exemple.

- N'employez jamais les majuscules («BONJOUR COMMENT ÇA VA»), car cela est très agressant.

- Vos messages doivent être brefs car certaines personnes éprouvent de la difficulté à lire de longs textes sur un écran d'ordinateur. Éliminez les informations superflues. Lorsque vous répondez à un courriel, ne reproduisez que les parties essentielles.

- Fournissez une description précise du sujet de votre courriel ; cela est très important car certaines personnes reçoivent des dizaines de courriels et sélectionnent ceux qui méritent d'être lus sur la base de l'énoncé du sujet.

- Prenez le temps de réviser votre courriel avant de l'envoyer. La procédure est tellement rapide maintenant que vous risquez d'écrire des messages sous le coup de la colère ou d'une émotion non maîtrisée. Vous pouvez utiliser la fonction d'envoi différé afin de laisser reposer votre texte quelques heures avant de l'envoyer.

Attention, un courriel peut être lu par d'autres personnes que le destinataire. Ce dernier peut le réexpédier à d'autres personnes intentionnellement ou non. Soyez prudent !

Transférer des fichiers d'un ordinateur à l'autre

Grâce à la fonction FTP (*File Transfer Protocol* ou Protocole de transfert de fichiers), on peut se relier à un serveur et télécharger (traduction de *download*) des fichiers dans son ordinateur en passant par un navigateur qui permet le transfert d'un fichier contenu dans un serveur vers votre ordinateur : on peut donc télécharger des logiciels à partir du site de *Microsoft*, par exemple **www.microsoft.com/,** ou chez *Mégagiciel* (Quebecor Media), **www.megagiciel.com/**

Vous pouvez télécharger des fichiers dans les deux sens, du serveur à votre ordinateur et vice versa grâce à un logiciel FTP. Dans ce dernier cas, on peut consulter les ouvrages suggérés en bibliographie (➔ *voir p. 277*). Pour accéder à un catalogue de ces sites FTP, allez sur le Web à l'adresse suivante : **www.shareware.com**

Participer à différents forums d'échange

Grâce à Internet, vous pouvez participer à différents forums ou groupes de discussion. C'est l'aspect convivial du réseau ; on y trouve des milliers de groupes dont plusieurs se font et se défont chaque jour. On peut ainsi participer à des groupes de discussion ou «de nouvelles» (*Newsgroups*), s'inscrire à des listes d'envois (*mailing lists*), se joindre à des lieux d'échange informels ou IRC (*Internet Relay Chat*, ou *Chat*, tout simplement), etc. Les serveurs qui échangent de tels messages dans le réseau Internet sont regroupés dans le serveur *Usenet*. On peut se procurer une liste des groupes de discussion à l'adresse de la **Toile du Québec (www.toile.qc.ca),** qui fournit également des listes de logiciels, des informations sur la **Netétiquette** (les règles de politesse sur le *Chat*), etc.

Les forums de discussion (*Newsgroups*) sont des forums auxquels les internautes peuvent participer en lisant et en répondant aux lettres qui s'y trouvent. On trouve des forums dans des domaines variés : nouvelles, ordinateurs, sports et loisirs, sciences, questions d'ordre social, polémiques, entreprises et divers (demandes et offres d'emploi, annonces classées, etc.). Vous pouvez vous joindre à l'un de ces groupes ou fonder votre propre groupe.

FAIRE UNE RECHERCHE SUR INTERNET

Dans la présente section, nous abordons les étapes d'une recherche sur Internet et les différents éléments qui y sont liés. Nous examinerons donc successivement la démarche de recherche, la préparation du rapport de recherche, les outils de recherche, l'évaluation des sources et la gestion de la masse d'informations.

Figure 7.9 Les navigateurs *Explorer* et *Netscape*

La démarche de recherche

La démarche de recherche sur Internet s'apparente à toute démarche de recherche, comme celle que l'on effectue en bibliothèque. C'est vous qui déterminez l'orientation de vos recherches en délimitant précisément votre sujet, en effectuant quelques lectures préliminaires, par exemple dans une encyclopédie, et en créant une liste de mots clés ou de concepts à partir de laquelle vous allez interroger le Web comme vous auriez interrogé le catalogue d'une bibliothèque.

L'instrument de travail initial sur le Web, c'est le **navigateur,** comme *Netscape*© ou *Explorer*©. Ces navigateurs permettent d'avoir accès à des **moteurs de recherche** (➔ *voir p. 125*), à des adresses URL de sites, de même qu'à des groupes de discussion sur *Usenet,* sans oublier le courrier électronique, bien entendu.

Dans le cas où vous devez effectuer un travail de recherche au cours d'une session de 15 semaines, il peut être drôlement profitable de joindre un groupe de discussion sur le sujet qui vous intéresse (➔ *voir p. 125*). Mais attention : **ne vous attendez pas à faire faire votre recherche par les autres membres du groupe de discussion** et ne vous laissez pas entraîner dans des discussions qui n'en finissent plus. Avant d'y prendre part et de demander des informations, commencez par prendre connaissance des règles du groupe et du type de discussions en lisant la section Foire aux questions (FAQ), par exemple.

7

Utilisez *Google,* qui est jumelé à *La Toile du Québec,* pour entreprendre deux types de recherches : une recherche par mots clés, par exemple «famille», «divorce», etc., à l'aide des **index;** et une recherche par thèmes, par exemple la science, la culture ou l'éducation, à l'aide des **répertoires** (➡ *voir p. 125).*

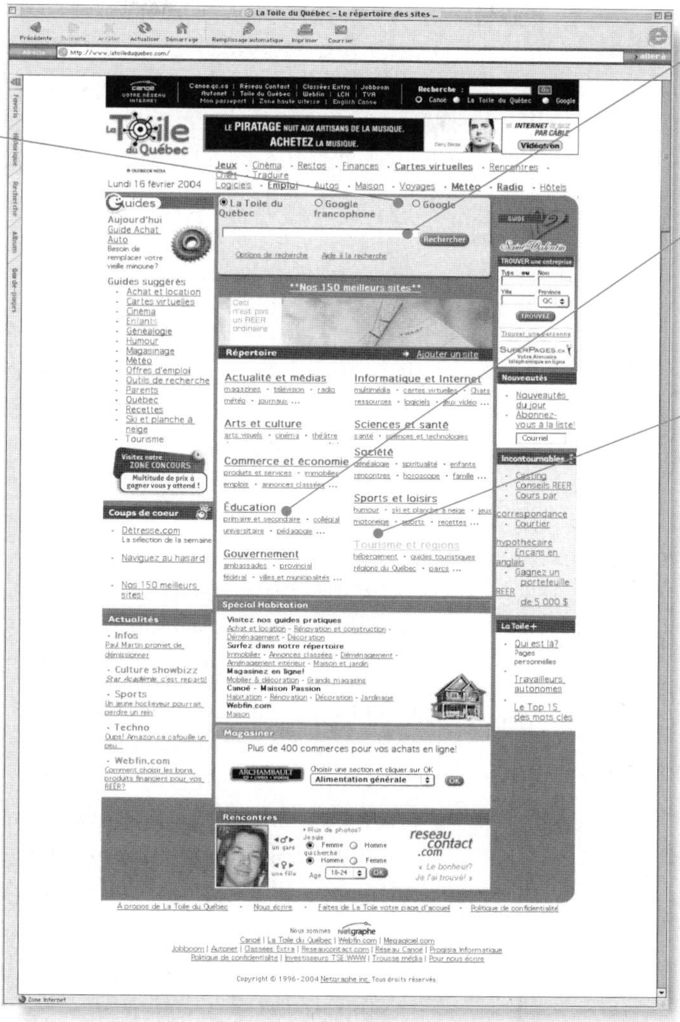

Association avec le métamoteur *Google*

Recherche par mots clés

Différents guides, dont un sur les cégeps et les universités

Répertoire par grandes catégories de sujets

Le Web est la plus grande librairie virtuelle du monde. Par conséquent, lorsque vous demandez quels sites, quels documents ou quelles pages abordent votre sujet de recherche (l'Irak, le divorce ou la démographie du Québec, par exemple), vous allez être bombardé d'informations. Ainsi, *Alta Vista Canada,* (**http://ca.altavista.com/**) un des meilleurs moteurs de recherche, répond qu'il y a 2 142 035 documents qui contiennent le mot «divorce» et il en donne la liste !

Figure 7.10   **Page d'accueil complète de *La Toile du Québec***

Une requête plus avancée vous apprend que, pour «divorce ET Canada», il existe 14 706 documents, ce qui est déjà mieux mais, à l'impossible, nul n'est tenu : à moins d'avoir tout votre temps, vous ne pouvez vous mettre à tout lire sur le Web. Une chose utile à savoir : les moteurs de recherche classent les sites en commençant par les plus pertinents. Raffinez cependant votre recherche en utilisant les opérateurs booléens ET, OU et SANS ou en utilisant des vedettes-matière plus précises : «divorce ET Canada ET enfants» donne 8 232 résultats; «divorce ET Canada ET enfants SANS parents» donne 1263 résultats, tandis que «divorce ET Canada ET enfants SANS parents ET 2003» donne 383 sites parus en 2003 sur votre sujet de recherche, ce qui est déjà plus acceptable.

L'encadré qui suit vous propose quelques trucs pour recourir aux bons outils de recherche et raffiner votre stratégie.

Trouvez ce que vous cherchez sur le Web

- **Connaissez bien votre navigateur** et quelques bons outils de recherche, comme *Alta Vista, Yahoo!, Google, La Toile du Québec,* etc. (➡ *voir p. 124-127*).

- **Multipliez et variez les demandes** en recourant à divers mot clés lorsque vous utilisez un moteur de recherche. Ainsi, dans un travail sur le divorce, employez les mots «famille, enfants, groupe d'entraide masculin, femmes», etc. Dans un travail sur l'Irak, utilisez «Saddam Hussein, chiites, Irak, Bagdad, parti Baas, États-Unis, George Bush, ONU, Moyen-Orient», etc.

- **Raffinez la recherche à l'aide de la méthode booléenne :** en utilisant les trois opérateurs logiques (ET/AND, OU/OR, SAUF/NOT), vous pouvez réduire le champ de recherche et obtenir des renseignements précis. Une recherche sur «démographie ET Québec ET 2004» est plus précise que celle effectuée avec le mot « divorce » uniquement, mais elle limite la recherche à ce qui traite de la démographie au Québec en 2004. La plupart des outils de recherche possèdent une fonction «AIDE/HELP» : utilisez-la pour épargner du temps. Consultez le tableau 7.3 à la page suivante pour connaître la signification des principaux opérateurs.

- **Utilisez plusieurs moteurs de recherche,** ne vous contentez pas d'un seul : il existe des dizaines de répertoires, d'index et de métamoteurs de recherche : ces derniers permettent d'utiliser plusieurs moteurs de recherche simultanément. Vous constaterez qu'une même demande («démographie ET Canada», par exemple) entraîne des résultats fort différents d'un moteur de recherche à l'autre, car les outils de recherche n'interrogent pas les mêmes banques de données et, surtout, ne les interrogent pas de la même manière.

- **Inventoriez systématiquement les sites gouvernementaux :** ceux du Canada, du Québec, de la Ville de Montréal, des différents offices, régies, ministères, etc., de chacun des ordres de gouvernement, de l'Organisation des Nations Unies, jusqu'au site de votre municipalité. Ils contiennent des données fiables, des rapports d'enquêtes, des textes de lois, bref, de l'excellent matériel pour mener une recherche documentaire.

- **Ouvrez les sites universitaires :** outre un contenu rigoureux, ils donnent souvent accès à de nombreux autres sites dans le même champ disciplinaire. Ainsi, le site de l'UQAM abrite celui de son département d'histoire, qui renvoie à des milliers d'autres sites relatifs à l'histoire dans le monde.

- **Utilisez les compilations des meilleurs sites,** comme les «*Best of*», les «5%», etc. Ces compilations sont effectuées à partir de critères qui permettent d'établir une liste de sites parmi les plus pertinents liés à votre thème de recherche.

Tableau 7.3 Les opérateurs les plus courants

Opérateurs	Signification
+	Lorsque ce signe est placé devant le mot, celui-ci doit être présent dans le document recherché.
–	Lorsque ce signe est placé devant le mot, celui-ci NE doit PAS être présent dans le document recherché.
«»	Les mots entre guillemets sont perçus comme une phrase (on ne peut pas les séparer, ils doivent être trouvés dans le même ordre). Ex. : la demande «famille monoparentale» affichera les documents contenant exactement ces mots. L'expression «une famille qui est monoparentale» sera rejetée.
*	Permet de compléter un mot dont on ignore l'orthographe ou la composition. Ex. : mono* peut dresser la liste des documents contenant : monoparentale, monocycle, monopoly, monopole, monoxyde, etc.
ET / *AND*	Le document doit contenir les deux mots. Ex. : santé ET tabac.
OU / *OR*	Le document doit contenir au moins un des deux mots. Ex. : Russie OU Ukraine.
SAUF / *NOT*	Le document NE doit PAS contenir le mot suivant. Ex. : santé SAUF mentale.

La préparation du rapport de recherche

Trois problèmes se posent lors de la préparation du rapport de recherche et demandent à être traités avec beaucoup de respect et de rigueur de votre part.

- Si vous désirez **incorporer des images** trouvées sur Internet à votre rapport de recherche, vous devez le faire de manière respectueuse : les droits d'auteur existent sur Internet aussi, et vous ne pourriez pas, par exemple, emprunter des dizaines d'images et les publier dans une brochure que vous voudriez vendre ou diffuser à grande échelle, sans obtenir au préalable la permission de celui qui détient les droits sur l'œuvre.

- Vous avez trouvé sur Internet et copié sur votre disque rigide des documents pertinents; vous en avez imprimé plusieurs tandis que vous en avez sauvegardé certains autres transmis par courrier électronique. **Attention ! Vous ne pouvez pas inclure ce matériel dans votre rapport de recherche. Copier du matériel électronique sans indiquer sa source est considéré comme du PLAGIAT et constitue une violation des règles d'éthique en vigueur notamment dans les collèges et les universités, et cet acte est passible de sanctions pouvant aller jusqu'au renvoi de l'établissement.**

Cependant, comme pour les documents écrits traditionnels, vous pouvez citer des œuvres produites sur le Web si vous en donnez la référence (➜ *voir p. 131*). C'est pourquoi il faut noter systématiquement les adresses URL et les titres des sites consultés sur des fiches bibliographiques (➜ *voir le chapitre 3, p. 41*).

- Finalement, tous les sites Web ne sont pas de valeur égale ; les sites universitaires voisinent parfois les sites farfelus ou haineux. Vous devez donc évaluer votre matériel en usant de votre esprit critique avant d'en faire quelque utilisation que ce soit (➜ *voir p. 126*).

Tactique

Ne plagiez pas

Saviez-vous que les enseignants peuvent **détecter le plagiat sur Internet** en choisissant une phrase d'un rapport de recherche, en la collant entre guillemets dans un moteur de recherche comme *Google* et en lançant la recherche ? Le moteur retracera toutes les pages ou sites Internet où apparaît cette phrase, sites où l'auteur du rapport a pu la trouver.

Il existe aussi des sites auxquels les enseignants peuvent s'abonner et qui **comparent les travaux** grâce à des moteurs très puissants qui s'appuient sur des bases de données extrêmement riches…

Enfin, les enseignants ont tous accès aux bases de données, cédéroms, sites Internet et encyclopédies virtuelles dans lesquels un étudiant peut copier un texte : s'il est vrai que copier n'a jamais été aussi facile, c'est aussi vrai qu'il est de plus en plus facile de détecter les fraudeurs ! N'oubliez jamais que vos enseignants sont des experts dans leur discipline, qu'ils connaissent les principaux textes et leurs auteurs et qu'ils peuvent détecter les textes suspects, c'est-à-dire les textes écrits avec un style, un contenu et une syntaxe qui n'appartiennent pas au fraudeur…

Les outils de recherche

Choisissez le bon outil adapté à votre objectif de recherche.

Il existe des outils pour :

- les sites Web
- les adresses électroniques
- les groupes de discussion
- les listes de discussion
- les fichiers
- les codes postaux
- les numéros de téléphone
- les images
- etc.

Si vous recherchez des sites Web, utilisez des **moteurs de recherche**, c'est-à-dire des **répertoires,** des **index** et des **métamoteurs** (ils font rechercher plusieurs engins en même temps).

Les **répertoires** (ou catalogues) regroupent les sites selon des catégories (arts, loisirs, sports, sciences, etc.), ce qui permet de limiter la recherche, mais il faut alors bien connaître le mode d'organisation de ces répertoires. *La Toile du Québec, Yahoo !* et *Nomade*, par exemple, sont des répertoires.

Tableau 7.4 Exemples de moteurs de recherche

Ce que vous recherchez	Adresse URL
Adresse de courrier électronique	**http://people.yahoo.com/**
Codes postaux	**www.postescanada.ca/tools/pcl/bin/default-f.asp**
Listes et groupes de discussion	**http://emailuniverse.com/**
Logiciels	**www.shareware.com**
Numéros de téléphone	**www.canada411.ca/fr/**

Si, par contre, vous effectuez une recherche par mots clés, utilisez plutôt les **index,** qui regroupent les sites selon des mots clés extraits d'articles. *Alta Vista* et *Lycos* sont des index. Les **métamoteurs** comme *Starting point* (**www.stpt.com/**) permettent de faire des recherches dans plus d'un index à la fois : *Ask Jeeves, Excite, Google, Goto, Looksmart, Lycos, MSN, Northern Light* et *Yahoo* ! (➜ *voir le tableau 7.5 ci-dessous, et le tableau 7.6, p. 127*). C'est bien, mais ce type de recherche peut augmenter sensiblement le nombre de documents ou de sites à consulter. Notez que seul l'index *Google* permet de retracer les sites en français à partir d'une recherche originale, sur l'Irak par exemple. Toutefois, l'index *Yahoo !* sélectionne les sites les plus pertinents.

Les tableaux 7.5 et 7.6 présentent brièvement les caractéristiques des principaux répertoires, index et métamoteurs avec lesquels vous pourrez vous familiariser au cours de vos recherches.

7

Tableau 7.5 Les principaux répertoires

Nom (lieu d'origine)	Adresse URL http://	Langue	Caractéristiques
Canada.com (Canada)	**www.canada.com/national/**	Anglais ; recherche possible en français	Accès aux sites Web canadiens.
Excite (États-Unis)	**www.excite.com/**	Anglais	Répertorie des sites de l'actualité, des affaires, du sport et de la musique, et propose de nombreux services sur le Web.
Excite (France)	**www.excite.fr/**	Français	Répertorie les sites en huit catégories.

(Voir la suite à la page suivante.)

Tableau 7.5 *(suite)* **Les principaux répertoires**

Nom (lieu d'origine)	Adresse URL http://	Langue	Caractéristiques
Nomade (France)	**www.nomade.fr**	Français	Classe les sites en 12 catégories en plus de fournir des informations pratiques, des services de communication et des informations sur l'actualité grâce à un lien avec l'agence de presse Reuters.
La Toile du Québec (Québec)	**www.toile.qc.ca**	Français	• Index et répertoire, donne accès au réseau Internet québécois, en plus de fournir les services de recherche. • Ces ressources sont constituées de répertoires, de moteurs de recherche et de guides régionaux. Associé à *Google*, ce qui augmente sa puissance et sa capacité de recherche.
Voilà (France)	**www.voila.fr/**	Français	Permet de trouver des pages Web, des images, des sons, des vidéos, sur le Web francophone ou mondial.
Yahoo! (Canada)	**http://cf.yahoo.com/**	Français	• Très complet. • Spécialisé sur le Québec. • Liens avec les autres répertoires *Yahoo!* du monde.
Yahoo! (États-Unis)	**www.yahoo.com/**	Anglais	• Très complet. • Liens avec les autres répertoires *Yahoo!* du monde.
Yahoo! (France)	**http://fr.yahoo.com/**	Français	• Très complet. • Liens avec les autres répertoires *Yahoo!* du monde.

Sources : Inspiré de UQAM, Service des bibliothèques, *Zoom sur Internet : les outils de recherche*, février 1997, 4 p. ; «Comment chercher sur le Web», *Planète Internet*, avril 1997, p. 42-51; Jean-Hugues ROY, «Internet : les 600 sites essentiels», *Québec Science*, printemps 1997, coll. Le guide pratique n° 4, 110 p. ; CREPUQ, GIRI, *Guide d'initiation à la recherche sur Internet*, **www.bibl.ulaval.ca/vitrine/giri/**

Évaluer la qualité des sources

Il n'y a pas de moyen infaillible pour mesurer la qualité des documents que l'on trouve, mais certains trucs peuvent toujours servir. Les questions usuelles doivent être posées : QUI, QUOI, OÙ, QUAND, COMMENT et POURQUOI ?

• **QUI ?** Comme pour un livre, on doit regarder d'abord qui est l'auteur du site consulté. Est-ce une personne connue, un chercheur rattaché à une université ? Quelles sont ses compétences ? Privilégiez l'information provenant d'un organisme reconnu par la communauté scientifique.

Tableau 7.6 Les principaux moteurs de recherche

Nom (lieu d'origine)	Adresse URL http://	Langue	Caractéristiques
Alta Vista (États-Unis)	**www.altavista.com/**	Anglais	Un des meilleurs outils de recherche ; puissant, précis.
Alta Vista (Canada)	**www.altavista.ca/cgi-bin/**	Français	La puissance de l'original, en français, à partir des sites canadiens.
Ask Jeeves (États-Unis)	**www.aj.com/**	Anglais	Méta-index très bien construit qui sélectionne les sites et offre de multiples possibilités de recherche en profondeur.
Copernic (Québec)	**www.copernic.com/fr/**	Français	• Excellent instrument québécois. • Téléchargez *Copernic Agent Basic* (gratuit) et effectuez des recherches complexes dont les résultats sont évalués selon leur pertinence. • Conserve et classe vos résultats de recherche.
Google (Canada)	**www.google.ca/intl/fr/**	Français	• Évalue le contenu des pages Web et leur pertinence en les comparant aux requêtes exprimées. • Près de deux milliards d'adresses URL ! • Permet de limiter la recherche aux pages publiées dans un pays.
Hot Bot (États-Unis)	**www.hotbot.Lycos.com/**	Anglais Français	• Très rapide. • Accès à des millions de sites.
Infoseek (États-Unis)	**www.go.com**	Anglais	Très rapide.
Metacrawler (États-Unis)	**www.metacrawler.com**	Anglais	Puissant et rapide, effectue des recherches combinées avec *Google*, *Yahoo!*, *Alta Vista*, *Ask Jeeves*, *About*, *Looksmart*, *Overture* et *Findwhat*.
Starting Point (États-Unis)	**www.stpt.com**	Anglais	• Méta-index. • Utilise de nombreux instruments de recherche.

7

Sources : Inspiré de UQAM, Service des bibliothèques, *Zoom sur Internet : les outils de recherche*, février 1997, 4 p. ; «Comment chercher sur le Web», *Planète Internet*, avril 1997, p. 42-51 ; Jean-Hugues ROY, «Internet : les 600 sites essentiels», *Québec Science*, printemps 1997, coll. Le guide pratique n° 4, 110 p. ; CREPUQ, GIRI, *Guide d'initiation à la recherche sur Internet*, **www.bibl.ulaval.ca/vitrine/giri/**

Recherchez les sites des organismes gouvernementaux, le Conseil de la recherche en sciences humaines, par exemple. Soyez attentif aux tildes (les symboles ~ insérés dans une adresse URL) qui précèdent le nom d'un individu et indiquent un contenu personnel, et non plus institutionnel. Par exemple, bien que la page personnelle de Ellen (**www.santafe. edu/~vince**) soit très intéressante, elle ne saurait constituer un site pertinent sur le plan scientifique.

- **QUOI?** Quel est le sujet du site? À quel public est-il destiné? Quel est le traitement de l'information qui y est privilégié? Est-ce un site commercial, individuel? Présumez que ce qui vient d'une université (.edu) respecte davantage les critères reconnus de la recherche scientifique. Recherchez les sites des départements des universités québécoises : ils donnent souvent accès aux sites des chercheurs et à des liens scientifiques.

- **OÙ?** Où le texte a-t-il été créé, dans quel pays?

- **COMMENT?** Comment les documents sont-ils présentés? Quelle est la qualité de la langue employée? Les informations sont-elles fiables, les sources de ces dernières sont-elles indiquées clairement? La structure du texte est-elle bien faite?

- **POURQUOI?** Quel est le but poursuivi par l'auteur en créant un site Internet : le profit, la diffusion des connaissances, le militantisme en faveur d'une cause, l'autosatisfaction? Le site recèle-t-il des publicités et celles-ci sont-elles bien démarquées du contenu?

- **QUAND?** Les informations deviennent rapidement périmées dans Internet. N'oubliez pas de regarder la date de la dernière mise à jour (souvent au bas d'une des premières pages du site).

Consultez les sites suivants :

- *L'évaluation d'un site Web* de la bibliothèque de l'Université de Montréal : **www.bib.umontreal.ca/SA/caps31.htm**

- *Critères d'évaluation des sources d'information d'Internet*, Collège de Bois-de-Boulogne : **www.resdoc.ccsr.qc.ca/biblio/boulo/services.html#reference**

- *Guide des indispensables de la recherche dans Internet* de la Bibliothèque de l'Université Laval : **www.bibl.ulaval.ca/vitrine/giri/giri2/**

Gérer la masse d'informations

Comment travailler avec l'information accumulée sur Internet quand on sait qu'une seule commande de recherche peut entraîner l'apparition d'une liste de 2 000 000 de documents? Apprenez à créer des index de vos documents et gardez en mémoire la liste des meilleurs sites consultés à l'aide des signets.

Créer des index

Faites d'abord une sélection des documents les plus pertinents et téléchargez-les sur une disquette ou sur votre disque rigide, après vous être assuré de disposer de l'espace requis, bien entendu. Une suggestion :

constituez **un seul document** à l'aide d'un logiciel de traitement de texte comme *Word*©, par exemple (sur *MAC 0S*© ou *Windows*©), et donnez-vous la possibilité de trouver rapidement l'information souhaitée en **indexant** votre mégadocument. En effet, *Word*© permet de créer un index qui vous facilitera la tâche.

Supposons que vous ayez recopié et collé une dizaine de documents (des textes de loi, des articles, des extraits de mémoire ou de thèse, etc.) et que vous les ayez regroupés dans un seul mégadocument intitulé « divorce ». Votre travail porte sur les enfants du divorce et sur les droits de visite. Créez un index avec les mots « enfant », « visite », « garde », « garde partagée » et ainsi de suite. C'est simple : dès que vous créez la catégorie « enfant », la fonction recherche de *Word*© vous permet de retrouver l'expression « enfant » partout où elle est mentionnée dans votre mégadocument.

À partir de là, vous pouvez interroger votre banque de données, regrouper les informations pertinentes, créer de nouveaux documents qui ne porteront que sur un thème à la fois et ainsi de suite. Les possibilités sont infinies et il n'en tient qu'à vous de gérer une masse d'informations de manière créative. **Mais attention : faites-le en respectant toujours les droits d'auteur !** Un truc : compilez vos informations en créant des fiches par sujets, à l'aide de *Word*© et de *FileMaker*© par exemple, qui indiqueront précisément la provenance de vos informations (➔ *voir le chapitre 2, p. 29*). Ou encore, copiez toujours l'adresse URL du site dans lequel vous avez trouvé des informations pertinentes et « collez-la » au bas du document *Word* que vous allez créer. Lorsque vous rédigerez le texte de votre rapport de recherche, vous pourrez aisément indiquer la référence complète de vos sources.

Conservez ces fiches ou ces documents sur des disquettes clairement identifiées : vous créez ainsi votre minibibliothèque virtuelle, votre banque de données personnalisée selon vos intérêts et votre domaine d'étude.

Créer une banque de signets réutilisables

Lorsque vous accédez à un site intéressant, votre navigateur (*Netscape*© ou *Explorer*©) vous donne la possibilité de conserver en mémoire le titre et l'adresse de ce site. C'est ce que l'on appelle créer un « signet » ou un « favori » (en anglais un *bookmark*). Dès que vous êtes devant la page d'accueil du site qui vous intéresse, vous n'avez qu'à cliquer sur le menu « ajouter aux favoris » (*Explorer*©) ou « ajouter un signet » (*Netscape*©) sur la barre d'outils de votre navigateur et l'adresse URL du site sera enregistrée dans une liste de signets. Lorsque vous aurez envie de revenir sur ce site, vous n'aurez qu'à aller dans votre liste de signets et à double-cliquer sur son signet pour y être amené presque instantanément.

Votre liste de signets constitue un répertoire personnel d'accès à des sites pertinents. Construisez cette banque de manière ordonnée afin de vous y retrouver facilement.

La technique classique, dite « arborescente », est celle des poupées russes ou des fichiers qui abritent d'autres fichiers. Les systèmes comme *Windows*©

Général ▶

Bienvenue à Statistique Canada
Bienvenue à la Bibliothèque nationale
   du Québec
Statistique Québec
La Toile du Québec
Canadiana -- la page des ressources
   canadiennes

Instruments de recherche ▶

Alta Vista : page principale
Bibliothèque virtuelle au cégep de
   Sainte-Foy
Yahoo!
Nomade : guide des sites Internet en
   français

Loisirs ▶

L'édition Internet du Devoir
Ski et planche à neige
Jeux Internet

Géographie ▶

Atlas géographique mondial
How far is it?
Welcome to MapQuest!
**Main Menu@nationalgeo
graphic.com**
Earth and Moon Viewer

Irak ▶

Irak
Bienvenue en Irak
Cahier documentaire sur le Golfe
Pays du monde arabe : Irak

**Figure 7.11 Exemple d'une
banque de signets**

utilisent cette technique de classement qui permet d'aller du général au particulier. Un exemple clarifiera cette notion. Au lieu d'enregistrer vos sites les uns à la suite des autres sans ordre logique, regroupez-les en différentes catégories, à l'aide de la fonction « création de dossier » de votre navigateur. Cette fonction permet de créer des dossiers qui renferment des signets de la même catégorie, par exemple :

- un dossier **général,** pour les sites comme *La Toile du Québec*, etc.;

- un dossier **moteurs de recherche,** pour *Alta Vista*, etc.;

- un dossier **loisirs,** pour des jeux, des sites de voyage, etc.;

- un dossier **géographie,** si vous étudiez dans ce domaine;

- et un dossier **Irak,** si vous faites un travail de recherche sur ce sujet.

Chaque dossier ou catégorie peut regrouper autant de sites que vous le décidez : vous pouvez « ouvrir » la catégorie désirée et la refermer, vous pouvez déplacer des sites d'un dossier à l'autre, etc. Lorsque vous aurez terminé votre travail, vous pourrez répartir les sites recensés dans d'autres dossiers ou tout simplement les détruire. La figure 7.11 donne un exemple d'une banque de signets composée de dossiers.

COMMENT CITER UNE RÉFÉRENCE PROVENANT D'UN DOCUMENT TROUVÉ SUR INTERNET?

Répétons-le, **vous devez fournir la référence complète et précise de tout document consulté sur Internet** comme pour n'importe quel autre document consulté à la bibliothèque ou ailleurs, dans le cadre d'un travail de recherche, d'une dissertation, d'un dossier de presse, etc.

Les éléments qui doivent figurer dans la notice bibliographique d'un document électronique (sites Internet, cédérom) sont : le NOM (en lettre majuscules) et le prénom de l'auteur (personnel, collectif ou institutionnel) s'il est accessible, *le titre du document* (en italique), le type de support entre crochets (c'est-à-dire [En ligne] pour les documents Internet, [Cédérom] pour les bases de données sur cédérom), le lieu d'édition, la maison d'édition, l'année de publication, l'adresse Web au complet et, entre parenthèses, la date de consultation du document.

En somme, à la différence des ouvrages traditionnels, il faut indiquer la date à laquelle vous avez consulté le document car les sites Internet sont continuellement remis à jour. C'est l'équivalent du numéro de l'édition pour un volume.

Le tableau 7.7 propose quelques exemples de référence à des documents Internet.

Tableau 7.7 Exemples de référence à des documents Internet

Type de référence	Règle	Exemples
Site Internet	• NOM DE L'AUTEUR (si disponible), prénom. *Titre du site* (en italique), [En ligne], adresse Web (Page consultée le) • NOM DE L'AUTEUR (si disponible), prénom. « Titre de l'article », dans prénom NOM DE L'AUTEUR, *titre du site* (en italique), [En ligne], adresse Web (Page consultée le) • Notez que l'on n'ajoute jamais de point final après l'adresse Web d'un site.	• LAPORTE, Gilles. *Les patriotes de 1837@1838* [En ligne], http://cgi.cvm.qc.ca/glaporte (Page consultée le 20 mars 2004) • PAYETTE, Anne. « Papineau, Louis-Joseph (1786-1871) », dans Gilles LAPORTE, *Les patriotes de 1837@1838* [En ligne], http://cgi2.cvm.qc.ca/glaporte1837.pl?out=article&pno=biographie 73 (Page consultée le 20 mars 2004)
Monographie, livre ou document publié sur Internet	NOM DE L'AUTEUR (si disponible), prénom. *Titre du document* (en italique), [En ligne] année de publication (si disponible), adresse Web complète (Page consultée le)	MANSOURI, Amel. *Les femmes dans la religion musulmane,* [En ligne], http://pages.ca.inter.net/~csrm/nd126/mansouri.html (Page consultée le 20 mars 2004)
Courriel	NOM DE L'AUTEUR du message, prénom. *Titre du message* (en italique), (date), [courriel à nom du récepteur], [En ligne], adresse de courriel de l'expéditeur	LACHANCE, Chantal. *Les références bibliographiques et les documents électroniques* (20 janvier 2002), [courriel à Maude NEPVEU], [En ligne], clachance@clg.qc.ca
Groupe d'intérêt (conférence électronique)	NOM DE L'AUTEUR du message, prénom. « Sujet du message » [Discussion], *nom du groupe* (en italique) [En ligne], (date), adresse de courriel de l'expéditeur	CARON, Marco. « Cas de conscience » [Discussion], *Biblio-forum* [En ligne], (21 février 2001), biblioforum@listes.ccsr.qc.ca
Article dans un périodique électronique en ligne	NOM DE L'AUTEUR (si disponible), prénom. « Titre de l'article », *titre du périodique* (en italique), date de publication de l'article, [En ligne], adresse Web (Page consultée le)	OTIS-DIONNE, Geneviève. « Sondage de l'Union des consommateurs - Les Québécois préfèrent le gel des tarifs d'Hydro aux baisses d'impôt », *Le Devoir,* 17 octobre 2003, [En ligne], www.ledevoir.com/2003/10/17/ 38518.html (Page consultée le 20 mars 2004)
Illustration, photographie ou tableau tirés d'un site Internet	NOM DE L'AUTEUR (si disponible), prénom. « Titre original de l'image », année, [nom du fichier], sur le site *Nom du site* (en italique), [En ligne], adresse Web (Page consultée le)	CUSSON, Gilles. « Détail d'une flèche d'église, Métabetchouan », 2002, [17253.jpg], sur le site *Le Québec en images, un album libre de droits,* [En ligne], http://www.ccdmd.qc.ca/quebec/ (Page consultée le 30 juin 2003)

7

SITES UTILES POUR LES ÉTUDES COLLÉGIALES

Vous trouverez la liste de sites utiles pour des travaux de recherche en tous genres, surtout en arts, en sciences humaines, en littérature et en philosophie à l'adresse suivante : www.beaucheminediteur.com/pourreussir. Les sites y sont classés par disciplines. Libre à vous de compléter cette liste et d'enregistrer vos sites préférés dans une banque de signets !

Tableau 7.8 **Sites utiles pour les études collégiales**

Discipline	Sites	Adresse URL (http://)
Généralités	Canadiana : la page des ressources canadiennes	**www.cs.cmu.edu/Unofficial/Canadiana/LISEZ.html**
	Gallica : la bibliothèque numérique de France	**http://gallica.bnf.fr/**
	Gouvernement du Canada	**www.canada.gc.ca/main_f.html**
	Gouvernement du Québec	**www.gouv.qc.ca**
	Guide d'initiation à la recherche dans Internet (GIRI)	**www.bibl.ulaval.ca/vitrine/giri/**
	Institut de la statistique du Québec	**www.stat.gouv.qc.ca/**
	Office de la langue française (OLF)	**www.olf.gouv.qc.ca/**
	Organisation des Nations Unies (ONU)	**www.un.org/french/**
	Réseau scientifique québécois	**www.risq.qc.ca/**
	Statistique Canada	**www.statcan.ca/**
	La Toile du Québec	**www.toile.qc.ca/**
	The WWW Virtual Library	**www.vlib.org/**
Administration	École des Hautes Études Commerciales (HEC) de Montréal	**www.hec.ca/**
	École nationale d'administration publique (ENAP)	**www.enap.uquebec.ca/**
	Gestion des ressources humaines (gouvernement canadien)	**www.gestionrh.gc.ca/**
	Harvard Business School	**www.hbs.harvard.edu/**
	Ministère des Finances du Canada	**www.fin.gc.ca/**
	Ministère des Finances du Québec	**www.finances.gouv.qc.ca/**
	Ministère du Revenu du Québec	**www.revenu.gouv.qc.ca/**
	Ordre des comptables agréés du Québec	**www.ocaq.qc.ca/**
	Organisation mondiale du commerce (OMC)	**www.wto.org/indexfr.htm**
	Secrétariat du Conseil du Trésor du Québec	**www.tbs-sct.gc.ca/**

(Voir la suite à la page suivante.)

Pour accéder directement aux sites
Internet suggérés, tapez :
www.beauchemineediteur.com/pourreussir

Tableau 7.8 *(suite)* **Sites utiles pour les études collégiales**

Discipline	Sites	Adresse URL (http://)
Administration *(suite)*	Secrétariat du Conseil du Trésor du Canada	**www.tbs-sct.gc.ca/index_f.asp**
	Strategis (site canadien des entreprises et des consommateurs)	**http://strategis.ic.gc.ca/cgi-bin/allsites/motd/motDspl.pl?lang=f&link=/frndoc/main.html**
Anthropologie	L'aménagement linguistique dans le monde	**www.tlfq.ulaval.ca/axl/index.shtml**
	Anthropology Resources on the Internet	**www.aaanet.org/resinet.htm**
	Anthropological Theories	**www.as.ua.edu/ant/Faculty/murphy/436/anthros.htm**
	ArchNet (librairie virtuelle de sites Web d'archéologie et d'anthropologie)	**archnet.asu.edu/archnet/international/archnet_fr.html**
	Association des anthropologues du Québec	**www.aanthq.qc.ca**
	Département d'anthropologie de l'Université Laval	**www.ant.ulaval.ca/**
	Musée canadien des civilisations	**www.civilisations.ca/indexf.asp**
	Musée de la civilisation du Québec	**www.mcq.org/**
	Smithsonian Encyclopedia	**www.si.edu/resource/faq/nmnh/anthropology.htm**
	Société québécoise d'ethnologie	**www.mcc.gouv.qc.ca/pamu/organis/aratitre.htm**
	Theory in Anthropology	**www.as.ua.edu/ant/Faculty/murphy/436/anthros.htm**
	The World-Wide Web Virtual Library: Anthropology	**www.usc.edu/dept/education/mascha/anthro.html**
	The World-Wide Web Virtual Library: Cultural Anthropology	**http://vlib.anthrotech.com/Cultural_Anthropology/**
Arts	Arts visuels actuels (répertoire sur l'art au Québec)	**www.ava.qc.ca/**
	Centre Pompidou (musée d'Art moderne du Centre Georges Pompidou à Paris)	**www.cnac-gp.fr/Pompidou/Accueil.nsf/tunnel?OpenForm**
	Cinémathèque québécoise	**www.cinematheque.qc.ca/**
	Conseil des arts et des lettres du Québec	**www.calq.gouv.qc.ca/index.htm**
	Internet Movie Database	**www.imdb.com/**
	La médiathèque du Musée d'art contemporain de Montréal	**http://media.macm.org/**

(Voir la suite à la page suivante.)

7

Tableau 7.8 *(suite)* **Sites utiles pour les études collégiales**

Discipline	Sites	Adresse URL (http://)
Arts *(suite)*	MOMA – Museum of Modern Arts, New York	**www.moma.org/**
	National Gallery of Arts de Washington	**www.nga.gov/collection/ggpdffr.htm**
	Objectif cinéma	**www.objectif-cinema.com/**
	Office national du film du Canada	**www.nfb.ca/f/**
	Web Gallery of Art (répertoire d'artistes)	**www.kfki.hu/%7Earthp/index1.html**
Économie	L'accord de libre échange nord-américain (ALENA)	**www.dfait-maeci.gc.ca/nafta-alena/menu-fr.asp**
	American Economic Association	**www.vanderbilt.edu/AEA/**
	Association des économistes québécois	**www.asdeq.org/**
	Banque de développement du Canada	**www.bdc.ca**
	Bourse de Montréal	**www.m-x.ca/index_pc.php**
	Glossaire de termes économiques (gouvernement du Canada)	**www.agr.gc.ca/policy/risk/course/francais/ gls1f.html**
	Glossaire des finances publiques (gouvernement du Canada)	**www.fin.gc.ca/gloss/gloss-f.html**
	Ministère du développement économique et régional (gouvernement du Québec)	**www.mder.gouv.qc.ca/**
	National Bureau of Economic Research (États-Unis)	**www.nber.org/**
Géographie	Atlas national du Canada	**http://atlas.gc.ca/site/francais/index.html**
	Atlas du Québec et de ses régions	**www.atlasduquebec.qc.ca/**
	How Far is It? (distance entre deux endroits)	**www.indo.com/distance/**
	Institut national d'études démographiques (France)	**www.ined.fr**
	MapQuest! Interactive Atlas	**www.mapquest.com/**
	National Geographic Online	**www.nationalgeographic.com**
	Ressources cartographiques	**www.ggr.ulaval.ca/allaire/index.htm**

(Voir la suite à la page suivante.)

Tableau 7.8 *(suite)* **Sites utiles pour les études collégiales**

Discipline	Sites	Adresse URL (http://)
Histoire	Département d'histoire, Université de Montréal	**www.hist.umontreal.ca/**
	Département d'histoire, Université du Québec à Montréal	**www.unites.uqam.ca/~dhist/index.htm**
	Département d'histoire, Université du Québec à Trois-Rivières	**www.uqtr.ca/histoire/**
	Département d'histoire et de sciences politiques, Université de Sherbrooke	**www.usherbrooke.ca/dhsp/**
	Département d'histoire, Université Laval	**www.hst.ulaval.ca/**
	Département d'histoire, Université d'Ottawa	**www.uottawa.ca/academic/arts/histoire/**
	Dictionnaire biographique du Canada en ligne	**www.biographi.ca**
	Encyclopédie canadienne	**www.thecanadianencyclopedia.com/index.cfm?TCE_Version=F**
	Fédération des sociétés d'histoire du Québec	**www.histoirequebec.qc.ca/**
	Institut d'histoire de l'Amérique française (IHAF)	**www.cam.org/~ihaf/**
	Module d'histoire, Université du Québec à Rimouski	**www.uqar.qc.ca/dsh/**
Littérature française	L'aménagement linguistique dans le monde	**www.tlfq.ulaval.ca/axl/index.shtml**
	La bibliothèque universelle	**http://abu.cnam.fr/**
	Centre de communication écrite (Université de Montréal)	**www.cce.umontreal.ca/273.htm**
	ClicNet, site culturel et littéraire francophone	**www.swarthmore.edu/Humanities/clicnet/**
	Dictionnaire des synonymes français	**http://dico.isc.cnrs.fr/dico/fr/chercher**
	Dictionnaire universel francophone en ligne	**www.francophonie.hachette-livre.fr/**
	Épreuve uniforme de français	**http://pages.infinit.net/berric/EUF/**
	Épreuve uniforme de français : le site du Ministère	**www.meq.gouv.qc.ca/ens-sup/ens-coll/Eprv_uniforme/Mfrancais.asp**
	Grand dictionnaire terminologique de l'Office québécois de la langue française	**www.granddictionnaire.com/btml/fra/r_motclef/index1024_1.asp**

(Voir la suite à la page suivante.)

7

Tableau 7.8 *(suite)* **Sites utiles pour les études collégiales**

Discipline	Sites	Adresse URL (http://)
Littérature française *(suite)*	Langue au chat	www.langueauchat.com/
	La langue de chez nous	http://membres.lycos.fr/clo7/plan.htm
	Office québécois de la langue française	www.olf.gouv.qc.ca/
	WebLettres	www.weblettres.net/
Philosophie	American Philosophical Association	www.apa.udel.edu/apa/index.html
	Association canadienne de philosophie	www.acpcpa.ca/framef.htm
	Encéphi. Encyclopédie hypertexte de la philosophie (cégep du Vieux Montréal)	www.cvm.qc.ca/encephi/cadres.htm
	L'Encyclopédie de l'agora	http://agora.qc.ca/mot.nsf
	La page de philosophie du réseau collégial	http://pages.infinit.net/ggour/apop/philo.htm
	Ressources philosophiques (banque de liens)	www.cam.org/~lanteign/
	Société de philosophie du Québec	www.unites.uqam.ca/spq/
Politique	Assemblées législatives du Canada	www-2.cs.cmu.edu/Unofficial/Canadiana/legislatures.html
	Assemblée nationale du Québec	www.assnat.qc.ca/
	Centre de documentation et de recherche sur la paix et les conflits	www.obsarm.org/index.htm
	Directeur général des élections au Québec	www.dgeq.qc.ca/
	Partis politiques du Québec, parlements dans le monde	www.assnat.qc.ca/fra/autres_parl.html
	Société québécoise de science politique	www.unites.uqam.ca/sqsp/
	U.N. Wire (Nouvelles de l'ONU)	www.unwire.org
Psychologie	American Psychology Association	www.apa.org/
	Brain Imaging Demos (sur le cerveau)	www.bic.mni.mcgill.ca/demos/

(Voir la suite à la page suivante.)

Tableau 7.8 *(suite)* **Sites utiles pour les études collégiales**

Discipline	Sites	Adresse URL (http://)
Psychologie *(suite)*	École de psychologie de l'Université Laval	**www.psy.ulaval.ca/**
	Guide Internet en psychologie	**www.psychomedia.qc.ca/pn/modules.php? name=Web_Links**
	Ordre des psychologues du Québec	**www.ordrepsy.qc.ca/**
	Psychologie.org	**www.psychologie.org/default.htm**
	Psynergie (Psychologie dans Internet)	**www.psynergie.com/**
	Société canadienne de psychologie	**www.cpa.ca/bienvenu.html**
	Le sommeil, les rêves et l'éveil	**http://sommeil.univ-lyon1.fr/index_f.html**
	ToxQuébec (références en toxicomanie)	**http://toxquebec.com/home/toxquebeccom.ch2**
Sociologie	Agora sociologique (liens)	**www.sociologique.net/**
	Association des professeures et professeurs de sociologie des collèges (APPSC)	**www.appsc.qc.ca/**
	Les classiques des sciences sociales (Université de Chicoutimi)	**www.uqac.uquebec.ca/zone30/Classiques_des_scie nces_ sociales/index.html**
	Réseau francophone de sociologie	**http://rfs.ovh.org/**
	SocioWeb	**www.socioweb.com/~markbl/socioweb/**
	WWW Virtual Library : Sociology	**www.mcmaster.ca/socscidocs/w3virtsoclib/ theories.htm**

7

Compétence

Devenez un internaute avisé

Internet, c'est la bibliothèque du monde à votre portée. Encore faut-il savoir s'y retrouver ! Cet immense réseau fournit des éléments de solution, des pistes de réflexion et des millions d'éléments d'information. Il faut l'aborder avec prudence et audace à la fois, savoir prendre des risques tout en faisant preuve d'esprit critique devant les découvertes que l'on fait.

- **Soyez compétent,** connaissez vos outils préférés et acceptez, au début, de « perdre du temps » en les explorant, sachant qu'une meilleure connaissance de leur fonctionnement rapportera beaucoup ultérieurement. Maîtrisez, par exemple, les ressources de votre navigateur *Netscape*© ou *Explorer*© et celles d'un moteur de recherche comme *Google* ou *Copernic.*

- **Soyez audacieux,** approfondissez les liens, acceptez les propositions de liens hypertextes qui vous sont faites et explorez-les ; qui sait ce que vous pourriez ainsi découvrir ?

- **Demeurez critique,** car tout ce qui est sur le Web n'a pas la même valeur. Vérifiez toujours le contenu et la crédibilité des auteurs. Posez-vous toujours des questions et usez de votre esprit critique pour juger l'information présentée.

- **Soyez ordonné,** ajoutez les ressources d'Internet à votre fichier personnel de notes de lecture (cartable ou fichier informatisé, → *voir le chapitre 3, p. 49*) et créez votre propre banque de données en consignant soigneusement les adresses URL, en reproduisant (en copiant sur votre disque rigide ou en imprimant) les documents de base, les données statistiques, les textes majeurs, etc. Ces informations pourront être réutilisées dans un autre travail de recherche ou pour préparer une épreuve synthèse en fin de programme.

À retenir

	OUI	NON
• Est-ce que je **connais le vocabulaire** et les différents **services** d'Internet ?	☐	☐
• Est-ce que j'**intègre** la recherche sur Internet à une stratégie globale de recherche ?	☐	☐
• Est-ce que j'**approfondis** ma connaissance du fonctionnement d'un navigateur ?	☐	☐
• Est-ce que je **connais** bien les différents moteurs de recherche ?	☐	☐
• Ai-je une **stratégie** pour évaluer les différents sites ?	☐	☐
• Est-ce que je **demeure critique** à l'égard des informations que je trouve ?	☐	☐
• Est-ce que je **connais les règles** d'une référence complète et précise d'un site Internet ?	☐	☐
• Est-ce que je crée ma propre **banque de ressources** sur Internet ?	☐	☐

Chapitre 8

Se documenter grâce aux journaux et aux revues

« Quand il y a des périodes de crise ou des moments importants pour la société (référendum, Jeux olympiques, etc.), je lis le journal tous les jours ; ça m'aide à suivre l'actualité et à comprendre les événements. »

Antoine, 20 ans

→ **Les périodiques**

Les différents types de périodiques

Des périodiques utiles pour les études collégiales

L'utilisation des périodiques et la pensée critique

Tactique : le réflexe d'une pensée critique

→ **La recherche dans les index**

Les index de journaux

Les index de revues

→ **Le dossier de presse**

Un type d'information précis : la nouvelle

Les caractéristiques d'un bon dossier de presse

Tactique : la présentation matérielle du dossier

→ **Compétence : soyez informé et méthodique**

Après avoir lu attentivement le présent chapitre, vous serez en mesure :

- d'utiliser adéquatement l'information provenant de la presse écrite ;

- de repérer et de classer cette information ;

- d'analyser, au moyen de la pensée critique, les

informations et les opinions publiées dans les périodiques ;

- de construire un dossier de presse varié et bien structuré ;

- de présenter correctement le dossier à l'enseignant.

Les journaux et les revues permettent d'accéder à un grand nombre d'informations très récentes que l'on ne trouve généralement pas dans les livres. Savoir utiliser ces sources d'information est un atout important. Assemblage ordonné d'articles de journaux et de revues (➡ *voir p. 159*), le dossier de presse est un outil précieux de compréhension de l'actualité locale, régionale, nationale et internationale. En outre, le dossier de presse facilite la mise à jour de ses connaissances sur des thèmes aussi variés que la vie politique, l'économie, les sports, les sciences, les techniques, ainsi que la culture et les arts. Le présent chapitre vous permettra notamment d'apprivoiser périodiques et index tout en vous familiarisant avec la préparation d'un dossier de presse.

LES PÉRIODIQUES

Définition ➡ On entend par **périodiques** les «publications qui paraissent en série continue sous un même titre, à intervalles réguliers ou non, mais plus d'une fois par an, chaque exemplaire étant daté et généralement numéroté[1] ». Les bulletins, les journaux et les revues entrent donc dans cette catégorie.

Les différents types de périodiques

Les périodiques peuvent être classés selon la nature des informations qu'ils comportent, leur format et leur périodicité. Retenons les trois types suivants : le bulletin, le journal et la revue, tout en notant que la périodicité de publication peut varier énormément, du quotidien (un journal comme *Le Soleil*) au trimestriel (une revue comme la *Revue d'Histoire de l'Amérique française*) en passant par l'hebdomadaire (*Voir*), le bimensuel (*L'actualité*), le mensuel (*Le Monde diplomatique*), etc.

Le bulletin

Le bulletin s'adresse aux membres d'une association ou aux usagers d'un organisme. Il sert parfois de véhicule à une information éphémère (qui est valable peu de temps), bien que certains bulletins publient à l'occasion des

---

1. Paule ROLLAND-THOMAS et autres, *Vocabulaire de la bibliothéconomie et de la bibliographie*, Montréal, Association canadienne des bibliothécaires de langue française, 1969, p. 113.

articles de fond. Les entreprises et la plupart des grands organismes syndicaux, patronaux, corporatifs ou parapublics publient ce genre de bulletin d'information.

Exemples
- *Bulletin de l'Association des démographes du Québec*
- *Bulletin de l'Association des professeures et des professeurs d'histoire des collèges du Québec*
- *Bulletin régional sur le marché du travail*

Le journal

Le journal est une publication quotidienne, hebdomadaire ou mensuelle consacrée à l'actualité. Souvent, on utilisera les vocables « quotidien », « hebdo » et « mensuel » pour nommer plus simplement ces publications.

Exemples
- *La Tribune* (quotidien publié à Sherbrooke)
- *Le Soleil* (quotidien publié à Québec)
- *Voir* (hebdomadaires publiés à Montréal et à Québec)
- *Le Monde diplomatique* (mensuel publié à Paris)

La structure d'un journal quotidien

Lorsqu'on lit régulièrement un quotidien, on constate que l'information est organisée en diverses sections. Ce sont des rubriques qui regroupent toujours les mêmes catégories d'articles : faits divers, politique nationale, actualité internationale, économie et finance, sport, arts et spectacles, loisirs, actualité régionale et locale. Certains journaux ajoutent des rubriques spécialisées : vacances et voyages, sciences et technologie, courrier du cœur, astrologie, troisième âge, Internet et médias électroniques, etc. Le tableau 8.1 présente les éléments principaux qui composent un quotidien.

Les agences de presse

La création des agences de presse remonte au 19e siècle, lors de la fondation de l'Agence Havas par Charles-Louis Havas en 1835[2]. Celle-ci allait devenir la prestigieuse Agence France-Presse en 1944.

L'Agence France-Presse (AFP), l'Associated Press (AP), la United Press International (UPI) et l'Agence Reuters sont les quatre principales agences internationales. Elles fournissent 90 % de l'information internationale présentée au bulletin d'informations ou reproduite dans nos journaux.

Les agences recueillent les nouvelles aux quatre coins du monde grâce à des milliers de correspondants qui font parvenir des articles revendus aux journaux, aux stations de télévision, etc. Les grandes agences de presse monopolisent la diffusion de l'information dans le monde en raison de leurs énormes moyens financiers. Les sites Internet de ces agences constituent également de véritables

(Voir la suite à la page 144.)

2. Patrick WHITE, *Le village CNN. La crise des agences de presse*, Montréal, Presses de l'Université de Montréal, 1997, p. 55.

Tableau 8.1 Éléments principaux qui composent un quotidien

Section	Description
Politique nationale ou intérieure	Les articles dits de **politique intérieure** traitent de la politique nationale (Chambre des communes à Ottawa), provinciale (Assemblée nationale à Québec), régionale (Gaspésie, etc.) ou locale (ville de Sherbrooke, quartier Rosemont de Montréal, etc.). La plupart de ces articles sont écrits par des journalistes qui travaillent pour le journal qui les publie. Les autres articles proviennent d'une des agences de presse qui vendent les nouvelles à plusieurs journaux à la fois (→ *voir p. 143*). Pour le Canada, l'Agence de presse canadienne (PC) joue ce rôle.
Actualité internationale	La plupart des grands journaux achètent les articles de **politique internationale** aux cinq grandes agences de presse qui se partagent le marché principal (AP, AFP, UPI, Reuter et ITAR-TASS) et à quelques petites agences de presse spécialisées. Les journalistes parcourent rarement le monde à la recherche de l'information ; la plupart d'entre eux sont des employés qui trient, vérifient, résument et traitent l'information provenant des agences et retransmise par Internet ou par satellite. Il faut alors distinguer les correspondants, qui recueillent sur place l'information et la retransmettent au bureau de leur agence ou de leur journal, et les rédacteurs de l'information, qui réécrivent les nouvelles.
Économie	La **rubrique économique** regroupe les articles traitant d'économie internationale, nationale, régionale et locale. Les conflits de travail, les informations financières (cotes de la bourse, taux de change des monnaies) et les analyses de la conjoncture économique s'y retrouvent.
Faits divers	La **rubrique des faits divers** regroupe des comptes rendus d'événements du quotidien, tels l'écrasement d'un avion, les accidents d'automobile, les crimes et les délits, mais aussi les événements qui se produisent dans l'environnement immédiat des gens, leur ville ou leur quartier.
Chroniques particulières	Les rubriques déterminent des sujets ou des thèmes généraux. À l'intérieur de ces dernières, on trouve des **chroniques réservées** nommément à un journaliste. Celui-ci analyse l'actualité et donne son opinion sans engager la responsabilité du journal ou de l'éditeur. C'est le cas des chroniques généralistes de Pierre Foglia et de Lysiane Gagnon dans *La Presse* de Montréal, ou de Mario Goupil dans *La Tribune* de Sherbrooke, ou des chroniques spécialisées comme celle d'Yves Therrien sur les nouvelles technologies de l'information dans *Le Soleil* de Québec.
Éditorial	L'**éditorial** est un article émanant de la direction du journal qui prend position sur une question d'actualité et définit ainsi une orientation générale du journal. C'est en quelque sorte sa « marque de commerce ». Par exemple, l'éditeur du journal *Le Droit* d'Ottawa, celui de *La Tribune* de Sherbrooke ou du *Voir* de Montréal et de Québec commentent les événements et prennent position. Ils engagent ainsi la direction et donnent le ton du journal. On peut ainsi constater que les éditorialistes de *La Presse*, du *Droit* et de *La Tribune* sont plutôt fédéralistes tandis que ceux du *Devoir*, en général, favorisent l'approche souverainiste. Le *Journal de Montréal*, comme le *Journal de Québec*, ne possèdent pas de page éditoriale (→ *voir un exemple d'éditorial p. 153*).
Arts et culture	Les grands journaux proposent toujours une section **Arts et culture** qui peut se subdiviser en différentes rubriques : cinéma, théâtre, expositions et galeries, livres et musique. Familiarisez-vous avec le contenu de ces sections, notamment avec les recensions (comptes rendus) de livres et les analyses littéraires.
Autres	Des sections telles que les annonces classées, les carrières et professions, les avis gouvernementaux, les avis de décès, les horaires de la radio et de la télévision, ceux des théâtres et des cinémas, la météorologie, l'horoscope, les mots croisés et jeux divers, les bandes dessinées et le courrier des lecteurs font partie du domaine des « **services** » d'un journal. Par ailleurs, il ne faut pas négliger les articles, **dossiers** et **cahiers spéciaux.** Ils constituent une source d'information particulièrement intéressante pour les spécialistes de la recherche et les élèves, car ils tentent d'aller plus loin que le simple récit d'une nouvelle et donnent un point de vue articulé sur l'actualité. De plus, on y retrouve un type d'articles plus analytique, plus fouillé que les articles réguliers. Ils sont bien souvent écrits par des spécialistes et ont parfois une dimension théorique ou historique ; ils aident le lecteur à se faire une opinion plus éclairée sur les événements.

8

Tableau 8.2 Quelques agences de presse nationales et internationales[3]

Agence (sigle)	Pays	Caractéristiques et adresse Internet (http://)
Agence Chine nouvelle (Xinhua)	Chine	Agence officielle, contrôlée par le Parti communiste chinois. **www.xinhua.org/** En français : **www.french.xinhuanet.com/**
Agence EFE	Espagne	Fournit des nouvelles en espagnol à plus de 40 pays. Agence numéro un dans les pays d'Amérique latine. **www.efe.es/**
Agence France-Presse (AFP)	France	Fondée en 1835, entreprise nationalisée depuis 1940. Possède des milliers de collaborateurs dans 165 pays et offre des nouvelles en six langues. **www.afp.com/francais/home/**
Agenzia Nationale Stampa Associata (ANSA)	Italie	Emploie des correspondants dans plus de 89 pays. **www.ansa.it/**
Agence de presse canadienne (PC)	Canada	La PC est une coopérative de 99 journaux sociétaires canadiens. Elle fournit aussi plus de 500 stations de radio et de télévision. **www.cp.org/french/hp.htm**
Associated Press (AP)	États-Unis	Existe depuis 1848. Emploie 3 500 journalistes dans plus de 138 pays. En français : **www.ap.org/francais/news/index.htm**
Deutsche Press Agentur (DPA, Agence de presse allemande)	Allemagne	Fondée en 1949, offre des services dans 100 pays. Site Internet offert en allemand, en anglais, en espagnol et en arabe. **www.dpa.de/**
ITAR-TASS (Information Telegraph Agency of Russia – Telegrafnoe Agentsvo Sovietskaya Soïouza)	Russie	Fondée en 1904 (TASS) et renommée en 1992 ITAR-TASS, cette agence compte des bureaux dans 62 pays. Source majeure d'information sur la Communauté des États indépendants (CEI) et la Russie. **www.itar-tass.com/eng/**
Reuters (Reuters)	Grande-Bretagne	Fondée en 1851, compte 2 400 journalistes dans 130 pays. **www.reuters.com/** En français : **www.reuters.fr/**
United Press International (UPI)	États-Unis	Fondée en 1907, cette agence de presse basée à Washington possède des bureaux à Hong Kong, à Londres, à Santiago, à Séoul et à Tokyo. **www.upi.com/**

8

---
3. Adapté de sites Internet des différentes agences et de Patrick WHITE, *op. cit.*

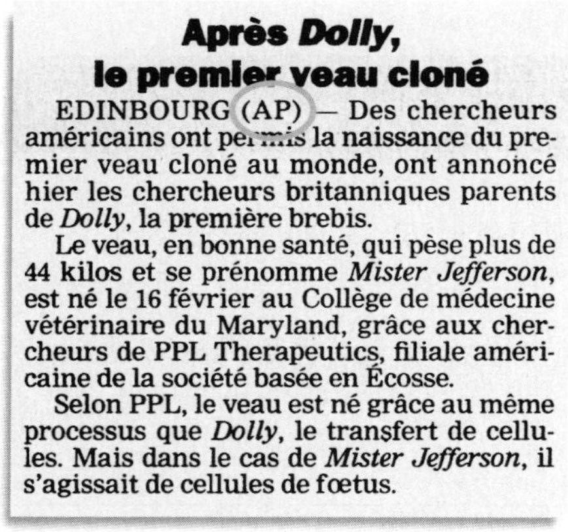

Après *Dolly*, le premier veau cloné

EDINBOURG (AP) — Des chercheurs américains ont permis la naissance du premier veau cloné au monde, ont annoncé hier les chercheurs britanniques parents de *Dolly*, la première brebis.

Le veau, en bonne santé, qui pèse plus de 44 kilos et se prénomme *Mister Jefferson*, est né le 16 février au Collège de médecine vétérinaire du Maryland, grâce aux chercheurs de PPL Therapeutics, filiale américaine de la société basée en Écosse.

Selon PPL, le veau est né grâce au même processus que *Dolly*, le transfert de cellules. Mais dans le cas de *Mister Jefferson*, il s'agissait de cellules de fœtus.

Figure 8.1 Exemple d'un sigle d'une agence de presse en tête d'un article

mines de renseignements sur l'actualité scientifique, politique, économique, culturelle ou autres. Le tableau 8.2 présente les principales agences de presse nationales et internationales dans le monde actuellement.

La revue

Les revues forment une autre catégorie de périodiques. Elles comportent des analyses plus ou moins approfondies, des études originales ou des articles d'information générale. Certaines sont destinées à l'avancement d'une discipline scientifique, d'autres sont spécialisées dans des domaines comme la peinture, le cinéma, etc. Les revues sont publiées selon une périodicité variable : hebdomadaire, mensuelle, bimestrielle ou trimestrielle.

On peut distinguer différentes catégories de revues, dont le magazine et la revue spécialisée.

Le magazine

Le magazine est un périodique illustré qui traite des sujets les plus divers et qui s'adresse à un vaste public. *L'Express, L'actualité, Le Nouvel Observateur* en sont quelques exemples.

Certains magazines cherchent à conquérir des marchés spécialisés : la revue féminine (*Châtelaine, Madame*) ; la revue économique (*Finances, Les Affaires*) ; la revue littéraire (*Lire, Nouvelles littéraires*); la revue d'action politique (*L'Action nationale*) ; la revue spécialisée en produits informatiques (*MacWorld Magazine*), etc.

8

Les revues scientifiques

Les revues scientifiques (comme la *Revue d'Histoire de l'Amérique française, Sociologie et Sociétés*) publient les résultats de recherches universitaires. Ces revues se distinguent des autres car elles possèdent un comité de rédaction scientifique qui évalue le contenu des articles qui lui sont soumis, en fonction des critères reconnus par la communauté des chercheurs dans telle ou telle discipline scientifique.

En général, dans une revue scientifique, le traitement de l'information est beaucoup plus approfondi que dans un journal ou dans un magazine.

Mentionnons enfin que les articles de revues scientifiques, tout comme certains articles de journaux et de magazines, contiennent souvent les informations les plus récentes. À ce titre, il est essentiel d'accompagner un dossier de presse de quelques articles de revue (→ *voir p. 159*) et d'utiliser les revues scientifiques pertinentes pour effectuer un travail de recherche.

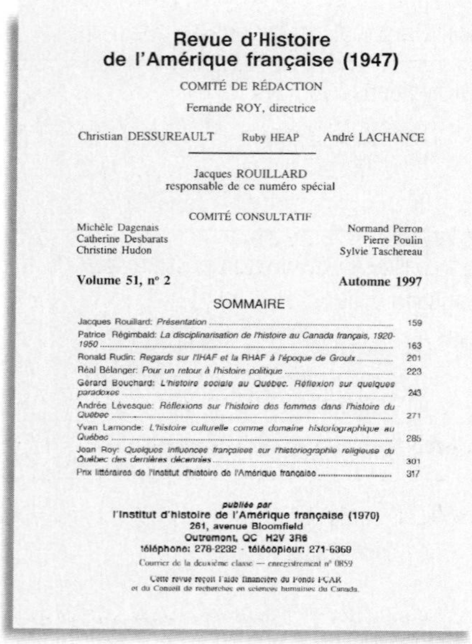

Revue d'Histoire de l'Amérique française (1947)

COMITÉ DE RÉDACTION

Fernande ROY, directrice

Christian DESSUREAULT   Ruby HEAP   André LACHANCE

Jacques ROUILLARD
responsable de ce numéro spécial

COMITÉ CONSULTATIF

Michèle Dagenais   Normand Perron
Catherine Desbarats   Pierre Poulin
Christine Hudon   Sylvie Taschereau

Volume 51, nº 2   Automne 1997

SOMMAIRE

publiée par
l'Institut d'histoire de l'Amérique française (1970)
261, avenue Bloomfield
Outremont, QC H2V 3R6
téléphone: 278-2232 · télécopieur: 271-6369

Courrier de la deuxième classe — enregistrement nº 0859

Cette revue reçoit l'aide financière du Fonds FCAR et du Conseil de recherches en sciences humaines du Canada.

Figure 8.2 Une revue avec comité de lecture

Des périodiques utiles pour les études collégiales

Le tableau 8.3 propose une liste de périodiques recommandés par les enseignants en arts, en techniques et en sciences humaines, en administration, en sciences de l'éducation, en lettres et en philosophie. Cette liste vient enrichir votre coffre à outils personnel (→ *voir les chapitres 6 et 7*) : consultez-la, familiarisez-vous avec ces périodiques et complétez la liste vous-même.

Tableau 8.3 Périodiques utiles pour les études collégiales

Discipline	Nom du périodique ou du média	Type du périodique	Caractéristiques et adresse Internet (http://)
Généralités	Bibliographie du Québec	Bulletin	Bibliothèque nationale du Québec, depuis 1968. **www.bnquebec.ca/fr/biblio/bib_bibliographie.htm**
	Bulletin de la bibliothèque de l'Assemblée nationale du Québec	Bulletin	Depuis 1983. **www.assnat.qc.ca/fra/Bibliotheque/bulletin/index.html**
	Cahiers de l'Institut de recherches et d'études féministes	Revue universitaire	Université du Québec à Montréal. **www.unites.uqam.ca/iref/index_frame.html**
	La Gazette des femmes	Revue grand public	Conseil du statut de la femme, depuis 1979. **www.gazettedesfemmes.csf.gouv.qc.ca/accueil/**
	Sciences humaines	Revue grand public	Revue générale sur les sciences humaines, Paris. **www.scienceshumaines.com/homepage.do**
Administration	Les Affaires	Revue grand public	**www.lesaffaires.com/**
	Financial Post	Quotidien	Journal du milieu financier canadien. **www.financialpost.com/**
	Financial Times	Quotidien	Prestigieux journal international du monde des finances. **http://news.ft.com/home/us**
	Gestion (revue internationale de gestion)	Revue universitaire	Hautes Études commerciales (HEC), depuis 1976. **http://revue.hec.ca/gestion/**
	Relations industrielles	Revue universitaire	Université Laval, depuis 1945. **www.rlt.ulaval.ca/ri-ir/**
Anthropologie	Anthropologica	Revue universitaire	Centre canadien de recherche en anthropologie, depuis 1955. **www.uottawa.ca/associations/anthropologica/**
	Anthropologie et sociétés	Revue universitaire	Université Laval, depuis 1977. **www.fss.ulaval.ca/ant/revuant.html**
	Ethnologies	Revue scientifique	Association canadienne d'ethnologie et de folklore (ACEF). **www.fl.ulaval.ca/celat/acef/revue.htm**
	Études ethniques du Canada	Revue universitaire	Université de Calgary, depuis 1969. **www.ss.ucalgary.ca/ces/**
	Recherches amérindiennes au Québec	Revue grand public	Depuis 1971. **www.recherches-amerindiennes.qc.ca/revueaccueil.html**
	Revue canadienne de sociologie et d'anthropologie	Revue scientifique	**http://crsa.icaap.org/index.html**
	Revue Rencontre	Revue grand public	Secrétariat aux affaires autochtones (Québec). **www.mce.gouv.qc.ca/d/html/d0569012.html**

(Voir la suite à la page suivante.)

8

Tableau 8.3 *(suite)* **Périodiques utiles pour les études collégiales**

Discipline	Nom du périodique ou du média	Type du périodique	Caractéristiques et adresse Internet (http://)
Arts	*L'annuaire théâtral, Revue québécoise d'études théâtrales*	Revue universitaire	Publiée conjointement par la Société québécoise d'études théâtrales et le Centre de recherche en civilisation canadienne-française. **www.uottawa.ca/academic/crccf/publications/ annuaire.html**
	Cahiers de théâtre Jeu	Revue universitaire	Seule revue spécialisée de langue française en Amérique du Nord consacrée exclusivement aux arts de la scène. Depuis 1976. **www.revuejeu.org/**
	Espace sculpture	Revue grand public	Publiée depuis 1987, en français et en anglais, par le Centre de Diffusion 3D (CDD3D), ESPACE s'avère un instrument privilégié de compréhension de la sculpture contemporaine. **http://espace-sculpture.com/espace/francais.htm**
	ETC Montréal, revue de l'art actuel	Revue grand public	Depuis 1987. **www.dsuper.net/~etcmtl/page%201.htm**
	Parachute, revue d'art contemporain	Revue universitaire	Paraît en français et en anglais, depuis 1975. **www.parachute.ca/**
	La Scena Musicale	Revue grand public	Magazine spécialisé en musique classique, depuis 1995. **www.scena.org/index-fr.asp**
	Séquences, la revue du cinéma	Revue grand publlic	La plus ancienne revue de cinéma au Québec, depuis 1955. **www.sequences.org**
	Spirale	Revue universitaire	Périodique sur les arts, la littérature et les sciences humaines. **www.spiralemagazine.com/**
	Vie des arts	Revue grand public	Depuis 1956. **www.viedesarts.com/index2.php**
	24 images : la revue québécoise du cinéma	Revue grand public	Depuis 1979.
Économie	*L'actualité économique*	Revue universitaire	École des Hautes Études commerciales (HEC), depuis 1925. **www.hec.ca/iea/actueco/**
	Alternatives économiques	Revue grand public	Revue publiée par une coopérative qui offre un autre point de vue sur l'actualité économique, depuis 1980. **www.alternatives-economiques.fr**
	L'Écostat	Revue grand public	Institut de la statistique du Québec, depuis 1997. **www.stat.gouv.qc.ca/publications/economi/ecostat.htm**
	L'emploi au Québec	Revue grand public	Emploi-Québec, depuis 1998. **http://emploiquebec.net/francais/imt/publications/ emploi.htm**
	L'observateur économique canadien	Revue grand public	Statistique Canada, depuis 1988. **www.statcan.ca/francais/ads/11-010-XPB/index_f.htm**

(Voir la suite à la page suivante.)

Tableau 8.3 *(suite)* **Périodiques utiles pour les études collégiales**

Discipline	Nom du périodique ou du média	Type du périodique	Caractéristiques et adresse Internet (http://)
Économie *(suite)*	*L'observateur*	Revue grand public	Organisation pour la coopération et le développement économique (OCDE), depuis 1960. **www.observateurocde.org/**
	Revue canadienne d'économique	Revue universitaire	Association canadienne d'économique, depuis 1968. **www.economics.ca/cje/**
	The Economist	Revue grand public	Prestigieux hebdomadaire britannique, depuis 1843. **www.economist.com/**
Géographie	*Cahiers de géographie du Québec*	Revue universitaire	Université Laval, depuis 1956. **www.fl.ulaval.ca/geo/cgq/accueil.htm**
	Canadian Geographic	Revue grand public	Citoyenneté et Immigration Canada (CIC), depuis 1978. **www.cangeo.ca/**
	GÉO	Revue grand public	Depuis 1981. **www.geomagazine.fr/**
	Le géographe canadien	Revue universitaire	Association canadienne des géographes, depuis 1950. **www.geog.ouc.bc.ca/tcg/**
	National Geographic	Revue grand public	Depuis 1970. **www.nationalgeographic.com**
Histoire	*Bulletin de l'Association des professeures et des professeurs d'histoire des collèges du Québec*	Bulletin	APHCQ, depuis 1994. **http://pages.infinit.net/aphcq/fframes.htm**
	Bulletin d'histoire politique	Revue universitaire	Association québécoise d'histoire politique, depuis 1992. **www.unites.uqam.ca/bhp/**
	Canadian Historical Review	Revue universitaire	Université de Toronto, depuis 1920. **www.utpjournals.com/jour.ihtml?lp=CHR/CHR.html**
	Cap-aux-diamants	Revue grand public	Depuis 1985. **www.capauxdiamants.org/**
	Continuité	Revue grand public	Conseil des monuments et sites du Québec, depuis 1982. **www.cmsq.qc.ca/edition.html**
	L'histoire	Revue grand public	Histoire mondiale, depuis 1980. **www.histoire.presse.fr/**
	Histoire sociale	Revue universitaire	Université d'Ottawa et Université de Carleton, depuis 1968. **www.uottawa.ca/academic/arts/histoire/histsoc/index.html**
	Historia	Revue grand public	Mensuel et dossiers thématiques. **www.historia.presse.fr/sommaire.php3**

8

(Voir la suite à la page suivante.)

147

Tableau 8.3 *(suite)* **Périodiques utiles pour les études collégiales**

Discipline	Nom du périodique ou du média	Type du périodique	Caractéristiques et adresse Internet (http://)
Histoire *(suite)*	*Mens, revue d'histoire intellectuelle de l'Amérique française*	Revue universitaire	Département d'histoire, Université Laval, depuis 2000. **www.hst.ulaval.ca/revuemens/Francais.html**
	Revue d'histoire de l'Amérique française	Revue universitaire	Institut d'histoire de l'Amérique française, depuis 1947. **www.erudit.org/revue/haf/**
Littérature française	*Études françaises*	Revue universitaire	Université de Montréal, depuis 1965. **www.pum.umontreal.ca/revues/etudes_francaises/etudes.html**
	Études littéraires	Revue universitaire	Université Laval, depuis 1968. **www.fl.ulaval.ca/lit/et-litt/**
	Cahiers de théâtre Jeu	Revue universitaire	Seule revue spécialisée de langue française en Amérique du Nord consacrée exclusivement aux arts de la scène, depuis 1976. **www.revuejeu.org/**
	Lire	Revue grand public	Depuis 1975. **www.lire.fr/**
	Magazine littéraire	Revue grand public	Depuis 1986. **www.magazine-litteraire.com/**
	Liberté	Revue grand public	Depuis 1959. **www.revueliberte.ca/**
	Nuit blanche	Revue grand public	Critiques de livres québécois et étrangers, depuis 1980. **www.nuitblanche.com/**
	Spirale	Revue universitaire	Périodique sur les arts, la littérature et les sciences humaines. **www.spiralemagazine.com/**
	Voix et images, littérature québécoise	Revue universitaire	UQAM, depuis 1967. **www.er.uqam.ca/nobel/vimages/**
Philosophie	*L'Agora*	Revue grand public	Depuis 1993. **www.agora.qc.ca/magazine.html**
	Dialogue, revue canadienne de philosophie	Revue universitaire	Association canadienne de philosophie, depuis 1962. **www.usask.ca/philosophy/dialogue/**
	Horizons philosophiques	Revue grand public	Revue du Département de philosophie du collège Édouard-Montpetit, depuis 1979. **www.cam.org/~gagnonc/horizons_philosophiques.htm**
	Philosophiques	Revue universitaire	Société de philosophie du Québec, depuis 1974. **www.erudit.org/revue/philoso/**
Politique	*L'Action nationale*	Revue grand public	Revue nationaliste québécoise d'analyse de l'actualité, depuis 1933. **www.action-nationale.qc.ca/**

8

(Voir la suite à la page suivante.)

Tableau 8.3 *(suite)* **Périodiques utiles pour les études collégiales**

Discipline	Nom du périodique ou du média	Type du périodique	Caractéristiques et adresse Internet (http://)
Politique *(suite)*	*Argument. Politique, société et histoire*	Revue universitaire	Université Laval, département de Science politique, depuis 1998. **www.pol.ulaval.ca/argument/**
	Bulletin d'histoire politique	Revue universitaire	Association québécoise d'histoire politique, depuis 1992. **www.unites.uqam.ca/bhp/**
	Courrier international	Journal grand public	Condensé de la presse internationale. **www.courrierinternational.com/actual/accueil.asp**
	Études internationales	Revue universitaire	Publiée par l'Institut québécois des hautes études internationales, Université Laval, depuis 1970. **www.ulaval.ca/iqhei/etudes_inter.html**
	Le Monde diplomatique	Revue universitaire	Mensuel de gauche, articles très documentés (→ *voir p. 157*). **www.monde-diplomatique.fr/**
	Politique étrangère	Revue universitaire	Publiée par l'Institut français des relations internationales (IFRI), depuis 1935. **www.ifri.org/frontDispatcher/ifri/publications/politique_etrangere**
	Politique et sociétés	Revue universitaire	Société québécoise de sciences politiques, depuis 1995. **www.unites.uqam.ca/sqsp/RSCPOL/revue_index.html**
	Revue canadienne de science politique	Revue universitaire	Association canadienne et québécoise de sciences politiques, depuis 1968. **http://info.wlu.ca/~wwwpress/jrls/cjps/cjps.html**
Psychologie et sciences de l'éducation	*Filigrane, revue de psychanalyse*	Revue universitaire	Soutenue par l'Association des psychothérapeutes psychanalytiques du Québec, depuis 1992. **www.cam.org/~rsmq/filigrane/**
	Pédagogie collégiale	Revue spécialisée	Association québécoise de pédagogie collégiale. **www.aqpc.qc.ca/revue/**
	Psychologies	Revue grand public	Depuis 1983. **www.psychologies.com/cfml/homepage/index.cfm**
	Revue de psychoéducation	Revue universitaire	Université de Montréal, depuis 1969. **www.fas.umontreal.ca/psyced/RPO/**
	Revue québécoise de psychologie	Revue grand public	Revue de psychologie appliquée. **www.rqpsy.qc.ca**
	Revue des sciences de l'éducation	Revue universitaire	Publication commune des universités francophones du Canada, depuis 1974. **www.erudit.org/revue/rse/**
	Santé mentale au Québec	Revue universitaire	Depuis 1976. **www.cam.org/~rsmq/smq/**
	Vie pédagogique	Revue spécialisée	Ministère de l'Éducation, depuis 1979. **www.viepedagogique.gouv.qc.ca**

8

(Voir la suite à la page suivante.)

149

Tableau 8.3 *(suite)* **Périodiques utiles pour les études collégiales**

Discipline	Nom du périodique ou du média	Type du périodique	Caractéristiques et adresse Internet (http://)
Sociologie	*Cahiers de recherche sociologique*	Revue universitaire	Département de sociologie, UQAM, depuis 1983. **www.socio.uqam.ca/dsocio/recherche/revues-departementales/cahiers-recherche.shtml**
	Recherches sociographiques	Revue universitaire	Université Laval, depuis 1960. **www.soc.ulaval.ca/recherchessociographiques/default.asp**
	Revue canadienne de sociologie et d'anthropologie	Revue universitaire	Depuis 1964 (➔ *voir p. 145*). **http://crsa.icaap.org/index.html**
	Service social	Revue universitaire	Université Laval, Faculté des sciences sociales, depuis 1951. **www.svs.ulaval.ca/revueservicesocial/default2.asp**
	Sociologie et sociétés	Revue universitaire	Université de Montréal, depuis 1969. **www.pum.umontreal.ca/revues/SocSoc/index.html**
Médias écrits et électroniques	*L'actualité*	Hebdomadaire	Publié à Montréal, depuis 1976. **www.lactualite.com/**
	Le Devoir	Quotidien	Publié à Montréal, depuis 1910. **www.ledevoir.com/**
	Le Droit	Quotidien	Publié à Ottawa, depuis 1913. **www.cyberpresse.ca/droit/**
	L'Express	Hebdomadaire	Publié à Paris, depuis 1986. **www.lexpress.fr/Express/**
	The Globe and Mail	Quotidien	Publié à Toronto, depuis 1844. **www.globeandmail.ca/**
	Le Guide essentiel en ligne des journaux canadiens	Site Internet	Informations sur les journaux canadiens et sur des journaux du monde entier, liens Internet. **www.cna-acj.ca/CLIENT/CNA/ult.nsf/cnasearchfr**
	Le kiosque en ligne, Le Guide mondial de la presse en ligne	Site Internet	Dossier hors-série (format papier et cédérom) publié par le Courrier international, octobre-novembre-décembre 2003 ; le site Internet permet d'accéder à plus de 800 sources dans le monde. **www.courrierinternational.com/kiosk/kiosq.htm**
	Libération	Quotidien	Quotidien de gauche publié à Paris. **www.liberation.com**
	Magazine le 30, Le magazine du journalisme québécois	Bulletin	Fédération professionnelle des journalistes du Québec. **www.le30.org/**
	Les médias québécois sur le Net	Site Internet	Site Internet qui offre les liens vers des magazines, des journaux, des médias électroniques, des journaux étudiants, des webzines et des agences de presse du Québec. **www.cam.org/~paslap/medianet.html**

(Voir la suite à la page suivante.)

8

Tableau 8.3 *(suite)* **Périodiques utiles pour les études collégiales**

Discipline	Nom du périodique ou du média	Type du périodique	Caractéristiques et adresse Internet (http://)
Médias écrits et électroniques *(suite)*	*Le Monde*	Quotidien	Publié à Paris (→ *voir p. 157*). **www.lemonde.fr/**
	Le Monde diplomatique	Mensuel	Publié à Paris (→ *voir p. 157*). **www.monde-diplomatique.fr/**
	The National Post	Quotidien	Journal de droite publié à Toronto. **www.nationalpost.com/**
	NewsVoyager	Portrait Internet	Site officiel de la Newspaper Association of America. Portail de la presse mondiale. **www.newspaperlinks.com**
	Le Nouvel observateur	Hebdomadaire	Publication de centre-gauche, publiée à Paris. **http://permanent.nouvelobs.com/**
	La Presse	Quotidien	Publié à Montréal, depuis 1883. **www.cyberpresse.ca/**
	Presse quotidienne mondiale	Site Internet	1 417 quotidiens de 192 pays, chaque jour ! **www.theworldpress.com/france/versfran.htm**
	Le Quotidien du Saguenay-Lac-Saint-Jean	Quotidien	Publié à Chicoutimi. **www.lequotidien.com/encours/quotidien/acc-self.stm**
	Le Soleil	Quotidien	Publié à Québec, depuis 1896. **www.cyberpresse.ca/soleil/**
	La Tribune	Quotidien	Publié à Sherbrooke. **www.cyberpresse.ca/tribune/**
	Voir	Hebdomadaire culturel	Publié à Montréal et à Québec. **www.voir.ca/**

L'utilisation des périodiques et la pensée critique

Les journaux et les revues doivent être utilisés avec précaution en raison de la subjectivité des journalistes, des analystes, des éditorialistes et des commentateurs, même si la plupart d'entre eux tentent de rapporter les faits avec objectivité. Aussi faut-il être critique à la lecture de tels documents.

Définition ➜

La **pensée critique** est la faculté de réfléchir sur une matière donnée en se posant des questions et en entretenant un doute permanent sur les faits, les opinions et les arguments présentés dans un article de revue ou de journal.

Il faut être critique à l'égard des titres des articles, de la nature de l'enquête menée par le journaliste, de l'énonciation des opinions, de l'orientation idéologique des périodiques, de la pensée éditoriale et des articles écrits par des collaborateurs.

Ainsi, questionnez-vous d'abord sur le **titre** d'un article : reflète-t-il le contenu de ce dernier? Il arrive fréquemment que le titre de l'article soit imposé par le chef de pupitre, c'est-à-dire le responsable de la publication du journal. En effet, le journaliste a rarement le dernier mot sur le titre d'un article et il arrive que le titre exagère la portée d'un article, quand il ne dénature pas son contenu. Les sondages d'opinions, les résultats électoraux, les temps forts d'une crise politique ou économique donnent lieu à ce genre de distorsion. Prenez garde!

Rappelez-vous également qu'un journaliste a besoin de **témoignages** pour écrire son texte. En lisant un article, adoptez le réflexe de noter les noms et les titres des personnes interrogées : le journaliste a-t-il interrogé des personnes de toutes les parties en cause ? Dans l'exemple de la figure 8.3, qui porte sur la publication en janvier 2004 d'un article sur la privatisation du transport en

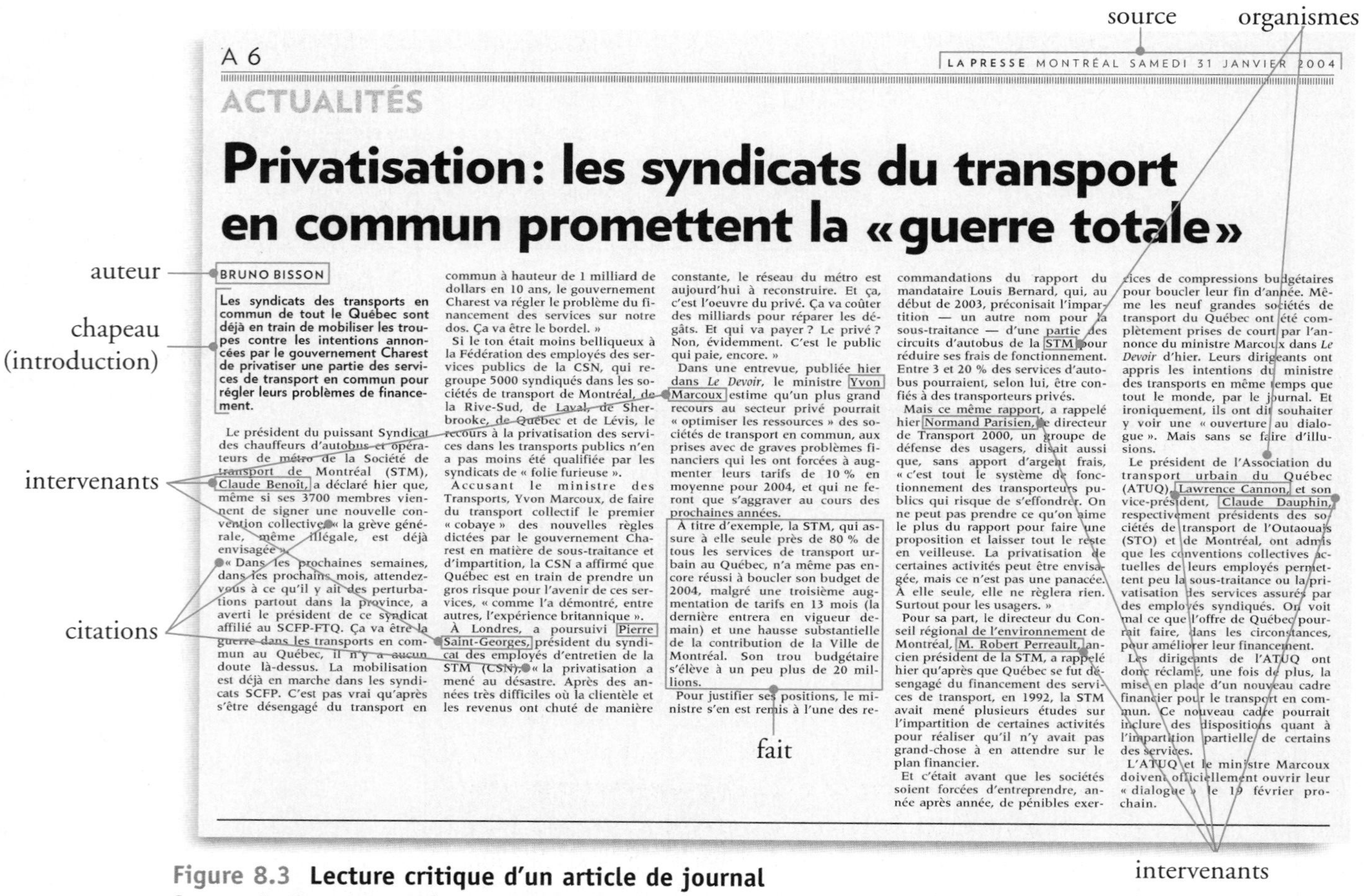

A 6 | LA PRESSE MONTRÉAL SAMEDI 31 JANVIER 2004

ACTUALITÉS

Privatisation: les syndicats du transport en commun promettent la «guerre totale»

BRUNO BISSON

Les syndicats des transports en commun de tout le Québec sont déjà en train de mobiliser les troupes contre les intentions annoncées par le gouvernement Charest de privatiser une partie des services de transport en commun pour régler leurs problèmes de financement.

Le président du puissant Syndicat des chauffeurs d'autobus et opérateurs de métro de la Société de transport de Montréal (STM), Claude Benoît, a déclaré hier que, même si ses 3700 membres viennent de signer une nouvelle convention collective, « la grève générale, même illégale, est déjà envisagée ».

« Dans les prochaines semaines, dans les prochains mois, attendez-vous à ce qu'il y ait des perturbations partout dans la province, a averti le président de ce syndicat affilié au SCFP-FTQ. Ça va être la guerre dans les transports en commun au Québec, il n'y a aucun doute là-dessus. La mobilisation est déjà en marche dans les syndicats SCFP. C'est pas vrai qu'après s'être désengagé du transport en commun à hauteur de 1 milliard de dollars en 10 ans, le gouvernement Charest va régler le problème du financement des services sur notre dos. Ça va être le bordel. »

Si le ton était moins belliqueux à la Fédération des employés des services publics de la CSN, qui regroupe 5000 syndiqués dans les sociétés de transport de Montréal, de la Rive-Sud, de Laval, de Sherbrooke, de Québec et de Lévis, le recours à la privatisation des services dans les transports publics n'en a pas moins été qualifiée par les syndicats de « folie furieuse ».

Accusant le ministre des Transports, Yvon Marcoux, de faire du transport collectif le premier « cobaye » des nouvelles règles dictées par le gouvernement Charest en matière de sous-traitance et d'impartition, la CSN a affirmé que Québec est en train de prendre un gros risque pour l'avenir de ces services, « comme l'a démontré, entre autres, l'expérience britannique ».

À Londres, a poursuivi Pierre Saint-Georges, président du syndicat des employés d'entretien de la STM (CSN), « la privatisation a mené au désastre. Après des années très difficiles où la clientèle et les revenus ont chuté de manière constante, le réseau du métro est aujourd'hui à reconstruire. Et ça, c'est l'oeuvre du privé. Ça va coûter des milliards pour réparer les dégâts. Et qui va payer ? Le privé ? Non, évidemment. C'est le public qui paie, encore. »

Dans une entrevue, publiée hier dans *Le Devoir*, le ministre Yvon Marcoux estime qu'un plus grand recours au secteur privé pourrait « optimiser les ressources » des sociétés de transport en commun, aux prises avec de graves problèmes financiers qui les ont forcées à augmenter leurs tarifs de 10 % en moyenne pour 2004, et qui ne feront que s'aggraver au cours des prochaines années.

À titre d'exemple, la STM, qui assure à elle seule près de 80 % de tous les services de transport urbain au Québec, n'a même pas encore réussi à boucler son budget de 2004, malgré une troisième augmentation de tarifs en 13 mois (la dernière entrera en vigueur demain) et une hausse substantielle de la contribution de la Ville de Montréal. Son trou budgétaire s'élève à un peu plus de 20 millions.

Pour justifier ses positions, le ministre s'en est remis à l'une des recommandations du rapport du mandataire Louis Bernard, qui, au début de 2003, préconisait l'impartition — un autre nom pour la sous-traitance — d'une partie des circuits d'autobus de la STM pour réduire ses frais de fonctionnement. Entre 3 et 20 % des services d'autobus pourraient, selon lui, être confiés à des transporteurs privés.

Mais ce même rapport, a rappelé hier Normand Parisien, le directeur de Transport 2000, un groupe de défense des usagers, disait aussi que, sans apport d'argent frais, « c'est tout le système de fonctionnement des transporteurs publics qui risque de s'effondrer. On ne peut pas prendre ce qu'on aime le plus du rapport pour faire une proposition et laisser tout le reste en veilleuse. La privatisation de certaines activités peut être envisagée, mais ce n'est pas une panacée. À elle seule, elle ne règlera rien. Surtout pour les usagers. »

Pour sa part, le directeur du Conseil régional de l'environnement de Montréal, M. Robert Perreault, ancien président de la STM, a rappelé hier qu'après que Québec se fut désengagé du financement des services de transport, en 1992, la STM avait mené plusieurs études sur l'impartition de certaines activités pour réaliser qu'il n'y avait pas grand-chose à en attendre sur le plan financier.

Et c'était avant que les sociétés soient forcées d'entreprendre, année après année, de pénibles exercices de compressions budgétaires pour boucler leur fin d'année. Même les neuf grandes sociétés de transport du Québec ont été complètement prises de court par l'annonce du ministre Marcoux dans *Le Devoir* d'hier. Leurs dirigeants ont appris les intentions du ministre des transports en même temps que tout le monde, par le journal. Et ironiquement, ils ont dit souhaiter y voir une « ouverture au dialogue ». Mais sans se faire d'illusions.

Le président de l'Association du transport urbain du Québec (ATUQ), Lawrence Cannon, et son vice-président, Claude Dauphin, respectivement présidents des sociétés de transport de l'Outaouais (STO) et de Montréal, ont admis que les conventions collectives actuelles de leurs employés permettent peu la sous-traitance ou la privatisation des services assurés par des employés syndiqués. On voit mal ce que l'offre de Québec pourrait faire, dans les circonstances, pour améliorer leur financement.

Les dirigeants de l'ATUQ ont donc réclamé, une fois de plus, la mise en place d'un nouveau cadre financier pour le transport en commun. Ce nouveau cadre pourrait inclure des dispositions quant à l'impartition partielle de certains des services.

L'ATUQ et le ministre Marcoux doivent officiellement ouvrir leur « dialogue » le 19 février prochain.

Figure 8.3 Lecture critique d'un article de journal
Source : *La Presse*, Montréal, 31 janvier 2004

Le réflexe d'une pensée critique

Pour vous convaincre de l'importance d'être critique devant vos sources d'information, voici un exercice que vous auriez intérêt à répéter lorsque vous aurez un véritable dossier de presse à construire.

- Allez à la bibliothèque ou chez le marchand de journaux et choisissez trois revues d'actualité, par exemple *L'actualité*, *L'Express* et *Le Nouvel Observateur*.

- Trouvez les articles qui traitent du même sujet, par exemple la guerre en Irak, le sida en Afrique, les femmes dans les partis politiques, etc.

- Lisez-les en notant sur une feuille les trois éléments suivants : les titres et sous-titres, les photos et les conclusions des auteurs de ces articles.

- Comparez-les. Il peut arriver que les trois articles disent sensiblement la même chose. Mais il se peut fort bien qu'au contraire, ils énoncent des points de vue complètement différentes.

- Ajoutez une quatrième colonne à votre feuille et indiquez les points sur lesquels vous êtes en accord ou en désaccord. C'est ainsi que vous développerez le réflexe d'une pensée critique.

LA PRESSE MONTRÉAL SAMEDI 31 JANVIER 2004

André Desmarais > Président du conseil d'administration
Guy Crevier > Président et éditeur
Philippe Cantin > Vice-président à l'information et éditeur adjoint
Éric Trottier > Directeur de l'information   André Pratte > Éditorialiste en chef

ÉDITORIAUX

Le choc des droits

KATIA GAGNON
kgagnon@lapresse.ca

L'histoire de Maria Di Lorenzo est un vrai cas de rêve pour un éthicien. C'est l'exemple parfait d'un choc de droits fondamentaux, ceux du patient contre ceux du médecin. La problématique se résume en une phrase : les patients de la chirurgienne auraient-ils eu le droit de connaître son état de santé ?

Quoi qu'en pensent les parents touchés par le rappel de Sainte-Justine, ulcérés de ne pas avoir été au courant, et quoiqu'en disent les médecins qui sortent de leurs gonds à l'idée de rendre des comptes sur leur santé, le problème est beaucoup plus complexe qu'il n'y paraît. Les émotions parfaitement légitimes que cette question soulève viennent brouiller les cartes : pour s'en convaincre, il suffit d'imaginer la douleur des parents dont l'enfant aurait été contaminé par un médecin séropositif, ou

En exigeant la transparence du médecin face à son patient, on court le risque de diminuer la transparence globale du réseau de la santé face au problème du sida.

alors, inversement, de songer à la joie de ces autres enfants, dont la vie a été sauvée par Maria Di Lorenzo malgré sa maladie.

Tentons tout de même une réponse.

Au départ, excluons de tout ce questionnement l'immense majorité des 18 000 médecins qui, même s'ils étaient séropositifs, ne font courir aucun risque à leurs patients. La question concerne strictement les 1280 chirurgiens que compte le Québec, pour qui le risque de transmission de la maladie existe, bien qu'il soit très faible. Le premier réflexe, si un chirurgien déclare sa séropositivité, devrait être d'examiner une réorientation de carrière, et c'est possible, ou dans une limitation de la pratique à des opérations jugées moins dangereuses pour la transmission du virus. Mais, dans cette dernière éventualité, le risque serait toujours présent. Que faire ? Le dire ou le taire ?

Dans la balance, ici, il y a, d'un côté, le droit à la confidentialité du médecin, qui désire garder pour lui une donnée extrêmement sensible de sa vie privée. Il y a le désir légitime d'exercer une profession, qui sera probablement, soyons honnêtes, réduite à néant si les patients connaissent son état de santé. Il y a le risque extrêmement ténu de contamination. Mais de l'autre côté, il y a la vie d'un individu. Le droit fondamental pour un patient de connaître l'ensemble des dangers d'une intervention, si minimes soient-ils, surtout s'ils peuvent être évités. Il faut reconnaître que c'est ce droit qui pèse le plus lourd dans la balance.

Cependant, si on se plie à ces exigences de transparence, que risque-t-il d'arriver dans le concret, nous disent les médecins ? Deux choses : ils hésiteront à passer le test du VIH, ou à déclarer un résultat positif, qui serait l'équivalent d'un suicide professionnel. La seconde : ils éviteront les patients séropositifs, susceptibles de leur transmettre le virus.

Nous n'aimons pas la logique perverse qui sous-tend ces deux arguments. En les employant, les médecins dénaturent certaines des obligations les plus fondamentales de la pratique médicale : celle de connaître leur état de santé de façon à éviter de mettre en danger la vie du patient et celle de traiter tous les malades, quel que soit leur état de santé. Après tout, contracter une maladie, cela fait partie des risques du métier.

Mais les médecins sont des humains. Bien qu'il s'agisse d'un comportement contestable sur le plan de la déontologie, il faut admettre qu'il peut être très tentant pour un médecin de taire son état, surtout que le risque de transmission est infime. Quel serait alors l'impact sur l'ensemble des patients ? Le risque de transmission du virus serait probablement accru. Puisque sans déclaration de l'état des médecins atteints, les autorités de santé ne pourraient pas faire un suivi rigoureux de leur cas en s'assurant que les mesures de protection employées sont irréprochables.

C'est tout le paradoxe de ce dossier : en exigeant la transparence du médecin face à son patient, on court le risque de diminuer la transparence globale du réseau de la santé face au problème du sida. Autrement dit, en voulant satisfaire le droit à l'information du patient sur une base individuelle, on risque d'handicaper celui des patients en général. C'est un effet pervers d'importance qui nous pousse à écarter, pour l'instant, la solution d'une déclaration obligatoire au patient.

---

commun, le journaliste a interrogé de nombreux intervenants, chefs syndicaux et directeurs d'organismes, en plus de citer le ministre du Transport et le rapport Bernard sur le financement de la Société de transport de Montréal.

Par ailleurs, apprenez à distinguer un fait établi d'une opinion sur ce fait. Un fait est un événement, une action, dont l'authenticité peut être prouvée ou attestée par des témoins. Une opinion est un jugement de valeur. Ainsi, « Le président irakien Saddam Hussein a été arrêté le 13 décembre 2003 » et « Le chef libéral Jean Chrétien a quitté la vie politique en décembre 2003 » sont des faits. Par contre, « Le président Hussein était un mauvais président » et « Le gouvernement Chrétien a fait beaucoup de bien au Canada » sont des opinions, car les énoncés comportent un jugement de valeur (« mauvais », « bien »). Ici, il faut se prémunir contre les opinions déguisées en énoncés de faits… Il arrive que des journalistes camouflent leurs opinions sous une accumulation de faits ou en en cachant certains. La prudence est donc de mise et il vaut mieux vérifier les informations deux fois plutôt qu'une.

Figure 8.4 **Page éditoriale de *La Presse*, le 31 janvier 2004**

 **Définition**

On indique d'abord les **concepts,** les **mots clés** ou les **matières-vedettes.**
Ex. : «Environnement, États-Unis »

↓

On consulte ensuite les **index imprimés** (*Repère,* ➡ *p. 158*), les catalogues sur **cédéroms** (*Biblio branchée !,* ➡ *p. 156*) ou les **bases de données externes** (*FRANCIS,* ➡ *p. 95*),

↓

lesquels fournissent le **texte** des articles ou des **références bibliographiques.**
Ex. : Environnement : George W. Bush, le prédateur n° 1 de la planète / Éric Glover, *Courrier international,* 11 janvier 2004, p. 1.

↓

Il faut alors chercher le périodique *Courrier international* à l'aide de sa cote (054.1C859) à la bibliothèque.

↓

On y retrouve l'article recherché :
Éric GLOVER, «Environnement : George W. Bush, le prédateur n° 1 de la planète », à la page un du *Courrier international* du 11 janvier 2004.

Figure 8.5 La recherche d'articles de périodiques

Dans le même ordre d'idées, les journaux ont une «**personnalité**», sinon une **idéologie** ou une ligne de pensée. Les périodiques semblent présenter les faits de manière bien objective (le ton des rédacteurs, la présentation soignée, l'utilisation de photographies et de beaux graphiques) : tout concourt à donner l'impression au lecteur qu'il s'agit de la «pure vérité». En réalité, il en va parfois tout autrement. Chaque revue ou chaque périodique est produit par une équipe de personnes qui travaillent ensemble à donner une certaine «image» à leur «produit». Les gens peuvent difficilement faire abstraction de leur parti pris, de leurs opinions, de leur idéologie, même ceux qui prétendent ne pas en avoir. Enfin, l'**éditorial,** on l'a vu, est l'article qui donne au journal son ton, celui par lequel la direction du journal prend position sur l'actualité. L'éditorialiste émet donc des opinions.

Lisez l'éditorial du journal d'aujourd'hui sur un sujet qui vous intéresse en prenant soigneusement en note les opinions et les faits qui y sont exprimés. Demandez-vous ensuite ce qui suit : quelle est la position de l'éditorialiste ? Quels sont les principaux arguments qui appuient son opinion ? Quelle pourrait être une position contraire à la sienne ? Quelles sont les forces et les faiblesses de chacune de ces positions ? Quelle est votre opinion sur le sujet ? Laquelle des positions est la plus souhaitable ? Pourquoi ?

Vous pouvez également choisir une lettre ouverte, que le journal publie généralement dans la page éditoriale, et reprendre le même questionnement. Vous pouvez, en outre, décider de rédiger une lettre ouverte sur le sujet de votre choix ou sur le sujet abordé par l'éditorialiste et l'envoyer au journal pour publication. Pour être critique, vous devez faire plus qu'affirmer des opinions reçues ou évoquer des lieux communs : vous devez chercher à convaincre en employant des arguments variés, des exemples, des faits, des statistiques, des comparaisons, afin d'appuyer votre analyse des faits.

Grâce à ces exercices, vous aiguiserez votre sens critique et vous serez plus apte à forger vos propres opinions. Enfin, consultez l'ouvrage de Lise CHARTIER, *Mesurer l'insaisissable : méthode d'analyse du discours de presse* (➡ *voir la bibliographie, p. 277*) afin de développer votre méthode d'analyse des périodiques.

LA RECHERCHE DANS LES INDEX

Définition ➡ On entend ici par **index** une liste alphabétique, analytique ou thématique de titres d'articles, de noms d'auteurs et de sujets recensés dans un ensemble de périodiques.

Pour faire une recherche d'informations dans la multitude des périodiques, il faut recourir aux index. La figure 8.5 ci-dessus présente un modèle de recherche dans ce type d'outils.

Les index sont aux articles de périodiques ce que les catalogues des bibliothèques sont aux livres. Ainsi, à partir d'un mot clé, il est possible de dresser la liste de tous les articles publiés au cours d'une période donnée dans une grande quantité de périodiques.

Lorsque vous interrogez un index, notez le titre de l'article qui vous intéresse, le nom de l'auteur, le volume, le numéro et la date de publication du périodique ainsi que les numéros de pages. Puis, vérifiez dans le catalogue des périodiques de la bibliothèque (appelé aussi «kardex») si le périodique fait partie de la collection. Si oui, notez sa cote car, comme dans le cas des volumes, chaque périodique possède sa propre cote qui permet de le retrouver facilement sur les rayons.

Enfin, n'oubliez pas que les index sont légèrement en retard sur l'actualité : par exemple, l'index des articles publiés en janvier, en février et en mars paraîtra au moins un mois plus tard. Pour les recherches sur les mois d'avril, mai et juin, il faudra donc consulter directement les périodiques.

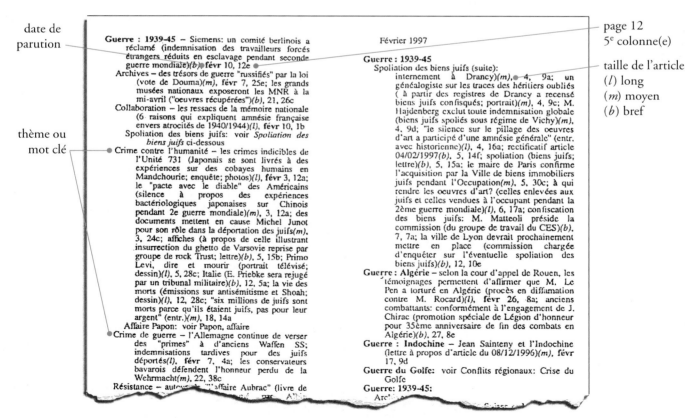

Figure 8.6 Reproduction d'une page de l'*Index Le Monde*
Source : *Index Le Monde*, février 1997

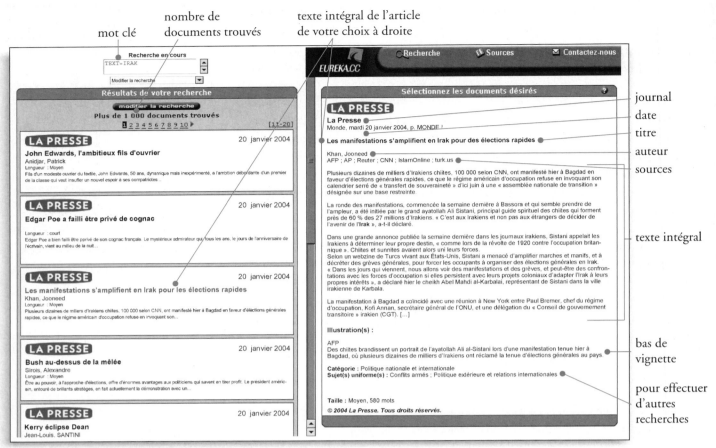

Figure 8.7 Exemple de résultat de recherche fourni par *Biblio branchée! (Eureka)*

Les index de journaux

- ***Biblio branchée! (Eureka)*** : indexe les périodiques francophones et donne accès au texte intégral des articles. La plupart des bibliothèques de collèges sont reliées au service «***Biblio branchée!***», qui vous permet d'accéder aux sites Internet des périodiques et au texte intégral des articles de revues comme *L'actualité* et de journaux comme *La Presse, Le Devoir* ou *Le Droit*. Ainsi, toute la presse canadienne de même que les journaux de langue française européens sont accessibles très rapidement à partir des serveurs installés dans votre bibliothèque de collège. De plus, vous avez accès à des millions d'articles archivés depuis 1985 !

Exemple Vous effectuez une recherche sur l'Irak dans votre cours d'histoire ou de science politique. Interrogez ***Biblio branchée! (Eureka)*** en utilisant le mot «Irak» et il vous donnera accès à des centaines de documents provenant du *Devoir*, du *Droit*, de *La Presse*, etc. Dans l'exemple de la figure 8.7, on trouve la liste des articles à gauche et le texte intégral de l'article sélectionné à droite. Vous pouvez ainsi faire défiler les articles afin de choisir les plus pertinents pour votre recherche. Vous pouvez ensuite les imprimer, sauvegarder les fichiers en format html, en format texte ou en format *Word*, ou encore copier et coller ces articles dans un document *Word* et monter ainsi votre banque de documents de référence reliés à la recherche que vous effectuez (➜ *voir le dossier de presse, p. 159*).

- **Index Le Monde** : répertorie tous les articles du célèbre quotidien français *Le Monde*. Idéal pour une recherche sur un sujet de portée internationale ou touchant l'actualité politique française. L'exemple de la figure 8.6 est tiré de l'index du mois de février 1997. On constate la diversité et l'abondance des articles sur la guerre de 1939-1945 parus dans *Le Monde* au cours du seul mois de février 1997.

- **Canadian Index** : index mensuel de périodiques canadiens de langues anglaise et française, publié par Micromedia Ltd. depuis 1993. Il dépouille 550 périodiques ainsi que sept journaux de langue anglaise au Canada, soit *The Calgary Herald, The Globe and Mail* (Toronto), *The Halifax Chronicle Herald, The Montreal Gazette, The Toronto Star, The Vancouver Sun* et *The Winnipeg Free Press*. Il publie une refonte (liste indexée de tous les articles parus) annuelle. Ses notices sont rédigées exclusivement en anglais.

- **The New York Times Index** : il s'agit de l'index du célèbre quotidien, publié aux 15 jours, et des refontes trimestrielles et annuelles.

Quelques index non actifs de journaux

Ces index ont cessé de répertorier des articles de périodiques, mais il peut être intéressant de les consulter pour des recherches à caractère rétrospectif.

- **Infodex** : c'est l'index du journal *La Presse* (Montréal) paru entre 1985 et 1990. Il a été remplacé par **Périodisc/La Presse** en 1990, puis par **CD Actualité/Québec** en 1993.

- **Index des affaires** : il répertoriait, de 1988 à 1993, les articles de nature économique publiés dans divers périodiques.

- **Index analytique du journal** Le Monde diplomatique *1954-1983* : publié par Microfor et le collège François-Xavier-Garneau, cet index est aussi offert sur cédérom.

Figure 8.8 *Canadian Index*

Figure 8.9 *Le Monde diplomatique*

Figure 8.10 *Hebsco Host*

Les index de revues

- **Biblio branchée! (Eureka)** indexe les articles de revues comme *L'actualité*, en plus des articles de journaux (➜ *voir la figure 8.7, p. 156*).

- **Hebsco Host** vous donne accès à des milliers de périodiques, surtout de langue anglaise. Ces périodiques peuvent être publiés en format papier ou sur Internet. La plupart des bibliothèques collégiales offrent ce service par le biais du catalogue informatisé.

- **Index de périodiques canadiens/Canadian Periodical Index** : cet index bilingue dépouille mensuellement plus de 450 périodiques de langues anglaise et française au Canada (ex. : *Liberté, L'actualité, Canadian Business*, etc.) et aux États-Unis depuis 1964. Il offre un accès à plus de 1,4 million d'articles.

- **Point de repère** ou **Repère** : source de référence sans équivalent dans le monde francophone, cette banque de données réalisée conjointement par les Services documentaires multimédia (SDM) et la Bibliothèque nationale du Québec met à votre disposition depuis 1980 près de 400 000 références d'articles tirés de 561 périodiques en français, dont 18 800 accompagnés du texte intégral et 6 700 dans Internet (http://repere.sdm.qc.ca).

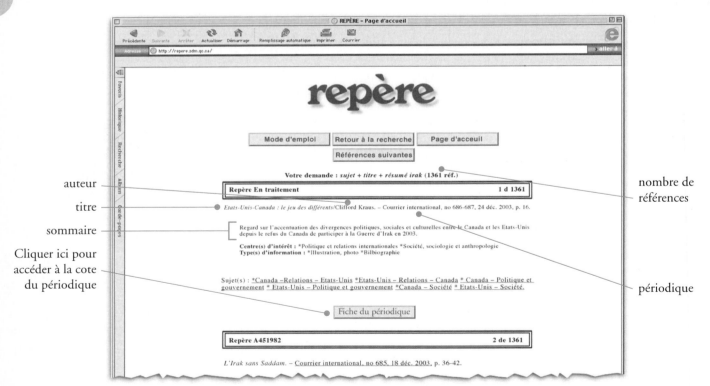

Figure 8.11 Exemple de notices sur l'Irak dans *Repère*
Source : *Repère*, janvier 2004

Toutes les bibliothèques collégiales offrent un accès à *Repère* par le catalogue informatisé (➜ *voir la figure 8.11, p. 158*).

Exemple Dans le cas d'une recherche sur l'Irak, vous trouvez les références présentées à la figure 8.11 dans le numéro de janvier 2004 de *Repère*.

Après avoir noté les références complètes des titres d'articles parus dans des revues comme *Courrier international*, vous n'avez plus qu'à consulter la liste des périodiques de votre bibliothèque pour vérifier si elle est abonnée à ces revues pour l'année 2003.

LE DOSSIER DE PRESSE

Le **dossier de presse** est un assemblage ordonné de coupures de journaux et d'articles de revues qui concernent un sujet donné couvrant une période de temps définie. Il peut être précédé d'une présentation qui analyse la documentation. Les coupures sont présentées en ordre chronologique ou thématique.

◀ **Définition**

Un type d'information précis : la nouvelle

Le dossier de presse requiert la collecte d'un type d'information bien précis : la nouvelle ou l'analyse des nouvelles. La nature de l'information doit être bien comprise. La nouvelle est constituée par une chaîne qui part d'un fait ou d'un événement, où figurent des acteurs, un ou plusieurs témoins (souvent les informateurs ou les émetteurs de la nouvelle), un récepteur (le journaliste), un message et des réactions consécutives à la réception de ce message.

Il existe beaucoup d'intermédiaires entre l'événement et la une (première page) du quotidien : le correspondant qui sélectionne les faits, l'agence de presse (➜ *voir p. 141*), le journaliste au bureau, le chef de pupitre du quotidien puis le lecteur. Or, tous ces journalistes, informateurs et spécialistes de l'information ne réussissent à couvrir qu'une infime partie des événements quotidiens, moins de 1 % en fait.

8

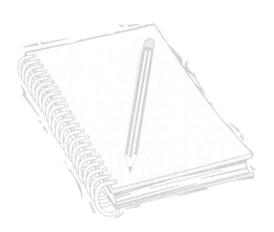

Le bulletin d'informations de la SRC, par exemple, dure de 15 à 20 minutes et il devrait, en principe, résumer ce qui s'est passé dans la journée de 7 milliards d'habitants répartis dans plus de 190 pays... ce qui est évidemment impossible. Il y a nécessairement un choix qui est fait en fonction du public visé et des orientations idéologiques des professionnels de l'information.

En somme, « l'information » est un concept qui prend un sens différent selon le pays, l'idéologie et le type de média : une même nouvelle relative à l'occupation militaire de l'Irak par les Américains n'est certainement pas rapportée de la même façon par les correspondants de la chaîne arabe Al-Jazzira, par exemple, et par les journalistes américains de CNN. Comme nous l'avons vu, il faut toujours consulter les journaux avec beaucoup de sens critique.

Les caractéristiques d'un bon dossier de presse

Le dossier de presse est un assemblage **ordonné** de coupures de journaux, avons-nous dit. Attention au vocabulaire : on emploie le mot « coupure » de presse et non « découpure ». Un bon dossier possédera les caractéristiques suivantes : un sujet bien délimité, une variété de sources crédibles et de points de vue, un classement chronologique rigoureux, une bonne couverture de la période et le tout sera impeccablement présenté.

Un sujet bien délimité

Construisez votre dossier autour d'un thème bien délimité dans le temps et dans l'espace. Indiquez clairement la **période** et l'espace (le territoire) couverts par le dossier. Quel est le sujet précis du travail ? Quelle est la période qui sera couverte ? Le travail à remettre consiste-t-il en un dossier d'actualité ou un dossier historique ? Par exemple, devez-vous couvrir le Québec au complet ou seulement votre région ? Etc.

Une variété de sources

Consultez différents journaux, revues et magazines afin de vous assurer d'une grande variété de périodiques car, nous l'avons vu, les journaux ne livrent pas les mêmes types d'informations que les revues.

Vos sources doivent cependant toutes être **crédibles,** c'est-à-dire que l'information recueillie doit être vérifiée sérieusement par des journalistes et des périodiques renommés. N'allez pas consulter des magazines qui ont pour fonction de divertir plutôt que d'informer. Ainsi, les articles de *Sélection du Reader's Digest* ou de l'hebdomadaire *Le Lundi* ne sauraient constituer la matière première d'un bon dossier. Assurez-vous de consulter des périodiques sérieux, des revues scientifiques et des journaux qui font preuve d'objectivité, de professionnalisme et de rigueur. N'hésitez pas à consulter votre bibliothécaire et votre enseignant à ce sujet. Le tableau 8.3 (➔ *voir p. 145*) dresse une liste de ce type d'outils de travail.

Une variété de points de vue

Assurez-vous également de présenter une grande variété de points de vue : celui des acteurs, des journalistes, des autorités politiques, des analystes de diverses tendances, des éditorialistes et des chroniqueurs. Consultez les journaux anglophones et francophones dans la mesure du possible ; bref, produisez l'éventail d'opinions le plus vaste possible.

Un classement chronologique rigoureux et une bonne couverture de la période

Classez les articles selon leur date de parution, les uns à la suite des autres. Assurez-vous de bien couvrir toute la période en question : n'hésitez pas à découper quelques articles antérieurs à cette dernière, ils pourront vous fournir les explications sur les causes des phénomènes étudiés. De même, consultez les journaux jusqu'à la date de remise de votre dossier ; on ne sait jamais, vous pourriez tomber sur un article qui fait le point sur la question.

La présentation matérielle du dossier

La méthode suivante est recommandée pour la présentation d'un dossier de presse.

- Si vous utilisez les index de périodiques sur cédérom, imprimez les articles et faites ressortir le titre, la date et la source en utilisant un marqueur ou un crayon de couleur.

- Si vous possédez les périodiques consultés, découpez proprement les articles en prenant soin d'indiquer la source, c'est-à-dire le **titre du journal**, la **date de parution** et le **numéro de la page.**

- Collez les articles sur des feuilles de format 22 cm sur 28 cm.

- Classez les articles dans **l'ordre chronologique** de parution ou dans **l'ordre thématique,** selon les exigences particulières du travail demandé.

- Insérez les feuilles dans une chemise, une reliure ou un autre support approprié (album, cartable, etc.).

- Dressez une **table des matières** contenant la liste détaillée des titres des articles dans l'ordre de parution chronologique et avec le nom de l'auteur ou des auteurs (➡ *voir le chapitre 12, p. 239 et 255*).

- Faites une **page de titre** contenant les informations pertinentes (➡ *voir le chapitre 12, p. 239 et 254*).

- Présentez le dossier de presse au moyen d'une **introduction** qui informe le lecteur de la période couverte, du thème abordé et des sous-thèmes et, s'il y a lieu, des périodiques consultés et des limites du dossier. Rédigez au besoin une analyse des événements en dégageant les grandes lignes des documents présentés, le rôle des principaux acteurs, l'enchaînement des événements, etc. Enfin, faites ressortir les contradictions entre les articles, entre les éditoriaux et ainsi de suite.

- À la fin du dossier, dressez la **bibliographie** complète des articles consultés (➡ *voir le chapitre 12, p. 246 à 253*). N'indiquez jamais le sigle ou le nom de l'agence de presse (CP, AFP) comme l'auteur d'un article. S'il n'y a pas d'auteur, commencez la référence par le titre de l'article, entre guillemets bien entendu.

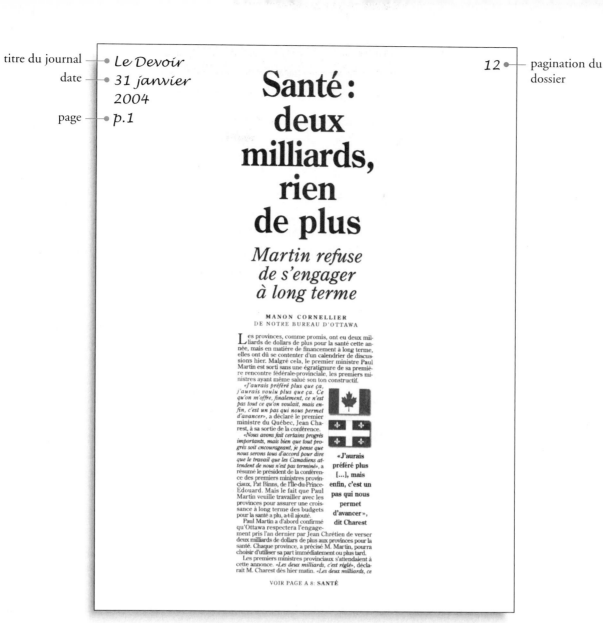

titre du journal → *Le Devoir*

date → *31 janvier 2004*

page → *p.1*

12 → pagination du dossier

Santé : deux milliards, rien de plus

Martin refuse de s'engager à long terme

MANON CORNELLIER
DE NOTRE BUREAU D'OTTAWA

Les provinces, comme promis, ont eu deux milliards de dollars de plus pour la santé cette année, mais en matière de financement à long terme, elles ont dû se contenter d'un calendrier de discussions hier. Malgré cela, le premier ministre Paul Martin est sorti sans une égratignure de sa première rencontre fédérale-provinciale, les premiers ministres ayant même salué son ton constructif.

«J'aurais préféré plus que ça, j'aurais voulu plus que ça. Ce qu'on m'offre, finalement, ce n'est pas tout ce qu'on voulait, mais enfin, c'est un pas qui nous permet d'avancer», a déclaré le premier ministre du Québec, Jean Charest, à sa sortie de la conférence.

«Nous avons fait certains progrès importants, mais bien que tout progrès soit encourageant, je pense que nous serons tous d'accord pour dire que le travail que les Canadiens attendent de nous n'est pas terminé», a résumé le président de la conférence des premiers ministres provinciaux, Pat Binns, de l'Île-du-Prince-Édouard. Mais le fait que Paul Martin veuille travailler avec les provinces pour assurer une croissance à long terme des budgets pour la santé a plu, a-t-il ajouté.

Paul Martin a d'abord confirmé qu'Ottawa respectera l'engagement pris l'an dernier par Jean Chrétien de verser deux milliards de dollars de plus aux provinces pour la santé. Chaque province, a précisé M. Martin, pourra choisir d'utiliser sa part immédiatement ou plus tard.

Les premiers ministres provinciaux s'attendaient à cette annonce. «Les deux milliards, c'est réglé», déclarait M. Charest dès hier matin. «Les deux milliards, ce

«J'aurais préféré plus [...], mais enfin, c'est un pas qui nous permet d'avancer», dit Charest

VOIR PAGE A 8: **SANTÉ**

8

Figure 8.12 **Exemple d'article de journal découpé et inséré dans un dossier de presse**

Soyez informé et méthodique

- **Aiguisez votre curiosité. Choisissez un quotidien** qui couvre bien l'actualité nationale et internationale, qui offre une page éditoriale et **lisez-le chaque jour.** Au début, vous vous sentirez peut-être perdu devant la masse des informations et vous mettrez du temps à démêler le fil des événements. Mais la lecture quotidienne d'un journal vous permettra de vous familiariser avec l'information et le traitement qu'on en fait dans les journaux : ainsi, le nom du président de l'Autorité palestinienne, l'action humanitaire de tel organisme ou la conduite du premier ministre du pays deviendront des éléments familiers pour vous et vous garderez cette habitude pour le reste de votre vie.

- **Soyez organisé. Faites une sélection** des articles en fonction de vos intérêts personnels et de l'importance des sujets traités par rapport à vos études. Découpez les **articles importants** qui portent sur ces sujets et constituez des dossiers personnels que vous pourrez consulter le moment venu.

- **Soyez à l'aise à la bibliothèque :** fréquentez la salle des périodiques de votre bibliothèque, apprenez à maîtriser les cédéroms comme *Repère* et *Biblio branchée ! (Eureka)* de même que les ressources Internet (➜ *voir le chapitre 7*), et sachez repérer vos périodiques favoris sur les rayons ou dans les présentoirs.

- **Développez un esprit scientifique et critique.** Connaissez les revues scientifiques dans les disciplines de votre choix et faites-vous un devoir de les lire régulièrement, même si vous ne parcourez pas l'ensemble du contenu d'un numéro. Des périodiques comme *L'Actualité* ou *Châtelaine* n'ont aucune prétention scientifique : recherchez plutôt des revues scientifiques (➜ *voir le tableau 8.3*). Soyez attentif au nom des auteurs, à l'établissement auquel ils sont rattachés (université, centre de recherche, collège) et aux conclusions de leurs travaux. Un journal comme *Le Monde diplomatique* est contestataire, tandis que *Les Affaires* a un point de vue conservateur : soyez à l'affût des partis pris et des opinions !

À retenir

	OUI	NON
• Est-ce que je **connais** les différents **types de périodiques** ?	☐	☐
• Est-ce que je **possède** une **stratégie de recherche** de l'information dans les index ?	☐	☐
• Est-ce que je **lis un quotidien** ?	☐	☐
• Est-ce que je **mets en pratique** la **pensée critique** lorsque je lis des articles de périodiques ?	☐	☐
• Est-ce que je **construis des dossiers de presse** rigoureux, variés et bien présentés ?	☐	☐
• Est-ce que je **fréquente les sites Internet** des grands journaux et des revues ?	☐	☐
• Est-ce que je **m'informe du contenu** des principaux périodiques dans mon domaine ?	☐	☐

Troisième partie

Réaliser de bons travaux

Chapitre 9

Rédiger et expliquer les textes

« J'aime lire différents types de textes (roman, essai philosophique, article de quotidien, suggestion de professeur, etc.) car cela aiguise ma curiosité et augmente mon bagage de connaissances tout en me divertissant. Mais quand vient le temps de décortiquer un texte, je dois le faire avec méthode. Sinon, je m'y perds facilement. »

Marie-Ève, 19 ans

9

Après avoir lu attentivement le présent chapitre, vous serez en mesure :

- de résumer un texte ;

- de répondre à des questions complexes sur un texte ;

- de faire l'analyse d'un texte ;

- de faire la critique d'un texte ;

- de rédiger une dissertation ou un essai critique.

Vos tâches scolaires vous amènent à consulter des œuvres produites par des écrivains, des scientifiques ou des spécialistes de différentes disciplines. Dans le cadre de vos études, on vous demande de décortiquer ces textes, de les analyser, de les résumer, de les critiquer ou de répondre à des questions qui s'y rapportent, bref, d'en faire l'explication.

Lorsque vous rédigez des textes, vous devez énoncer vos arguments ou vos idées de manière structurée et claire, votre style doit être limpide et votre texte exempt de fautes. Ainsi, il se peut que vous ayez à rédiger une dissertation explicative ou un essai critique en vous basant sur un sujet d'actualité, un courant littéraire ou une idée philosophique. La tâche peut vous paraître titanesque mais au lieu de sombrer dans la panique et l'angoisse, adoptez une méthode de travail qui maximisera vos efforts. Voici quelques règles simples vous expliquant comment rédiger des textes.

QUELQUES DÉFINITIONS

Avant d'aller plus loin, consultez le tableau 9.1 (→ *voir p. 168*), qui donne le sens de certains termes importants. Les sections suivantes viendront préciser chacune de ces définitions.

9

RÉSUMER UN TEXTE

Le résumé de texte est le **condensé** ou la contraction fidèle d'un texte original ; une recomposition où l'on traduit **avec ses propres mots** les idées, les arguments, le mouvement même de la pensée, l'esprit et, si possible, le ton contenus dans le texte proposé. En fait, c'est le même texte réécrit dans un espace limité. Au moment de résumer un texte, deux règles d'or[1] prévalent.

← Définition

- Première règle : être fidèle au texte

  Dans un résumé de texte, exprimez exclusivement la pensée de l'auteur sans ajouter vos propres réflexions. Évitez toute interprétation ou rectification de la pensée de l'auteur. Respectez les idées de l'auteur étudié, son style et même le ton qu'il emploie.

---

1. Marcel BORET et Jean PEYROT, *Le résumé de texte*, Paris, Chotard, 1969, p. 35.

Tableau 9.1 Définitions des principaux types de textes

Types de texte	Définitions
Analyse	Du grec *analusis,* qui signifie « décomposition ». Action de décomposer un texte en ses éléments essentiels afin d'en saisir les rapports.
Compte rendu	Récit d'une activité ou d'une situation dans le but d'exposer les faits et de relater les événements de manière objective.
Critique	Du latin *criticus,* qui signifie « juger comme décisif ». Jugement sur la valeur d'un texte à partir de critères explicites.
Dissertation explicative	Du latin *dissertatio.* Texte raisonné qui défend une thèse à l'aide d'arguments, de preuves et de faits organisés selon un ordre de présentation rigoureux.
Dissertation ou essai critique	Texte argumentatif raisonné qui défend une thèse et qui porte un jugement sur celle-ci. Selon le ministère de l'Éducation, « la dissertation critique est un exposé écrit et raisonné sur un sujet qui porte à discussion. Dans cet exposé, l'élève doit prendre position sur le sujet proposé, soutenir son point de vue à l'aide d'arguments cohérents et convaincants et à l'aide de preuves tirées des textes qui lui sont présentés et de ses connaissances littéraires ». Dans le cas de l'*épreuve uniforme de français,* par exemple, la « dissertation critique intègre les habiletés des trois cours de la formation générale commune : analyser, disserter, critiquer. La capacité d'analyse se vérifie à travers les preuves que l'élève tire des textes à l'étude pour appuyer sa démonstration, l'habileté à disserter passe par la discussion logique de l'affirmation proposée et l'habileté à critiquer transparaît dans la prise de position défendue tout au long du texte »[2].
Rapport	Exposé détaillé présentant les résultats d'un travail de recherche en vue d'informer le professeur de sa démarche et de ses résultats (domaine scientifique). Exposé portant sur un fait ou un ensemble de faits ou de questions, en vue d'informer l'autorité compétente ou de l'aider à éclairer ses décisions (domaine administratif)[3].
Résumé	Du latin *resumere,* qui signifie « reprendre ». Texte réécrit dans un espace limité.

9

- Seconde règle : être clair et cohérent

Bâtissez votre résumé autour de l'idée centrale. Ne résumez pas chacun des paragraphes. Regroupez les idées selon leur ordre de présentation afin de faire apparaître la logique de l'argumentation de l'auteur. En somme, le résumé doit être clair et parfaitement compréhensible en lui-même, c'est-à-dire que le lecteur doit pouvoir en saisir le sens sans avoir lu le texte original.

Étapes à suivre pour la rédaction d'un résumé

Lisez le texte activement

Commencez par un survol du texte, soit en le lisant en entier, soit en ne lisant que l'introduction, les grands titres et la conclusion.

Procédez ensuite à une lecture active du texte. Pour ce faire, munissez-vous d'un crayon et d'un dictionnaire. Cette étape est cruciale. Vous prenez connaissance du texte et vous le comprenez. Posez-vous les questions suivantes.

2. Ministère de l'Éducation, *Épreuve uniforme de français, langue d'enseignement et littérature. Toute l'information de A à Z,* février 2003, p. 1. Voir : http://www.meq.gouv.qc.ca/ens-sup/ens-coll/Eprv_uniforme/A-Z-Fran-fev03.pdf

3. Inspiré de *Le grand dictionnaire terminologique* de l'Office québécois de la langue française, http://w3.granddictionnaire.com/BTML/FRA/r_Motclef/index1024_1.asp

- De quoi s'agit-il? Quel est le problème posé?
- Quelles solutions l'auteur propose-t-il?
- Quelle est l'idée principale de chaque partie?
- Quelle est l'idée principale de chaque paragraphe?
- Quelles méthodes l'auteur emploie-t-il pour appuyer ses propos? (études scientifiques, expériences personnelles, émotions, etc.)

Recherchez le point de vue de l'auteur

Après cette lecture active, dégagez les éléments suivants :

- Les **thèmes** ou les **problèmes** présentés par l'auteur ;
- l'**intention** de l'auteur (que désire-t-il montrer, expliquer ou encore dénoncer ?) ;
- la **thèse** de l'auteur, s'il y a lieu, c'est-à-dire son **point de vue** sur la question abordée dans le texte.

Indiquez les principales parties du texte

Après avoir lu le texte, regroupez les paragraphes portant sur un même thème, numérotez-les, donnez-leur un titre ou employez les titres déjà proposés par l'auteur. Créez ainsi autant de sections qu'il en faut ; habituellement, ces titres expriment des idées principales. Écrivez ces titres sur une feuille à part, cela vous permettra de saisir la structure du texte en un seul coup d'œil.

Organisez l'enchaînement des idées

Faites le plan du résumé qui doit reproduire fidèlement l'ordre d'exposition des idées ou des arguments du texte lui-même. Pour ce faire, relevez les idées principales de chaque paragraphe (dans le cas d'un court texte) ou de chaque partie (si vous résumez un long texte). Si le texte fait plus d'une page, vous n'avez pas à reprendre l'idée de chaque paragraphe car le résumé serait beaucoup trop long. Habituellement, le résumé doit contenir 20 % du nombre de mots contenus dans le texte original. Ainsi, à un texte de 4 000 mots correspond un résumé de 800 mots.

Rédigez une version préliminaire

Placez devant vous le **plan** ou le **schéma du texte** que vous avez construit. À l'aide du plan du texte, reconstituez l'argumentation de l'auteur avec vos propres mots, en respectant le cheminement de sa pensée. Rédigez une première version de votre résumé sur des feuilles de cartable. Si vous êtes à l'aise à l'ordinateur, utilisez un logiciel de traitement de texte tel que *Word*©. En effet, grâce à cet outil, l'étape de la rédaction finale se limitera à corriger, à améliorer et à rendre le texte concis, plutôt qu'à le retranscrire complètement au propre. Ne vous préoccupez pas du style ni de la longueur ; vous le ferez au cours de la dernière étape, celle de la rédaction définitive.

Mettez ensuite votre texte de côté pendant quelque temps. Après une journée ou deux, vous pourrez le retravailler en ayant un œil plus critique.

> ## Tactique
> ### Lire efficacement
>
> - **Cherchez dans un dictionnaire** le sens des mots difficiles ou que vous ne connaissez pas et prenez-les en note.
>
> - **Soulignez les mots clés** et les phrases qui développent une idée principale (➜ *voir la figure 9.1, p. 171*).
>
> - **Encadrez les idées importantes** et les paragraphes significatifs (en relation avec les questions mentionnées ci-contre).
>
> - Consultez le chapitre 3 pour des informations supplémentaires (➜ *voir p 31 à 50*).

9

La rédaction d'un résumé

Le résumé est le fait de traduire un texte dans vos propres mots. **Pas question de faire de la paraphrase** (répéter le texte) ni de reprendre des bouts de phrases ici et là. Bien entendu, il est parfois impossible de se priver de l'emploi des mots techniques qui ont un sens précis. Ainsi, dans un texte de psychologie sur le rêve, les mots désignant des concepts comme psychanalyse, refoulement, inconscient, censure ou libre association ne peuvent être remplacés par des synonymes.

Sachez qu'il existe plusieurs techniques pour résumer une partie de texte[4].

- **Supprimez les éléments inutiles :** dans la phrase « Internet connaît une popularité grandissante, il est adopté par de plus en plus de gens [...]», la dernière partie («il est adopté par de plus en plus de gens [...] ») n'ajoute pas une idée nouvelle et peut donc être supprimée.

- **Sélectionnez les mots clés,** ceux qui donnent le sens à la phrase et au paragraphe, et organisez le résumé autour de ces mots. De la phrase « Les études faites par l'Institut international de Stockholm pour la recherche de la paix (SIPRI) estiment qu'en dollars constants les dépenses militaires mondiales ont connu depuis 1948 une tendance générale à la hausse[5] », on retiendra « dépenses militaires mondiales », « depuis 1948 » et « hausse ».

- **Condensez les informations essentielles.** Pour remplacer une énumération ou un développement, on trouvera une expression condensée qui exprimera l'idée de l'auteur sans les répétitions. Au lieu de « les journaux, les revues, les bulletins et l'ensemble des publications de ce genre », on dira « les périodiques ». La phrase « Le mouvement des suffragettes se radicalise avant la guerre de 1914 et il s'accompagne d'attentats à la bombe, de violentes manifestations de rue, de lacération de tableaux dans les musées et de rudoiement de parlementaires opposés au vote des femmes[6] » est bien résumée par l'expression « le mouvement des suffragettes passe à l'action violente avant la guerre de 1914 ».

Rédigez la version finale

Au moment de la rédaction de la version finale de votre résumé, assurez-vous d'**équilibrer** les parties du résumé selon la structure même du texte original.

Posez-vous ensuite la question suivante : ai-je respecté la thèse de l'auteur ?

Choisissez de bons marqueurs de relation, (ainsi, cependant, par contre, d'une part, d'autre part, par ailleurs, de plus, en conclusion) afin de bien

---

4. Selon Robert BESSON, *Guide pratique de la communication écrite*, Paris, Éditions Casteilla, 1987, p. 92 ss.

5. Bernard DIONNE et Michel GUAY, *Histoire et civilisation de l'Occident*, 2ᵉ éd., Laval, Éditions Études Vivantes, 1994, p. 474.

6. *Ibid.*, p. 413-414.

structurer votre texte. Utilisez judicieusement ces mots de transition indispensables pour faire ressortir les liens entre les idées.

Prêtez également attention au nombre de mots (selon les exigences de l'enseignant). Ainsi, éliminez les expressions superflues ou répétitives, les exemples et les qualificatifs. Attention! Tous les mots comptent, y compris les articles comme « un », « le », « la », « les » et « l' ». Par exemple, dans la phrase « Y a-t-il des liens? », on trouve six mots, car même le « t » est compté comme un mot.

Enfin, corrigez le style, les fautes d'orthographe et les fautes de syntaxe. Utilisez un correcteur d'orthographe si le texte est sur ordinateur. Il ne vous reste plus qu'à prêter une attention toute spéciale à la présentation matérielle de votre texte, qui doit respecter les **normes méthodologiques** de base (➜ *voir le chapitre 12, p. 236 à 240*).

Exemple de résumé

La figure 9.1 vous propose un extrait de texte annoté et souligné, pour lequel nous présentons un résumé à la figure 9.2.

9

Pourquoi les jeunes font-ils moins d'enfants ?

Johanne Charbonneau
INRS Urbanisation Culture et Société

La population québécoise connaît un <u>processus de vieillissement</u> qui devrait même s'accélérer au cours des prochaines décennies. Les experts appréhendent les <u>conséquences négatives</u> de ce phénomène, qui concerne déjà d'autres pays occidentaux. Tous s'entendent pour considérer que <u>la chute de la natalité en constitue l'une des principales causes</u>. Après tout, au début des années 1950, plus du tiers des familles comptaient plus de quatre enfants; en 2001, ce n'était plus le cas que pour 2 % des familles! <u>La fécondité est en baisse au Québec depuis plusieurs</u>

chute de natalité = une des principales causes

décennies. En fait, pour être plus précis, il faut dire qu'elle l'est <u>surtout chez les moins de 30 ans,</u> car la tendance est à la hausse chez les femmes âgées de 30 ans et plus. Par ailleurs, si les femmes ont leur premier enfant à un âge plus avancé qu'auparavant, cela a comme effet direct de produire, à terme, des familles de plus petite taille.

<u>La parentalité est un événement du cycle de vie très sensible à des effets de la conjoncture économique et sociale. L'insécurité économique, qui affecte plus souvent les jeunes ménages, est une des raisons les plus souvent évoquées au cours des dernières décennies pour expliquer le report de projets parentaux.</u> Cela signifie-t-il qu'une embellie économique favoriserait, à l'inverse, une augmentation des taux de fécondité? En fait, <u>bien</u>

L'insécurité économique, qui affecte plus souvent les jeunes ménages, est une des raisons les plus souvent évoquées

(Voir la suite à la page suivante.)

Figure 9.1 Exemple de texte souligné et annoté

d'autres facteurs semblent aussi jouer un rôle important dans ces domaines.

Les explications classiques

Les analyses classiques du report des projets de fécondité chez les jeunes l'ont fréquemment associé à l'augmentation de la fréquentation scolaire des femmes. Il est vrai que le contexte actuel permet une plus grande liberté de choix de vie pour les femmes. Celles-ci sont de plus en plus scolarisées et elles ont fortement adhéré au discours sur l'importance de l'autonomie et de l'indépendance économique. Ainsi, lorsqu'elles terminent leurs études, il n'est pas étonnant qu'elles veuillent les « rentabiliser » avant de s'engager plus avant dans des projets de maternité.

Les changements sociaux les plus souvent associés au phénomène de la baisse de fécondité concernent aussi la vie de couple. Il sera par exemple question de l'union libre, dont il a été démontré qu'elle menait toujours à la naissance d'un moins grand nombre d'enfants que le mariage.

Les jeunes couples québécois préfèrent effectivement l'union libre (Le Bourdais et Marcil-Gratton, 1999). Ainsi, en 2001, le taux d'unions libres des couples est de 73 % chez les hommes et de 64 % chez les femmes âgés de 25 à 29 ans, alors que la moyenne pour l'ensemble des couples québécois se situe à 29,8 %. L'union libre est aussi plus populaire au Québec que dans d'autres provinces canadiennes ; mais les analyses montrent tout de même que les couples québécois en union libre ont plus fréquemment un plus grand nombre d'enfants (plus de deux) que les couples ontariens, par exemple.

Il faut cependant souligner que cette forme d'entrée dans la vie de couple est plus susceptible de mener à une rupture que le mariage et que les enfants issus de familles dont les parents se sont séparés ou divorcés vivent eux-mêmes plus souvent dans ce type d'union et se séparent plus souvent. L'augmentation du nombre de ruptures conjugales, qui entraîne nécessairement une multiplication de périodes de célibat et de mono-parentalité, limite ainsi la possibilité de se trouver dans une situation favorable à la réalisation de projets parentaux.

Depuis le début des années 1980, de nouvelles interprétations ou des analyses plus nuancées qu'auparavant ont permis d'avancer dans la compréhension du phénomène de la baisse de la fécondité chez les jeunes. Par exemple, au-delà de l'observation de la popularité de l'union libre ou des ruptures conjugales, on a cherché à mieux comprendre la complexité de la vie des jeunes couples d'aujourd'hui. De la même façon, on ne s'est plus contenté de noter le report des projets de fécondité, mais on s'est plutôt demandé ce qui pouvait bien motiver des jeunes à désirer avoir des enfants de nos jours. Si plusieurs dimensions entrent en ligne de compte, cette décision paraît davantage se mesurer en termes psychologiques et subjectifs, qu'en termes monétaires et rationnels.

Figure 9.1 *(suite)* Exemple de texte souligné et annoté

Source : Johanne CHARBONNEAU, « Pourquoi les jeunes font-ils moins d'enfants ? », dans Michel VENNE, dir., *L'annuaire du Québec 2004*, Montréal, Fides/Le Devoir, 2003, p. 213-214.

Le vieillissement de la population s'accentue au Québec principalement à cause de la chute de la natalité et de la fécondité. Les explications classiques du report de la fécondité l'associent au prolongement des études des femmes et au changement de la vie de couple. En effet, cette dernière est marquée par l'union libre, modèle préféré des jeunes couples québécois, qui mène à la naissance d'un moins grand nombre d'enfants que le mariage. De plus, cette forme de vie de couple conduit davantage à la rupture que le mariage, ce qui limite aussi la possibilité de réaliser des projets parentaux. De nouvelles interprétations cherchent à mieux comprendre la complexité de la vie de couple depuis les années 1980. En outre, les motifs qui poussent les jeunes à avoir des enfants pourraient être davantage évalués en termes subjectifs et psychologiques qu'en termes économiques et rationnels.

Mots clés

Figure 9.2 Exemple de résumé

Commentaires sur le résumé

Nombre de mots

Ce résumé contient 135 mots et le texte de départ en compte 675. La proportion est donc de 20 %, ce qui est acceptable.

Structure du texte

Ce résumé respecte la structure du texte d'origine. L'auteure renvoie d'abord à des explications classiques du phénomène de la dénatalité ; c'est d'ailleurs le titre qu'elle donne à une partie de son texte. Mais elle termine en évoquant de nouvelles interprétations, c'est-à-dire en opposant les notions dites « classiques » et « nouvelles », qui sont au cœur même de la logique du texte. Par conséquent, cette opposition doit se retrouver dans la structure même du résumé.

RÉPONDRE À DES QUESTIONS COMPLEXES PORTANT SUR UN TEXTE

Voilà sans doute le travail le plus fréquemment demandé par les professeurs : répondre à des questions portant sur le texte d'un auteur, soit dans le cadre d'un examen, soit dans celui d'un travail à remettre.

Un élève qui doit répondre à des questions complexes se trouve devant une opération qui consiste à lire, à comprendre, à analyser et à expliquer le sens d'un texte à un interlocuteur. Ce travail peut s'effectuer en classe ou en dehors du cours.

← **Définition**

Dans le cadre d'un examen à développement, → *voir le chapitre 4, p. 63 à 65.*

Étapes à suivre pour répondre efficacement à des question complexes

Analysez la question

Lisez attentivement la question, isolez chacune de ses parties, s'il y a lieu, cherchez la définition des concepts (mots clés) et assurez-vous de bien saisir le sens des consignes fournies.

Comprendre la question

Regardez la figure 9.3 de la page 176 et tentez de répondre à la question suivante : « Pourquoi dit-on que, selon Freud, l'interprétation des rêves est considérée comme la voie royale vers l'inconscient ? » Pour y arriver, vous devez tenir compte des concepts en cause et de la consigne.

Les concepts

- Définissez les concepts : dans le texte de Spencer A. Rathus que vous venez de lire, les mots « rêve » et « inconscient » doivent être définis de façon précise et scientifique.

  À défaut d'un glossaire dans le texte même (souvent les manuels en contiennent un), utilisez un bon dictionnaire ou un dictionnaire spécialisé (➜ *voir le chapitre 6, p. 108*).

- Assurez-vous de bien comprendre le sens des expressions qui relient les concepts entre eux. Ainsi, la « voie royale » peut se traduire par « la voie par excellence », « le meilleur chemin » ou « la meilleure façon ».

- Ce travail de compréhension du sens de la question peut sembler inutile. Mais, en réalité, il est essentiel. En effet, le temps que vous passerez à chercher le sens des mots vous permettra de gagner du temps au moment d'élaborer la réponse.

Les consignes

- Dans notre exemple, la consigne est simple : le « pourquoi » se traduit par « expliquez », mais ce n'est pas toujours le cas.

- On aurait pu avoir une double consigne, par exemple : « Indiquez les caractéristiques de l'inconscient **et** expliquez... ». La réponse devrait alors se présenter en deux parties distinctes. La lecture du tableau 4.3 portant sur les verbes clés utilisés dans les examens à développement peut vous être fort utile dans pareils cas (➜ *voir le chapitre 4, p. 65*).

Survolez le texte

Dans le cas d'un texte long, ne lisez d'abord que l'introduction, les grands titres et la conclusion. Si le texte est court, survolez-le en ne prenant aucune note et en vous contentant de bien comprendre son sens général.

Lisez le texte activement

Lisez le texte de manière active, un crayon à la main, en surlignant les mots clés, les expressions qui sont reliées aux concepts mentionnés dans la question, et les titres et les sous-titres s'il y a lieu (➜ *voir le chapitre 3*). Dans le cas d'un texte long, prenez des notes bien structurées ou, s'il est court, notez vos idées en marge du texte (➜ *voir la figure 9.1, p. 171*).

Dressez la structure de l'argumentation

À l'aide de vos notes de lecture ou des remarques que vous avez notées en marge du texte, reproduisez la structure des idées principales de ce texte, en gardant toujours en tête le lien avec la question posée. Ne perdez pas de temps à faire ressortir la structure de l'ensemble du texte si la question ne porte que sur une partie de ce dernier.

Rédigez une version préliminaire

À l'aide du schéma, répondez à la question. Prenez soin de bien définir les termes savants (ou les concepts) et n'hésitez pas à recourir à quelques citations bien choisies pour éclaircir leur sens.

Rédigez d'abord le développement et la conclusion de votre texte et expliquez en dernier lieu votre démarche dans l'introduction (➜ *voir les caractéristiques d'une introduction, d'un développement et d'une conclusion, p. 186*).

Si vous disposez de plusieurs jours pour rédiger votre texte, prévoyez du temps pour laisser « reposer » votre esprit une journée ou deux avant de rédiger la version finale.

Rédigez la version finale

Relisez votre texte en vous posant les questions suivantes et modifiez ensuite les sections qui doivent être améliorées.

- Ai-je abordé toutes les facettes de la question ?
- Ai-je respecté toutes les consignes ?
- Ai-je fait des fautes ?
- Mes phrases sont-elles complètes (sujet, verbe, complément) ?
- Mes citations sont-elles pertinentes, complètes et exemptes de fautes ? Ai-je bien indiqué la source des citations ?
- Ai-je bien exposé ma démarche en introduction ?
- Ma conclusion va-t-elle à l'essentiel ?

Il vous sera plus facile de peaufiner votre texte si vous travaillez à l'ordinateur. Cependant, si vous rédigez votre texte à la main (en situation d'examen, par exemple), assurez-vous que les modifications ou les ajouts apportés seront clairs et sans bavures.

Exemple de réponse à une question complexe

La figure 9.3 vous présente un extrait du manuel *Psychologie générale*[7]. Vous devez répondre à la question suivante : « Pourquoi dit-on que, selon Freud, l'interprétation des rêves est considérée comme la voie royale vers l'inconscient ? »

Pour répondre à cette question, vous devez d'abord l'analyser. En effet, la consigne « pourquoi » suggère qu'une explication est nécessaire. Par la suite, il vous faut dresser la structure de l'argumentation (➜ *voir le tableau 9.2, p. 177*) et, enfin, rédiger votre réponse (➜ *voir la figure 9.5, p. 178*).

---

7. Spencer A. RATHUS, *Psychologie générale*, Laval, Éditions Études Vivantes, 2000, p. 103-104.

Dans son ouvrage intitulé *L'interprétation des rêves* publié en 1900, Freud donna le véritable coup d'envoi à la psychanalyse. Pourtant, c'est en 1884 que Freud a commencé à s'intéresser aux rêves que lui racontaient ses malades. Une de ses patientes lui avait alors lancé : « Laissez-moi parler ! » Ce conseil fut à la base du développement de la méthode de *libre association*, règle première de la cure psychanalytique, et plus particulièrement de l'analyse des rêves.

thèse de Freud
question posée

Pour Freud, le rêve constitue la voie royale pour accéder à l'inconscient. Même s'il reconnaît que l'origine du rêve provient d'une impression vécue durant la journée, il est convaincu que les rêves expriment des pulsions et des désirs inconscients refoulés qui « profitent » de ce déguisement (de l'impression diurne) pour s'exprimer. Freud pense que, durant le sommeil, la censure se relâche et qu'ainsi le matériel refoulé peut se glisser dans les rêves.

contenu manifeste
contenu latent

Freud distingue le *contenu manifeste*, soit ce que la personne raconte de son rêve, du *contenu latent*, soit le désir refoulé qui détermine le contenu manifeste. Le contenu latent est codé tel un rébus à déchiffrer. Cette stratégie protège le sommeil en ce sens qu'un bon déguisement permet à la personne de dormir paisiblement. Chez les enfants, le contenu manifeste est peu éloigné du contenu latent, car leurs mécanismes de défense sont moins développés. À l'inverse, les adultes refoulent davantage leurs pulsions sexuelles et agressives, complexifiant le déchiffrage du contenu manifeste de leurs rêves. Peu à peu, les <u>désirs sexuels</u> et <u>agressifs refoulés</u> chez l'enfant servent de <u>base</u> à la formation des rêves chez l'adulte.

Au cours d'une analyse faite à partir d'un élément du rêve, la personne associe librement sans se culpabiliser des idées qui lui viennent spontanément à l'esprit. Si elle parvient à éviter toute forme de contrôle, les liens entre différents aspects du rêve et des contenus inconscients se révèlent. Le travail du psychanalysé est alors de <u>réorganiser le contenu de son rêve</u> afin de saisir l'idée sous-jacente qui a été bloquée ou transformée, toujours inconsciemment, parce qu'elle a toujours été jugée trop dérangeante. Selon les psychanalystes, c'est là un travail exigeant puisqu'une foule de résistances sont mises en place afin de maintenir hors du champ de la conscience ces idées impensables (voir les mécanismes de défense présentés au chapitre 10). Pour eux, <u>les rêves « protègent » le sommeil</u> en procurant une imagerie qui interdit l'accès à la conscience de pensées troublantes et refoulées.

glossaire

<u>Libre association</u> En psychanalyse, méthode qui consiste à exprimer spontanément et avec le moins de contrôle possible toutes les pensées qui viennent à l'esprit, à partir de l'image d'un rêve ou d'un lapsus, par exemple.
<u>Contenu manifeste</u> En psychanalyse, ce qu'une personne raconte de son rêve.
<u>Contenu latent</u> En psychanalyse, ce qui est caché derrière ce que raconte une personne de son rêve et que l'on tente de déchiffrer.

Figure 9.3 **Extrait annoté de *Psychologie générale***

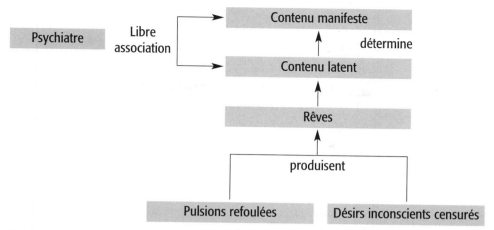

Figure 9.4 **Les processus inconscients : schéma de concepts**

Tableau 9.2 **Structure de l'argumentation de l'extrait**

Arguments	Remarques
1884 : Freud s'intéresse aux rêves de ses malades.	Mise en contexte historique
Il développe la méthode de <u>libre association</u>. « En psychanalyse, méthode qui consiste à exprimer spontanément et avec le moins de contrôle possible toutes les pensées qui viennent à l'esprit, à partir de l'image d'un rêve ou d'un lapsus, par exemple.» (p. 103)	Citation Indication de la page
<u>Thèse</u> : selon Freud, les rêves expriment des pulsions et des désirs inconscients refoulés.	Idée centrale de Freud
<u>Contenu manifeste</u> : ce que la personne raconte de son rêve.	Deux concepts principaux
<u>Contenu latent</u> : le désir refoulé qui détermine le contenu manifeste.	
<u>Libre association</u> : méthode psychanalytique qui consiste à exprimer spontanément toutes les pensées qui viennent à l'esprit.	Méthode qui permet de découvrir le sens des rêves, donc, outil de la « voie royale ».
Le psychanalysé doit réorganiser le contenu de son rêve pour saisir l'idée bloquée (de manière inconsciente) parce qu'elle est trop dérangeante.	Travail du psychanalysé Interprétation du rêve : voie royale vers l'inconscient; élément central de la réponse
Selon Freud, les <u>rêves protègent</u> notre sommeil en « procurant une imagerie qui interdit l'accès à la conscience de pensées troublantes et refoulées ».	Rôle des rêves

9

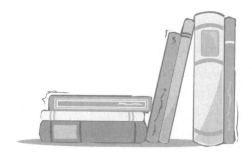

177

| introduction | Pour Freud, qui s'est intéressé à la question dès 1884, l'interprétation des rêves permet de révéler l'inconscient d'une personne. Grâce à la méthode de libre association, le patient peut découvrir la signification de ses rêves et mieux se connaître. |

| citation et page développement | Les rêves, en effet, traduisent en quelque sorte des pulsions ou encore des désirs refoulés, que Freud qualifie d'inconscients, que l'on censure durant la journée. Cette stratégie protège notre sommeil, selon lui, « en ce sens qu'un bon déguisement permet à la personne de dormir paisiblement » (p. 103).

Chez les enfants, les mécanismes de défense sont peu développés tandis qu'ils sont plus complexes chez les adultes, ce qui rend plus difficile le déchiffrement de leurs rêves.

Par la méthode de libre association, qui « consiste à exprimer spontanément et avec le moins de contrôle possible toutes les pensées qui viennent à l'esprit, à partir de l'image d'un rêve ou d'un lapsus, par exemple » (p. 103), le client arrive à associer librement les idées et à révéler des contenus inconscients. |

| conclusion

retour sur la question | Le travail demandé au psychanalysé est exigeant car les résistances sont nombreuses, mais étant donné que l'étude et l'interprétation du rêve permettent aux pensées troublantes d'avoir accès à la conscience, elles constituent la voie nécessaire d'une découverte de l'inconscient, premier pas vers une éventuelle guérison. |

Figure 9.5 **Exemple de réponse à la question posée**

ANALYSER UN TEXTE

Définition ➡ L'analyse de texte est une « opération intellectuelle consistant à **décomposer une œuvre,** un texte, en ses éléments essentiels, afin d'en saisir les rapports et de donner un schéma d'ensemble[8] ».

L'analyse serait ainsi une décomposition méthodique d'un texte en ses éléments constitutifs. Par l'analyse, on vise à :

- faire ressortir l'**idée principale (la thèse)** et les idées secondaires ;

- reconstituer l'**organisation interne** de la pensée de l'auteur et faire ressortir les **liens** entre les idées ;

- dégager l'**intérêt** scientifique, moral ou esthétique du texte ;

- mettre en relation le **fond** et la **forme** de l'ouvrage : comment la forme (le style, la rigueur de la démonstration, les procédés employés) soutient-elle le fond (les idées) ?

- expliquer le **contexte** culturel et social de l'ouvrage ;

- **interpréter** le texte, c'est-à-dire dégager le sens des thèmes abordés par l'auteur (son langage personnel, sa théorie, etc.).

---

8. *Le Petit Robert 1*, Paris, Dictionnaire Le Robert, 1985, p. 65.

Éléments constitutifs d'un texte

Quel que soit le contexte ou le type de document à analyser, ce travail suppose toujours le repérage des éléments constitutifs du texte. Ces éléments sont :

- la **structure** du texte, qui peut être événementielle (un récit), thématique (un essai) ou littéraire (un roman, un poème, etc.) ;

- le **thème central,** l'idée principale ou la thèse de l'auteur ;

- les **idées secondaires** qui soutiennent la thèse ;

- les **éléments de démonstration** avancés : faits, opinions, exemples, statistiques, expériences, etc. On notera les différents types d'arguments : recours à l'autorité (un grand penseur), à l'émotion (un événement triste), au sens commun (tout le monde le dit), etc. ;

- les **acteurs** à l'œuvre dans le texte : personnages, individus, groupes, classes sociales, etc. ;

- les **solutions** proposées sous forme d'actions, de résultats de recherche, de lois ou d'éléments de théorie, etc. ;

- les **figures de style** employées, comme les comparaisons (p. ex., dur comme l'acier), les allégories (p. ex., la rondelle avait des yeux), les métaphores (p. ex., les faucons du commandement militaire), les litotes (p. ex., « Va, je ne te hais point ! »), etc.

Étapes à suivre pour analyser un texte

Préparez votre lecture du texte

Si vous analysez un livre ou un texte long, essayez d'en savoir le plus possible sur l'**ouvrage et son auteur** : lisez les notes d'introduction, la préface, l'avant-propos, la page couverture et l'endos du volume, etc.

- L'**auteur** est-il connu au point que des articles d'encyclopédie ou de revue spécialisée en aient parlé ?

- Le **livre** a-t-il fait l'objet d'une recension ou d'un compte rendu dans une revue spécialisée ?

- Pouvez-vous **situer l'auteur et son œuvre** dans un courant littéraire ou politique, à une époque, dans un contexte social donné ? Ce courant d'idées est-il présenté dans un manuel, une encyclopédie ou un essai ?

En somme, il est recommandé de mettre en contexte l'œuvre et l'auteur avant de plonger dans la lecture du texte lui-même ; vous comprendrez mieux ainsi le sens des idées exprimées.

Lisez le texte activement et résumez-le

Faites une lecture active du texte en prenant des notes (➜ *voir le chapitre 3*). Assurez-vous de bien comprendre le sens des mots et des concepts en ayant recours à un dictionnaire. Enfin, résumez le texte selon la méthode exposée aux pages 167-173.

Recherchez la thèse et les objectifs de l'auteur

Posez-vous les questions suivantes :

- De quoi s'agit-il ? Quel est le problème posé ?

- Quelle est la position de l'auteur sur le sujet ?

- Quelles solutions l'auteur propose-t-il ?

- L'auteur s'appuie-t-il sur des lois, des théories ?

- Comment défend-il ses idées ?

- Quels sont ses principaux arguments ? Quelle place accorde-t-il aux arguments contraires aux siens ?

- Quelle est l'idée principale de chaque partie ?

- Quelle est l'idée principale de chaque paragraphe ?

Classez les idées en fonction d'une grille d'analyse

Indiquez la **thèse** ou l'idée principale de l'auteur. Signalez ensuite les **idées secondaires.** Créez des **catégories** et regroupez les arguments, les faits, les chiffres, les procédés de l'auteur pour chacune des idées majeures du texte.

> **Exemple** Thèse de l'auteur
> – idée nᵒ 1,
>   argument a)
>   argument b)
>   procédé : comparaison
>
> – idée nᵒ 2,
>   argument a)
>   argument b)
>   procédé : association
>   tableaux 1 et 4
>
> – idée nᵒ 3,
>   argument a)
>   argument b)
>   argument c)
>   citation de tel auteur éminent
>
> – etc.

Soyez attentif aux **procédés** de l'auteur : lorsqu'il donne des arguments, lorsqu'il les compare à ceux de quelqu'un qui ne partage pas ses opinions, lorsqu'il rapproche ses idées de celles d'un spécialiste ou d'un auteur connu, lorsqu'il fournit des statistiques, lorsqu'il provoque l'émotion et joue sur les sentiments, lorsqu'il s'en prend aux idées des autres au nom de la nouveauté ou de la tradition, lorsqu'il invoque de grands principes ou des valeurs universelles et ainsi de suite.

Finalement, faites un schéma complet des arguments du texte en indiquant les idées de l'auteur, les procédés qu'il utilise et, si c'est une analyse littéraire, les effets de style qu'on trouve dans le texte, en vue de dresser le plan détaillé de la rédaction à venir.

Rédigez une version préliminaire

En introduction, amenez le sujet en présentant l'auteur, le genre de texte analysé, sa forme ou son intérêt scientifique, esthétique ou moral. Posez le sujet et divisez-le en annonçant les grandes lignes du développement à venir.

Dans le développement, travaillez le sujet posé en reconstituant la logique interne du texte et en mettant en lumière la structure des idées qui s'y trouve de même que les procédés employés par l'auteur pour faire valoir sa thèse.

En conclusion, revenez sur la thèse centrale de l'auteur et proposez un jugement, une appréciation de la cohérence, de la clarté et de la logique de l'ouvrage. Laissez « reposer » votre esprit avant de rédiger la version finale de l'analyse.

Rédigez la version finale

Vérifiez les points suivants :

- Avez-vous rendu compte du **contenu** de l'ensemble du texte ?

- Avez-vous bien respecté l'**équilibre** entre les parties du texte ?

- Vos **citations,** s'il y a lieu, sont-elles pertinentes, bien amenées, bien commentées, sans fautes et suivies de la page de laquelle vous les avez tirées ? (➡ *Voir le chapitre 12, p. 241 à 244.*)

- La **langue** est-elle impeccable : orthographe, ponctuation et syntaxe ?

- Avez-vous respecté les règles de la **présentation matérielle** d'un texte ?
  (➡ *Voir le chapitre 12.*)

9

Exemple d'analyse de texte

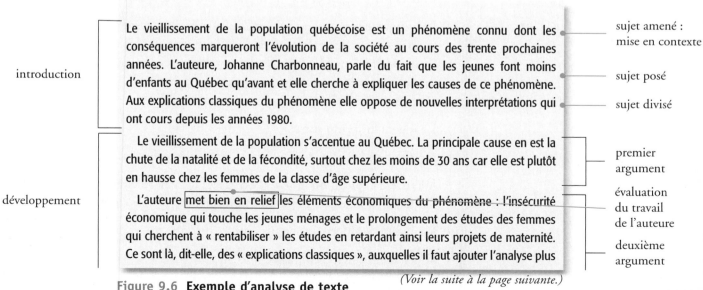

Figure 9.6 Exemple d'analyse de texte
Voir figure 9.1, p. 171-172

(Voir la suite à la page suivante.)

181

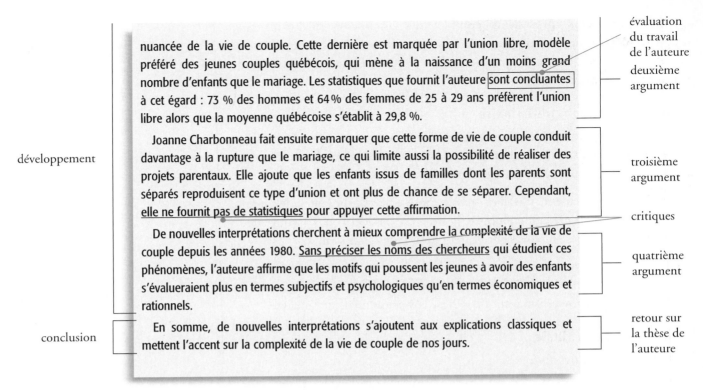

développement

nuancée de la vie de couple. Cette dernière est marquée par l'union libre, modèle préféré des jeunes couples québécois, qui mène à la naissance d'un moins grand nombre d'enfants que le mariage. Les statistiques que fournit l'auteure sont concluantes à cet égard : 73 % des hommes et 64 % des femmes de 25 à 29 ans préfèrent l'union libre alors que la moyenne québécoise s'établit à 29,8 %.

Joanne Charbonneau fait ensuite remarquer que cette forme de vie de couple conduit davantage à la rupture que le mariage, ce qui limite aussi la possibilité de réaliser des projets parentaux. Elle ajoute que les enfants issus de familles dont les parents sont séparés reproduisent ce type d'union et ont plus de chance de se séparer. Cependant, elle ne fournit pas de statistiques pour appuyer cette affirmation.

De nouvelles interprétations cherchent à mieux comprendre la complexité de la vie de couple depuis les années 1980. Sans préciser les noms des chercheurs qui étudient ces phénomènes, l'auteure affirme que les motifs qui poussent les jeunes à avoir des enfants s'évalueraient plus en termes subjectifs et psychologiques qu'en termes économiques et rationnels.

conclusion

En somme, de nouvelles interprétations s'ajoutent aux explications classiques et mettent l'accent sur la complexité de la vie de couple de nos jours.

évaluation du travail de l'auteure — deuxième argument — troisième argument — critiques — quatrième argument — retour sur la thèse de l'auteure

Figure.9.6 *(suite)* **Exemple d'analyse de texte**

CRITIQUER UN TEXTE

Il arrive fréquemment que les professeurs demandent, en plus de résumer et d'analyser un texte, de le « critiquer ». On ne doit pas prendre le mot « critique » dans son sens péjoratif. La critique, mot qui vient du latin *criticus*, qui signifie « juger comme décisif », est plutôt le fait de porter un jugement sur la qualité du texte et sur la valeur des arguments qui y sont présentés. Elle doit surtout être honnête et nuancée. Elle doit chercher à analyser les opinions et les idées exprimées par l'auteur et non sa personnalité ou ses qualités individuelles.

Définition →
La critique de texte consiste donc à porter un **jugement** sur la valeur globale d'un texte à partir de critères esthétiques, littéraires ou philosophiques formulés le plus explicitement possible. L'évaluation du texte porte autant sur le contenu (critique interne) que sur sa pertinence par rapport à un courant d'idées ou à son contexte scientifique ou littéraire (critique externe).

Le jugement porte sur :

- la valeur de la thèse de l'auteur ou de l'idée principale ;
- le cadre d'explication global (la théorie) et la problématique énoncée par l'auteur (sa manière de poser le problème) ;
- la qualité des idées secondaires du texte ;
- la pertinence des exemples ;
- le style, le ton et la qualité de la langue.

Élaborer une critique rigoureuse

- Précisez en premier lieu vos critères d'évaluation : pertinence des statistiques, qualité littéraire, solidité des arguments, variété des sources consultées par l'auteur, etc.

- Consultez un dictionnaire spécialisé ou un article d'encyclopédie sur l'auteur ou le thème abordé : vous pourrez ainsi mieux situer l'auteur et son œuvre dans une époque, un courant littéraire, etc. (➜ *voir le chapitre 6*).

- Servez-vous d'un autre auteur de la même époque ou d'une époque ultérieure pour comparer le traitement des idées.

- Consultez d'autres ouvrages du même auteur où l'on trouve des affirmations en accord ou en contradiction avec celles du texte étudié.

- Vérifiez si vous avez affaire à une réédition revue et corrigée d'un ouvrage : dans ce cas, faites le rapprochement avec la première édition et vérifiez, dans la mesure du possible, l'évolution des idées de l'auteur d'une édition à l'autre.

- Informez-vous auprès de votre professeur afin de connaître les autres publications de l'auteur de même que les études publiées sur lui.

- Faites appel à d'autres données, à d'autres faits que ceux mentionnés par l'auteur.

- Relisez les notes de cours données par votre enseignant : celui-ci a peut-être fourni d'intéressantes pistes de réflexion ou des éléments susceptibles d'alimenter votre jugement critique.

9

Étapes à suivre pour critiquer un texte

Lisez le texte activement

Lisez le texte, un crayon à la main, et assurez-vous de bien connaître le sens des mots employés par l'auteur (➜ *voir le chapitre 3, p. 34 à 36*).

Analysez le texte

Pour cette étape, consultez les pages 178 à 182 du présent chapitre.

Évaluez (critiquez) le texte

L'évaluation du texte porte autant sur son contenu (critique interne) que sur sa pertinence par rapport à un courant d'idées ou à son contexte scientifique ou littéraire (critique externe).

La critique interne

La critique interne fait abstraction du contexte dans lequel le texte a été écrit et ne porte que sur le contenu : cohérence de l'ensemble, logique de l'ouvrage, rigueur de l'argumentation et choix des idées exposées.

On peut alors se poser les questions suivantes :

- Les problèmes que l'auteur expose sont-ils formulés clairement? S'appuie-t-il sur des données vérifiables et admises par la communauté scientifique, comme des résultats d'enquêtes ou de sondages, des témoignages scrupuleusement recueillis, des statistiques rigoureusement compilées? (→ *Voir le chapitre 10 sur les méthodes de recherche.*)

- L'auteur fait-il partie d'un groupe qui a une idéologie particulière, adhère-t-il à un parti politique, à une école de pensée, à un mouvement littéraire ou à un groupe de recherche? Exprime-t-il clairement un point de vue lié à un mouvement en particulier?

- Ces dernières questions soulèvent toutefois un problème : celui des positions idéologiques, esthétiques ou philosophiques de la personne qui fait la critique de l'auteur. En effet, l'honnêteté exige de cette personne qu'elle exprime clairement ses positions afin de bien faire ressortir l'angle à partir duquel elle critique le texte.

- Existe-t-il des liens logiques entre les problèmes que l'auteur expose, la manière dont il les explique et les solutions qu'il avance?

- Les solutions de l'auteur sont-elles réalistes? Dans quelles conditions?

- Le sens donné aux termes est-il cohérent tout au long de l'ouvrage?

- La solution (conclusion) est-elle justifiée et cohérente avec l'ensemble?

La critique externe

La critique externe situe l'ouvrage dans son contexte social, politique, scientifique, culturel, littéraire ou idéologique. Elle mesure l'apport du texte à l'avancement d'une idée, d'un thème ou d'une discipline scientifique.

C'est le genre de critique que l'on trouve dans les revues scientifiques (→ *voir le chapitre 8, p. 144*) : lisez le compte rendu d'un ouvrage qui aborde un de vos sujets de travail dans l'une de ces revues (*Recherches sociographiques, Hérodote, Revue d'Histoire de l'Amérique française, Revue québécoise de psychologie,* etc.); cela vous fournira un modèle de critique externe.

L'élaboration d'une critique externe est un exercice relativement difficile car il demande une bonne connaissance de l'auteur étudié, de l'ensemble de son œuvre, des autres courants d'idées auxquels n'adhère pas l'auteur, du contexte dans lequel il a produit son œuvre, etc. Constituez d'abord un **fichier documentaire** dans lequel vous noterez soigneusement les faits, les idées et les opinions qui mettront l'ouvrage dans son contexte (→ *voir le chapitre 3, p. 40*). Construisez également un **réseau de concepts** mettant en relation (opposition, concordance, contexte, etc.) les idées les unes avec les autres (→ *voir le chapitre 4, p. 54*), ou un **tableau de classification** qui classe les idées en fonction de critères pertinents (→ *voir le chapitre 4, p. 55*).

Se préparer à l'épreuve uniforme de français (dissertation critique)

Les élèves du collégial doivent obligatoirement passer l'épreuve uniforme de français afin d'obtenir leur diplôme d'études collégiales. Les enseignantes et les enseignants de français vous préparent à cette épreuve qui consiste à rédiger une dissertation critique de 900 mots.

Selon le ministère de l'Éducation, « la dissertation critique est un exposé écrit et raisonné sur un sujet qui porte à discussion. Dans cet exposé, l'élève doit prendre position sur le sujet proposé, soutenir son point de vue à l'aide d'arguments cohérents et convaincants et à l'aide de preuves tirées des textes qui lui sont présentés et de ses connaissances littéraires ».

« On entend par **connaissances littéraires** le fait d'utiliser des procédés langagiers (figures de style, versification, types de phrases, etc.) et les notions littéraires (point de vue narratif, genres, etc.) au service de votre argumentation. On reconnaît également comme connaissances littéraires le fait de vous référer à des œuvres autres que les textes proposés, de relier ces derniers à des courants ou tendances littéraires, ou le fait d'avoir recours à des connaissances culturelles et socio-historiques qui conviennent au sujet de rédaction.[9] »

Pour vous préparer[10] :

- Choisissez les trois ouvrages de consultation auxquels vous avez droit et repérez les parties les plus utiles : tableaux, règles, listes, etc.

- Consultez les sites et les ouvrages suivants, qui présentent des exercices, des consignes, la liste des épreuves uniformes qui ont eu lieu depuis la mise en place de cet examen, les dates importantes, les résultats, etc.

BERGER, Richard. *L'épreuve uniforme de français* [En ligne] http://pages.infinit.net/berric/EUF/euf-accueil.html

BERGER, Richard, Diane DÉRY et Jean-Pierre DUFRESNE. *L'épreuve uniforme de français. Pour réussir sa dissertation critique*, Montréal, Beauchemin/CCDMD, 1998, 222 p.

CCDMD. *Répertoire Internet des meilleurs sites pour l'amélioration de la langue 2003-2004*, Montréal, Centre collégial de développement de matériel didactique (CCDMD), 52 p.

---

9. Ministère de l'Éducation, *Épreuve uniforme de français, langue d'enseignement et littérature. Toute l'information de A à Z*, février 2003, p. 1. Voir : http://www.meq.gouv.qc.ca/ens-sup/ens-coll/Eprv_uniforme/A-Z-Fran-fev03.pdf

10. Inspiré de Richard BERGER, Diane DÉRY et Jean-Pierre DUFRESNE, *L'épreuve uniforme de français. Pour réussir sa dissertation critique*, Montréal, Beauchemin/CCDMD, 1998, p. 178 et 179.

- Révisez les notions littéraires (styles, courants, époques, etc.) et grammaticales pertinentes.

- Prévoyez le matériel nécessaire pour passer l'épreuve : dictionnaire, grammaire, manuel de conjugaison, crayons, marqueurs, gomme à effacer, correcteur liquide, montre (l'épreuve dure 4 h 30).

- Au moment de l'épreuve, répartissez le temps de l'épreuve de la façon suivante : 1 h 30 pour prendre connaissance des sujets, en choisir un, lire les textes, choisir les arguments et retenir les connaissances générales appropriées ; 1 h 30 pour rédiger le développement, puis l'introduction et la conclusion ; et 1 h pour transcrire votre texte au propre et effectuer la révision linguistique du texte.

Dressez le plan d'une dissertation

Le texte que vous rédigez prendra la forme d'une **dissertation explicative** ou d'une **dissertation critique**.

Définition →

La **dissertation explicative** est un texte raisonné qui justifie « un point de vue, sans exprimer d'opinion personnelle ».

La **dissertation « est critique** si l'on demande d'évaluer ou de discuter la pertinence d'un jugement[11] ». La grande différence entre les deux types de dissertation est le fait que, dans la dissertation critique, on adopte une position et on la défend.

En général, le plan d'une dissertation comprend les trois parties suivantes : une introduction, un développement et une conclusion.

L'**introduction** se divise en trois parties :
- le **sujet amené,** situé dans son contexte historique ou littéraire ;
- le **sujet posé** ou la thèse de l'auteur que vous analyserez et le sens que prend votre critique ;
- le **sujet divisé** ou l'annonce des arguments principaux examinés et de leur ordre.

Le **développement** se subdivise en autant de parties qu'il y a d'arguments principaux, habituellement deux ou trois parties ou chapitres. Divisez-le en deux : la **critique interne** et la **critique externe.**

---

11. Jean-Louis LESSARD, *La communication écrite au collégial,* Sainte-Foy, Le Griffon d'argile, 1996, p. 162. Pierre Boissonnault et ses collaborateurs ont proposé cette distinction entre dissertation explicative et dissertation critique dans *La dissertation. Outil de pensée, outil de communication,* Belœil, La lignée, 1980.

La **conclusion** se divise en trois parties courtes, rédigées en un seul paragraphe :

- un retour sur le **cheminement** de votre critique (les grandes parties du développement) ;
- un retour sur la **thèse** de l'auteur et votre appréciation de cette dernière ;
- une ouverture sur une perspective nouvelle ou un **élargissement** du sujet.

Il existe cependant plusieurs variantes à ce plan classique. Le tableau 9.3 en propose quelques-unes.

Rédigez une version préliminaire

Sur une grande feuille de papier, élaborez le plan détaillé de votre texte. En somme, dressez-en le **schéma**[12]. Prévoyez un argument principal par chapitre et une liste d'arguments secondaires pour étayer l'argument principal. Placez le schéma devant vous et rédigez votre essai critique en commençant par le développement et ce, pour chaque chapitre.

Assurez-vous de bien respecter la progression des idées en suivant le plan que vous avez choisi. Ensuite, rédigez l'introduction, puis la conclusion.

Laissez « reposer » votre esprit une journée ou deux avant d'entreprendre la version finale.

Rédigez la version finale

Vérifiez les points suivants :

- Votre introduction permet-elle au lecteur de se faire rapidement une idée précise du **contenu** de l'ouvrage critiqué ?
- Avez-vous rendu compte du contenu de l'ensemble du texte, de **toute l'argumentation** de l'auteur étudié ?
- Vos **citations,** s'il y a lieu, sont-elles pertinentes, bien amenées, bien commentées, sans fautes et suivies de la référence ?
- Votre **conclusion** reprend-elle le cheminement de votre démarche, répond-elle aux questions posées sur ce texte et ouvre-t-elle de nouvelles perspectives ?
- La **langue** est-elle impeccable : orthographe, ponctuation et syntaxe ?
- Avez-vous respecté les règles de la **présentation matérielle** d'un texte ? (➙ *Voir le chapitre 12.*)

9

---

12. Pour un plan de commentaire sur une œuvre littéraire, voir Carole PILOTE, *Français Ensemble 1. Méthode d'analyse littéraire et littérature française*, Laval, Éditions Études Vivantes, 1997, p. 49.

Tableau 9.3 **Types de plans**

Types	Divisions (il y a toujours une introduction et une conclusion)	Remarques
Progressif	• Causes • Conséquences • Solution	• Il correspond au plan universel. • Il est peu approprié à la critique d'un texte littéraire.
Comparatif	• Ressemblances • Divergences • Comparaison	• Il convient à l'étude de deux textes, deux auteurs, deux idées, etc.
Inventaire ou thématique	• Thème n° 1 (par exemple, point de vue financier) • Thème n° 2 (point de vue politique) • Thème n° 3 (point de vue psychologique)	• Cette division en apparence pratique est peu intéressante à cause de son caractère statique : il ne s'agit que d'une énumération sans aucune progression.
Dialectique	• Thèse • Antithèse • Synthèse	• La thèse est la position défendue sur une question. • L'antithèse est la position contraire. • La synthèse est la recherche d'une solution nuancée, qui tient compte de la thèse et de son antithèse, ou le dépassement de ces deux positions par une troisième, plus complète.
Chronologique	• Origines lointaines • Origines immédiates • Période *x* (par exemple, de 1970 à 1980) • Période *y* (de 1980 à 1995) • Période *z* (de 1995 à nos jours)	• Ce type de plan est utilisé en histoire. • Il peut être intéressant de caractériser la période étudiée : telle période sera une crise, telle autre une transition, etc.
Scientifique	• Problématique • Méthodologie • Analyse des données • Interprétation des résultats	• Ce type propose le plan d'un rapport de recherche. • La problématique contient un état de la question et formule une hypothèse de recherche. • L'analyse des données présente les résultats et les méthodes de collecte des données. • L'interprétation évalue les résultats au regard de l'hypothèse formulée (→ *voir le chapitre 10*).

Respectez les textes et les auteurs

- **Soyez respectueux** du texte lorsque l'on vous demande de l'évaluer, de le résumer, de le critiquer ou de l'analyser. Lisez-le attentivement, prenez des notes, soulignez les mots clés, trouvez la définition des mots que vous ne connaissez pas dans le dictionnaire. Vous serez ainsi mieux outillé pour comprendre le propos de l'auteur sans déformer sa pensée.

- **Documentez-vous** sur l'œuvre complète de l'auteur. S'il s'agit d'un classique, les dictionnaires, les guides de littérature, les biographies, etc. vous permettront d'en savoir plus. S'il s'agit d'un auteur actuel, tentez d'en savoir le plus possible sur son œuvre et sur ses allégeances sur les plans politique, intellectuel, esthétique ou autre. Les *Who's Who,* les sites Internet (des individus, des universités, des associations, etc.), les répertoires de membres d'associations et les revues scientifiques vous permettront d'en savoir davantage.

- **Aiguisez votre sens critique** en prenant conscience du contexte dans lequel un ouvrage a pu être rédigé. Situez la production d'un texte dans son époque, faites les liens nécessaires avec le contexte, mais ne faites pas dire à un auteur ce qu'il n'aurait pas voulu ou pu dire. Cette opération exige beaucoup d'habileté et, pour la mener à bien, il faut bien connaître le contexte littéraire, scientifique, sociopolitique ou économique d'une période donnée.

- **Soyez toujours objectif,** employez un vocabulaire neutre, n'attaquez pas inutilement l'auteur ni les arguments du texte : proposez des arguments qui vont à l'encontre de ceux de l'auteur, montrez les lacunes dans son argumentation mais toujours dans le respect des personnes.

9

À retenir

	OUI	NON
• Est-ce que je **respecte** toutes les **étapes du résumé :** lecture active, recherche de l'idée principale, des principales parties, enchaînement des idées, rédaction des deux versions?	☐	☐
• Est-ce que je **respecte** toutes les **étapes du processus de réponse à une question complexe :** analyse de la question, survol et lecture active, structure de l'argumentation, rédaction des deux versions?	☐	☐
• Est-ce que je **respecte** toutes les **étapes de l'analyse :** préparation, lecture active et résumé, recherche de la thèse et des objectifs de l'auteur, classement des idées, rédaction des deux versions?	☐	☐
• Est-ce que je **respecte** toutes les étapes de la **critique de texte :** lecture active, analyse, évaluation, organisation des idées, rédaction des deux versions?	☐	☐

Chapitre 10

Effectuer un travail de recherche

> « J'aime travailler avec une hypothèse pour diriger ma recherche ; l'hypothèse me garde sur la bonne piste. »
>
> *Naïma, 19 ans*

Après avoir lu attentivement le présent chapitre, vous serez en mesure :

• de planifier toutes les étapes d'une recherche ;

• d'effectuer une recherche documentaire rigoureuse ;

• de rédiger un rapport de recherche.

Au niveau collégial ou universitaire, un travail de recherche consiste habituellement à recueillir et à traiter de la documentation sur un sujet, ou à produire de nouvelles connaissances selon les exigences de la méthode scientifique. Celle-ci consiste à décrire, expliquer ou parfois prédire des phénomènes en suivant rigoureusement les étapes d'observation, de formulation d'une problématique et d'une hypothèse, d'application d'une méthode de recherche spécifique et d'élaboration de conclusions, de lois ou de théories.

Ce chapitre présente d'abord une vue d'ensemble du processus de la recherche dans le domaine des sciences humaines, de la philosophie, des arts et de la littérature. Il expose ensuite les différentes étapes d'une recherche : de la délimitation du sujet à la rédaction du rapport de recherche, en passant par la planification des opérations, la collecte de données ainsi que l'analyse et l'interprétation des résultats.

VUE D'ENSEMBLE DE LA RECHERCHE

La figure 10.1 illustre le cycle de la recherche, alors que le tableau 10.1 (➜ *voir p. 192*) présente les étapes d'un travail de recherche. On retrouve dans ce tableau les chapitres du présent manuel qu'il serait profitable de consulter pour réaliser l'une ou l'autre des étapes d'une recherche.

LES ÉTAPES DE LA RECHERCHE
Première étape : délimiter le sujet

Avant d'effectuer une recherche, choisissez soigneusement le sujet selon le temps et les ressources disponibles, vos champs d'intérêt et vos capacités. Si l'enseignant impose le sujet de la recherche, délimitez précisément votre projet. Ensuite, élaborez une problématique de travail, posez un problème précis et formulez une hypothèse de travail. De la problématique et de l'hypothèse découle une stratégie de collecte de données en fonction de la logique de votre projet de recherche.

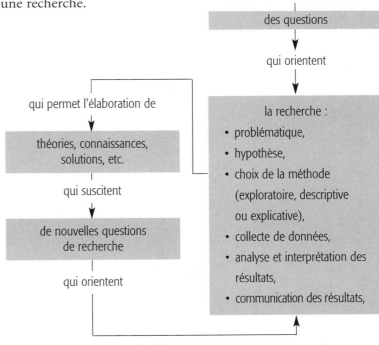

Figure 10.1 Le cycle de la recherche

10

Le choix d'un thème ou sujet de recherche

Choisissez un thème de recherche en fonction des six éléments suivants : la pertinence ; les dimensions du sujet ; le temps dont vous disposez ; les ressources disponibles ; vos capacités ; votre intérêt pour le sujet.

La pertinence du sujet

On fait de la recherche pour augmenter ses connaissances, pour trouver des solutions, pour régler des problèmes réels qui se posent dans une société. Personne n'a de temps à perdre avec des sujets de recherche comme « le nombre de circuits frappés par les joueurs des Expos le mardi » ou « Que serait-il arrivé si les Patriotes avaient triomphé des Britanniques en 1837 ? ».

Tableau 10.1 Les étapes d'un travail de recherche

1re étape Choix du sujet	2e étape Planification du travail	3e étape Collecte de données	4e étape Analyse des résultats	5e étape Rédaction du rapport de recherche

• Choisir un thème ou un sujet de recherche
 	
• Effectuer la recension des écrits
 	
• Émettre des idées (remue-méninges)
 	
• Établir une problématique : poser un problème précis
 	
• Formuler une hypothèse de travail
 	
• Dresser un plan provisoire
 	
Si le travail se fait en équipe, ➜ *voir le chapitre 11 (Travailler en équipe.)*
	• Établir une méthode de travail
	
	• Choisir une méthode :
	  – historique,
	  – expérimentale,
	  – enquête (sondage),
	  – entrevue,
	  – analyse de contenu,
	  – étude de cas,
	  – etc.
	
	• Dresser la liste des descripteurs (mots clés)
	
	• Repérer la documentation à l'aide des descripteurs :
	  – bibliothèque,
	  – Internet,
	  – centres de documentation spécialisés,
	  – autres
	
	• Respecter une éthique de recherche
	
	• Dresser un échéancier de travail
		• Rencontrer l'enseignant
		
		• Dépouiller la documentation :
		  – fiches de lecture,
		  – visionnement,
		  – téléchargement de documents,
		  – etc.
		
		• Réaliser les autres activités : sondage, entrevue, expérimentation, etc.
		
		➜ *Voir le*
		• *chapitre 3 (Lire efficacement).*
			• Rencontrer l'enseignant
			
			• Analyser le matériel recueilli
			
			• Interpréter les résultats au regard de l'hypothèse
			
			• Construire un plan de travail définitif
			
			• Rencontrer l'enseignant
				• Établir la structure du texte :
				  – introduction (problématique, hypothèse),
				  – développement (arguments),
				  – conclusion (retour sur la problématique et l'hypothèse)
				
				• Rédiger un brouillon
				
				• Réviser votre texte
				
				• Présenter le rapport selon les règles de l'art
				
				➜ *Voir les :*
				• *chapitre 12 (Bien présenter un rapport),*
				• *chapitre 13 (Réussir son exposé oral).*

➜ *Voir les :*
• chapitre 5 (*Se retrouver à la bibliothèque*),
• chapitre 6 (*Utiliser les bons outils de travail*),
• chapitre 7 (*Naviguer sur Internet*),
• chapitre 8 (*Se documenter grâce aux journaux et aux revues*).

10

Le thème de la recherche doit donc être pertinent et lié à la **réalité sociale** et à des problèmes réels. Comment établir cette pertinence ? Il faut lire la documentation sur le sujet, confronter ses idées avec celles des spécialistes, s'informer des recherches antérieures et situer son sujet dans le cadre d'une discipline ou d'un domaine scientifique particulier : par exemple la sociologie de la famille, la gestion des organisations, l'histoire des femmes. Chaque domaine a son vocabulaire, ses concepts, ses champs de recherche et ses auteurs renommés ; découvrez-les et inscrivez votre recherche dans un cadre à la fois connu et enrichissant.

Les dimensions du sujet

Un thème de recherche (la famille moderne, par exemple) ou un sujet précis (le divorce au Québec depuis 1970, par exemple) comportent de nombreuses dimensions : le **temps** (Quelle est la période étudiée ?), l'**espace** (Le Québec et le reste du Canada ? Une région du Québec ?) et les **composantes** du sujet : le divorce, la famille, l'histoire, la culture, les aspects psychologiques, moraux, sociaux, économiques, juridiques, financiers et éthiques du problème étudié. Un sujet qui comprend deux ou trois éléments, ou « variables » (→ *voir p. 196*), peut être plus facilement traité en profondeur qu'un sujet qui comprend de nombreuses composantes.

Le temps dont vous disposez

La plupart des travaux de recherche au collégial et à l'université sont effectués dans le cadre d'une session ne comportant que 15 à 17 semaines. C'est bien court pour faire le lien, par exemple, entre « le revenu personnel, le niveau de scolarisation d'une population et ses habitudes culturelles ». Il sera peut-être plus judicieux d'établir « les habitudes de fréquentation des théâtres par les élèves d'un cégep en relation avec l'occupation professionnelle des parents » en menant une enquête, par exemple. La tactique, dans ce cas, consiste à partir du général (les habitudes culturelles d'une population) pour aller au particulier (les habitudes de fréquentation des théâtres par les élèves du cégep X) en réduisant l'étendue du cadre de votre recherche.

Vous devez penser que vous n'aurez en réalité que quelques semaines pour effectuer votre recherche, car le reste du temps sera consacré à la formulation du projet, à la recherche de documents, à l'élaboration des outils d'enquête, à la rédaction et à la présentation en classe du rapport de recherche. Vous ne devez pas oublier également que vous aurez d'autres cours et d'autres travaux en même temps.

Les ressources disponibles

Le choix du sujet de recherche tient compte des ressources du milieu, c'est-à-dire les personnes-ressources à rencontrer, la qualité de la bibliothèque du collège ou de l'université, de la bibliothèque municipale, des centres de documentation des organismes publics et privés, du réseau Internet, etc.

10

Il faut également s'informer de la documentation disponible sur le sujet choisi : l'analyse d'un coup d'État dans un pays d'Afrique centrale, par exemple, pose le problème des sources d'information ; à l'inverse, tout lire sur la question de la famille au Canada relève de l'utopie. Il s'agit donc d'une question d'information et de jugement. Consultez votre enseignant avant de vous lancer dans la recherche proprement dite.

Vos capacités

On peut également s'illusionner sur ses capacités de mener à terme une recherche : comment bien se documenter sur « la politique américaine de sécurité du revenu » si l'on ne sait pas lire l'anglais ? Comment adopter une stratégie de recherche axée sur la méthode expérimentale si l'on ne maîtrise pas les méthodes quantitatives ? Certaines lacunes, comme le manque d'information, sont facilement comblées ; d'autres ne le sont pas. Bien se connaître et entreprendre des recherches sur un sujet accessible sont donc des conditions de réussite.

Votre intérêt pour le sujet

Il est entendu qu'il faut choisir si possible des sujets qui vous intéressent, qui vous motivent. Il est pénible de travailler pendant toute une session sur un sujet pour lequel on n'a aucune motivation. Mais attention ! Il est possible de transformer un sujet rébarbatif en sujet d'intérêt en lui donnant une couleur personnelle. Ainsi, un élève qui n'aime pas l'histoire du Moyen Âge, mais pour qui la mode est une passion, s'intéressera à l'histoire du vêtement au 12e siècle. Un autre, réfractaire aux chiffres et aux tableaux statistiques, sera motivé par une recherche sur les effets éthiques ou environnementaux d'une politique économique.

La formulation d'une problématique et d'une hypothèse de travail

Vous avez choisi un thème général de recherche, par exemple « la famille et le divorce au Québec », et vous essayez de préciser le sujet, par exemple « les effets du divorce sur les enfants ». Posez-vous les bonnes questions, celles qui vous permettront de construire un projet de recherche pertinent et enrichissant. L'élaboration de la problématique conditionne l'hypothèse de recherche. Pour rédiger la problématique, faites le point sur vos connaissances. À cette fin, utilisez la technique du remue-méninges.

Le remue-méninges

Lisez d'abord un article sérieux dans une revue ou une encyclopédie et notez les mots clés, les événements majeurs, etc. (→ *voir les chapitres 6 et 8*). Allez à la bibliothèque et interrogez la banque de données pour trouver les vedettes-matières ou les descripteurs relatifs à votre sujet ; ainsi, au mot « divorce », on retrouve des mots clés tels que : actions en divorce, conventions de divorce, détournement d'affection, excès, sévices et injures graves, garde des enfants, partage des biens communs, pension alimentaire, procès. Ces descripteurs sont autant de clés qui ouvrent les portes de la recherche en bibliothèque. Par exemple, sous « Actions en divorce », votre bibliothèque possède peut-être 5 ou 20 titres, de quoi nourrir une bonne réflexion! De plus, servez-vous de cette liste de mots clés pour formuler vos idées!

Dans un premier temps, jetez sur papier les idées qui vous viennent spontanément à l'esprit, sans vous soucier de leur pertinence, encore moins de leur formulation. Ensuite, classez-les en idées principales et en idées secondaires ou regroupez-les en catégories et en sous-catégories. Quelles seraient vos premières idées sur le divorce?

- Divorce /séparation /pension alimentaire /pauvreté

- Vente de la maison /peine /rupture /nombre de divorces

- Disputes /aspects financiers /aspects psychologiques

- Garde des enfants /famille /amis /religion

- Effets sur les enfants /augmentation des divorces au Québec

- Sacrement du mariage /aspects juridiques /aspects historiques

- Société québécoise /alcoolisme /violence /etc.

Tous ces mots ainsi énumérés n'ont pas beaucoup de sens. Cependant, dès qu'on tente de créer des catégories et des liens entre eux, comme dans la figure 10.2, tout s'éclaire. Se dessinent alors des pistes de recherche, des angles d'approche et des questions stimulantes.

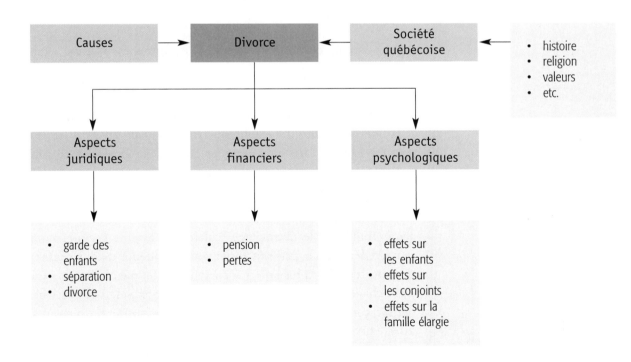

Figure 10.2 **Exemple de réseau de concepts**

Comme on le voit, l'énumération d'idées et leur classement sont à l'origine d'une démarche de recherche personnelle. Cette technique appelée « remue-méninges » a été élaborée à partir des travaux du chercheur américain Tony Buzan sur le *brainstorming*. Elle a fait ses preuves dans nombre d'entreprises et d'organisations aux prises avec des problèmes à résoudre[1]. Ainsi, avec la liste de mots sur le divorce, il est maintenant possible d'établir des catégories d'éléments et des regroupements d'idées : les aspects financiers, psychologiques, historiques, sociaux et juridiques du divorce pourraient retenir l'attention du chercheur.

La problématique

Définition →

Que signifie le mot « problématique »? Alors que le problème est une situation qui demande une solution, la problématique est la mise en perspective de l'ensemble des liens qui existent entre les faits, les acteurs et les composantes d'un problème donné. On pourrait ajouter que c'est l'art de définir le plus précisément possible le problème à l'origine de la recherche. La problématique s'élabore au moyen de deux opérations : la **recension des écrits** et la **détermination des variables** sur lesquelles va porter la recherche. Mentionnons également que la problématique est essentielle à la formulation d'une hypothèse de travail.

Avant de se lancer dans une recherche, il est absolument nécessaire de **parcourir la documentation** sur le sujet. Cette opération consiste à recenser (du latin *recensere*, « passer en revue ») les principaux écrits afin de préciser :

- les composantes du problème ;
- les diverses interprétations des chercheurs ;
- les problèmes de recherche non résolus ;
- les voies de solution envisagées par les autres chercheurs.

Certains auteurs parlent de « revue de la littérature », mais cet emploi est critiqué puisqu'il s'agit d'un anglicisme (*review of the literature*). De nombreux instruments de recherche vous aideront à vous renseigner sur l'état de la question. Le tableau 10.4 (→ *voir p. 205*) et le chapitre 6 (→ *voir p. 89 à 110*) présentent les outils de la recherche documentaire.

La deuxième opération liée à la problématique consiste à **déterminer clairement les variables,** c'est-à-dire les éléments sur lesquels portera la recherche. Par exemple, dans une recherche sur « l'influence du milieu socio-économique sur le décrochage scolaire », l'origine socio-économique et le taux de décrochage peuvent varier sous l'influence de différents facteurs ; on peut postuler que plus l'origine socio-économique est élevée, moins il y a de décrochage. On appelle ces facteurs des variables. Une variable peut être définie comme « tout facteur pouvant prendre une ou plusieurs propriétés ou valeurs différentes »[2].

---

1. Tony BUZAN, *Une tête bien faite. Exploitez vos ressources*, Paris, Éditions d'organisation, 1984, 167 p.

2. A. OUELLET, *Processus de recherche*, Sillery (Québec), Presses de l'Université du Québec, 1981, p. 64.

Les variables classiques d'une recherche portant sur une population donnée sont : l'âge, le sexe, le milieu d'origine (urbaine ou rurale), le niveau socio-économique (défavorisé, moyen, favorisé), la classe sociale (bourgeoise, ouvrière, etc.), le revenu (salaires et autres revenus), l'occupation (agriculteur, ouvrier, professionnel, cadre, etc.) et la scolarité (primaire, secondaire, collégial, universitaire). Dans une recherche portant sur le divorce par exemple, les principales variables pourraient être : le sexe (si l'on désire observer les réactions selon le sexe), le niveau des revenus (si l'on veut faire un lien entre l'influence du revenu et le taux de divorce), la scolarité (pour vérifier l'hypothèse selon laquelle les gens moins instruits divorcent moins que les autres).

Attention! Il ne s'agit pas seulement de déterminer les variables. Il faut proposer une **relation** entre celles-ci. Ainsi, chaque variable ne joue pas le même rôle dans l'hypothèse. Prenons par exemple « le divorce des parents entraîne plus d'agressivité chez les enfants ». Les variations de la première variable (le divorce) ont un effet sur la seconde (l'agressivité)[3]. C'est ainsi que « le divorce des parents » est considéré comme la **variable indépendante** : si les parents divorcent, « l'agressivité » des jeunes est censée augmenter. L'« agressivité » est, dans ce cas, la **variable dépendante.**

L'hypothèse de travail

Devant un problème (« certains comportements agressifs des enfants à l'école »), le chercheur, après avoir recensé les principaux écrits sur la question, postule l'existence d'un lien ou d'une corrélation entre deux facteurs (« divorce des parents » et « agressivité des enfants »). La formulation d'une relation entre deux variables est le prolongement logique de la problématique. Cette relation, ce n'est rien d'autre, au début, qu'une hypothèse de travail. Remarquons qu'il existe des travaux de recherche sans hypothèse. L'enseignant peut demander un dossier de presse, une recherche documentaire, une analyse factuelle, une dissertation comparant les points de vue opposés sur une question controversée (la peine de mort, par exemple), afin de combler un besoin de connaissances sur le sujet.

Commençons par nous pencher sur la définition de l'hypothèse de travail avant d'établir les caractéristiques d'un travail de recherche avec hypothèse. **Une hypothèse de travail, c'est l'énoncé d'une proposition, c'est l'affirmation d'une relation entre deux variables que l'on tentera de confirmer ou d'infirmer.**

← **Définition**

Comme le dit Madeleine Grawitz :

L'hypothèse est une proposition de réponse à la question posée. Elle tend à formuler une relation entre des faits significatifs. Même plus ou moins précise, elle aide à *sélectionner* les faits observés. Ceux-ci rassemblés, elle permet de les *interpréter,* de leur donner une signification qui, vérifiée, constituera un élément possible de théorie[4].

3. C. LAVILLE et J. DIONNE, *op. cit.,* p. 147 et 344.
4. Madeleine GRAWITZ, *Méthodes des sciences sociales,* 6e éd., Paris, Dalloz, 1981, p. 408.

10

Une hypothèse de travail est donc une **proposition affirmant l'existence d'une relation entre deux variables** que le chercheur va tenter de vérifier.

Le travail de recherche permet de **vérifier l'existence de cette relation** : en mesurant les variables à l'aide d'indices sûrs (par exemple, le nombre d'actes de vandalisme sert à établir le taux d'agressivité des enfants) et en comparant les comportements des enfants de parents divorcés à ceux d'autres enfants. S'il y a une différence significative entre les comportements des deux groupes, et si cette différence montre que le nombre d'actes de vandalisme commis par les enfants de parents divorcés est sensiblement plus élevé que celui des autres enfants, l'hypothèse est confirmée ; sinon, elle est infirmée. C'est ce qu'on appelle la **vérification de l'hypothèse.**

Par ailleurs, **une hypothèse n'est pas un jugement de valeur.** Une hypothèse doit mettre en relation des faits réels et non des jugements de valeur. Par exemple, l'hypothèse « Les enfants qui ont de meilleures mères réussissent mieux à l'école » ne signifie rien, car la variable « meilleures mères » n'est pas un critère que l'on peut mesurer. Par contre, l'hypothèse « Les enfants de milieux socio-économiques favorisés réussissent mieux » est tout à fait vérifiable (de fait, de nombreuses études l'ont démontrée).

En outre, **une hypothèse doit être spécifique** et ne pas se perdre dans des généralités. Une hypothèse telle que « Si les filles sont plus scolarisées que les garçons, cela entraînera un changement global dans la société » est beaucoup trop générale pour être démontrée. On cherchera plutôt à établir que « L'augmentation de la scolarité des Québécoises s'est traduite, depuis 10 ans, par une hausse de leurs revenus ».

Une hypothèse doit également être **conçue à partir de données vérifiables** par une technique ou une méthode particulière, selon la science ou la discipline en question : histoire, physique, chimie, sociologie, etc. On ne peut pas vérifier que « Le système communiste aurait fini par assurer le bonheur des Soviétiques », mais on peut vérifier à l'aide de la méthode économique que « L'étatisation des entreprises dans l'ex-URSS a entraîné leur retard technologique ».

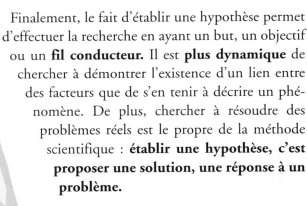

Finalement, le fait d'établir une hypothèse permet d'effectuer la recherche en ayant un but, un objectif ou un **fil conducteur.** Il est **plus dynamique** de chercher à démontrer l'existence d'un lien entre des facteurs que de s'en tenir à décrire un phénomène. De plus, chercher à résoudre des problèmes réels est le propre de la méthode scientifique : **établir une hypothèse, c'est proposer une solution, une réponse à un problème.**

10

Cependant, il est possible que l'hypothèse ne soit pas confirmée, que la recherche ne montre pas l'existence d'un lien entre les deux facteurs donnés. Contrairement à ce que l'on pourrait croire, cette démarche est tout aussi utile pour la recherche, car elle élimine une possibilité et ouvre la voie à de nouvelles recherches sur d'autres variables. C'est ainsi que se développe la connaissance scientifique grâce à la recherche par essais et erreurs. L'important n'est pas tant de « prouver » son hypothèse que de bien mener la recherche, de respecter scrupuleusement les résultats de la collecte de données et de ne pas tenter d'infléchir le cours de la recherche en ne retenant, par exemple, que les données qui coïncident avec son hypothèse. Cette dernière attitude est antiscientifique et peut même nuire à l'avancement de la science.

Il y a donc un lien étroit entre le problème de recherche, l'hypothèse de travail et la stratégie de vérification que l'on doit adopter pour tenter de démontrer la validité de son hypothèse. Le tableau 10.2 illustre ce cheminement à l'aide de divers exemples empruntés à plusieurs approches disciplinaires[5].

Tableau 10.2 De la problématique à la stratégie de vérification

Sujet ou thème de la recherche	Questions de recherche (Q) et éléments de la problématique (P)	Variable indépendante	Variable dépendante	Hypothèse de travail	Stratégie de vérification
La peine de mort	(Q) Est-ce que la peine de mort dissuade les criminels violents ? (P) Système pénal, types de criminalité, éthique et valeur de la vie humaine, gouvernements et idéologie, lois, société, etc.	Présence ou absence de la peine de mort	Taux de criminalité	Le rétablissement de la peine de mort n'a aucun effet sur la criminalité au Canada.	Comparer les taux de criminalité des pays (ex. : États-Unis) où existe la peine de mort et de ceux où elle a été abolie.
Le divorce au Québec	(Q) Les enfants de parents divorcés sont-ils plus sujets que les enfants de parents unis à avoir des troubles de comportement ? (P) Sexe des enfants, milieu socio-économique, agressivité/ passivité, école, etc.	Enfants de parents divorcés et enfants de parents unis	Nombre de comportements agressifs	Les enfants de parents divorcés ont plus de comportements agressifs que les enfants de parents unis.	Comparer le nombre de gestes agressifs chez deux groupes d'enfants (ex. : école, garderie) : un dont les parents sont divorcés et l'autre dont les parents sont unis.
La publicité et le tabagisme	(Q) La publicité sur le tabagisme (ex. : les commandites d'événements sportifs ou culturels) a-t-elle une plus grande influence sur les jeunes que sur les adultes ? (P) Publicité /marketing, valeurs, contenu et effet de la publicité, sexe des jeunes, comportements, médias, etc.	Adultes et jeunes placés dans un contexte en présence de commandites	Attitudes face au tabagisme ; présence ou absence de comportements de fumeur	Les publicités de cigarettes ont plus d'effet sur les adolescents que sur les adultes.	Comparer les attitudes et les comportements de jeunes et d'adultes face au tabagisme grâce à un sondage, une série d'entrevues, etc.

(Voir la suite à la page suivante.)

5. Ce tableau est inspiré de Benoît GAUTHIER, « La structure de la preuve », dans B. GAUTHIER, dir., *Recherche sociale. De la problématique à la cueillette de données*, Sainte-Foy, Presses de l'Université du Québec, 1997, p. 136-137.

Tableau 10.2 *(suite)* **De la problématique à la stratégie de vérification**

Sujet ou thème de la recherche	Questions de recherche (Q) et éléments de la problématique (P)	Variable indépendante	Variable dépendante	Hypothèse de travail	Stratégie de vérification
Le gouvernement de Maurice Duplessis, de 1944 à 1959	(Q) La politique d'intervention économique du gouvernement de Duplessis était-elle différente de celle des gouvernements des autres provinces? (P) Période historique, idéologie, faits, principes, libéralisme, État providence, rôle de l'État, interventions économiques, etc.	Types d'interventions économiques (libéraux, etc.)	Politique d'intervention économique (Duplessis et autres)	Le gouvernement Duplessis n'était pas différent des autres gouvernements provinciaux parce qu'il respectait les mêmes principes économiques libéraux dans ses interventions.	Comparer les types d'interventions économiques des gouvernements de quelques provinces canadiennes entre 1944 et 1959.
Les autochtones et la crise d'Oka, en 1990	(Q) Les médias francophones ont-ils contribué à la détérioration du climat entre les autochtones et les Québécois francophones? (P) Presse et idéologie, histoire des rapports entre autochtones et francophones, faits et interventions politiques, sondages, culture et racisme, etc.	Contenu et orientation des médias francophones avant et pendant la crise	Détérioration du climat entre les deux communautés (ex. : nombre d'incidents, etc.)	Le contenu et l'orientation des médias francophones avant et pendant la crise d'Oka ont contribué à la détérioration du climat entre les deux communautés.	• Analyser le contenu des journaux à l'aide d'une grille. • Mettre en relation des journaux et des sondages d'opinion.
L'immigration à Montréal et les services d'intégration	(Q) Les services d'intégration des immigrants à Montréal remplissent-ils efficacement leur rôle et permettent-ils aux immigrants de mieux s'intégrer à leur société d'accueil? (P) Intégration et immigration, société d'accueil, types d'immigrants, politiques et rôle des gouvernements, critères, valeurs, racisme, etc.	Types de services offerts par les carrefours d'intégration	Type d'intégration des immigrants (participation à des activités culturelles de la société d'accueil, etc.)	L'intégration des immigrants est réussie grâce à la qualité et aux types de services offerts par les carrefours d'intégration à Montréal.	• Faire des entrevues avec des immigrants et des intervenants dans un carrefour d'intégration de Montréal. • Analyser les mesures d'intégration : connaissance des lois, langue parlée, etc.

Deuxième étape : planifier la stratégie de recherche

La planification de la stratégie de recherche comporte le choix de la méthodologie scientifique, celui de la documentation pertinente et des règles éthiques, de même que l'élaboration d'un échéancier de travail.

Le choix d'une méthode de travail

Pour vérifier une hypothèse, il faut utiliser des moyens pertinents. Or, le choix de ces moyens dépend en bonne partie de la nature des liens entre les variables ou entre les éléments du problème de recherche : explore-t-on une question pour approfondir ses connaissances? Cherche-t-on seulement à décrire un phénomène ou désire-t-on établir l'existence d'une corrélation entre deux facteurs? Veut-on démontrer une relation de cause à effet?

10

Dans l'ouvrage *Recherche et méthodologie en sciences humaines*, Andrée Lamoureux a regroupé les diverses méthodes de recherche en trois catégories : les méthodes exploratoires, descriptives et explicatives[6]. Le tableau 10.3 survole les principales méthodes de recherche dans les domaines des sciences et des techniques humaines et de l'administration.

Tableau 10.3 **Types de méthodes de recherche en sciences et techniques humaines et en administration[7]**

Types de méthodes et relation entre les variables	Méthode	Définition	Activités	Exemples
Méthodes exploratoires Découvrir un phénomène : aucune relation entre des variables	**Histoire de vie**	Méthode pour examiner en profondeur un aspect du vécu d'une personne.	Entrevue dirigée ou non directive, qui permet de recueillir des informations sur la vie d'une personne ou d'un petit groupe de personnes. **Entrevue dirigée :** l'interviewer dirige l'entretien à l'aide d'une série de questions précises qu'il soumet au sujet. **Entrevue non directive :** le chercheur propose au sujet un thème (« Parlez-moi de votre expérience ») et lui demande de s'exprimer librement sur ce thème.	Histoire de vie d'une personne âgée pour connaître sa conception des relations hommes-femmes il y a 50 ans. Rencontre avec des personnes âgées pour mieux connaître les coutumes ancestrales d'une communauté.
	Étude de cas	Méthode pour obtenir une information exhaustive sur une situation.	Examen de plusieurs sources d'information : informations publiques (ex. : articles de journaux) ou privées (ex. : correspondance, livres comptables d'une entreprise), directes (ex. : réponses à un questionnaire) ou indirectes (ex. : questionnement d'une tierce personne, dossier scolaire).	Examen des cas de quelques enfants handicapés physiquement, fréquentant une école primaire, afin de formuler des recommandations sur les services de l'école.
	Observation	Méthode pour dresser un portrait global d'un phénomène inconnu.	Observation et prise de notes **(journal de bord).**	Observation par un anthropologue du comportement d'une famille de chimpanzés.

10

(Voir la suite à la page suivante.)

---

6. Les explications qui suivent sont inspirées de Andrée LAMOUREUX, *Recherche et méthodologie en sciences humaines*, Laval, Éditions Études Vivantes, 1995, p. 64-88 ; pour en savoir plus, consultez cet ouvrage.

7. Inspiré de Andrée LAMOUREUX, *op. cit.* ; voir également Benoît GAUHIER, dir., *Recherche sociale. De la problématique à la collecte des données*, 3e éd., Sillery, Presses de l'Université du Québec, 1997, qui reprend cette typologie et qui nomme le troisième type de méthodes « relationnel » plutôt qu'explicatif.

Types de méthodes et relation entre les variables	Méthode	Définition	Activités	Exemples
Méthodes exploratoires *(suite)* Découvrir un phénomène : aucune relation entre des variables	**Observation participante**	Méthode d'observation dans laquelle le chercheur s'intègre au groupe qu'il observe.	**Observation cachée :** le chercheur devient membre à part entière du groupe étudié et l'observe sans dévoiler son but. **Observation discrète :** le chercheur se mêle au groupe et l'observe en restant discret. **Observation ouverte :** le chercheur est reconnu comme observateur extérieur et participe à la vie de la communauté pour mieux la connaître.	Un chercheur se mêle à un groupe d'étudiants pour étudier la gestion de classe d'un enseignant. Un psychologue industriel qui travaille dans une entreprise observe les modes de communication entre la direction et les employés. Un anthropologue partage la vie d'une population autochtone.
	Méthode historique	Méthode pour reconstituer des événements passés et les situer dans leur contexte sociohistorique. Elle peut aussi être considérée comme une méthode descriptive.	Collecte méthodique de données dans des sources qui rapportent des faits passés. **Critique interne** (évaluation par l'analyse de contenu). **Critique externe** (évaluation de l'authenticité) de documents oraux (ex. : dépositions), écrits (ex. : lettres, archives), audiovisuels (ex. : films), visuels (ex. : peintures). Proposition d'une **interprétation** des faits.	Histoire d'un **individu** (biographie) (ex. : rôle de Lénine dans le déclenchement de la révolution d'Octobre en 1917). Histoire d'un **groupe social** (ex. : place des femmes dans la société québécoise du 19e siècle). Histoire d'une **institution** (ex. : FTQ, Domtar, Organisation des Nations Unies, etc.).
	Observation systématique	Méthode pour décrire un comportement.	Élaboration d'une **grille d'observation** et prise de notes sur les comportements cibles chaque fois qu'ils se produisent.	Étude sur le comportement des garçons et des filles dans une classe.
Méthodes descriptives Tracer un portrait détaillé : établir un lien de covariance	**Analyse de contenu**	Méthode pour étudier systé-matiquement des produc-tions écrites, orales ou audio-visuelles, considérées comme des **discours,** c'est-à-dire des visions plus ou moins systé-matiques et cohérentes de la réalité formulées par des groupes sociaux ou des individus représentatifs : politiciens, syndicalistes, intellectuels, clercs, journa-listes, etc. Méthode très utile à la recherche historique.	Construction d'une **grille d'analyse** et dépouillement d'un corpus d'archives (ex. : correspondance de Lionel Groulx, archives d'un notaire, etc.) Un discours de Churchill, une lettre de Joseph Staline, le livre de Jules César, les articles dans un journal de cultivateurs, les bilans financiers de la banque de Montréal, etc., sont des **discours.**	Étude du discours libéral dans la presse québécoise du début du 20e siècle[8].

(Voir la suite à la page suivante.)

8. Fernande ROY, *Progrès, harmonie, liberté. Le libéralisme des milieux d'affaires à Montréal, au tournant du siècle*, Montréal, Boréal, 1988, 301 p.

Types de méthodes et relation entre les variables	Méthode	Définition	Activités	Exemples
Méthodes descriptives *(suite)* Tracer un portrait détaillé : établir un lien de covariance	**Enquête et sondage**	Moyens utilisés pour obtenir une information de nature privée en interrogeant des personnes. **Enquête :** vaste sujet couvert par de nombreuses questions. **Sondage :** sujet circonscrit couvert par un nombre restreint de questions.	Mesurer des comportements, des opinions, des intentions, des attitudes, des préférences et des champs d'intérêt. Élaboration de **questionnaires** et de **grilles d'entrevues.**	Sondages électoraux. Enquête sur l'évolution de l'opinion publique relative à la peine de mort.
	Méthode *ex post facto*	Méthode pour vérifier le lien entre deux informations passées relatives à des personnes.	Étude de **statistiques** et d'**attitudes** : mettre en relation des caractéristiques d'une population et des données quantitatives.	Étude comparée des mères chefs de famille monoparentale et des mères mariées par rapport au marché de l'emploi.
	Méthode corrélationnelle	Méthode pour mesurer l'ampleur du lien entre deux événements.	Construction de **questionnaires,** de **grilles d'observation** et analyse de données chiffrées. But : obtenir un coefficient de corrélation positif ou négatif permettant de faire une prédiction (ex. : plus la variable X augmente, plus la variable Y augmente ou, au contraire, diminue).	Prédiction de la réussite scolaire (notes scolaires, Y) d'un groupe d'étudiants à l'université à l'aide d'un test d'aptitudes (résultats, X).
Méthodes explicatives Isoler un phénomène : établir un lien de causalité	**Méthode expérimentale**	Méthode pour établir une relation de causalité entre deux événements.	Rôle très actif du chercheur qui contrôle tout dans un milieu artificiel, souvent un **laboratoire** : élaborer des **tests,** utiliser des appareils perfectionnés pour recueillir des informations, etc.	Démonstration de l'efficacité d'un médicament sur un groupe de patients en comparant leurs réactions à celles d'un groupe de patients ayant reçu un placebo.
	Méthode de cas unique	Méthode pour établir, à partir d'une seule personne (ou d'un seul type de personnes), une relation de causalité entre un événement et un comportement dans le but de modifier ce comportement.	Expérimentation sur une seule personne (ou un seul type de personnes) à la fois.	Analyse de l'efficacité d'une augmentation de salaire pour améliorer la productivité des employés d'une entreprise.

10

Les méthodes exploratoires

Pour découvrir un phénomène inconnu sans nécessairement tenter d'établir une relation entre des variables, on aura recours à des méthodes exploratoires : l'histoire de vie, l'observation, la méthode historique et l'étude de cas. Ces méthodes sont dites qualitatives parce qu'elles analysent en général (mais non exclusivement) des éléments (discours, attitudes, faits, etc.) non quantitatifs. Ces recherches ne comportent pas toujours une hypothèse de travail, mais déterminent tout au moins un objectif de recherche.

Les méthodes descriptives

S'il décrit un phénomène ou établit une relation de covariance (lien entre des éléments liés par un facteur commun), le chercheur emploie les méthodes descriptives telles que l'observation systématique, l'analyse de contenu, l'enquête et le sondage, la méthode *ex post facto* et la méthode corrélationnelle. Toutes ces méthodes présentent un caractère quantitatif.

Les méthodes explicatives

Lorsqu'il isole un phénomène pour mesurer son effet sur un autre et qu'il établit des liens de causalité entre les deux, le chercheur emploie la méthode expérimentale ou la méthode de cas unique. « La méthode expérimentale est la seule méthode scientifique qui permet d'établir une relation de cause à effet entre deux événements : la ***variable indépendante*** et la ***variable dépendante*** »[9] selon Spencer A. Rathus.

Pour y arriver cependant, le chercheur doit isoler les facteurs visés. C'est pourquoi cette méthode est fréquemment utilisée en laboratoire, où il est plus facile de contrôler toutes les données. Par exemple, dans une recherche visant à mesurer si l'alcool entraîne l'agressivité, le chercheur administrera différentes doses d'alcool à des sujets volontaires[10]. Le chercheur contrôlera l'âge, le sexe, le moment de la journée, le temps écoulé depuis le dernier repas, etc.

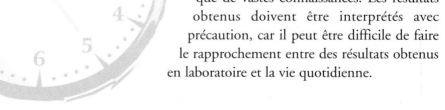

La méthode expérimentale comporte cependant certaines limites. Elle nécessite parfois un appareillage perfectionné, des fonds et des ressources importantes ainsi que de vastes connaissances. Les résultats obtenus doivent être interprétés avec précaution, car il peut être difficile de faire le rapprochement entre des résultats obtenus en laboratoire et la vie quotidienne.

---

9. Spencer A. RATHUS, *Psychologie générale*, 3ᵉ éd., Laval, Éditions Études Vivantes, 1995, p. 23. En gras et en italique dans le texte.

10. *Ibid.*

Une recherche documentaire élargie

Les **sources écrites,** publiques ou privées, de même que les **sources orales** et les **sources audiovisuelles,** constituent la matière première de la plupart des travaux de recherche. Lorsqu'elles émanent directement d'un acteur individuel ou collectif, ou d'une personne morale (entreprise), telles qu'une collection de lettres personnelles, un journal intime, une liste d'employés ou un document d'archives, les sources sont considérées comme des **sources premières.**

On appelle **sources secondaires** les études, les ouvrages généraux, les thèses, les articles de périodiques, les documents officiels, les documents audiovisuels, les cartes et toute autre forme de documents qui interprètent les sources premières. C'est le matériel le plus utilisé dans les recherches au collégial. Le tableau 10.4 présente une grande variété de ces sources, de même que les instruments de recherche qui y donnent accès.

Tableau 10.4 Sources et instruments de recherche documentaire[11]

Types de sources	Accès	Types d'instruments de recherche	Exemples
Ouvrages	• Bibliothèques • Centres de documentation spécialisés	• Catalogue (fichier) • Bibliographies • Bibliographies de bibliographies • Bases de données • Réseaux documentaires (plusieurs centres regroupés en réseaux)	• *Bibliographie du Québec* (→ *voir le chapitre 6, p. 93*). • *Bibliographie de bibliographies québécoises* (Bibliothèque nationale du Québec, 1979-1981) • *Bases de données canadiennes lisibles par machine* (Bibliothèque nationale du Canada) • Réseau RESDOC pour les cégeps ; Manitou pour l'Université du Québec; UTLAS, qui dessert plus de 2 000 bibliothèques canadiennes et américaines
Revues	• Bibliothèques • Bibliothèques spécialisées (ex. : Bibliothèque nationale du Québec, annexe Ægidius-Fauteux, Montréal)	• Index de périodiques (livre ou cédérom) • Catalogue de la bibliothèque • Sites Internet	• *Repère* (→ *voir le chapitre 8, p. 158*). • *Biblio branchée !* • *Canadian Online Explorer* (CANOE) pour les journaux canadiens • EBSCOHOST

(Voir la suite à la page suivante.)

11. Pour les bibliothèques, voir le chapitre 5. Pour les ouvrages de référence, voir le chapitre 6. Pour Internet, voir le chapitre 7. Pour les périodiques, voir le chapitre 8. Pour les archives, voir Jean HAMELIN, dir., *Guide du chercheur en histoire canadienne*, Québec, Presses de l'Université Laval, 1986. Enfin, pour mieux connaître la grande variété de sources documentaires accessibles, consultez aussi Claude MARCIL, *Comment chercher. Les secrets de la recherche d'information à l'heure d'Internet*, Montréal, Multimondes, 2001.

Tableau 10.4 *(suite)* **Sources et instruments de recherche documentaire**

Types de sources	Accès	Types d'instruments de recherche	Exemples
Journaux	• Bibliothèques • Bibliothèques spécialisées (ex. : Bibliothèque nationale du Québec, annexe Ægidius-Fauteux, Montréal)	• Index • Catalogue de la bibliothèque • Sites Internet	• *Biblio branchée!* (Eureka) (➜ *voir le chapitre 8, p. 156*). • Site *Les journaux sur le Web – Canada – Europe – États-Unis;* sites des journaux comme *Le Soleil, Le Monde, Le Devoir, Voir,* (➜ *voir le chapitre 8*).
Ouvrages de référence	• Bibliothèque	• Catalogue (fichier) • Bibliographies	• *Ouvrages de référence canadiens* (➜ *voir le chapitre 5, p. 79*).
Thèses	• Bibliothèques universitaires	• Répertoires spécialisés • Sites Internet des universités	• *Thèses au Canada. Guide bibliographique* • Sites Internet (➜ *voir le chapitre 5, p. 85 à 87*).
Statistiques	• Bibliothèques • Organismes gouvernementaux	• Répertoires spécialisés • Sites Internet des organismes gouvernementaux	• UNESCO. *Annuaire statistique* • *Statscan*, BSQ, etc. (➜ *voir le chapitre 7, p. 132*).
Documents officiels	• Bibliothèques • Organismes gouvernementaux	• Répertoires • Catalogue de la bibliothèque (fichier) • Sites Internet des organismes gouvernementaux	• Publications du gouvernement du Canada (➜ *voir le chapitre 5, p. 79*). • Gouvernement du Canada et gouvernement du Québec (➜ *voir le chapitre 7, p. 132*).
Brochures, dépliants, textes informels, etc.	• Bibliothèques • Centres de documentation spécialisés	• Catalogue de la bibliothèque (fichier) • Sites Internet d'associations • Guides de consultation d'archives	• *Vertical file index* (cie. Wilson) • J. Hamelin et G. Gallichan, *Brochures québécoises*
Documents audiovisuels	• Audiovidéothèque • Centres de documentation spécialisés (ex. : ONF, Montréal) • Musées (ex. : Musée canadien de la photographie contemporaine) • Centres d'archives	• Catalogue de la bibliothèque (fichier) • Bases de données • Répertoires	• *DAVID* (➜ *voir le chapitre 5, p. 80*). • *Répertoire des films de l'ONF*
Sites Internet	• Réseau Internet	• Moteurs de recherche (ex. : *Google, Alta Vista, Yahoo!*, etc.) • Répertoires	• ➜ *Voir le chapitre 7, p. 126.* • Ex. : Bruno Guglielminetti, *Les 1000 meilleurs sites en français de la planète*, Montréal, Logiques, 2003.
Archives	• Dépôts d'archives	• Répertoires • Guides	

L'éthique de recherche

La recherche en sciences humaines suppose que l'on travaille avec des personnes que l'on observe, que l'on interroge, que l'on soumet à des activités spéciales, etc. Le chercheur doit respecter certaines conditions que l'on nomme éthique (morale) de la recherche[12]. Voici certains principes à mettre en pratique.

- Obtenir par écrit le consentement libre et éclairé des personnes.

- Protéger les personnes contre tout dommage physique ou psychologique.

- Révéler au sujet la vraie nature de la recherche.

- Révéler aux sujets toute tromperie dont ils auraient fait l'objet, notamment par l'usage de placebo (substance neutre prescrite comme médicament réel).

- Inciter les sujets à ne commettre que des actes respectueux des personnes.

- Ne pas exposer les personnes à un stress physique ou mental.

- Respecter l'intimité des sujets et la confidentialité de leurs réponses.

- Recueillir les témoignages avec beaucoup de discrétion.

- Ne pas priver les personnes de certains avantages qui auraient été conférés à d'autres sujets.

Les informations recueillies dans des questionnaires ou les entrevues doivent absolument demeurer **confidentielles.** Par exemple, toutes les questions relatives à l'ethnie, à la religion, au statut socio-économique et au sexe doivent être traitées avec le plus grand soin sous la supervision de l'enseignant. On doit obtenir l'accord de ce dernier avant de soumettre des questionnaires à des sujets sur des questions intimes ou potentiellement conflictuelles (opinions politiques, etc.). On doit également **obtenir le consentement écrit du sujet,** qui doit avoir la possibilité de se retirer de la recherche à n'importe quel moment, même s'il a donné son consentement écrit. En somme, le chercheur informe les sujets de la nature de la recherche en cours et il respecte leurs droits.

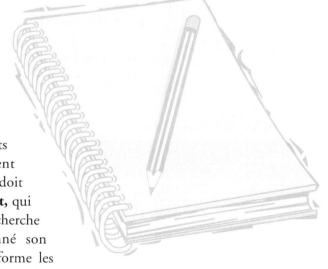

12. À ce propos, voir notamment Jean CRÊTE, « L'éthique en recherche sociale », dans B. GAUTHIER, dir., *Recherche sociale*, 3ᵉ éd., Sainte-Foy, Presses de l'Université du Québec, 1997, p. 217-238 ; Stuart W. COOK, « Problèmes d'éthique se rapportant à la recherche sur les relations sociales », dans C. SELLTIZ *et al.*, *Les méthodes de recherche en sciences sociales*, Montréal, Éditions HRW, 1977, p. 197-246 ; Diane E. PAPALIA et Sally W. OLDS, *Le développement de la personne*, Laval, Éditions Études Vivantes, 1996, p. 25-26, de même que Spencer A. RATHUS, *op. cit.*, p. 24.

L'échéancier de travail

Après avoir choisi une ou des méthodes de recherche et déterminé les principales sources de documentation, il reste à planifier les étapes de la réalisation du projet. Dans le cadre des études collégiales, vous ne disposez en règle générale que d'une session (trois ou quatre mois) pour réaliser un travail de recherche, ce qui est bien peu. Il est donc essentiel de planifier ce travail dès le début de la session (➜ *voir le chapitre 1, p. 14*). Les principales étapes à respecter sont présentées dans le tableau 10.5. Photocopiez cet échéancier et utilisez-le si vous avez un travail de recherche à effectuer. (Pour une planification détaillée d'un travail de recherche en équipe, ➜ *voir le chapitre 11, p. 225 à 227*).

Troisième étape : procéder à la collecte des données

La collecte des données est l'opération par laquelle le chercheur recueille des faits qui lui permettront de vérifier ou non son hypothèse de travail. Cette opération s'effectue au moyen d'outils ou d'instruments précis et selon une procédure rigoureuse. Il est recommandé de rencontrer brièvement l'enseignant avant et après la collecte de données.

Différents types de collectes de données

Imaginons que Mélanie effectue une recherche sur l'accueil Bonneau, qui reçoit les personnes itinérantes à Montréal depuis la fin du siècle dernier. Son objectif est de dresser un portrait de l'établissement et d'analyser quelques-unes de ses facettes : le type de services offerts, la clientèle, la vocation, la relation entre les bénévoles et les bénéficiaires. Après un premier survol de la documentation, elle cherche à comparer la vocation de l'établissement créé au 19e siècle et sa vocation actuelle d'organisme reconnu ; elle émet l'hypothèse que cette vocation a changé depuis que le clergé et, par la suite, l'État se sont progressivement désengagés de l'aide sociale.

Tableau 10.5 Échéancier de travail

Étapes	Échéancier suggéré	Échéancier de votre prochain travail de recherche (date)
Choix du sujet	2e semaine	
Recension des écrits	2e et 3e semaines	
Problématique / Hypothèse	3e et 4e semaines	
Collecte des données	4e à 7e semaine	
Analyse et interprétation des résultats	8e et 9e semaines	
Plan définitif et rencontre avec l'enseignant	9e semaine	
Rédaction	10e et 11e semaines	
Traitement de texte	12e semaine	
Remise du travail	13e semaine	

Comment s'y prendra-t-elle pour effectuer sa collecte de données? L'exemple qui suit présente une stratégie de recherche complexe, qui donne une idée de la variété des types de collectes de données.

- Mélanie utilisera la **méthode historique,** qui est une enquête dans le temps, une tentative de reconstitution du passé à l'aide d'un examen critique des documents et de tous les témoignages du passé (objets, lettres, habitat, etc.). Elle cherchera à recueillir des **sources primaires,** c'est-à-dire des témoignages laissés par des acteurs de l'histoire : archives de l'établissement, lettres, publications, etc. Puis elle se penchera sur les **sources secondaires :** journaux, livres, articles de revues, thèses, etc. Lorsqu'elle consignera par écrit ses notes de lecture (on dit qu'elle « dépouillera » la documentation), elle créera un **fichier de lecture** manuel ou informatisé (➔ *voir le chapitre 3, p. 40 à 46*) qui lui permettra de traiter, puis de classer l'information recueillie.

- Elle procédera peut-être à une **analyse de contenu** de certains documents. Pour comparer le discours des religieuses du 19e siècle à celui des travailleurs sociaux du 20e siècle, elle compilera les documents pertinents, les lira en les analysant à l'aide d'une grille et cherchera à noter l'occurrence (la présence répétée) de certains mots ou concepts dans les deux discours, tels que « charité, Église, christianisme, péché » ou « État, solidarité, morale et dignité ». Elle classera ses observations par catégories et tentera d'en dégager le sens en comparant les deux textes.

- Elle réalisera quelques **entrevues** avec une intervenante, un bénévole et un bénéficiaire, par exemple, afin de mieux percevoir les représentations que chacun se fait de son rôle ou de la qualité des services.

- Elle analysera certaines **données chiffrées,** comme l'évolution du nombre de bénéficiaires de 1880 à 2004 ou la somme des contributions et des subventions amassées au cours de cette période. Elle fera un lien entre ces informations et l'évolution du nombre de bénéficiaires de l'aide sociale au Québec ou à Montréal au cours de la même période en consultant notamment les données du ministère de la Santé et des Services sociaux.

- Finalement, elle procédera à une **observation** systématique d'une journée type à l'un des ateliers de travaux manuels que l'accueil Bonneau organise pour favoriser la réinsertion sociale des bénéficiaires. Elle tentera alors de mesurer la qualité de l'engagement des bénéficiaires dans les activités proposées, afin de mieux comprendre le rôle de l'organisme.

Il est donc possible d'effectuer un travail de recherche documentaire à l'aide de plusieurs types de démarches dans le but de recueillir l'information nécessaire à la vérification de l'hypothèse.

10

Les outils de la collecte de données

La nature des outils de la collecte de données varie selon la méthode de recherche employée. Il n'est pas question ici de décrire avec précision tous les outils de recherche. Le tableau 10.6 donne cependant un aperçu de la variété des outils et des méthodes que l'on peut utiliser pour la collecte de données afin de s'assurer de la fiabilité de celles-ci. Si vous désirez en savoir plus sur la description des méthodes et des outils utilisés en sciences humaines, en analyse du discours et en recherche documentaire, consultez la bibliographie thématique à la fin du présent manuel (➜ *voir p. 277*). Quel que soit l'outil de recherche choisi, la technique des fiches documentaires est la meilleure pour consigner des notes de lecture, des éléments d'entrevue, des chiffres, des observations, des notes critiques, etc. (➜ *voir le chapitre 3, p. 40 à 44*).

Tableau 10.6 Outils et méthodes de la recherche documentaire[13]

Méthodes de recherche	Buts	Sources des informations	Outils	Procédures
Méthode historique	• Explorer • Découvrir • Analyser	• Personnes • Documents • Objets • Données chiffrées	• Recherche documentaire : fichier de lecture (➜ *voir le chapitre 3*) • Dossier de presse (➜ *voir le chapitre 8*)	• Inventaire des sources • Dépouillement de ces dernières dans un fichier • Classement des informations • Critiques interne (valeur du témoignage) et externe (authenticité) des sources
Analyse de contenu	• Décomposer une production • Dénombrer des éléments de contenu inclus dans une production • Tracer un portrait	• Productions écrites, audiovisuelles, visuelles, etc.	• Grille d'analyse • Questionnaire	• Lecture/visionnement des productions à l'aide d'une grille d'analyse • Isoler les composantes (unités de contenu) et faire ressortir les mécanismes cachés grâce au calcul des occurrences (nombre de fois qu'apparaît un mot ou un concept) • Classer par catégories et dégager le sens de l'analyse
Entrevue	• Tracer un portrait • Recueillir des informations	• Personnes	• Grille d'entrevue • Enregistrement	• Entrevue structurée (questions fermées, ordre préétabli) • Entrevue semi-structurée (questions fermées et ouvertes, ordre préétabli) • Entrevue non structurée (questions ouvertes, sans ordre préétabli)

(Voir la suite à la page suivante.)

---

13. Inspiré d'Andrée LAMOUREUX, *Recherche et méthodologie en sciences humaines*, Laval, Éditions Études Vivantes, 1995, p. 143-241.

Tableau 10.6 *(suite)* **Outils et méthodes de la recherche documentaire**

Méthodes de recherche	Buts	Sources des informations	Outils	Procédures
Analyse de données chiffrées (statistiques)	• Recueillir des informations • Consulter et regrouper des données déjà disponibles	• Données chiffrées déjà constituées, de source publique ou privée • Données chiffrées que l'on recueille soi-même	• Chiffriers (ex. : *Excel, Statistical Package for Social Science*) • Recueils de statistiques (ex. : recensements) • Tableaux et toutes formes de présentation des données (➜ *voir le chapitre 12, p. 240*)	• Collecte des données • Lecture des données • Évaluation des données • Traitement des données • Présentation des données
Observation	• Recueillir des informations • Dénombrer et décrire des comportements observés	• Personnes	• Grille d'observation fermée ou ouverte • Vidéo • Journal de bord (consignation différée et retour sur l'observation)	• Élaboration des grilles a) grille fermée (comportements prévisibles déjà consignés) b) grille ouverte (l'observateur note tous les comportements) • Observation • Consignation des comportements : durée, fréquence, amplitude, etc.

La rencontre avec l'enseignant

À cette étape-ci, il serait temps de rencontrer de nouveau votre enseignant pour lui présenter votre hypothèse de travail (si nécessaire), le plan provisoire et les résultats de la collecte de données, sous forme de fiches documentaires, de rapports d'entrevue et de tableaux statistiques. L'enseignant sera alors en mesure d'évaluer le projet de recherche, de suggérer des modifications et de proposer des lectures ou des activités complémentaires.

Quatrième étape : analyser et interpréter les résultats

À cette étape, vous posez un jugement sur la qualité du matériel que vous avez recueilli et vous établissez la validité de votre démonstration par rapport à l'hypothèse du travail[14]. Vous devez donc :

• analyser la qualité du matériel recueilli ;

• interpréter vos résultats au regard de l'hypothèse ;

• construire un plan de rédaction ;

• rencontrer votre enseignant.

---

14. Pour plus de détails en matière d'analyse et d'interprétation des résultats d'une recherche, consultez Andrée LAMOUREUX (chapitre 7), Maurice ANGERS (6ᵉ partie), Jean DIONNE et Christian LAVILLE (chapitre 8) et Benoît GAUTHIER (chapitre 6) (➜ *voir la bibliographie, p. 277*).

10

L'analyse du matériel recueilli

La recherche est un processus de questionnement. Tout au long des diverses activités de recherche, il faut exercer son **esprit critique** sur les données.

Voici quelques pistes de réflexion pour les **données écrites.**

- Les textes lus proviennent-ils de spécialistes, d'universitaires ou, au contraire, de personnes qui ont peu de crédibilité scientifique ? Tous les arguments ne se valent pas !

- Attention aux résultats de travaux de recherche scientifiques : toutes les recherches comportent des biais, des problèmes et des difficultés d'interprétation. Certaines recherches sont carrément remises en question par d'autres chercheurs. Alors, prudence !

- Les témoignages concordent-ils ?

- S'il y a des contradictions entre les témoignages ou entre les opinions des spécialistes, en vertu de quel principe va-t-on choisir une interprétation plutôt qu'une autre ?

- Faut-il effectuer d'autres entrevues, par exemple, pour vérifier ou confirmer certaines données ?

- Les informations recueillies tiennent-elles compte des récentes découvertes ou des nouvelles approches ?

- Y a-t-il des informations inutiles que l'on peut rejeter sans nuire à la rigueur de la démonstration ?

- La provenance des sources est-elle variée ? Il faut éviter de s'en tenir à une seule série de faits ou à des témoignages émanant de la même source. Il faut varier la provenance de ses sources d'information : pour un travail de 10 à 15 pages, il faudra consulter une dizaine de sources différentes.

- Le type de sources est-il varié ? Il faut varier le type de sources : primaires (témoignages) et secondaires (interprétations).

Pour les **données chiffrées,** votre réflexion pourrait porter sur les points suivants.

- Ce n'est pas parce qu'une donnée est chiffrée ou présentée dans un tableau statistique attrayant qu'elle est nécessairement vraie ou pertinente. Soyez toujours vigilant, même envers les chiffres !

- Les calculs sont-ils effectués correctement ?

- L'information est-elle pertinente ? Est-ce qu'elle apporte quelque chose à votre démonstration ?

- Les informations sont-elles à jour ? Y aurait-il moyen d'aller chercher des statistiques plus récentes sur le même sujet ?

- La présentation des tableaux est-elle claire et rigoureuse ?

- On peut utiliser les divers procédés graphiques, tels que des tableaux, des figures, des schémas (➔ *voir le chapitre 12, p. 240*), mais on ne retient que les éléments les plus probants.

L'interprétation des résultats au regard de l'hypothèse

Vous devez maintenant réfléchir à la portée de vos résultats. Êtes-vous en mesure de **valider votre hypothèse,** c'est-à-dire de la confirmer ? Devez-vous la déclarer infirmée, parce que le matériel recueilli ne permet pas d'établir une relation entre les deux variables à l'étude ?

Vous devez construire un raisonnement, une séquence d'arguments, de preuves, de faits qui confirment ou infirment votre hypothèse. Vous devez ensuite proposer un plan de présentation de vos arguments, de manière qu'il y ait une progression qui amène votre lecteur à adhérer à la logique de votre exposé.

La construction d'un plan définitif

Vous allez maintenant « jouer » avec les fiches documentaires ou le matériel d'expérimentation, afin d'organiser l'information et les arguments dans un ordre logique, convaincant. Il faut classer toutes les fiches en fonction des idées principales et des idées secondaires, puis ordonner le tout et élaborer un plan définitif.

Le plan définitif comprend une introduction (hypothèse et présentation du travail), un développement (des parties ordonnées en fonction des idées principales) et une conclusion. Vous pouvez ajouter des annexes, si nécessaire, avant la bibliographie. Un petit conseil : il est fortement recommandé de rédiger le développement avant l'introduction, car ce n'est qu'une fois que le développement est terminé que l'on peut à coup sûr présenter dans l'introduction l'enchaînement des idées.

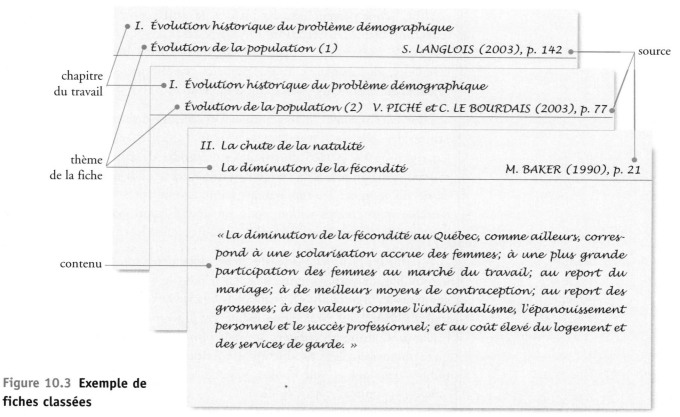

Figure 10.3 Exemple de fiches classées

(➜ *voir le chapitre 3, p. 40 à 49*)

Figure 10.4 **Système de numérotation usuel de la structure d'un texte**

La rencontre avec l'enseignant

Encore? Eh oui! Après tout, c'est votre enseignant qui évalue votre démarche et votre rapport, et c'est lui qui peut le mieux vous guider jusqu'à la rédaction finale. Alors, il vaut mieux le rencontrer juste avant de rédiger le rapport. Il faudra peut-être ajouter une dimension importante, inclure une partie essentielle ou transformer l'ordre de présentation des arguments. Il est aussi possible qu'il n'y ait pas assez de données pour vérifier votre hypothèse ou que votre plan soit incomplet. De toute façon, cette brève rencontre peut vous éviter bien des ennuis et représente peut-être la différence entre une note moyenne et une note supérieure.

Cinquième étape : rédiger le rapport de recherche

Rédiger un texte, quel qu'il soit, suppose qu'on veut communiquer un message, une émotion ou une information à un lecteur. Pour reprendre les termes de la théorie de l'information, on devient alors un émetteur qui veut communiquer un message à un récepteur. Une communication efficace implique le respect de certaines lois. Le texte doit être clair, structuré et rédigé dans un style neutre (➜ *voir p. 216*) dans lequel on emploie le « nous » scientifique. Il faut donc diviser son travail en parties dans lesquelles les arguments liés aux idées principales sont développés. La figure 10.6 présente un exemple de la structure d'un rapport.

Nous avons présenté, au chapitre 9, les différentes sortes de plans de rédaction d'une dissertation ou d'un essai critique. Le tableau 9.3 (➜ *voir le chapitre 9, p. 188*) en présente six : les plans progressif, comparatif, inventaire, dialectique, chronologique et scientifique. À vous de choisir l'enchaînement des arguments qui cadre le mieux avec vos objectifs.

Pour faire ressortir la structure et l'organisation du texte, vous pouvez utiliser des sous-titres numérotés de façon à aider le lecteur à s'y retrouver. Les figures 10.4 et 10.5 illustrent les méthodes de numérotation les plus courantes. Si l'on se sert du **système décimal,** on attribue un numéro à chaque partie du rapport; les subdivisions commencent après la décimale. Évitez d'utiliser cette numérotation dans un travail court, car elle alourdit la présentation. Le **système usuel,** plus répandu, alterne les chiffres avec les lettres.

À partir du plan définitif et des fiches documentaires, rédigez maintenant le brouillon de votre rapport. Puis, en relisant le brouillon, complétez-le en ajoutant des arguments, en peaufinant le style et en corrigeant les fautes de français. N'oubliez jamais que même les plus grands écrivains et les plus brillants scientifiques rédigent souvent plusieurs versions de leurs écrits et qu'ils soumettent leur production à la critique d'autres personnes avant de publier quoi que ce soit. Alors… « Vingt fois sur le métier, remettez votre ouvrage », comme l'a écrit Boileau.

La rédaction du développement

Le rapport est une démonstration, une argumentation. Il doit indiquer une progression ou une évolution des idées qui mène vers la conclusion. Le développement répond à la question posée initialement : il la discute, démontre la validité de l'hypothèse de départ ou, au contraire, il la réfute, arguments à l'appui. Le développement doit être clair, logique, cohérent et continu. Il doit être rédigé — tout comme le reste du document — dans un français de qualité.

Chaque partie du développement doit être introduite, développée et conclue. L'introduction d'une partie ou d'un chapitre le situe dans l'ensemble du travail et donne un aperçu des principaux arguments qui vont suivre. Le paragraphe qui clôt une partie, la conclusion, doit faire le point et proposer une transition avec ce qui suit.

Pour la correction de votre rapport, l'enseignant utilisera certains critères. Soyez assuré qu'ils incluront à coup sûr les paramètres suivants :

- **Clarté :** le message de chaque phrase, de chaque paragraphe doit être clair pour le lecteur. Les phrases doivent être complètes et bien structurées.

- **Logique :** les idées secondaires doivent appuyer les idées principales. Chaque partie doit concourir à développer un aspect de l'argumentation centrale du rapport de recherche.

- **Cohérence :** il faut que chaque partie occupe la place qui lui revient dans la progression de la démonstration. Par exemple, les causes viennent avant les conséquences, les exemples suivent l'énoncé des arguments théoriques.

- **Continuité :** il doit y avoir une progression du début à la fin. Les phrases de transition entre les parties doivent permettre au lecteur de suivre cette progression.

- **Qualité de la langue :** l'orthographe, la syntaxe et la justesse des mots choisis et des figures de style doivent concourir à faciliter la lecture du rapport. Il est désagréable de lire un rapport rempli de fautes : le lecteur qui passe son temps à les corriger et à deviner le sens du texte finit par perdre le fil. Il n'est alors pas très enclin à apprécier la qualité des idées développées par l'auteur.

La rédaction de l'introduction

L'introduction (du latin *intro,* « intérieur » et *ductio,* « conduire ») sert à préparer le lecteur au texte qui va suivre, et ne représente pas plus de 10 % de la longueur totale du rapport. Elle remplit essentiellement trois fonctions.

- **Amener le sujet :** définir la problématique, c'est-à-dire évaluer l'intérêt de la question, cerner sa difficulté et, s'il y a lieu, présenter l'historique du problème.

- **Poser le sujet :** énoncer l'hypothèse de travail, c'est-à-dire préciser la question traitée et l'angle sous lequel elle sera abordée.

Système décimal

Introduction

1. Le divorce au Québec
   1.1 Historique sur le plan législatif
   1.2 Évolution de la situation de 1960 à 1999
       1.2.1 Nombre de mariages
           1.2.1.1 Au Canada
           1.2.1.2 Au Québec
       1.2.2 Nombre de divorces
       1.2.3 Nombre de familles monoparentales
       1.2.4 Nombre d'enfants touchés par un divorce
   1.3 La situation en 1999 et les tendances pour l'an 2005

2. Les effets du divorce sur les enfants
   2.1 Le contexte social
       2.1.1 L'école
       2.1.2 Les amis
   2.2 La dimension affective
   2.3 La perte d'un parent

3. Les comportements des enfants de parents divorcés
   3.1 La délinquance
   3.2 La diminution du rendement scolaire
   3.3 Les problèmes psychologiques

Conclusion

Bibliographie

Figure 10.5 Système de numérotation décimal de la structure d'un texte

10

- **Diviser le sujet :** exposer les grandes lignes du plan qui sera suivi dans le développement et poser les limites du rapport.

La rédaction de la conclusion

La conclusion doit être évocatrice, pratique et stimulante. Évocatrice parce qu'elle rappelle le cheminement de la pensée, tel que suivi tout au long du travail, à travers l'enchaînement des idées principales. Pratique parce qu'elle apporte la réponse à l'énoncé ou à l'hypothèse de travail, indiquant dans quelle mesure cette hypothèse a été confirmée ou infirmée. Stimulante parce qu'elle présente des perspectives nouvelles, suggère un angle de recherche qui pourrait être prometteur, tout en précisant les limites du travail de recherche effectué. La conclusion n'occupe jamais plus de 10 % de la longueur totale du rapport.

Un dernier conseil! Évitez absolument de terminer votre travail par les formules du genre « J'espère que vous avez aimé ce travail » ou encore « Vous en savez maintenant davantage sur ce sujet ». Ne présumez pas des connaissances de votre lecteur. Il faut garder un ton neutre, propre aux écrits scientifiques.

Tactique

La rédaction d'un texte

Lorsque vous rédigez un brouillon à la main :

- n'écrivez qu'au recto des feuilles et laissez beaucoup d'espace entre les parties afin de pouvoir ajouter du texte, si nécessaire ;

- ayez devant vous le plan détaillé de votre rapport ;

- tenez-vous-en à une idée par paragraphe ; changez de paragraphe aussi souvent que nécessaire pour aérer le texte ;

- n'employez pas le « je » ; employez le style impersonnel, scientifique ou neutre : « Les faits concordent », « Tout conduit à penser que… » au lieu de : « Je crois que… » ou « Mon opinion est que… », etc. Certains chercheurs parlent d'eux-mêmes à la troisième personne : « Le chercheur constate que… » ;

- le « nous » scientifique[15] est recommandé, car il indique que le chercheur appartient à la communauté scientifique, mais il ne faut pas en abuser ; les adjectifs et les participes ne s'accordent qu'en genre, pas en nombre, avec le sujet : Mélanie écrira « Nous sommes convaincue… », alors qu'Alexandre conclura « Nous sommes persuadé que… » ;

- choisissez le mot juste : vérifier dans un dictionnaire des synonymes peut vous aider ;

- relisez-vous au moins une journée après avoir terminé la rédaction pour corriger le style et les fautes ;

- faites lire votre rapport par un ami ou un parent.

---

15. Sur cette question, lire C. LAVILLE et J. DIONNE, *op. cit.*, p. 278.

Introduction
Sujet amené (problématique)
Sujet posé (hypothèse)
Sujet divisé (les grandes divisions du texte)

Développement

Partie 1 : Premier argument principal
Introduction : ce qui va être démontré dans la partie 1
Développement
Premier argument secondaire
Transition
Deuxième argument secondaire
Transition
Troisième argument secondaire
Conclusion et transition vers la partie 2

Partie 2 : Deuxième argument principal
Introduction : ce qui va être démontré dans la partie 2
Développement
Premier argument secondaire
Transition
Deuxième argument secondaire
Conclusion et transition vers la partie 3

Partie 3 : Troisième argument principal
Introduction : ce qui va être démontré dans la partie 3
Développement
Premier argument secondaire
Transition
Deuxième argument secondaire
Conclusion

Conclusion
Retour sur le cheminement du travail
Réponse à la question posée ou retour sur l'hypothèse
Limites de la recherche et perspectives nouvelles

Annexes (s'il y a lieu)

Bibliographie

Figure 10.6 Exemple de structure d'un texte

Les citations et le plagiat des sources consultées

Les citations

Il est parfois essentiel de reproduire textuellement la pensée d'un auteur, le texte d'une déclaration ou l'extrait d'une lettre. Quand on cite :

- on assume sa « dette intellectuelle » envers l'auteur ;
- on permet au lecteur de retrouver les sources qui ont servi à construire l'argumentation ;
- on informe le lecteur de son cheminement intellectuel[16].

Comme le remarque Raymond H. Shevenell :

> On cite pour fournir une preuve, pour appuyer le contexte et pour l'éclairer, non pour le rendre obscur ni pour le faire perdre de vue.

---

16. B.T. WILLIAMS et M. BRYDON-MILLER, *Concept to Completion. Writing Well in the Social Sciences*, New York, Harcourt Brace College Publishers, 1997, p. 78.

On ne plante jamais une citation dans le texte comme un poteau au milieu d'une rue. La citation fera toujours partie intégrante du texte; [...] elle sera liée intimement à la marche des idées[17].

Puisque la citation vient à l'appui d'un argument, elle doit toujours être présentée par le rédacteur du rapport; elle doit parfois être expliquée ou commentée. En somme, on ne doit pas « parsemer » le texte de citations choisies au hasard pour faire étalage de ses lectures. Au contraire, une citation judicieusement choisie et commentée témoigne de la capacité d'analyser un texte et de faire ressortir la pensée d'un auteur (pour la présentation des citations, *voir le chapitre 12, p. 241 à 244*).

Tactique

Plagier? Non merci!

Pour éviter le plagiat, voici quelques consignes.

- Dès que vous lisez un ouvrage au cours d'une recherche, notez soigneusement en haut de la page ou de la fiche sur laquelle vous prenez des notes de lecture sa référence complète : auteur(s), titre, description (*voir le chapitre 12, p. 245 à 253*).

- Pour chaque affirmation importante, notez la page du livre entre parenthèses.

- Soulignez toujours les titres d'ouvrages, de périodiques, d'encyclopédies; le lecteur est ainsi informé des sources de vos idées.

- Bien entendu, chaque fois que vous citez le texte d'un auteur ou que vous résumez la pensée d'une autre personne, indiquez-en la provenance par une référence au bas de la page ou à la fin du rapport.

Définition ➡

Le plagiat

Plagier, c'est reproduire le texte d'un auteur sans en donner la source, de manière à laisser croire que c'est l'expression de sa propre pensée. Que l'on reproduise un extrait de livre, un document de site Internet, un paragraphe d'un article de revue ou d'encyclopédie, c'est du plagiat lorsqu'on ne donne pas la référence complète de cet emprunt à la pensée d'un autre. Le plagiat est une fraude sanctionnée par la note zéro, parfois par le renvoi du cours auquel on est inscrit, voire par le renvoi de l'établissement où l'on étudie. Il s'agit d'un délit grave. Il en va de votre intégrité intellectuelle, voire de la simple honnêteté.

Ne pas indiquer sa source lorsqu'on cite le texte d'un autre ou que l'on reprend les idées d'un autre sont deux attitudes tout aussi inacceptables sur le plan de l'éthique intellectuelle. Ainsi, résumer le texte d'un autre est permis, mais ne pas en indiquer la source, c'est plagier.

---

17. Raymond H. SHEVENELL, o.m.i., *Recherches et thèses. Research and Theses*, 3ᵉ éd., Ottawa, Éditions de l'Université d'Ottawa, 1963, p. 76.

Devenez un chercheur rigoureux

- **Soyez curieux !** Le chercheur curieux veut apprendre et il est prêt à mener une enquête approfondie sur une question afin d'en savoir plus. Il prend le temps de s'arrêter pour observer et comprendre des phénomènes nouveaux : il n'est pas déboussolé par les découvertes qu'il fait en chemin, même par celles qui bousculent ses idées.

- **Ayez l'esprit critique.** Le chercheur n'accepte pas les idées toutes faites et il doute de la véracité des faits, des arguments et des statistiques qu'on lui présente, à moins qu'il n'ait la preuve formelle de leur authenticité. Il examine avec soin la méthode utilisée par les autres chercheurs ou, à tout le moins, il s'interroge sur leur démarche et cherche à faire le lien entre la méthode utilisée et les conclusions auxquelles ils arrivent.

- **Soyez rigoureux.** Bien entendu, le chercheur n'accepte pas les demi-vérités et il s'emploie à établir les faits en utilisant des outils reconnus. Il construit sa preuve de manière systématique et ne laisse rien au hasard. Il emploie un vocabulaire précis et décrit minutieusement les faits.

- **Ayez l'esprit coopératif.** Le chercheur qui entreprend une démarche de collecte de données bénéficie des résultats obtenus par d'autres chercheurs et contribuera par sa recherche à faire avancer les connaissances des autres chercheurs. La modestie est donc de rigueur, de même que la reconnaissance des « dettes intellectuelles » que l'on a contractées à l'égard des autres. De plus, le chercheur travaille bien en équipe, sans prendre toute la place, mais sans laisser une autre personne orienter le travail dans un sens qu'il juge inadéquat.

10

À retenir

	OUI	NON
• Ai-je **choisi** un **sujet bien délimité** dans le temps et dans l'espace ?	☐	☐
• Est-ce que je formule mes idées de manière à **dégager une hypothèse** de travail vérifiable ?	☐	☐
• Ai-je bien **planifié** toutes les **étapes** du travail de recherche ?	☐	☐
• Est-ce que je **connais** les caractéristiques des différentes **méthodes de collecte de données** ?	☐	☐
• Est-ce que j'**interprète** mes résultats de recherche en fonction de mon hypothèse ?	☐	☐
• Est-ce que je prends tous les moyens pour **éviter le plagiat** et **citer correctement** les auteurs consultés ?	☐	☐

Chapitre 11

Travailler en équipe

« En équipe, la première consigne est de se donner des rôles clairs. Ainsi, on sait ce que chacun doit faire et, s'il y a un problème, on sait à qui s'adresser. »

Jean-François, 18 ans

11

Après avoir lu attentivement le présent chapitre, vous serez en mesure :

- de former une équipe de travail selon des critères pertinents ;
- de planifier le travail d'une équipe de recherche ;
- d'utiliser de manière efficace votre temps pendant les réunions et les autres activités d'une équipe de travail.

De nos jours, que ce soit sur le marché du travail ou en milieu scolaire, l'aptitude à travailler en équipe est cruciale pour être efficace.

← **Définition**

Le travail en équipe, c'est la réalisation d'un travail complexe grâce à la mise en commun des ressources, des énergies et des compétences de plusieurs personnes. Cependant, cette activité ne se réduit pas à la simple répartition d'un travail entre plusieurs individus. Lorsque certaines conditions sont respectées, le travail en groupe se traduit par une **synergie,** c'est-à-dire une « action coordonnée de plusieurs organes, [une] association de plusieurs facteurs qui concourent à une action, à un effet unique[1] », qui permet de dépasser le niveau que chacun des membres de l'équipe aurait pu atteindre seul, pour produire quelque chose de plus complet, de meilleur et de plus pertinent.

Travailler en groupe peut devenir une importante source de stimulation. En effet, les membres de l'équipe peuvent s'encourager et apporter des idées nouvelles qui font progresser tout le monde.

LA FORMATION DE L'ÉQUIPE

Au départ, l'enseignant demande aux élèves de former une équipe afin de réaliser un travail de recherche. La première question qui se pose est la suivante : aurez-vous le choix de vos partenaires ou vous seront-ils imposés ?

Lorsque vous pouvez choisir vos coéquipiers, la tentation est grande de ne recruter que vos amis présents dans le groupe-cours. Mais cette réaction peut être un piège : vos amis sont-ils les meilleures personnes pour réaliser ce travail ? N'y a-t-il pas intérêt à rechercher des personnes qui vous compléteront et partageront des compétences et des ressources nouvelles ? Enfin, le travail sera-t-il sérieux, efficace et rigoureux avec des amis ? Vous avez donc tout intérêt à recruter soigneusement les membres de votre équipe.

Dans le cas où les coéquipiers sont imposés, il est important d'être positif et ouvert aux autres. En ce sens, la première réunion sera très importante, car elle devra vous permettre de mieux connaître vos coéquipiers et de partir du bon pied.

Par ailleurs, rappelez-vous que le succès du travail en équipe dépend de trois conditions :

- l'**intérêt** personnel des membres pour le sujet choisi ;

1. *Le Petit Robert 1*, article « synergie », 1985, p. 1 907.

11

- l'**engagement** de chacun à réaliser dans les délais fixés les tâches qui lui sont confiées ;
- l'**harmonie** et la bonne entente au sein de l'équipe.

LA PLANIFICATION DU TRAVAIL

La planification du travail en équipe est la clé du succès. Elle implique une bonne gestion du temps, une répartition équitable des rôles et des tâches, une habileté à gérer les conflits et une planification rigoureuse des étapes du travail à accomplir.

La gestion du temps

Habituellement, une session d'études ne dure que 15 ou 16 semaines. Il faut donc décider d'un échéancier et le respecter car tout retard peut compromettre le succès du travail de l'équipe. Chacun doit établir un **horaire de travail** qui tient compte des exigences de l'équipe : réserver la même période pour faire des lectures, pour organiser des réunions, etc. Il faut être **disponible et ponctuel** : arriver à temps aux réunions, accomplir ses tâches dans les délais prévus. Voilà les conditions essentielles au succès de l'équipe (➡ *voir le chapitre 1*).

La répartition des rôles

Au chapitre de la répartition des rôles, deux erreurs sont fréquentes :

- tout le travail est accompli par un seul membre du groupe ;
- tout le monde fait sa part, sans coordination aucune.

Pour éviter ces pièges, il est important de s'entendre dès la première réunion sur une répartition équitable des tâches et des rôles.

Par exemple, une équipe de trois personnes ou plus devrait désigner un coordonnateur. À ce titre, ce coéquipier est chargé de convoquer les réunions et de maintenir l'harmonie entre les membres de l'équipe. Véritable **leader organisationnel** (➡ *voir le tableau 11.2, p. 230*), le coordonnateur ne doit en aucun cas user de son rôle pour dicter à chacun sa conduite. Sa tâche consiste plutôt à structurer les rencontres.

Vous le savez maintenant, les réunions sont des moments clés pour assurer le bon fonctionnement d'un travail en groupe. Faut-il encore que ces rencontres soient bien menées... sinon la perte de temps, les discussions inutiles et le manque d'écoute de certains peuvent engendrer bien des problèmes. Voilà pourquoi il est souhaitable de nommer un **animateur** pour chaque rencontre et ce rôle peut être rempli par la même personne ou, tour à tour, par chacun des membres de l'équipe (➡ *voir p. 229*).

De plus, il est recommandé de conserver par écrit les détails du déroulement des activités de recherche. Cette bonne habitude permet de faire plus aisément le bilan du projet et l'évaluation du travail qui reste à accomplir.

Un **secrétaire** doit donc prendre les notes au moment de la réunion et en rédiger un compte rendu. Bien que chacun puisse remplir ce mandat à tour de rôle, il est sans doute préférable de confier cette tâche à la même personne pour toute la durée du travail.

Enfin, selon le type de recherche effectuée, il peut s'avérer utile de répartir les rôles suivants : celui de **réalisateur** pour coordonner la production d'un document audiovisuel, celui de **documentaliste** pour photocopier, conserver et classer les documents de l'équipe, et celui de **porte-parole** afin d'établir et de maintenir le contact avec les personnes-ressources du collège ou les collaborateurs externes.

Tactique

L'ABC du travail en groupe

Gardez toujours en tête les consignes suivantes lorsque vous assistez à une réunion :

- demandez la parole à l'animateur ;

- n'interrompez pas un autre membre ;

- écoutez et respectez les points de vue de chacun ;

- adressez-vous en général à tout le groupe plutôt qu'à une personne ;

- participez de façon positive pour enrichir la discussion et ne pas nuire au bon fonctionnement de l'équipe ;

- proposez-vous pour effectuer des tâches.

La gestion des conflits

Dans un groupe, bien des conflits peuvent survenir. Par exemple, que faire si un membre de l'équipe est souvent absent ou si un autre critique toujours sans jamais suggérer de solution ? Comment gérer ces conflits pour que le travail de l'équipe n'en souffre pas ? Un vieil adage ne dit-il pas qu'il vaut mieux prévenir que guérir ? Aussi, **la première chose à faire** est de **s'entendre** sur les règles de fonctionnement de l'équipe et de consigner le tout par écrit, au besoin. L'une de ces règles doit porter sur la résolution des conflits (la majorité l'emporte, un consensus doit être obtenu par discussion, etc.). Ces règles constituent en quelque sorte un contrat moral que tous les membres de l'équipe s'engagent à respecter.

De plus, il faut s'assurer que chacun **exprime ses insatisfactions** au fur et à mesure, sans attendre que le problème soit devenu insurmontable. Cependant, il est important de le faire d'une manière qui respecte les autres membres de l'équipe.

À ce sujet, Ronald B. Adler et Neil Towne ont établi différentes stratégies de résolution de conflits en insistant sur le recours à la **négociation** pour que chacun ait le sentiment qu'on a tenu compte de ses besoins dans le processus[2]. Selon eux, il y a six étapes à respecter pour une résolution heureuse des conflits : 1) bien déterminer le problème ou les besoins insatisfaits ; 2) fixer une rencontre à un moment qui convient à tous ; 3) exprimer directement et clairement le problème qui se pose ; 4) écouter le point de vue des autres ; 5) rechercher activement un arrangement ou une solution ; 6) mettre en application la solution retenue.

Pour qu'aucun malaise ne persiste au sein du groupe, on peut également **réserver une partie du temps de réunion** à la discussion portant sur les problèmes de fonctionnement. Il existe des techniques d'animation qui favorisent cette approche (➜ *voir p. 230*).

En dernier recours, l'**enseignant** peut agir à titre de médiateur afin de résoudre un problème important.

Les étapes d'une recherche en équipe

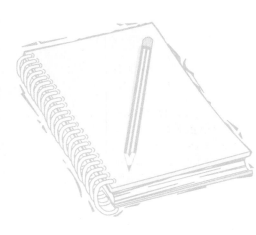

Tout comme pour un travail individuel (➜ *voir le chapitre 10, p. 190*), les différentes étapes d'une recherche en équipe vous amènent à délimiter le sujet, à planifier la stratégie de recherche, à collecter les données, à analyser les résultats, à rédiger le rapport ou à effectuer un exposé oral.

Les **principes** à la base d'une bonne planification sont les suivants :

- Les membres de l'équipe doivent effectuer une **quantité de travail équivalente** ;

- **tous les membres doivent participer** aux tâches importantes : réunions, prise de décisions, recherche documentaire, conception et administration de la collecte de données, rédaction du rapport de recherche ;

- **l'équipe prend collectivement les décisions** qui orientent le travail. Ainsi, c'est toute l'équipe qui approuve la liste des documents à lire, les fiches de lecture, le questionnaire et le rapport final ;

- **la rédaction du rapport** ne doit pas être un collage de textes mais le **produit d'une discussion collective.** C'est pour cette raison que chacun des membres doit écrire une partie de la première version du rapport et commenter les parties des autres.

Supposons une équipe de quatre membres, Geneviève, Isabelle, Marc-André et Émilio, qui a pour sujet de travail « Les effets du divorce des parents sur le rendement scolaire des élèves du collégial ». L'équipe se réunit d'abord pour faire le point sur le sujet et sur la problématique de travail, de même que sur les méthodes de recherche envisagées. Pendant cette première réunion, elle décide de procéder d'abord à une recherche documentaire sur le thème du divorce au Québec. À la suite de cette recherche, l'équipe réalisera une enquête auprès des élèves de deuxième année du programme de sciences humaines de son cégep et ce, dans le but de vérifier l'existence d'une incidence

2. Ronald B. ADLER et Neil TOWNE, adaptation d'Annie DEVAULT, Luce MARINIER et de Martine THIBAULT, *Communication et interactions*, 2e éd., Laval, Éditions Études Vivantes, 1998, p. 291-303.

de la situation familiale des élèves (parents mariés, séparés ou divorcés) sur leurs résultats scolaires.

Le tableau 11.1 résume les étapes de leur recherche, le contenu des réunions et la répartition des tâches (pour bien comprendre le sens de chacune des étapes de la recherche, → *voir le chapitre 10, p. 191*).

Tableau 11.1 **Exemple de planification d'un travail de recherche en équipe (basé sur une session de 15 semaines de cours)**

Semaine	Étapes de la recherche	Contenu de la réunion	Tâches	Personnes visées
1re semaine	Choisir le sujet et former l'équipe de travail.	• Brève rencontre à la fin du premier cours afin de former l'équipe.	• Réflexion sur le sujet du travail pour la semaine suivante.	Tous
2e semaine	Choisir le sujet et former l'équipe de travail.	**Réunion n° 1** • Présentation des membres. • Discussion pour choisir le sujet. • Échange de l'horaire et des coordonnées de chacun. • Planification de la 2e réunion.	Pour la réunion suivante : • lecture d'un article de périodique ou d'encyclopédie sur le sujet ; • rédaction des éléments de problématique.	Tous Tous
3e semaine	Planifier le travail.	**Réunion n° 2** • Répartition des rôles (coordonnateur, secrétaire). • Remue-méninges (problématique et hypothèse de travail). • Planification du travail : étapes, personnes-ressources, entrevues, matériel requis, échéancier.	• Coordination de l'équipe par Isabelle ; • le rôle d'animateur ou de secrétaire de réunion sera assuré par chaque membre à tour de rôle ; • la recherche documentaire sera effectuée par tout le monde.	Isabelle Tous Tous
3e et 4e semaines	Choisir la documentation.		Dépouillement : • des répertoires de publications gouvernementales pour les documents officiels ; • de *Repère* pour les articles de périodiques ; • du fichier central de la bibliothèque pour les volumes ; • des sites Internet ; • de *Biblio branchée (Eureka)* pour les articles de journaux.	Tous
5e semaine		**Réunion n° 3** • Sélection des documents pertinents. • Répartition des lectures entre les membres de l'équipe. • Entente sur le type de fichier de lecture.	Chacun apporte les titres des ouvrages pertinents et commente les choix des autres.	Tous

(Voir la suite à la page suivante.)

11

Semaine	Étapes de la recherche	Contenu de la réunion	Tâches	Personnes visées
De la 5ᵉ à la 10ᵉ semaine	Effectuer la collecte de données.		Collecte de données : lecture de la documentation et constitution d'un fichier de lecture.	Tous
7ᵉ semaine		**Réunion n° 4** • Analyse des résultats de la recherche documentaire. • Discussion sur la collecte de données : décision de réaliser un sondage. • Établissement de ce que l'on veut mesurer et de l'échantillon requis.	Chacun présente son fichier.	Tous
8ᵉ semaine	Effectuer la collecte de données.	**Réunion n° 5** • Adoption du questionnaire. • Rencontre avec l'enseignant.	Élaboration du sondage : • Établissement d'un questionnaire. • Administration d'un prétest et correction du questionnaire. • Uniformisation du fichier de lecture.	Isabelle et Émilio Isabelle et Émilio Geneviève et Marc-André
9ᵉ et 10ᵉ semaines			• Rédaction de la version finale du questionnaire. • Impression du questionnaire. • Administration du questionnaire auprès de l'échantillon choisi. • Dépouillement des résultats.	Isabelle Isabelle Tous Isabelle et Émilio
11ᵉ semaine	Analyser les résultats.		• Rédaction d'un texte sur la documentation existante. • Rédaction d'un document sur les résultats du sondage.	Marc-André et Geneviève Isabelle et Émilio
12ᵉ semaine	Interpréter les résultats.	**Réunion n° 6** • Interprétation des résultats du sondage. • Élaboration d'un plan de rédaction du rapport final.	Chacun réagit aux résultats en fonction des textes fournis par les membres de l'équipe.	Tous
13ᵉ semaine	Rédiger le rapport de recherche.		Première version du rapport : • Introduction, conclusion et annexes • Partie 1 • Partie 2 • Partie 3 Chacun rédige sa partie et la remet aux autres pour recevoir des commentaires.	Émilio Geneviève Marc-André Isabelle

(Voir la suite à la page suivante.)

Semaine	Étapes de la recherche	Contenu de la réunion	Tâches	Personnes visées
13e semaine *(suite)*		**Réunion n° 7** • Discussion sur le texte final du rapport de recherche. • Répartition des tâches pour la rédaction finale et la présentation du manuscrit.	Rédaction finale	Tous
14e semaine	Présenter le rapport final.		• Traitement de texte (mise en pages de toutes les parties du rapport). • Si nécessaire, exposé oral devant la classe ; répartition des sections de l'exposé.	Marc-André Tous
15e semaine	Dresser le bilan du travail.	**Réunion n° 8** • Retour sur les objectifs de départ et sur la répartition des tâches. • Évaluation du travail de chacun.		Tous

LES RÉUNIONS

Pour réaliser un travail d'équipe de qualité, il faut que les membres se réunissent afin de mettre leurs idées en commun. Mais attention ! Ces réunions peuvent être inefficaces si elles ne sont pas soigneusement préparées et animées. Voici maintenant les principes d'une bonne préparation et d'une animation efficace des réunions.

La préparation d'une réunion

Comme nous l'avons signalé, le coordonnateur d'une équipe doit convoquer les réunions. Il le fait en contactant personnellement tous les membres de l'équipe si celle-ci est réduite ou en établissant une chaîne téléphonique dans le cas d'une équipe nombreuse. Il ne faut pas convoquer de réunions inutilement. En effet, il suffit parfois de communiquer personnellement avec les membres de l'équipe pour voir à ce que le travail avance. Le but d'une réunion est de mettre les idées en commun ou de résoudre collectivement un problème

Établissement de l'équipe, du thème et du moment de la réunion.

Énumération des points à discuter.

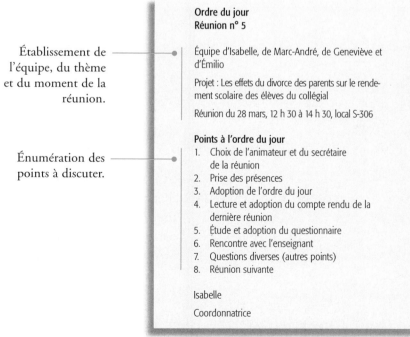

Ordre du jour
Réunion n° 5

Équipe d'Isabelle, de Marc-André, de Geneviève et d'Émilio

Projet : Les effets du divorce des parents sur le rendement scolaire des élèves du collégial

Réunion du 28 mars, 12 h 30 à 14 h 30, local S-306

Points à l'ordre du jour
1. Choix de l'animateur et du secrétaire de la réunion
2. Prise des présences
3. Adoption de l'ordre du jour
4. Lecture et adoption du compte rendu de la dernière réunion
5. Étude et adoption du questionnaire
6. Rencontre avec l'enseignant
7. Questions diverses (autres points)
8. Réunion suivante

Isabelle

Coordonnatrice

Figure 11.1 Exemple d'un ordre du jour

qui se pose à toute l'équipe. Avant que la réunion n'ait lieu, le coordonnateur prépare un **ordre du jour** qu'il distribue à tous les membres de l'équipe quelque temps avant la réunion. La figure 11.1 propose un exemple d'ordre du jour.

Le déroulement d'une réunion

Voici quelques suggestions pour améliorer le fonctionnement et le déroulement d'une réunion. Sachez que la taille d'une équipe a une influence décisive sur le type de réunion organisé : les discussions sont beaucoup plus formelles dans une équipe de 12 personnes que dans une petite équipe de trois ou quatre membres.

Tactique

Suggestions pour le déroulement de la première réunion

- Chacun se présente aux autres et fait part de ses compétences liées au sujet de recherche : travaux antérieurs, formation acquise, intérêt personnel pour le sujet, habileté à manipuler l'équipement informatique ou audiovisuel, connaissance d'Internet, etc.

- Chacun indique ce qui l'incite à réaliser le travail en question. Il est très important de connaître l'intérêt personnel de chaque membre du groupe car cela permettra de mieux répartir le travail en respectant au maximum les goûts de chacun.

- Tous échangent leurs coordonnées (numéro de téléphone) et leur horaire, et déterminent un moment où les réunions pourraient avoir lieu. Le fait d'avoir des réunions régulièrement, de préférence au même moment dans la semaine, présente des avantages certains.

- On s'entend pour fixer la date et l'heure de la réunion de travail suivante (elle doit se faire dans un avenir rapproché). Certaines équipes préfèrent organiser leurs réunions à l'extérieur du collège ou de l'université (à l'appartement de l'un des membres de l'équipe, par exemple), afin de favoriser les échanges dans un cadre moins formel. Chacun doit néanmoins garder en tête le but de la rencontre pour éviter que celle-ci ne se transforme en petite fête.

L'importance de la ponctualité

Il est important de **commencer les réunions à l'heure fixée.** Il incombe à tous les membres de l'équipe d'adopter et de faire respecter les règles afin d'éviter que les retards ne deviennent habituels. Les réunions doivent commencer à l'heure prévue, même si un membre est en retard et il faut rappeler l'importance de la ponctualité au retardataire.

Non seulement ne faut-il pas être en retard, mais il est préférable d'arriver quelques minutes avant le début de la réunion si l'on veut avoir le temps d'échanger quelques mots avec ses coéquipiers. C'est la **qualité de l'accueil** des participants qui peut donner le ton et créer un climat de travail chaleureux et sympathique; tous les membres de l'équipe sont responsables de ce dernier élément.

Le rôle du coordonnateur

Le coordonnateur, qui est nommé par les autres membres de l'équipe, est responsable de l'ouverture de la réunion. Il vérifie la présence des membres et procède au choix d'un secrétaire et d'un animateur, si ce n'est pas lui-même qui remplit cette dernière fonction. Il lit l'ordre du jour proposé et le fait adopter, en le modifiant s'il y a lieu. Il est bon de préciser quel sera le temps alloué à chacun des points à l'ordre du jour. En l'absence d'une telle mesure, il arrive souvent que la discussion s'enlise sur le premier point et qu'il ne reste plus de temps pour les autres.

L'importance de la participation de chacun

Malgré la présence d'un coordonnateur au sein d'une équipe, il est essentiel que chacun des membres soit **actif** et intervienne **positivement** dans les réunions. À chacune des étapes du travail, vous pouvez paralyser les travaux de l'équipe ou, au contraire, les faire progresser. Jouez un rôle positif sans vous effacer ni taire vos opinions même si elles sont différentes de celles des autres, car la divergence d'opinion est normale au sein d'une équipe.

La clôture de la réunion : brève mais complète

Enfin, pour clore une réunion, l'animateur peut demander aux membres de l'équipe de faire le point sur le déroulement de la rencontre (respect des règles, des étapes prévues), sur la qualité de la communication et sur la participation des membres. Il faut également s'assurer que chacun soit conscient des tâches qu'il doit accomplir pour la réunion suivante. Cette évaluation ne doit pas excéder cinq à dix minutes.

L'animation d'une réunion

Le coordonnateur peut assurer l'animation de la réunion mais ce rôle peut être confié à tout autre membre de l'équipe.

L'**animateur** voit au bon déroulement de la réunion. Il fait respecter l'ordre du jour (il demande au besoin à un membre de cesser de dévier du sujet), donne la parole, fait le point sur le travail effectué et sur ce qui reste à accomplir. Un bon animateur sera sensible au climat d'une réunion, il favorisera l'expression de ceux qui n'ont pas beaucoup parlé, il sollicitera l'avis des membres silencieux, etc. Enfin, il saura se taire plutôt que de concentrer les échanges sur son point de vue.

Remémorez-vous vos dernières expériences de travail en équipe et consultez le tableau 11.2. Reconnaissez-vous des comportements, des attitudes et des types de personnalité qui ont eu une incidence sur le climat qui régnait au sein d'une équipe de travail ?

Tableau 11.2 Quelques attitudes typiques qui favorisent ou affaiblissent la communication[3]

Attitude positive	Attitude négative
Leader organisationnel Sensible à la procédure, il structure la réunion.	**Critiqueur** Conteste tout ce qui se dit et se fait dans le groupe.
Leader affectif Attentif aux émotions, il soutient ceux qui éprouvent des difficultés.	**Inhibiteur** Ralentit le travail en se retranchant derrière des positions de principe ou en adoptant des attitudes rigides.
Pacificateur Est capable de calmer les esprits et de réduire les tensions.	**Pessimiste** Croit que l'équipe ne résoudra jamais ses problèmes.
Efficace Arrête le bavardage inutile et concentre l'attention de tous sur l'objectif à atteindre.	**Indifférent** Prétend ne pas être touché par les décisions du groupe, ne se sent pas solidaire.
Ouvert N'a pas peur de poser des questions que chacun garde pour soi par peur de l'opinion d'autrui.	**Silencieux** Ne parle jamais, ne se mouille pas, ne se sent donc jamais impliqué.
Motivateur Prouve à chacun que sa contribution est indispensable, pousse chaque personne à donner le meilleur d'elle-même.	**Prétentieux** Surestime ses capacités et s'attribue le mérite de ce que les autres ont fait.
	Manipulateur Vise des objectifs secrets bien éloignés des objectifs communs. Il flatte les gens pour obtenir leur appui.

Tactique

Quelques techniques d'animation

- Utiliser un **tableau,** de grandes feuilles collées au mur ou des tablettes sur trépied pour faire le point, noter les idées principales, etc.

- Faire des **tours de table** afin de favoriser l'expression de tous et équilibrer le temps de parole.

- Tenir à jour une **liste** de ceux qui veulent intervenir, afin de donner la parole selon l'ordre des demandes ; au besoin, tenir une double liste, afin de faire parler ceux qui ne se sont pas encore exprimés avant ceux qui ont déjà parlé. Cette tâche relève de l'animateur, qui ne doit pas oublier d'inscrire son propre nom sur la liste s'il veut prendre la parole.

- Allouer un **temps précis** à la discussion d'une question et prévenir le groupe lorsque le temps est presque écoulé afin de faire le point.

Le compte rendu d'une réunion

La préparation de la réunion exige que le secrétaire ait rédigé le **compte rendu** de la réunion précédente. Dans le cadre de réunions plus formelles,

---

3. Inspiré de Richard PRÉGENT, « La formation des étudiants au travail en équipe », dans *La préparation d'un cours,* Montréal, Éditions de l'École polytechnique de Montréal, 1990, p. 210-211.

il est souhaitable que le secrétaire présente le compte rendu au coordonnateur de l'équipe au moins une journée à l'avance, afin que celui-ci puisse apporter les corrections utiles. Ainsi, l'adoption du compte rendu prendra moins de temps et l'équipe pourra se consacrer entièrement à l'essentiel de l'ordre du jour.

Le **compte rendu** d'une réunion est un document court (une ou deux pages) qui contient le résumé des discussions et le texte des décisions prises à la réunion précédente. Plus précisément, le compte rendu contient les éléments suivants :

 **Définition**

- les présences ainsi que le lieu et l'heure de la réunion ;
- l'ordre du jour adopté ;
- les décisions prises ;
- les sujets de discussion ;
- la répartition des tâches à accomplir ;
- la date, le lieu et l'heure de convocation de la réunion suivante.

Habituellement, on rédigera le compte rendu de manière à suivre pas à pas le déroulement de la réunion, selon l'ordre du jour adopté, sans pour autant chercher à reproduire tout ce que chacun dit. Grâce aux comptes rendus des réunions, l'équipe pourra toujours suivre la progression de la recherche, retrouver une information oubliée et faire le bilan de l'ensemble du travail effectué. La figure 11.2 présente le compte rendu de la réunion n° 5 de l'équipe de travail.

On remarquera qu'un tel document ne se limite pas à mentionner : « ceci a été discuté » ou « cela a été adopté ». Il faut en effet rapporter le sens des discussions et noter les divergences, le cheminement d'une question, les décisions adoptées, la répartition précise des tâches, etc. Ces précisions peuvent servir pour une autre réunion, un bilan général, etc. De fait, l'ensemble des comptes rendus de réunions forme le **journal de bord** de l'équipe.

LE PRODUIT FINAL ET LE BILAN

Le produit final du travail de l'équipe peut prendre diverses formes : rapport de recherche, essai, dissertation, dossier, exposé oral, etc. (➔ *Pour la rédaction d'une dissertation explicative ou d'un essai critique, consultez le chapitre 9 ; pour le travail de recherche, consultez le chapitre 10. Enfin, pour la présentation matérielle, lisez le chapitre 12 et pour l'exposé oral, le chapitre 13.*)

Le texte écrit

Essentiellement, le travail d'équipe doit refléter la complexité d'une réflexion. Il ne doit pas ressembler à un collage de divers textes écrits les uns à la suite des autres sans aucun lien entre eux. L'idéal, en fait, c'est que chacun des

11

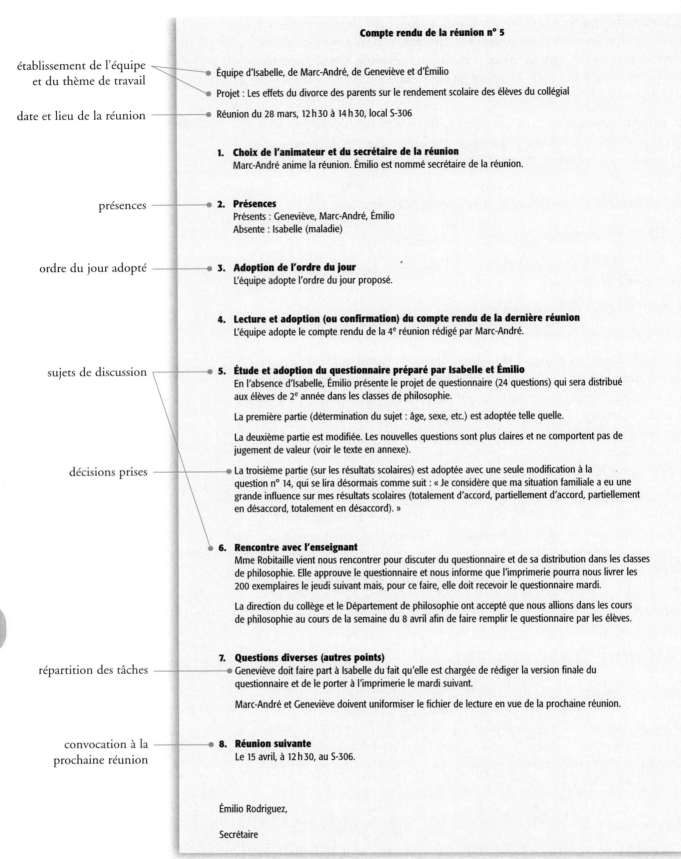

Compte rendu de la réunion n° 5

établissement de l'équipe et du thème de travail

- Équipe d'Isabelle, de Marc-André, de Geneviève et d'Émilio
- Projet : Les effets du divorce des parents sur le rendement scolaire des élèves du collégial

date et lieu de la réunion

- Réunion du 28 mars, 12 h 30 à 14 h 30, local S-306

1. Choix de l'animateur et du secrétaire de la réunion
Marc-André anime la réunion. Émilio est nommé secrétaire de la réunion.

présences

2. Présences
Présents : Geneviève, Marc-André, Émilio
Absente : Isabelle (maladie)

ordre du jour adopté

3. Adoption de l'ordre du jour
L'équipe adopte l'ordre du jour proposé.

4. Lecture et adoption (ou confirmation) du compte rendu de la dernière réunion
L'équipe adopte le compte rendu de la 4e réunion rédigé par Marc-André.

sujets de discussion

5. Étude et adoption du questionnaire préparé par Isabelle et Émilio
En l'absence d'Isabelle, Émilio présente le projet de questionnaire (24 questions) qui sera distribué aux élèves de 2e année dans les classes de philosophie.

La première partie (détermination du sujet : âge, sexe, etc.) est adoptée telle quelle.

La deuxième partie est modifiée. Les nouvelles questions sont plus claires et ne comportent pas de jugement de valeur (voir le texte en annexe).

décisions prises

La troisième partie (sur les résultats scolaires) est adoptée avec une seule modification à la question n° 14, qui se lira désormais comme suit : « Je considère que ma situation familiale a eu une grande influence sur mes résultats scolaires (totalement d'accord, partiellement d'accord, partiellement en désaccord, totalement en désaccord). »

6. Rencontre avec l'enseignant
Mme Robitaille vient nous rencontrer pour discuter du questionnaire et de sa distribution dans les classes de philosophie. Elle approuve le questionnaire et nous informe que l'imprimerie pourra nous livrer les 200 exemplaires le jeudi suivant mais, pour ce faire, elle doit recevoir le questionnaire mardi.

La direction du collège et le Département de philosophie ont accepté que nous allions dans les cours de philosophie au cours de la semaine du 8 avril afin de faire remplir le questionnaire par les élèves.

répartition des tâches

7. Questions diverses (autres points)
Geneviève doit faire part à Isabelle du fait qu'elle est chargée de rédiger la version finale du questionnaire et de le porter à l'imprimerie le mardi suivant.

Marc-André et Geneviève doivent uniformiser le fichier de lecture en vue de la prochaine réunion.

convocation à la prochaine réunion

8. Réunion suivante
Le 15 avril, à 12 h 30, au S-306.

Émilio Rodriguez,

Secrétaire

Figure 11.2 Exemple de compte rendu de réunion

11

textes individuels soit soumis à l'œil critique de tous les membres de l'équipe et qu'on le réécrive en tenant compte des observations des autres. On obtient de la sorte un **texte intégré,** fruit d'un véritable travail collectif.

L'exposé oral

De même, pour l'exposé oral, il faut que **les membres de l'équipe se répartissent les interventions** et fassent une répétition de leur exposé avant d'aller en classe devant le groupe-cours. Chacun des membres de l'équipe devrait exposer une partie des résultats de la recherche au groupe. L'un des membres pourra présenter l'équipe et faire les liens entre les différentes parties de l'exposé tandis qu'un autre pourra manipuler les appareils audiovisuels (rétroprojecteur, moniteur de télévision, etc.). Un troisième distribuera, s'il y a lieu, les documents (schéma, tableau, court texte, etc.) qui appuient les exposés et complètent les informations données au groupe. En somme, une bonne préparation et une coordination efficace permettent de faire d'un exposé oral un franc succès.

Le bilan et l'évaluation

Le **bilan** est une étape importante du travail d'équipe. Chacun des membres doit d'abord procéder à l'évaluation de sa propre productivité, de sa participation aux discussions et à la réalisation des tâches, et de son intégration dans l'équipe. Puis, le groupe doit évaluer son cheminement collectif en mettant l'accent sur les éléments suivants : l'ampleur du projet initial, la qualité du produit final, la qualité des échanges entre les membres, la bonne utilisation du travail de chacun, la capacité de résoudre des problèmes, etc.

En ce qui a trait à l'**évaluation,** si le travail a été réparti également, tout le monde devrait avoir la même note. Mais il arrive parfois que des membres de l'équipe aient traîné la patte ou n'aient pas investi autant d'énergie que les autres. À ce moment-là, il ne faut pas hésiter à s'en parler : c'est une question de respect de soi et des autres. Il faut alors qu'on attribue une note individuelle qui reflète mieux la situation véritable au sein de l'équipe et qui rende justice aux efforts de tous et chacun.

Au début du travail, informez-vous de la façon dont la note sera attribuée par l'enseignant. Y aura-t-il coévaluation, autoévaluation, etc? Cette question est très délicate et c'est à ce moment-là que l'on doit appliquer les règles de résolution de conflits (la négociation) pour arriver à un consensus. Les comptes rendus des réunions et le bilan sont alors des appuis précieux à la décision prise. Ils peuvent même être remis à l'enseignant afin qu'il comprenne votre litige.

11

Devenez un bon membre d'équipe

La personne qui travaille en équipe est disciplinée et prête à coopérer, elle respecte les autres, elle est solidaire de l'équipe tout en faisant preuve de toute la rigueur nécessaire dans le travail.

- **Faites-vous confiance et faites confiance… aux autres :** travaillez en collaboration et de façon complémentaire avec les autres membres de l'équipe. Ne vous isolez pas et cherchez à apporter une contribution positive à l'équipe tout en espérant la même chose de vos coéquipiers.

- **Soyez respectueux et ouvert à la critique :** travailler en équipe exige le respect des idées des autres. Ce type de travail exige également de tolérer les difficultés que peut éprouver un membre de l'équipe. On ne peut pas demander à tout le monde de voir les choses de manière similaire ou de comprendre au même rythme. Il est donc nécessaire d'être tolérant tout en faisant valoir ses idées.

- **Soyez solidaire :** travailler en équipe nécessite que l'on soit solidaire avec ses coéquipiers lorsqu'on a pris des décisions ensemble ou donné une orientation particulière au travail. En cas de difficultés ou d'échec, le membre de l'équipe ne doit pas faire porter injustement le blâme aux autres.

- **Soyez rigoureux :** toutes ces qualités doivent être combinées à la rigueur dans l'accomplissement des tâches. Si un ou des membres de l'équipe ne font pas leur travail, s'absentent aux réunions ou ont des comportements qui nuisent au travail de l'équipe, des conséquences peut-être désastreuses se feront sentir sur le résultat final. Il faut donc accomplir son travail, mais ne pas avoir peur de relever les problèmes et de proposer des solutions.

À retenir

	OUI	NON
• Ai-je bien **évalué** les capacités des membres de mon équipe de travail ?	☐	☐
• A-t-on **réparti les rôles** au sein de l'équipe ?	☐	☐
• A-t-on **planifié le travail** pour les 15 semaines de la session ?	☐	☐
• Les **réunions** sont-elles bien **convoquées** et bien **animées** ?	☐	☐
• A-t-on **effectué le compte rendu** de toutes les réunions ?	☐	☐
• S'est-on assuré de bien **intégrer les contributions** de chacun au rapport de recherche ?	☐	☐
• A-t-on bien **réparti les rôles** en vue de l'exposé oral ?	☐	☐

Chapitre 12

Bien présenter un rapport

« Avant de considérer mon rapport comme final, je le relis et je le fais lire par quelqu'un d'autre pour corriger le plus d'erreurs possible. Souvent, je découvre des coquilles... »

Olivier, 18 ans

→ **La présentation soignée des rapports**
   La disposition générale (tableau 12.1)
   Les citations et les références (tableau 12.2)
   La bibliographie (tableaux 12.3 et 12.4)

→ **Modèle de présentation d'un rapport**

→ **Compétence : peaufinez vos rapports**

Après avoir lu attentivement le présent chapitre, vous serez en mesure :

- de présenter, selon les règles, un rapport dactylographié ou effectué à l'aide d'un logiciel de traitement de texte ;

- d'utiliser les figures et les tableaux pour mieux présenter vos idées ;

- d'indiquer correctement les références des auteurs consultés ;

- de présenter adéquatement la bibliographie d'un rapport.

LA PRÉSENTATION SOIGNÉE DES RAPPORTS

L'étape de la rédaction finale et de la mise en forme d'un rapport est déterminante, car sa présentation matérielle (la forme) vient soutenir la présentation des idées (le fond). Disposé selon des règles précises qui en facilitent la consultation, votre texte attirera l'attention du lecteur. Une apparence harmonieuse et rigoureuse prédisposera toujours favorablement le lecteur.

Le présent chapitre – qui propose essentiellement des tableaux faciles à consulter - traite des normes de présentation matérielle des rapports. Ce protocole est valable pour la plupart des travaux écrits (dissertations, rapports de recherche, rapports de stage, dossiers, etc.). Le tableau 12.1 résume les normes générales de disposition des rapports. Cependant, certains enseignants ont des exigences particulières, reliées parfois aux normes de leur discipline d'enseignement. Assurez-vous de les connaître et de vous y conformer.

Tableau 12.1 La disposition générale

Éléments à surveiller	Consignes
Le papier	Le papier utilisé doit être blanc, de bonne qualité et de dimensions uniformes (22 cm sur 28 cm). On n'utilise que le recto des feuilles.
La reliure	• Le rapport doit être simplement agrafé au coin supérieur gauche. • Certains préfèrent l'insérer dans une reliure ou une chemise : en règle générale, les enseignants n'apprécient guère ces reliures qui se manipulent mal lors de la correction. • Si vous tenez à la reliure et que l'enseignant ne l'interdit pas, sachez que la sobriété est de mise dans le choix d'une couverture (par exemple, évitez d'utiliser une photo de vedette rock pour un rapport sur la pensée d'Aristote).
Les marges (→ *Voir la figure 12.1, p. 254.*)	• Il est absolument nécessaire de laisser des marges suffisantes pour que le correcteur puisse annoter le texte. • Si vous travaillez avec un logiciel de traitement de texte, vous pouvez établir la mise en page de votre texte, et les marges sont alors définies une fois pour toutes. • Le texte ne doit jamais excéder ces marges, même sur les pages qui comportent des tableaux ou des figures, de même que pour les notes au bas des pages. • Les marges doivent avoir les dimensions suivantes : – **en haut :** 6,25 cm au début d'un chapitre ou d'une section du rapport; 4 cm pour les autres pages ; – **en bas :** 3 cm ; – **à gauche :** 4 cm afin de permettre une lecture facile lorsque le texte est agrafé et afin de laisser de l'espace pour que le correcteur puisse annoter le texte ; – **à droite :** 3 cm.

(Voir la suite à la page suivante.)

12

Tableau 12.1 *(suite)* **La disposition générale**

Éléments à surveiller	Consignes
L'interligne	• **Le texte doit être écrit à double interligne (l'interligne et demi est acceptable).** • **L'interligne simple** est utilisé dans les cas suivants : – citation de plus de cinq lignes (en retrait) ; – note et référence en bas de page ; – tableau ; – titre de plus d'une ligne ; – notice bibliographique (un double interligne ou un interligne et demi sépare cependant les notices les unes des autres) ; – titres énumérés dans les listes de figures, d'illustrations, de sigles ou autres ; – annexe ; – index. • Le titre d'un chapitre est suivi d'un quadruple interligne. • L'intertitre est précédé d'un quadruple interligne et suivi d'un double interligne, car il doit toujours être rapproché du texte qu'il annonce. • Chaque **partie** (table des matières, liste, préface ou avant-propos, introduction, chapitre, conclusion, bibliographie, annexe, etc.) doit commencer sur une nouvelle page. • On ne doit jamais commencer un paragraphe à la dernière ligne d'une page : on le reporte à la page suivante. • On ne coupe pas un **mot** au bas d'une page.
La pagination (→ *Voir la figure 12.1, p. 254.*) (→ *Voir les figures 12.2 à 12.14, p. 254 à 260.*)	• Toutes les pages du texte sont comptées, de la page de titre à la dernière page de la bibliographie. • On n'indique pas de numéro sur une page qui commence par un titre important (page de titre, introduction, chapitre, conclusion, annexe, index, bibliographie). • Le numéro des pages est indiqué en chiffres arabes dans le coin supérieur droit des feuilles, à 2,5 cm du haut et à 3 cm de la droite de la page. • Les pages contenant des tableaux, des figures et des graphiques doivent être paginées. • Les pages précédant l'introduction (page de titre, table des matières, liste des tableaux ou des figures, avant-propos, etc.) sont comptées et habituellement numérotées avec des chiffres romains en petites capitales (i, ii, iii, iv, v, etc.) ; la page de titre, même si elle est comptée, n'est pas paginée. • Les pages du corps du texte, qui commence avec l'introduction, sont numérotées en chiffres arabes à partir de un (1). • La plupart des bons logiciels de traitement de texte, comme *Word*© ou *Wordperfect*©, permettent de disposer le texte automatiquement selon vos spécifications. **Créez un modèle de mise en page permanent** (un gabarit) que vous sauvegarderez sur votre disque rigide et auquel vous aurez toujours recours : vous n'aurez pas à recommencer chaque fois. **Pour tous vos travaux, utilisez le gabarit qui se trouve sur le site : www.beaucheminediteur.com/pourreussir**
Le caractère typographique	• Le caractère typographique doit être uniforme du début à la fin du texte. • Parce qu'il est largement utilisé dans le domaine de l'édition, nous recommandons l'emploi de la police de caractère *Times,* dont le **corps** (la taille) ne doit pas excéder **12 points** (une mesure courante en typographie). • L'emploi d'un corps plus petit, de 10 points par exemple, n'est pas recommandé sauf pour les notes en bas de page, comme le font automatiquement les logiciels comme *Word*© et *Wordperfect*©. **Exemples** Le texte suivant est rédigé en *Times*, 12 points. Le texte suivant est rédigé en *Times*, 10 points. `Le texte suivant est rédigé en Courier New, 12 points.`
Le niveau du caractère (casse)	• Le niveau (casse), ou la forme de base des lettres, doit être la **minuscule** (ou bas de casse), car c'est la casse la plus lisible.

(Voir la suite à la page suivante.)

12

Tableau 12.1 *(suite)* **La disposition générale**

Éléments à surveiller	Consignes
Le niveau du caractère (casse) *(suite)*	• On réserve la **majuscule** pour le début des phrases, les sigles (ex. : OQLF, BNQ, HEC, RRQ, etc.) et les acronymes[1] (OPEP, NASA, AFEAS, ONU, etc.) ; notez que l'on écrit les sigles et les acronymes sans points séparateurs : INRS, OTAN, et non I.N.R.S., O.T.A.N., etc. • Prenez l'habitude d'écrire en majuscules également les noms des auteurs cités en référence ou en bibliographie ; dans le cas d'un auteur qui s'appellerait René ROBERT, par exemple, la précision serait utile. • Il est recommandé de mettre les accents sur les majuscules : l'**É**tat, le ministre de l'**É**ducation, etc.
Le soulignement	Évitez le soulignement, car il coupe les traits verticaux de certaines lettres, comme *g* et *p*. On l'utilisait autrefois avec la machine à écrire, mais il est devenu désuet avec les logiciels de traitement de texte qui permettent le recours à l'italique.

Les caractères romain et italique	• Le texte doit être rédigé en romain, qui est droit.
	• L'italique, qui se rapproche de l'écriture manuscrite, est penché et se lit plus difficilement. On le réserve aux éléments suivants :
	
	  • Le titre d'une œuvre (livre, pièce de théâtre, partition musicale, site Internet, film, tableau, etc.).
	    Exemples L'ouvrage de Dante, *La divine comédie.*
	                   La Joconde, de Léonard de Vinci.
	                   On consultera le *Site de la Bibliothèque de l'Université Laval.*
	
	  • Le titre d'un périodique.
	    Exemples Le journal *Le Devoir*
	                   L'Éveil agricole est un périodique influent.
	
	  • La devise d'un pays, d'un État, d'une institution.
	    Exemples *Je me souviens* est la devise du Québec.
	                   In hoc signo vinces, devise du collège Sainte-Croix.
	
	  • Les expressions latines, les mots en langues étrangères.
	    Exemples Le style de vie *DINK (Double Income No Kid).*
	                   Ad hoc, op. cit., a posteriori, in extenso.
	
	  • Pour signaler un détail secondaire.
	    Exemples *Voir à la page 154.*
	                   Note de la traductrice.

Le caractère gras	• Le gras est un caractère régulier que l'on épaissit pour insister sur un mot, un titre, une notion importante, etc. **On ne doit jamais rédiger un texte entièrement en caractères gras.** • Tous les **titres** et **intertitres** devraient être écrits en gras et, à l'occasion, on peut écrire en gras un mot important. **Exemple** C'est par son **style** qu'on reconnaît un grand écrivain.
La justification (→ *voir la figure 12.5, p. 256.*)	• La justification d'un texte est l'action de mettre toutes les lignes à une longueur requise. En général, les lignes d'un texte ont une soixantaine de caractères qui occupent une longueur de 16 cm. Une page normale compte 25 lignes qui doivent être alignées à gauche pour faciliter la lecture. • Cependant, la mise en page est visuellement plus agréable lorsque le texte est justifié à gauche et à droite, comme dans un livre. Mais l'alignement à gauche seulement est également acceptable.

(Voir la suite à la page suivante.)

---

1. « Un sigle est un groupe de lettres initiales de plusieurs mots. On doit prononcer séparément toutes les lettres d'un sigle. Un acronyme est un sigle qui peut être prononcé comme un mot ordinaire », selon Aurel RAMAT, *Le Ramat de la typographie,* 7ᵉ éd., Montréal, Aurel Ramat éditeur, 2003, p. 54.

12

Tableau 12.1 *(suite)* **La disposition générale**

Éléments à surveiller	Consignes
La justification *(suite)*	• **Exemple de texte aligné à gauche** La mise en page est visuellement plus agréable lorsque le texte est justifié à gauche et à droite, comme dans un livre. Mais l'alignement à gauche seulement est également acceptable. • **Exemple de texte aligné à gauche et à droite (justifié)** La mise en page est visuellement plus agréable lorsque le texte est justifié à gauche et à droite, comme dans un livre. Mais l'alignement à gauche seulement est également acceptable.
L'ordre de présentation des parties d'un rapport (→ *Voir les figures 12.2 à 12.14, p. 254 à 260.*)	L'ordre de présentation des différentes parties d'un rapport est le suivant : 1. la page de titre ; 2. la table des matières ; 3. la liste des tableaux (s'il y a lieu) ; 4. la liste des figures (s'il y a lieu) ; 5. la liste des illustrations (s'il y a lieu) ; 6. la liste des sigles, des symboles et des abréviations (s'il y a lieu) ; 7. l'avant-propos (s'il y a lieu) ; 8. le corps du rapport (introduction, développement, conclusion) ; 9. les annexes (s'il y a lieu) ; 10. la bibliographie.

La page de titre
(→ *Voir la figure 12.2, p. 254.*)
	• La page de titre doit contenir les renseignements suivants, regroupés en quatre zones distinctes sur la feuille. Les quatre zones sont séparées par des espaces égaux, et chaque information est séparée par un double interligne à l'intérieur d'une zone :
	  • 1re zone :
	    – le nom et le prénom de l'auteur ou des auteurs (dans ce dernier cas, en ordre alphabétique) ;
	    – le nom et le numéro du cours dans le cadre duquel ce rapport est remis ;
	    – le numéro du groupe-cours.
	  • 2e zone :
	    – le titre du rapport en lettres majuscules ;
	    – s'il y a un sous-titre, il est inscrit en lettres minuscules au-dessous du titre.
	  • 3e zone :
	    – le nom de l'enseignant à qui on présente le rapport.
	  • 4e zone :
	    – le nom du collège ou de l'université et celui du département, si nécessaire ;
	    – la date de la remise du rapport.
	• La page de titre ne comporte **aucune ponctuation,** tout comme les titres à l'intérieur du rapport.

La table des matières (→ *Voir la figure 12.3, p. 255.*)	• Elle contient les titres de toutes les parties du rapport avec leur pagination. • Le logiciel *Word* © permet d'indexer automatiquement la pagination des titres pour la confection d'une table des matières (menu « Insertion »). • Les titres des principales parties doivent être écrits en lettres majuscules et dactylographiés à double interligne. • Les intertitres doivent être écrits en lettres minuscules et dactylographiés à simple interligne.
La liste des tableaux et des figures (→ *Voir la figure 12.4, p. 255.*)	• Cette liste énumère les illustrations, les figures, les tableaux et les graphiques contenus dans le rapport lorsqu'il y en a au moins trois, sinon on n'inclut pas de liste. • Pour un rapport ne dépassant pas une quinzaine de pages, on ne dresse qu'une seule liste incluant tous les types de figures et de tableaux. Pour les longs travaux qui contiennent beaucoup de figures et de tableaux, on doit fournir des listes séparées. • Ces listes doivent être présentées à simple interligne.

(Voir la suite à la page suivante.)

12

239

Tableau 12.1 *(suite)* **La disposition générale**

Éléments à surveiller	Consignes
Le corps du rapport (→ *Voir les figures 12.5 à 12.13, p. 256 à 260.*)	• L'**introduction** est placée à la page 1 du rapport ; rappelons que cette page n'est pas paginée, bien qu'elle soit comptée. On n'indique pas un numéro de partie (I, II, III, etc.) à l'introduction, car elle ne constitue pas la première partie du développement, mais une section autonome qui a une fonction bien déterminée : amener, poser et diviser le sujet du rapport. • Le **développement** constitue l'essentiel du rapport. Il est subdivisé en parties distinctes numérotées en chiffres romains : I, II, III, etc. (→ *voir le chapitre 10, p. 214*). On commence chaque partie sur une nouvelle page qui est comptée, mais non paginée. Un rapport de 10 à 15 pages ne devrait jamais comporter plus de trois parties. • La **conclusion** est une section autonome du rapport qui a sa fonction propre : elle fait le point sur la démarche et l'hypothèse, s'il y a lieu, etc. (→ *voir le chapitre 10, p. 216*). On commence la conclusion sur une nouvelle page, qui est comptée mais non paginée ; toutes les pages suivantes sont paginées.
Les annexes (→ *Voir la figure 12.13, p. 260.*)	• On utilise des annexes, c'est-à-dire des sections supplémentaires, afin d'intégrer au rapport certains documents pertinents (statistiques, compte rendu d'entrevue, organigramme, glossaire, carte géographique, etc.), dont la longueur ou la lourdeur pourraient gêner la lecture s'ils étaient insérés dans le corps du texte. Il ne faut cependant pas en abuser. • Les annexes sont insérées après la conclusion et avant la bibliographie. • Les annexes sont présentées à simple interligne. • Chaque annexe doit porter un titre et un numéro en chiffres romains lorsqu'il y en a plus d'une (Annexe I, Annexe II, etc.) ; elle doit être annoncée dans la table des matières et dans le corps du texte, à l'endroit approprié.
Les tableaux, les listes et les figures	• Il faut toujours numéroter et présenter un tableau, une liste ou une figure, leur donner un titre précis et indiquer la source des informations présentées.
Les tableaux (→ *Voir la figure 12.7, p. 257.*)	• Un **tableau** présente des informations sous forme de lignes et de colonnes. Un tableau doit toujours être numéroté (en chiffres arabes) et titré. La mention du numéro et du titre est placée au-dessus du tableau ; on indique la source consultée au bas du tableau. Un tableau doit être présenté, commenté et analysé dans le texte.
Les listes (→ *Voir la figure 12.8, p. 257.*)	• Les listes fournissent une simple énumération de renseignements, tels que des dates, des noms de personnes ou de lieux, etc. Ceux-ci sont numérotés et inscrits les uns à la suite des autres. Ils forment une **liste** qui doit être présentée dans le corps du texte, mais qui n'est pas numérotée.
Les figures (→ *Voir les figures 12.6, 12.10 et 12.11, p. 256, 258 et 259.*)	• Les **figures** sont des illustrations que l'on insère dans le rapport, afin d'accompagner l'argumentation, de l'éclaircir, de la compléter, etc. Elles comprennent les graphiques, les dessins, les cartes, les photographies, les schémas, etc. On les numérote en chiffres arabes. Contrairement au tableau, le titre de la figure et la source sont insérés au bas de cette dernière.

Tableau 12.2 Les citations et les références

Éléments à surveiller	Consignes
Les citations	Lorsque vous devez citer une autorité ou emprunter les idées développées par une autre personne, vous devez absolument **en indiquer exactement la source. Cette obligation vaut pour les volumes, les périodiques, les encyclopédies, les dictionnaires, les autres ouvrages de consultation, tout comme pour les sites Internet, les documents audiovisuels et les cédéroms.**
La citation courte	La citation courte, de moins de 5 lignes, s'insère dans le texte entre guillemets (« ») ; elle est suivie d'un **appel de note** placé en exposant ou surélevé ([1]) que l'on ajoute après le dernier mot cité, avant les guillemets finaux. L'appel de note renvoie à une notice bibliographique qui porte le même numéro et que l'on écrit au bas de la page ou à la fin du rapport, selon les exigences de l'enseignant. **Exemple** Entre 1961 et 1981, la population du Québec croît plus lentement que celle du reste du Canada, ce qui entraîne « un affaiblissement du poids du Québec dans l'ensemble du pays[1] ». 1. Paul-André LINTEAU *et al.*, *Le Québec depuis 1930*, tome II de *Histoire du Québec contemporain*, 2ᵉ éd., Montréal, Boréal, 1989, p. 433.
La citation longue	Lorsque la citation est de cinq lignes et plus, elle s'insère en retrait de huit frappes de la marge de gauche et de celle de droite, et se présente à simple interligne et sans guillemets ; elle est suivie d'un appel de note surélevé qui renvoie à la notice bibliographique au bas de la page. Les logiciels de traitement de texte permettent l'insertion et la numérotation continue des appels de note. **Exemple** Sur la création de l'UNESCO, le philosophe Alain Finkielkraut ajoute une dimension historique incontournable : Tirant de l'épisode nazi la leçon qu'il existait un lien entre barbarie et absence de pensée, les fondateurs de l'Unesco avaient voulu créer à l'échelle mondiale un instrument pour transmettre la culture à la majorité des hommes. Leurs successeurs ont recours au même vocabulaire, mais ils lui attribuent une tout autre signification[2]. 2. Alain FINKIELKRAUT, *La défaite de la pensée*, Paris, Gallimard, 1987, p. 113.
La citation d'idée	Maintes fois négligée, la citation d'idée **est pourtant capitale dans tout rapport de recherche.** Lorsqu'on reprend l'idée d'un auteur pour la résumer ou la reformuler, il est absolument nécessaire d'en indiquer la source par une notice bibliographique au bas de la page, comme dans l'exemple ci-dessous. C'est une exigence de rigueur intellectuelle à laquelle on ne doit jamais faire défaut. **Exemple** Dans un tel contexte, il est essentiel d'étudier l'évolution de la famille québécoise. Ce qui frappe au premier chef, c'est la rupture entre la famille et le couple[3]. Ce qui […] 3. Renée B.-DANDURAND, « Peut-on encore définir la famille? », dans F. DUMONT, dir., *La société québécoise après trente ans de changements*, Québec, Institut québécois de recherche sur la culture, 1990, p. 57.
La citation de seconde main	• Si vous citez le texte d'un auteur que vous n'avez pas lu parce qu'il est cité par un autre auteur que vous avez lu, il faut le signaler par une note au bas de la page qui renvoie aux deux sources. • Dans l'exemple en page suivante, l'élève cite le chef patriote Louis-Joseph Papineau, dont les propos, rapportés dans le journal *La Minerve,* le 12 mars 1831, sont reproduits dans un article de l'historien Yvan Lamonde. • La note de bas de page débute par la référence au texte de Papineau lui-même, puisque c'est lui qui est cité ; elle est complétée par la référence au texte de Yvan Lamonde, qui est précédée de l'expression « cité par ».

(Voir la suite à la page suivante.)

12

Tableau 12.2 *(suite)* **Les citations et les références**

Éléments à surveiller	Consignes
La citation de seconde main *(suite)*	**Exemple** Et comme le déclare Papineau : « Il n'est pas nécessaire qu'on nous envoie de temps en temps quelque sage d'Europe pour nous éclairer dans la démarche qu'il nous convient d'adopter[4]. »
	4. Louis-Joseph PAPINEAU, « État du pays », *La Minerve,* 12 mars 1831, **cité par** Yvan LAMONDE, « Conscience coloniale et conscience internationale dans les écrits publics de Louis-Joseph Papineau (1815-1839) », *Revue d'histoire de l'Amérique française,* vol. 51, n° 1 (été 1997), p. 17.
La citation de second rang	Il peut arriver qu'une citation comporte elle-même une autre citation : c'est la **citation de second rang.** Il faut alors remplacer les guillemets déjà contenus dans la citation par des guillemets anglais (" ").
	Exemple Le politologue Gérard Loriot n'hésite pas à identifier la légitimité comme «le moteur de la vie politique. Pas de légitimité, pas de pouvoir, pas de gouvernement. La légitimité permet aux autorités de gouverner. Un auteur a même appelé la légitimité les "génies invisibles de la Cité"[5]. »
	5. Gérard LORIOT, *Pouvoir, idéologies et régimes politiques,* Laval, Études vivantes, 1992, p. 67, qui cite G. FERRERO, *Pouvoir, les génies invisibles de la Cité,* Paris, Plon, 1943.
La citation en langue étrangère	La citation en langue étrangère doit être reproduite telle quelle et en italique. Si vous le jugez nécessaire, vous pouvez ajouter la traduction à la fin de la citation ou dans une note en bas de page. Dans ce cas, il faut noter le nom du traducteur ; si c'est vous qui traduisez, écrivez la mention [notre traduction] à la fin de cette dernière, entre crochets.
	Exemple Comme le souligne Jean Key Gates, « *A source consulted for aid or information on a topic, a theme, an event, a person, a date, a place, or a word is a reference source* », (Une source consultée en vue d'une aide ou d'une information sur un sujet, un thème, un événement, une personne, une date, un lieu ou un mot est une source de référence [notre traduction])[6].
	6. Jean Key GATES, *Guide to the Use of Librairies and Information Sources,* 7ᵉ éd., New York, McGraw-Hill, 1994, p. 75.
La citation modifiée	Vous pouvez **abréger une citation** pourvu que vous ayez remplacé les mots retranchés par trois points de suspension, placés entre crochets : [...].
	Exemple « Sans la littérature et le mouvement de modernité qui émane d'elle, [...] il en aurait été bien autrement des luttes contre le racisme, contre le nationalisme, contre le sexisme, contre la censure[7]. »
	7. Jean LAROSE, *L'amour du pauvre,* Montréal, Boréal, 1991, p. 19-20.
	Pour **signaler une erreur,** une faute d'orthographe par exemple, recopiez-la telle quelle et insérez l'expression latine *sic* (qui veut dire « ainsi ») entre crochets et en italique immédiatement après l'erreur.
	Exemple « Les fleurs que j'ai ramassé [*sic*] sont belles[8] ».
	8. Julien FORTIER, *L'horticulture expliquée,* Montréal, Éditeur des exemples, 2004, p. 42.

(Voir la suite à la page suivante.)

12

Tableau 12.2 *(suite)* **Les citations et les références**

Éléments à surveiller	Consignes
La citation modifiée *(suite)*	Si vous désirez **donner une explication,** un renseignement, etc., à l'intérieur d'une citation, afin d'en faciliter la lecture ou la compréhension, placez les mots désirés entre crochets. **Exemple** « dans cette ville [Saint-Hyacinthe], la crise du verglas a fait des ravages en 1998[9] ». ——————————— 9. Jean LABELLE, *Saint-Hyacinthe*, Montréal, Éditeur des exemples, 2003, p. 79. Enfin, si vous désirez mettre en valeur certains mots dans une citation, indiquez-le à la fin par l'expression (mis en gras par l'auteur) ou encore (c'est nous qui mettons en gras) entre parenthèses. **Exemple** « dans cette ville [Saint-Hyacinthe], la **crise du verglas** a fait des ravages en 1998[9] » (c'est nous qui mettons en gras). ——————————— 9. Jean LABELLE, *Saint-Hyacinthe*, Montréal, Éditeur des exemples, 2003, p. 79.
Les références	Il existe deux méthodes universellement reconnues dans le monde scientifique pour indiquer la source d'une citation : **la référence dans le texte** ou **la note de bas de page.**
La référence dans le texte	• Ce type de référence consiste à indiquer, immédiatement après la citation, la source abrégée et mise entre parenthèses. • On indique alors le NOM de l'auteur, en majuscules, l'année de la publication et, si nécessaire, la page d'où provient la citation. • Cette méthode suppose que l'on donne la référence complète de l'œuvre en bibliographie, à la fin du rapport (→ *voir p. 244*). **Exemples** « Dans son acception contemporaine, qui ne remonte qu'à environ deux cents ans, la nation trouve son sens dans le "Contrat social" tel qu'il a été conçu par Jean-Jacques Rousseau [...] » (BALTHAZARD, 1994, p. 24). C'est avec Jean-Jacques Rousseau que la nation s'exprime comme un « Contrat social » entre les citoyens (BALTHAZARD, 1994, p. 24).
La référence en note de bas de page	Ce système est employé dans les disciplines (comme l'histoire) où l'on doit faire référence à de nombreux documents à l'aide de notes de bas de page très détaillées. • La première référence que l'on donne d'un ouvrage doit comporter toutes les indications bibliographiques usuelles, séparées par des virgules. • Dans le cas d'un **livre :** Prénom, suivi du NOM (en majuscules) de l'auteur, *titre du livre* (en italique), lieu d'édition, maison d'édition, année de publication, la ou les pages d'où la référence est tirée (→ *voir l'exemple de la note 1 en page suivante*). • Dans le cas d'un **article de périodique :** Prénom, suivi du NOM (en majuscules) de l'auteur, titre de l'article (entre guillemets) et *nom du périodique* (en italique), volume, numéro, date de publication, pages qui contiennent l'article (→ *voir l'exemple de la note 3 en page suivante*). • Dans le cas d'un **article d'ouvrage de référence :** Prénom, suivi du NOM (en majuscules) de l'auteur, titre de l'article (entre guillemets) et *nom de l'ouvrage de référence* (en italique), lieu d'édition, maison d'édition, année de publication, pages qui contiennent l'article (→ *voir l'exemple de la note 7 en page suivante*).
Les abréviations dans les notes de bas de page	Lorsqu'un ouvrage est cité plus d'une fois, il est recommandé d'utiliser certaines abréviations pour éviter de réécrire la description bibliographique. • *Ibid. (Ibidem :* au même endroit); même œuvre, citée plus d'une fois et de façon consécutive (→ *voir l'exemple de la note 2 en page suivante*). • *Op. cit. (Opere citato :* œuvre déjà citée); même œuvre du même auteur citée de façon non consécutive (→ *voir l'exemple de la note 4 en page suivante*).

12

(Voir la suite à la page suivante.)

Tableau 12.2 *(suite)* **Les citations et les références**

Éléments à surveiller	Consignes
	• *Id.* (*Idem* : le même) ; même auteur qu'à la référence précédente, œuvre différente (➡ *voir l'exemple de la note 5 ci-dessous*). • *Loc. cit.* (*Loco citato* : passage cité) ; même fonction que *op. cit.*, mais s'applique aux articles ou à un texte faisant partie d'un recueil (➡ *voir l'exemple de la note 6 ci-dessous*).
La présentation des références en notes de bas de page	• La référence est précédée d'un filet, d'une longueur d'environ 4 cm, qui permet de la séparer du corps du texte. Les logiciels de traitement de texte placent ce filet automatiquement avant les notes en bas de page. • Les références sont présentées à simple interligne. • La numérotation des notes en bas de page peut se faire de façon continue du début à la fin du rapport ou encore par parties ou chapitres (dans le cas des volumes, par exemple). Les logiciels de traitement de texte numérotent automatiquement les notes en bas de page. • Le numéro précédant chaque référence correspond à l'appel de note qui est dans le texte. Il n'est cependant pas en exposant et on le fait suivre d'un point et de deux espaces. • La seconde ligne et les autres sont en retrait, alignées avec le début de la première ligne, de manière à bien faire ressortir les numéros des références. • On insère un espace simple entre chaque référence. • On utilise l'abréviation « p. » pour page, suivie d'un espace et du numéro de la ou des pages consultées. **Exemples** 1. Jacques LACOURSIÈRE, *Histoire populaire du Québec,* tome I, *Des origines à 1791,* Sillery (Québec), Septentrion, 1995, p. 421. 2. *Ibid.,* p. 423. 3. Brian YOUNG, « Y a-t-il une nouvelle histoire du Québec ? », *Bulletin d'histoire politique,* vol. 4, n° 2 (hiver 1995), p. 10. 4. J. LACOURSIÈRE, *op. cit.,* p. 427. 5. *Id., Histoire populaire du Québec,* tome II, *De 1791 à 1841,* Sillery (Québec), Septentrion, 1996, p. 167. 6. B. YOUNG, *loc. cit.,* p. 11. 7. Jean-Jacques SIMARD, « Ce siècle où le Québec est venu au monde », dans Roch CÔTÉ, dir., *Québec 2000, Rétrospective du XXe siècle,* Montréal, Fides, 1999, p. 17-77.

La bibliographie

La bibliographie présente la liste de tous les ouvrages (livres, articles, documents audiovisuels et informatiques) consultés pour la rédaction d'un rapport de recherche. Cette liste présente une description détaillée des sources consultées par l'auteur du rapport. Exceptionnellement, elle peut consister en une liste d'ouvrages non consultés, lorsque l'enseignant demande, par exemple, une liste d'ouvrages pertinents sur un problème donné ou la bibliographie complète d'un auteur, etc.

La bibliographie s'insère à la fin du rapport, après la conclusion et les annexes, s'il y a lieu. Les descriptions bibliographiques sont présentées en ordre alphabétique des noms d'auteurs. Elles s'écrivent à simple interligne et un interligne double les sépare l'une de l'autre. La deuxième ligne et les suivantes doivent être en retrait.

Habituellement, on énumère toutes les sources consultées en ordre alphabétique. Toutefois, il peut être utile d'introduire des divisions selon les catégories de documents : on commence avec les ouvrages de consultation (dictionnaires, encyclopédies, bibliographies, atlas, etc.), suivis des documents officiels publiés par les différents paliers de gouvernements qui sont classés en ordre d'importance (fédéral, provincial et municipal) ; on indique ensuite les livres ou monographies, les articles de périodiques et finalement les sites Internet, s'il y a lieu. On place les documents en ordre alphabétique des noms d'auteurs à l'intérieur de chaque catégorie et l'on identifie par un titre chacune des catégories.

Une bibliographie peut également être classée selon l'ordre chronologique de parution des documents lorsqu'il s'agit d'une étude sur un auteur en particulier. Si on utilise un autre mode de classement que l'ordre alphabétique, on devra l'indiquer dans une note au début de la bibliographie.

Il existe bien des méthodes pour décrire les éléments d'une bibliographie : des disciplines scientifiques, des universités ou des départements n'acceptent que la leur. L'important, c'est d'en adopter une et de s'y conformer tout au long de son rapport. **À défaut d'indications précises de la part de l'enseignant, nous recommandons d'employer la méthode traditionnelle décrite ci-dessous.** Outre cette méthode, nous vous présentons également la méthode auteur-date, qui est tout aussi valable.

La description bibliographique traditionnelle

Cette méthode présente ainsi les éléments d'une notice bibliographique :

- NOM de l'auteur (en majuscules), prénom, le tout suivi d'un point.

- *Titre de l'ouvrage* (en italique), suivi d'une virgule.

- Sont indiqués ensuite dans l'ordre suivant et séparés par une virgule : le lieu d'édition (ville), la maison d'édition, l'année de publication et le nombre total de pages du volume, suivi de l'abréviation « p. » (et non « pp. »).

Exemple DIONNE, Bernard. *Pour réussir. Guide méthodologique pour les études et la recherche,* 4ᵉ éd., Laval, Groupe Beauchemin, 2004, 296 p.

La description bibliographique auteur-date

Utilisée surtout dans les ouvrages scientifiques (notamment en psychologie), cette méthode requiert une insertion de l'année de publication immédiatement après le nom et le prénom de l'auteur.

- NOM de l'auteur (en majuscules), prénom, année de publication entre parenthèses, le tout suivi d'un point.

- *Titre de l'ouvrage* (en italique), suivi d'une virgule.

- Sont indiqués ensuite dans l'ordre suivant et séparés par une virgule : le lieu d'édition (ville), la maison d'édition et le nombre total de pages du volume, suivi de l'abréviation « p. » (et non « pp. »).

Exemple DIONNE, Bernard (2004). *Pour réussir. Guide méthodologique pour les études et la recherche,* 4ᵉ éd., Laval, Groupe Beauchemin, 296 p.

Les tableaux 12.3 et 12.4 présentent les consignes à suivre en matière de référence bibliographique. Dans tous les cas, la première ligne de la description d'un ouvrage commence à la marge de gauche et les autres sont en retrait de huit (8) caractères vers la droite.

12

Tableau 12.3 Références bibliographiques selon le type de document

Type de document	Description et exemples de références
Livre ou monographie	• On entend par livre ou par monographie une étude détaillée d'un sujet sur des pages imprimées et reliées, publiée de façon non périodique. • NOM DE L'AUTEUR, prénom. *Titre du livre* (en italique), lieu d'édition (ville), maison d'édition, année de publication, nombre de pages. **Exemple** TREMBLAY, Michel. *La nuit des princes charmants,* Montréal, Leméac, 1995, 221 p.
Article de périodique (→ *voir le chapitre 8, p. 140*)	• Les articles de périodiques sont des parties d'une revue, d'un bulletin ou d'un journal, qui sont publiés périodiquement (annuellement, mensuellement, quotidiennement, etc.). • Dans le cas des articles de journaux, ne donnez jamais le nom ou l'abréviation de l'agence de presse (AFP, Reuters, PC, etc.) comme auteur de l'article. • S'il n'y a pas d'auteur, commencez la description par le titre de l'article entre guillemets. • NOM DE L'AUTEUR, prénom. « Titre de l'article » (entre guillemets), *titre du périodique* (en italique), lieu d'édition (ville), date de publication (entre parenthèses), numéros des pages qui contiennent l'article. • L'indication du volume et du numéro (LXXXIX et n° 15 dans l'un des exemples qui suit) est facultative dans le cas des articles de journaux. De même, s'il est d'usage d'indiquer le volume en chiffres romains (LXXXIX), l'indication en chiffres arabes (89) est tout aussi valable. Les abréviations « vol. » (avec un point) et « n° » (sans point, le « o » en exposant) sont acceptées. **Exemples** GIGUÈRE, Simon. « Berlin, 1936 : les jeux de la propagande », *Bulletin d'histoire politique,* vol. 11, n° 3 (printemps 2003), p. 142-151. « Mexico est prêt à revoir le déploiement de l'armée », *Le Devoir,* vol. LXXXIX, n° 15 (mardi 27 janvier 1998), p. A5. MOISAN, Mylène. « Conseil de la fédération - Les provinces veulent causer santé avec Martin », *Le Soleil* (25 novembre 2003), p. 1. WEINBERG, Achille. « Le destin du marxisme », *Sciences humaines,* n° 63 (juillet 1996), p. 10-13.
Ouvrage de consultation (→ *voir le chapitre 5, p. 78*)	• Les ouvrages de consultation contiennent des informations regroupées sous forme de notices ou d'articles. Les dictionnaires, encyclopédies, atlas, annuaires, sont des ouvrages de consultation. • Si vous donnez la référence de l'ouvrage au complet, procédez comme pour un livre. NOM DE L'AUTEUR, prénom. *Titre de l'ouvrage* (en italique), lieu d'édition (ville), maison d'édition, année de publication, nombre de pages. • Si vous donnez la référence d'un article de l'ouvrage de consultation, procédez comme pour un article de périodique. NOM DE L'AUTEUR, prénom. « Titre de l'article » (entre guillemets), *titre de l'ouvrage de consultation* (en italique), lieu d'édition (ville), maison d'édition, année de publication, numéros des pages qui contiennent l'article. **Exemples** BRUNET, Michel. « Canada. B. Histoire et politique », *Encyclopédie Universalis,* Paris, Éditions Encyclopædia Universalis, 2002, tome 4, p. 836-846. LEGENDRE, Renald. *Dictionnaire actuel de l'éducation,* 2ᵉ éd., Montréal/Paris, Guérin/Eska, 1993, 1 500 p.
Ouvrage de consultation sur cédérom	• Les dictionnaires, les encyclopédies et les autres ouvrages de consultation sont maintenant offerts sur cédérom ; il faut l'indiquer dans la référence bibliographique. • NOM DE L'AUTEUR (si disponible), prénom. *Titre de l'ouvrage* (en italique), [Cédérom], lieu d'édition, maison d'édition, année de publication. **Exemples** LAFOREST, Guy. « Statu quo politique », *L'État du monde 1981-1996 sur CD-ROM,* Montréal/Paris, CEDROM Sni / La Découverte, 1996. *The Oxford English Dictionary : On Compact Disc,* 2ᵉ éd., [Cédérom], Oxford, Oxford University Press, 1994.

(Voir la suite à la page suivante.)

12

Tableau 12.3 *(suite)*   **Références bibliographiques selon le type de document**

Type de document	Description et exemples de références
Document officiel	• Les documents officiels sont produits par un organisme gouvernemental, de quelque niveau qu'il soit : organisation internationale (ONU), gouvernements fédéral, provincial, régional (municipalité régionale de comté, par exemple) ou municipal. • De façon générale, on indique en premier lieu le nom du pays, de la province ou de la municipalité, suivi, s'il y a lieu, du nom de l'organisme responsable de la publication ou de l'édition : il peut s'agir d'un corps législatif, d'un tribunal (par exemple la Cour suprême), d'un ministère, d'une commission d'enquête, d'un office, d'un bureau, d'une régie, etc. • Il est préférable aussi de mentionner le nom du corps public plutôt que celui du directeur ou de la personne élue ou nommée, à moins que le titre de cette dernière soit justement le nom du corps public : par exemple le Vérificateur général du Canada ou l'Ombudsman. **Exemples** QUÉBEC, MINISTÈRE DES RELATIONS INTERNATIONALES. *Le Québec dans un ensemble international en mutation, Plan stratégique 2001-2004,* Québec, Publications du Québec, 2001, 84 p. CANADA, VÉRIFICATEUR GÉNÉRAL. *Plan stratégique du Bureau du vérificateur général du Canada,* Ottawa, Bureau du vérificateur général, février 2003, 2 p.
Site Internet[2]	• Les sites Internet constituent des références qui doivent être intégrées à la bibliographie. Une particularité importante est à noter toutefois : les sites Internet ne sont pas toujours stables. C'est pourquoi il convient d'indiquer la **date de consultation** d'un site. • Il faut donner l'adresse Web (ou adresse URL, pour *Uniform Resource Locator*) complète du site ; celle-ci contient une méthode d'accès au document recherché, le nom du serveur et le chemin d'accès au document. Copiez l'adresse en cliquant sur celle-ci lorsque vous consultez le site sur le Web et recopiez-la directement dans votre bibliographie ou dans une note en bas de page. • NOM DE L'AUTEUR (si disponible), prénom. *Titre du site* (en italique), [En ligne], adresse Web (Page consultée le) • NOM DE L'AUTEUR (si disponible), prénom. « Titre de l'article », dans prénom NOM DE L'AUTEUR, *titre du site* (en italique), [En ligne], adresse Web (Page consultée le) • Notez que l'on n'ajoute jamais de point final après l'adresse Web d'un site. **Exemples** LAPORTE, Gilles. *Les patriotes de 1837@1838* [En ligne], http://cgi.cvm.qc.ca/glaporte/ (Page consultée le 20 mars 2004) PAYETTE, Anne. « PAPINEAU, Louis-Joseph (1786-1871) », dans Gilles LAPORTE, *Les patriotes de 1837@1838* [En ligne], http://cgi2.cvm.qc.ca/glaporte/1837. pl?out=article&pno=biographie73 (Page consultée le 20 mars 2004)
Article tiré d'une encyclopédie en ligne	• NOM DE L'AUTEUR (si disponible), prénom. « Titre de l'article », *titre de l'encyclopédie* (en italique), [En ligne], année de publication, adresse Web (Page consultée le) **Exemple** « Pablo Picasso », *Encyclopédie Encarta,* [En ligne], 2003, http://fr.encarta.msn.com/encyclopedia_761569324/Picasso_Pablo.html (Page consultée le 25 octobre 2003)

(Voir la suite à la page suivante.)

12

Tableau 12.3 *(suite)* **Références bibliographiques selon le type de document**

Type de document	Description et exemples de références
Article tiré d'une base de données	• NOM DE L'AUTEUR (si disponible), prénom. « Titre de l'article », *titre du périodique* (en italique), [En ligne], volume, numéro, (date de publication), pages, dans *titre de la base de données* (en italique) (Page consultée le) **Exemple** POISSANT, Hélène. « La mémoire et la compréhension : quelques aspects théoriques et pratiques à l'usage des enseignants et des élèves », *Vie pédagogique,* [En ligne], n° 90 (sept.-oct. 1994), p. 4-8, dans *Repère* (Page consultée le 5 septembre 2003)
Courriel	• NOM DE L'AUTEUR du message, prénom. *Titre du message* (en italique), (date), [courriel à NOM du récepteur], [En ligne], adresse de courriel de l'expéditeur **Exemple** LACHANCE, Chantal. *Les références bibliographiques et les documents électroniques* (20 janvier 2002), [courriel à Maude NEPVEU], [En ligne], clachance@clg.qc.ca
Groupe d'intérêt (conférence électronique)	• NOM DE L'AUTEUR du message, prénom. « Sujet du message » [Discussion], *nom du groupe* (en italique) [En ligne], (date), adresse de courriel de l'expéditeur **Exemple** CARON, Marco. « Cas de conscience » [Discussion], *Biblio-forum* [En ligne], (21 février 2001), biblioforum@listes.ccsr.qc.ca
Document, monographie en ligne	• NOM DE L'AUTEUR (si disponible), prénom. *Titre du document* (en italique), [En ligne], année de publication (si disponible), adresse Web (Page consultée le) **Exemples** MANSOURI, Amel. *Les femmes dans la religion musulmane,* [En ligne], http://pages.ca.inter.net/~csrm/nd126/mansouri.html (Page consultée le 25 octobre 2003) ASSOCIATION QUÉBÉCOISE DE PRÉVENTION DU SUICIDE. *Le suicide : comprendre et intervenir,* [En ligne], 1996, http ://www.cam.org/~aqs/docs/suicide/ index.html (Page consultée le 21 octobre 2003)
Article dans un périodique électronique en ligne	• NOM DE L'AUTEUR (si disponible), prénom. « Titre de l'article », *titre du périodique* (en italique), date de publication de l'article, [En ligne], adresse Web (Page consultée le) **Exemple** OTIS-DIONNE, Geneviève. « Sondage de l'Union des consommateurs - Les Québécois préfèrent le gel des tarifs d'Hydro aux baisses d'impôt », *Le Devoir,* 17 octobre 2003, [En ligne], http://www.ledevoir.com/2003/10/17/38518.html (Page consultée le 20 mars 2004)
Illustration, photographie ou tableau tirés d'un site Internet	• NOM DE L'AUTEUR (si disponible), prénom. « Titre original de l'image », année, [nom du fichier], sur le site *nom du site* (en italique), [En ligne], adresse Web (Page consultée le) **Exemple** CUSSON, Gilles. « Détail d'une flèche d'église, Métabetchouan », 2002, [17253.jpg], sur le site *Le Québec en images, un album libre de droits,* [En ligne] http://www.ccdmd.qc.ca/quebec/ (Page consultée le 30 juin 2003)
Document juridique	• Il faut distinguer le projet de loi de la loi dûment adoptée. • *Titre de la loi* ou du *projet de loi* (en italique), législature, lieu d'édition, maison d'édition, année de publication. • On peut citer les jugements canadiens : il faut indiquer l'*intitulé de la cause* (tout en italique, y compris le *v.* ou le *c.*), l'année de la décision (quatre chiffres entre crochets), la base de données (abréviation), le numéro attribué à la décision par l'éditeur (peut être le même que le numéro du greffe ou le numéro de dossier), l'éditeur en ligne, le tribunal et la référence précise, s'il y a lieu.[3]

(Voir la suite à la page suivante.)

12

---

3. Pour plus de détails, voir le site du Conseil canadien de la magistrature : http ://www.cjc-ccm.gc.ca/francais/ccm_normes.htm

Tableau 12.3 *(suite)* **Références bibliographiques selon le type de document**

Type de document	Description et exemples de références
Document juridique *(suite)*	**Exemples** Projet de loi n° 7 : *Loi modifiant la Loi sur les services de santé et les services sociaux,* Assemblée nationale du Québec, Québec, Éditeur officiel du Québec, 2003. *Larson c. Regal,* [1993] A.C.F. n° 210 (Q.L.) (C.A.)
Document d'archives	• Un document d'archives peut être une lettre ou les papiers personnels d'un individu, d'un homme ou d'une femme politique, etc.; ce document est une source de première main pour la recherche historique. • LIEU ET NOM DU DÉPÔT D'ARCHIVES dans lequel le document est conservé. *Le nom du « fonds d'archives » dans lequel est classé le document* (en italique), le numéro d'accession à ce fonds dans le centre d'archives. **Exemple** OTTAWA, ARCHIVES PUBLIQUES DU CANADA. *Correspondance de sir Wilfrid Laurier,* Mg 26.
Mémoire et thèse	• Un rapport de recherche rédigé pour obtenir une maîtrise (2e cycle) à l'université se nomme un mémoire, tandis que la thèse vise l'obtention d'un doctorat (3e cycle). • NOM DE L'AUTEUR (en majuscules), prénom. *Titre* (en italique), type de document (thèse ou mémoire), discipline scientifique (entre parenthèses), nom de l'université, année de publication et nombre de pages. **Exemples** MATHIEU, Gabrielle. *Les relations France-Québec de 1976 à 1985,* mémoire de maîtrise (science politique), Université d'Ottawa, 1991, 125 p. DIONNE, Bernard. *Les « unions internationales » et le Conseil des métiers et du travail de Montréal de 1938 à 1958,* thèse de doctorat (histoire), UQAM, 1988, 834 p.
Œuvre d'art (tableau ou gravure)	• NOM DE L'AUTEUR (en majuscules), prénom et dates de sa naissance et de son décès entre parenthèses, s'il y a lieu, suivi d'un point. *Titre de l'œuvre* (en italique), procédé utilisé, dimensions du support et année de production. **Exemple** TOULOUSE-LAUTREC (De), Henri Marie (1864-1901). *Quadrille au Moulin Rouge,* gouache sur toile, 80,1 cm × 60,5 cm, 1892.
Film, émission de télévision et bande vidéo	• NOM DE L'AUTEUR ou DU RÉALISATEUR (en majuscules), prénom. *Titre de l'œuvre* (en italique), nom du pays ou de la ville où elle a été produite, année, durée, couleur et format (16 mm, 35 mm, etc.). • Dans le cas d'une émission de télévision, indiquez la date de la diffusion entre parenthèses à la fin de la description de l'œuvre. **Exemples** BRAULT, Michel. *Emprise,* Montréal, Canal D, 1988, 60 min, coul. (le 18 novembre 1997). BINAMÉ, Charles. *Un homme et son péché,* Canada, 2003, 110 min, coul., 35 mm et DVD.
Carte géographique	• NOM DE L'AUTEUR (en majuscules), prénom. *Titre de la carte* (en italique), échelle employée, lieu d'édition (ville), compagnie productrice ou ministère, année, dimensions de la carte, couleur (coul. ou n. et b.). • Dans le cas d'une carte tirée d'Internet, NOM DE L'AUTEUR, prénom (s'il y a lieu). « Titre de la carte » entre guillemets, sur le site *titre du site* en italique, adresse Web (Page consultée le) **Exemples** QUÉBEC, MINISTÈRE DE L'ÉNERGIE ET DES RESSOURCES. *Les régions touristiques du Québec,* 1 : 20 000 000, Québec, Service de la cartographie du ministère de l'Énergie et des Ressources, 1983, 80 cm × 120 cm, n. et b. « Scénario de précipitations estivales 2100 (map46171894105724875624813.gif) » sur le site *L'Atlas du Canada,* http ://atlas.gc.ca/site/francais/maps/climatechange/scenarios/globalsummerprecip2100 (Page consultée le 3 juillet 2003)

(Voir la suite à la page suivante.)

12

249

Tableau 12.3 *(suite)* **Références bibliographiques selon le type de document**

Type de document	Description et exemples de références
Document sonore (disque, cédérom, etc.)	• L'auteur, dans ce cas, est un compositeur, un auteur (un parolier par exemple) ou un interprète. • NOM DE L'AUTEUR, prénom. *Titre de l'œuvre* (en italique), nom de l'orchestre, du chef d'orchestre, maison de production, numéro de l'œuvre (si nécessaire), année de production et type de support. **Exemples** HAENDEL, Georg Friedrich. *Water Music,* English Chamber Orchestra sous la dir. de Raymond Leppard, Philips 65 70 018, 1969, 33t. SÉGUIN, Richard. *Aux portes du matin,* Audiogram, 1991, cédérom.
Procès-verbal, compte rendu de congrès ou actes d'un colloque	• NOM DE L'AUTEUR (organisme, association, institution, etc.). *Titre du congrès ou du colloque* (en italique), actes du, suivi du numéro du colloque et du nom de l'organisme, lieu où s'est tenu l'événement, maison d'édition ou éditeur des actes, année de publication, nombre de pages. **Exemple** ASSOCIATION QUÉBÉCOISE DE PÉDAGOGIE COLLÉGIALE. *Réaliser nos ambitions,* actes du 21e colloque annuel de l'AQPC, Jonquière, AQPC, 2001, 151 p.

Tableau 12.4 Problèmes courants de description bibliographique

Problèmes	Consignes
S'il y a deux ou trois auteurs	• Contrairement à une idée répandue, on indiquera le nom du second auteur après la locution [et] en commençant par son prénom, car, dans ce cas, l'ordre alphabétique n'est pas requis. Une virgule sépare la mention du nom et du prénom du premier auteur de celle du prénom et du nom du second auteur, car la première mention suit l'ordre alphabétique et non la seconde. • NOM DE L'AUTEUR, prénom, et prénom NOM DE L'AUTEUR. *Titre de l'ouvrage* (en italique), lieu d'édition, maison d'édition, année de publication, nombre de pages. • NOM DE L'AUTEUR, prénom, prénom NOM DE L'AUTEUR et prénom NOM DE L'AUTEUR. *Titre de l'ouvrage* (en italique), lieu d'édition, maison d'édition, année de publication, nombre de pages. **Exemples** BISSON, Monique, Hélène CAJOLET-LAGANIÈRE et Normand MAILLET. *Guide d'écriture des imprimés administratifs,* Québec, Publications du Québec, 1992, 136 p. GARON, Marguerite, et Louise ROY. *Saint-Donat est-il au tournant de son histoire ?,* Rimouski, Collège de Rimouski, 1974, 96 p.
S'il y a plus de trois auteurs	• On n'indique que le nom et le prénom du premier auteur, suivi de l'abréviation *et al.* (expression latine *et alii,* qui veut dire « et les autres »). L'abréviation *et al.* doit être indiquée en italique, car il s'agit d'une langue étrangère. Notez que l'expression « et autres » est tout aussi valable. • NOM DE L'AUTEUR, prénom, *et al.* (en italique). *Titre de l'ouvrage* (en italique), lieu d'édition, maison d'édition, année de publication, nombre de pages. **Exemple** LINTEAU, Paul-André, *et al. Le Québec depuis 1930,* tome II de *Histoire du Québec contemporain,* 2e éd., Montréal, Boréal, 1989, 834 p.
S'il y a un directeur (dir.)	• Le directeur est celui qui collige les textes de plusieurs auteurs et les regroupe dans une publication dont il assume la direction éditoriale. En anglais, on utilise l'abréviation *ed.* (Editor), mais dans la bibliographie d'un rapport rédigé en français, on emploiera l'abréviation « dir. », même s'il s'agit d'un volume en anglais. • NOM DE L'AUTEUR, prénom, dir. *Titre de l'ouvrage* (en italique), lieu d'édition, maison d'édition, année de publication, nombre de pages. **Exemple** COMEAU, Robert, et Bernard DIONNE, dir. *Le droit de se taire. Histoire des communistes au Québec, de la Première Guerre mondiale à la Révolution tranquille,* Montréal, VLB éditeur, 1989, 542 p.

(Voir la suite à la page suivante.)

12

Tableau 12.4 *(suite)* **Problèmes courants de description bibliographique**

Problèmes	Consignes
S'il n'y a pas d'auteur	• La description commence simplement avec le titre de l'ouvrage. Dans la bibliographie, on place ce titre en ordre alphabétique en commençant par la première lettre du premier mot autre qu'un article ou une préposition. On peut également écrire ANONYME entre crochets, suivi d'un point. • [ANONYME]. *Titre de l'ouvrage* (en italique), lieu d'édition, maison d'édition, année de publication, nombre de pages. • « Titre de l'article » (entre guillemets), *titre du périodique* (en italique), lieu d'édition (ville), année de publication, pages qui contiennent l'article. **Exemples** [ANONYME]. *Contre-poison. La Confédération, c'est le salut du Bas-Canada,* Montréal, Sénécal, 1867. « Le village de Chicoutimi il y a cent ans », *Saguenayensia,* vol. 13, n° 3 (mai-juin 1971), p. 58.
Si l'auteure est une institution, une association	• L'association, dont le nom doit être écrit au long et en lettres majuscules, est considérée comme l'auteur de l'œuvre. • NOM DE L'ASSOCIATION. *Titre de l'ouvrage* (en italique), lieu d'édition, maison d'édition, année de publication, nombre de pages. **Exemple** CONFÉDÉRATION DES SYNDICATS NATIONAUX, SERVICE D'ÉDUCATION. *Rodolphe Hamel raconte sa vie ouvrière. Asbestos 1912-1963,* Montréal, Service d'éducation de la CSN, 1973, 16 p.
Si l'auteur est un gouvernement, un ministère ou un organisme public	• Le gouvernement, dont le nom doit être écrit au long et en lettres majuscules, est considéré comme l'auteur de l'œuvre. • On commence la description par le nom du pays, de la province ou de la municipalité, qui doit être suivi du nom de l'organisme, le tout en lettres majuscules. • NOM DU PAYS, NOM DU GOUVERNEMENT. *Titre de l'ouvrage* (en italique), lieu d'édition, maison d'édition, année de publication, nombre de pages. **Exemple** QUÉBEC, MINISTÈRE DU TRAVAIL ET DE LA MAIN-D'ŒUVRE. *Taux du syndicalisme au Québec,* Québec, Éditeur officiel, 1973, 126 p.
Ouvrage en plusieurs volumes (tomes), dont les titres sont différents	• NOM DE L'AUTEUR, prénom. *Titre du tome* (en italique), tome (ou t.) et numéro (en chiffres romains), de *titre général de l'ouvrage* (en italique), lieu d'édition, maison d'édition, année de publication, nombre de pages, collection (entre parenthèses), s'il y a lieu. **Exemples** ROWLING, J. K. *Harry Potter and the Order of the Phoenix,* t. V de *Harry Potter,* Vancouver, Raincoast Books, 2003, 766 p. TROYAT, Henri. *L'éléphant blanc,* tome III de *Les héritiers de l'avenir,* Paris, Flammarion, 1970, 308 p. (Coll. « J'ai lu », n° 466).
Article dans un livre publié par un directeur	• NOM DE L'AUTEUR, prénom. « Titre de l'article » entre guillemets, dans prénom NOM DE L'AUTEUR, dir., *titre de l'ouvrage* (en italique), lieu d'édition, maison d'édition, année de publication et numéros des pages que l'article occupe dans l'ouvrage. **Exemple** RYERSON, Stanley B. « Le camarade Bethune », dans Robert COMEAU et Bernard DIONNE, dir., *Le droit de se taire. Histoire des communistes au Québec, de la Première Guerre mondiale à la Révolution tranquille,* Montréal, VLB éditeur, 1989, p. 162-192.
Entrevue réalisée par l'élève, ou notes personnelles	• Les notes personnelles prises lors d'un cours, d'une conférence ou d'une entrevue servent de source pour un rapport de recherche. Elles doivent être présentées dans une notice bibliographique, alors que l'élève est l'auteur de ces notes.

12

(Voir la suite à la page suivante.)

251

Tableau 12.4 *(suite)*   **Problèmes courants de description bibliographique**

Problèmes	Consignes
Entrevue réalisée par l'élève, ou notes personnelles *(suite)*	• Dans le cas d'une entrevue, il est important d'indiquer à quel titre la personne a été rencontrée. • NOM DE L'AUTEUR, prénom. *Titre de l'entrevue* (en italique), lieu, date de l'entrevue. • NOM DE L'AUTEUR, prénom. Notes prises lors de la conférence de Nom du conférencier, *titre de la conférence* (en italique), lieu, date de la conférence. **Exemples** MOQUIN, Gilles. *Entrevue avec Madame Thérèse Lanthier, présidente du Rassemblement des citoyennes et des citoyens de Gaspé,* Gaspé, le 15 octobre 2007. POULIN, Marie-Pierre. Notes prises lors de la conférence de M. Albert Jacquard, *Notre vie n'est pas écrite d'avance,* Québec, Cégep de Limoilou, 2 octobre 2001.
Compléments bibliographiques d'un livre	• On entend par **compléments bibliographiques** les indications qui complètent la description de l'ouvrage utilisé et permettent de le retrouver aisément. Ces indications sont : le numéro de l'édition, la mention du traducteur, du préfacier ou de l'adaptateur, le lieu de l'édition, la maison d'édition, l'année de publication, le nombre de pages et la collection. Les exemples qui suivent présentent ces compléments dans l'ordre où il faut les noter dans la description d'une référence bibliographique.
Numéro de l'édition	• On n'écrit jamais « 1re édition », mais lorsqu'on décrit un volume réédité, on prend soin d'indiquer, après le titre, le numéro de l'édition et, s'il y a lieu, on qualifie la nouvelle édition selon qu'elle est revue, augmentée, remaniée, refondue, etc. • NOM DE L'AUTEUR, prénom. *Titre du livre* (en italique), numéro de l'édition suivi de l'abréviation « éd. », lieu d'édition (ville), maison d'édition, année de publication, nombre de pages. **Exemple** RAMAT, Aurel. *Le Ramat de la typographie,* 7e éd., Montréal, Aurel Ramat éditeur, 2003, 224 p.
Traducteur, préfacier, adaptateur	• On mentionne le traducteur, le préfacier ou l'adaptateur lorsque cette précision ajoute quelque chose à la notice bibliographique et au rapport de recherche. Par exemple, le nom de l'adaptateur peut être celui d'un enseignant qui a adapté et pas seulement traduit un manuel pédagogique. • NOM DE L'AUTEUR, prénom. *Titre du livre* (en italique), trad. de (langue d'origine de l'ouvrage) par nom du traducteur, lieu d'édition (ville), maison d'édition, année de publication, nombre de pages. **Exemples** DICKINSON, John A., et Brian YOUNG. *Brève histoire socio-économique du Québec,* nouv. éd. mise à jour, trad. de l'anglais par Hélène Filion, Québec, Septentrion, 1995, 384 p. RATHUS, Spencer A. *Psychologie générale,* 3e éd., adaptation de L. Marinier *et al.,* trad. de l'anglais par L. Lepage, Laval, Études vivantes, 1995, 328 p.
Lieu de l'édition	• Il s'agit du nom de la ville où le volume a été édité. Lorsqu'un livre ne mentionne aucun lieu d'édition, l'abréviation « s.l. » [sans lieu] placée entre crochets est suffisante. • Si on établit le lieu d'édition d'un ouvrage par d'autres moyens (en cherchant dans une bibliographie spécialisée, etc.), il faut le placer entre crochets, par exemple [Montréal]. • Si un livre porte la mention de plusieurs villes d'édition, on peut les indiquer toutes ou choisir celle qui est la plus connue ou la plus accessible au lecteur : Montréal plutôt que Paris, Toronto plutôt que Londres, etc. • Dans le cas des villes moins connues que les capitales, il est utile d'indiquer entre parenthèses le nom de la province ou de l'État dans lequel est située cette ville. • NOM DE L'AUTEUR, prénom. *Titre du livre* (en italique), lieu d'édition (ville) ou [s.l.], maison d'édition, année de publication, nombre de pages. **Exemples** FORTIN, Julie. *Écologie sociale,* [s.l.], Éditeur des exemples, 2003, 403 p. FOURNIER, Rodolphe. *Lieux et monuments historiques de l'île de Montréal,* Saint-Jean (Québec), Éditions du Richelieu, 1974, 303 p.

(Voir la suite à la page suivante.)

Tableau 12.4 *(suite)* **Problèmes courants de description bibliographique**

Problèmes	Consignes
Maison d'édition	• Il est acceptable de n'indiquer que le nom de la maison d'édition, Leméac, Beauchemin, Flammarion, etc., plutôt que d'ajouter « Les Éditions » ou les abréviations « ltée », « inc. », etc. • NOM DE L'AUTEUR, prénom. *Titre du livre* (en italique), lieu d'édition (ville), maison d'édition, année de publication, nombre de pages. **Exemple** BERGER, Richard, Diane DÉRY et Jean-Pierre DUFRESNE. *L'épreuve uniforme de français. Pour réussir sa dissertation critique,* Laval, Beauchemin, 1998, 222 p.
Année de publication	• L'année de publication se trouve soit sur la page de titre, soit sur l'une des premières pages du volume, soit à la fin. • Si on ne retrouve aucune mention de l'année de publication, on indique entre crochets la mention « s.d. » [sans date]. Si on établit l'année de publication d'un ouvrage par d'autres moyens (en cherchant dans une bibliographie spécialisée, etc.), il faut la placer entre crochets, par exemple [1975]. • NOM DE L'AUTEUR, prénom. *Titre du livre* (en italique), lieu d'édition (ville), maison d'édition, année de publication (entre crochets si estimée ou [s.d.] si inconnue), nombre de pages. **Exemple** ROSSIGNOL, Léo, Pierre-Louis LAPOINTE et Gaston CARRIÈRE. *Hull, 1800-1975 : histoire illustrée,* Hull, Comité de la Grande fête de Hull, [1975], 89 p.
Nombre de pages	• On indique le total des pages de l'ouvrage à la toute fin de la notice bibliographique. On peut employer l'abréviation « p. » (pp. est désuet et n'est plus utilisé). • NOM DE L'AUTEUR, prénom. *Titre du livre* (en italique), lieu d'édition (ville), maison d'édition, année de publication, nombre de pages. **Exemple** PILOTE, Carole. *Français, ensemble 1. Méthode d'analyse littéraire et littérature française,* Laval, Études vivantes, 1997, 354 p.
Collection	• On indique le nom de la collection (entre parenthèses) à la fin de la notice bibliographique, immédiatement après le point suivant le nombre de pages. L'abréviation « Coll. » précède le nom de la collection entre guillemets. On ajoute le numéro du volume dans la collection. • NOM DE L'AUTEUR, prénom. *Titre du livre* (en italique), lieu d'édition (ville), maison d'édition, année de publication, nombre de pages. (Coll. « nom de la collection », numéro de l'ouvrage dans la collection) **Exemple** LORRAIN, Jean-Louis. *Les violences scolaires,* 4e éd., Paris, Presses universitaires de France, 2003, 128 p. (Coll. « Que sais-je ? » n° 3529)

MODÈLE DE PRÉSENTATION D'UN RAPPORT

(Les textes et les données sont fictifs.)

Pour tous vos travaux, utilisez le gabarit qui se trouve à l'adresse suivante : www.beaucheminediteur.com /pourreussir

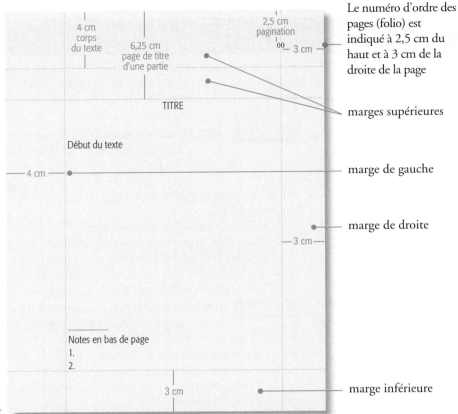

Figure 12.1 **Marges d'un texte**

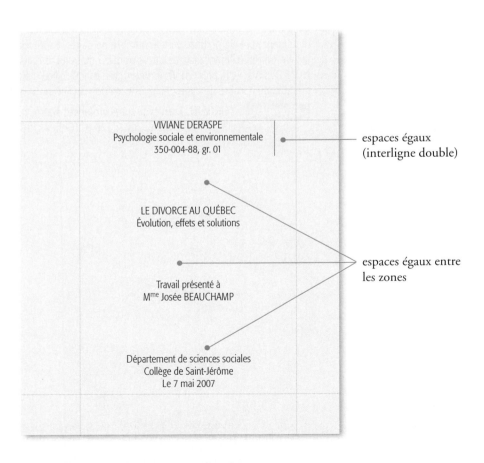

Figure 12.2 **Page de titre**

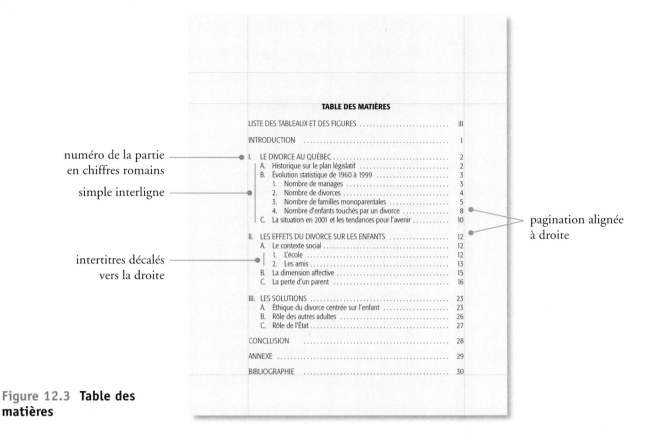

numéro de la partie en chiffres romains

simple interligne

intertitres décalés vers la droite

pagination alignée à droite

Figure 12.3 Table des matières

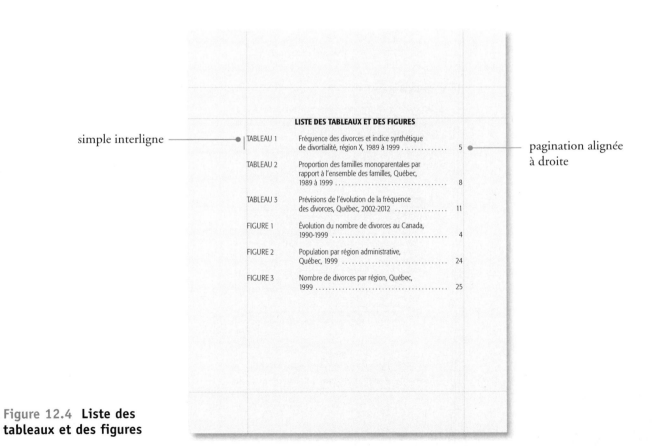

simple interligne

pagination alignée à droite

12

Figure 12.4 Liste des tableaux et des figures

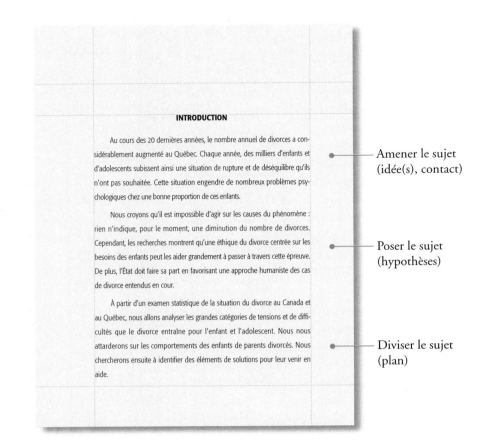

Figure 12.5 Exemple d'introduction

Amener le sujet (idée(s), contact)

Poser le sujet (hypothèses)

Diviser le sujet (plan)

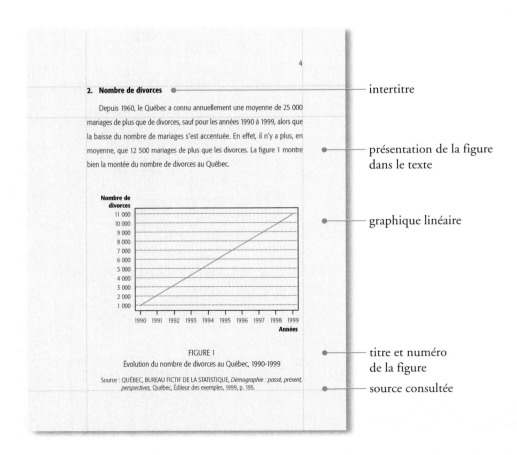

Figure 12.6 Exemple de graphique linéaire dans le corps du texte

intertitre

présentation de la figure dans le texte

graphique linéaire

titre et numéro de la figure

source consultée

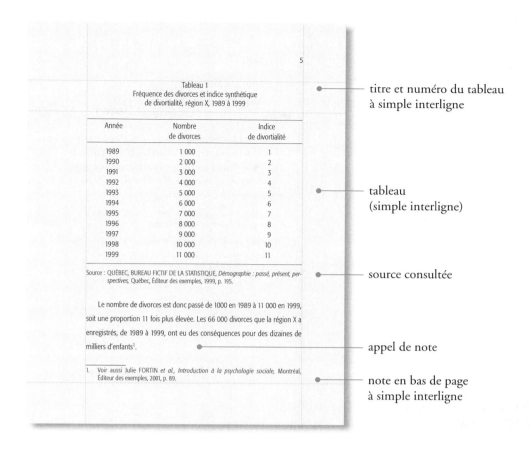

	Tableau 1	
	Fréquence des divorces et indice synthétique	
	de divortialité, région X, 1989 à 1999	

Année	Nombre de divorces	Indice de divortialité
1989	1 000	1
1990	2 000	2
1991	3 000	3
1992	4 000	4
1993	5 000	5
1994	6 000	6
1995	7 000	7
1996	8 000	8
1997	9 000	9
1998	10 000	10
1999	11 000	11

Source : QUÉBEC, BUREAU FICTIF DE LA STATISTIQUE, *Démographie : passé, présent, perspectives*, Québec, Éditeur des exemples, 1999, p. 195.

Le nombre de divorces est donc passé de 1000 en 1989 à 11 000 en 1999, soit une proportion 11 fois plus élevée. Les 66 000 divorces que la région X a enregistrés, de 1989 à 1999, ont eu des conséquences pour des dizaines de milliers d'enfants[1].

1. Voir aussi Julie FORTIN *et al.*, *Introduction à la psychologie sociale*, Montréal, Éditeur des exemples, 2001, p. 89.

— titre et numéro du tableau à simple interligne

— tableau (simple interligne)

— source consultée

— appel de note

— note en bas de page à simple interligne

Figure 12.7 Exemple de tableau dans le corps du texte

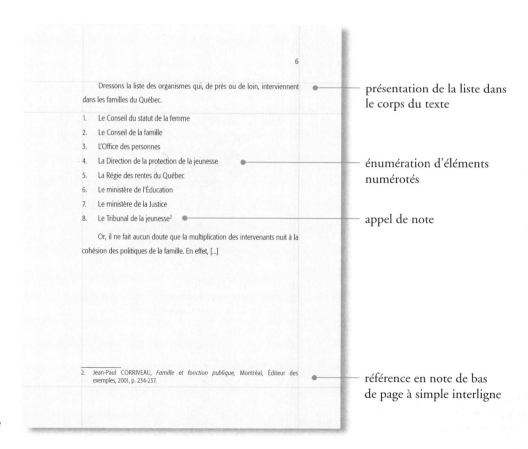

Dressons la liste des organismes qui, de près ou de loin, interviennent dans les familles du Québec.

1. Le Conseil du statut de la femme
2. Le Conseil de la famille
3. L'Office des personnes
4. La Direction de la protection de la jeunesse
5. La Régie des rentes du Québec
6. Le ministère de l'Éducation
7. Le ministère de la Justice
8. Le Tribunal de la jeunesse[2]

Or, il ne fait aucun doute que la multiplication des intervenants nuit à la cohésion des politiques de la famille. En effet, [...]

2. Jean-Paul CORRIVEAU, *Famille et fonction publique*, Montréal, Éditeur des exemples, 2001, p. 234-237.

— présentation de la liste dans le corps du texte

— énumération d'éléments numérotés

— appel de note

— référence en note de bas de page à simple interligne

Figure 12.8 Exemple de liste dans le corps du texte

12

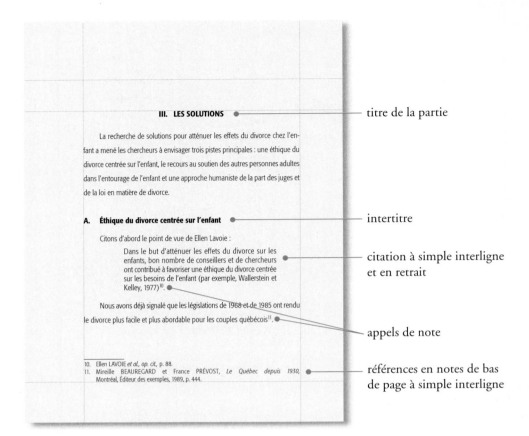

III. LES SOLUTIONS ●————————————— titre de la partie

La recherche de solutions pour atténuer les effets du divorce chez l'enfant a mené les chercheurs à envisager trois pistes principales : une éthique du divorce centrée sur l'enfant, le recours au soutien des autres personnes adultes dans l'entourage de l'enfant et une approche humaniste de la part des juges et de la loi en matière de divorce.

A. **Éthique du divorce centrée sur l'enfant** ●——————— intertitre

Citons d'abord le point de vue de Ellen Lavoie :

> Dans le but d'atténuer les effets du divorce sur les enfants, bon nombre de conseillers et de chercheurs ont contribué à favoriser une éthique du divorce centrée sur les besoins de l'enfant (par exemple, Wallerstein et Kelley, 1977)[10]. ●——— citation à simple interligne et en retrait

Nous avons déjà signalé que les législations de 1968 et de 1985 ont rendu le divorce plus facile et plus abordable pour les couples québécois[11]. ●——— appels de note

10. Ellen LAVOIE et al., op. cit., p. 88.
11. Mireille BEAUREGARD et France PRÉVOST, *Le Québec depuis 1930*, Montréal, Éditeur des exemples, 1989, p. 444. ●——— références en notes de bas de page à simple interligne

Figure 12.9 Exemple de début d'une partie et exemple de citation

---

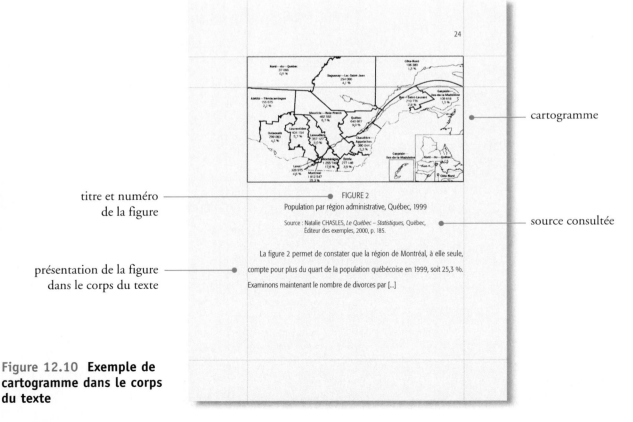

titre et numéro de la figure ———

FIGURE 2
Population par région administrative, Québec, 1999

Source : Natalie CHASLES, *Le Québec – Statistiques*, Québec, Éditeur des exemples, 2000, p. 185. ●——— source consultée

présentation de la figure dans le corps du texte ———●

La figure 2 permet de constater que la région de Montréal, à elle seule, compte pour plus du quart de la population québécoise en 1999, soit 25,3 %. Examinons maintenant le nombre de divorces par [...]

●——— cartogramme

Figure 12.10 Exemple de cartogramme dans le corps du texte

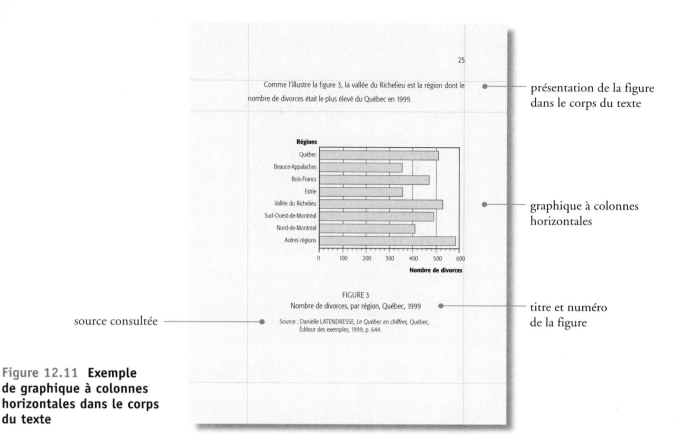

Comme l'illustre la figure 3, la vallée du Richelieu est la région dont le nombre de divorces était le plus élevé du Québec en 1999.

présentation de la figure dans le corps du texte

graphique à colonnes horizontales

FIGURE 3
Nombre de divorces, par région, Québec, 1999

Source : Danielle LATENDRESSE, *Le Québec en chiffres*, Québec, Éditeur des exemples, 1999, p. 644.

source consultée

titre et numéro de la figure

Figure 12.11 Exemple de graphique à colonnes horizontales dans le corps du texte

CONCLUSION

Il est ressorti de notre survol que le nombre de divorces avait considérablement augmenté depuis le début des années 1990. Les effets du divorce chez l'enfant sont bien connus : augmentation des tensions et des difficultés de toutes sortes. Parmi ces dernières, la délinquance et la mésadaptation socioaffective sont les manifestations les plus courantes et les plus graves. Toutefois, ce ne sont pas tous les enfants de parents divorcés qui vivent ces difficultés.

cheminement du travail

Il ressort des recherches que nous avons consultées que des solutions existent pour éviter que les enfants et les adolescents subissent le divorce de leurs parents. La première de ces solutions réside dans l'adoption d'une éthique du divorce centrée sur l'enfant. Le rôle des autres adultes n'est pas négligeable non plus, car ceux-ci peuvent contribuer à dédramatiser la situation. Enfin, l'État doit assumer son rôle et adopter une législation qui humanise le processus de divorce.

solutions

Comme on peut le constater, ce ne sont pas les solutions qui manquent. Mais la volonté politique de les appliquer semble faire défaut. N'oublions pas que ce sont les enfants qui font les frais des procédures longues et coûteuses des tribunaux et des conflits des parents.

perspectives nouvelles

12

Figure 12.12 Exemple de conclusion

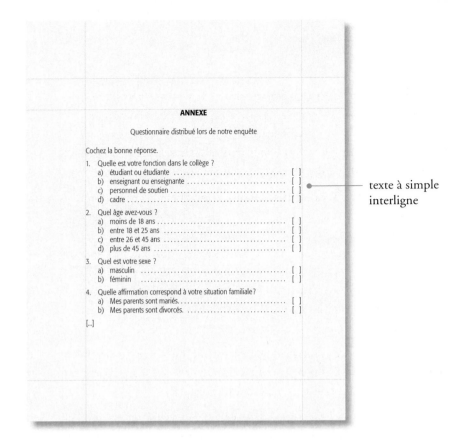

texte à simple interligne

Figure 12.13 Exemple d'annexe

catégories d'ouvrages

ordre alphabétique à l'intérieur des sections

simple interligne

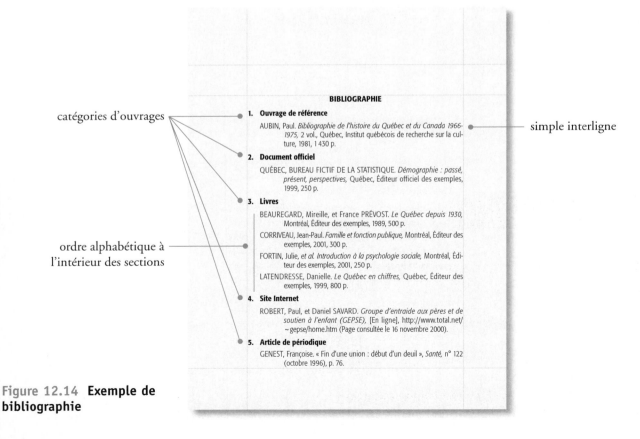

Figure 12.14 Exemple de bibliographie

Peaufinez vos rapports

- **Épatez votre lecteur !** Pour vous assurer de bien disposer votre lecteur avant même qu'il commence la lecture de votre rapport, proposez-lui un document propre et bien ordonné. Présenter un rapport, c'est un peu comme offrir à son lecteur un peu de soi-même. Les taches de café, les gribouillis et les pages qui retroussent ne font jamais bonne figure…

- **Aidez votre lecteur à cerner votre pensée** en lui proposant un texte bien écrit, exempt de fautes de français et de formulations boiteuses. Utilisez un dictionnaire pour l'orthographe (*Le Nouveau Petit Robert, Petit Larousse illustré*), une grammaire ou un dictionnaire des difficultés de la langue française pour la syntaxe (*Multidictionnaire des difficultés de la langue française,* la collection Bescherelle, *Le bon usage,* etc.). Ne négligez pas le **correcteur d'orthographe** de votre logiciel qui peut vous aider en vous indiquant quelques coquilles.

- **Développez le goût de vous surpasser :** relisez votre rapport une journée ou deux après l'avoir terminé, en ayant toujours en tête de l'améliorer. Avec un peu de recul, les fautes sont plus faciles à repérer.

- **Osez demander l'aide d'un parent ou d'un ami** au moment de la relecture de votre document. Si vous avez des difficultés à rédiger sans fautes, demandez à une personne de votre entourage qui maîtrise mieux que vous la langue française de relire votre travail. Mieux encore, inscrivez-vous à un atelier de rédaction ou fréquentez le centre d'aide en français de votre collège.

À retenir

	OUI	NON
• Est-ce que mes **rapports** sont présentés **selon les règles** ?	☐	☐
• Est-ce que j'utilise des **figures** et des **tableaux** pour ajouter une nouvelle dimension à mes rapports ?	☐	☐
• Est-ce que j'assume mes dettes intellectuelles en **citant correctement** les auteurs consultés ?	☐	☐
• Est-ce que mes notices bibliographiques au bas des pages son **claires, complètes** et **bien disposées** ?	☐	☐
• Est-ce que je présente toutes mes **références bibliographiques** selon les règles ?	☐	☐

12

Chapitre 13

Réussir son exposé oral

« Lorsque je dois faire une présentation en classe, je n'écris jamais tout mon texte à l'avance. Je prends des fiches et j'y inscris les principales idées, des chiffres, des citations, des faits précis, etc. »

Mélissa, 18 ans

13

Après avoir lu attentivement le présent chapitre, vous serez en mesure :

- de préparer le matériel requis pour un exposé oral ;

- de présenter un exposé oral ;

- d'utiliser les instruments audiovisuels appropriés.

L'exposé oral, c'est la présentation verbale du fruit d'un travail de recherche ou d'une réflexion sur un sujet donné. Puisque c'est une communication devant un auditoire, qu'il faut instruire et convaincre tout en le charmant, l'exposé oral est nécessairement visuel et expressif, voire théâtral.

 **Définition**

CANALISEZ VOTRE ANXIÉTÉ ET SERVEZ-VOUS-EN POUR RÉUSSIR

Votre enseignant de philosophie vous apprend que vous devez exposer oralement vos idées sur « l'éthique dans les relations commerciales ». Quelle est votre réaction ? Vous rappelez-vous une expérience qui a mal tourné ? Vous dites-vous « encore un exposé oral ! » en soupirant ? À quelques jours de l'échéance, sentez-vous monter un vague sentiment d'étouffement, avez-vous des palpitations à l'idée même de devoir « vous produire » devant la classe ?

Plusieurs auront reconnu là les symptômes de l'anxiété, qui peut dégénérer en **trouble panique** (crise d'anxiété aiguë[1]) ou conduire à une **phobie sociale**, c'est-à-dire la « peur irrationnelle et excessive d'être l'objet d'un examen minutieux de la part des autres[2] ». Sans aller jusque-là, de nombreuses personnes éprouvent une anxiété qui les paralyse et qui a, par conséquent, un effet négatif sur la qualité de leur communication. Soyez rassuré, ceci est tout à fait normal : une étude menée auprès de 1 000 jeunes Américains a montré que la peur de prendre la parole en public était leur crainte numéro un[3]. Une autre étude, menée auprès de 3 000 personnes, demandait aux répondants d'indiquer des situations qui leur causaient de l'anxiété : 70 % d'entre eux ont choisi « la parole en public » comme la deuxième situation la plus angoissante, immédiatement après une fête avec des étrangers (74 %) et devant huit autres situations comme la première journée d'un nouvel emploi (59 %) ou une entrevue professionnelle (46 %)[4].

13

---

1. Spencer A. RATHUS, *Psychologie générale,* 3e éd., Laval, Éditions Études Vivantes, 1995, p. 271.

2. *Ibid.,* p. 272.

3. Citée par Sheldon METCALFE, *Building a Speech,* New York, Harcourt Brace College Publishers, 1998, p. 91.

4. *Ibid.*

Un élément clé pour surmonter l'anxiété causée par la perspective de parler en public est de **comprendre le processus** par lequel on passe tous lorsqu'on se trouve dans cette situation. On pourrait dire que l'attitude de la plupart des gens oscille entre deux extrêmes : d'un côté, l'attitude de celui qui se sent tellement sûr de lui — « Pas de problème! » — qu'il ne fera que le minimum de recherches, ne prendra que quelques notes, s'habillera avec soin le jour de l'exposé et comptera sur son talent d'acteur pour épater la galerie ; de l'autre, l'attitude de celui pour lequel son exposé ne pourra jamais être bon — « Ça va nécessairement être moche » —, car il pense que ceux qui font de bons exposés sont ceux qui ont des talents de comédien qu'il ne possède pas. La plupart des gens se situent entre ces deux extrêmes et sont relativement nerveux devant la perspective de présenter une communication orale.

Tout dépend alors de la **perception** que vous avez de l'ensemble du processus et de la façon dont vous agirez sur cette perception des choses. Ainsi, vous pouvez transformer votre nervosité en **anxiété** ou en **excitation** devant la tâche à accomplir. La figure 13.1 illustre la complexité du processus mental qui conditionne la réussite ou l'échec d'une communication orale[5].

Ainsi, une **perception négative** de votre compétence comme orateur, construite à partir d'expériences malheureuses, d'une comparaison injuste avec les autres ou tout simplement d'idées préconçues, peut transformer la nervosité naturelle en une anxiété qui vous paralyse et qui se traduit par une préparation passive, par de la procrastination (tout remettre au lendemain), voire par un rejet de la tâche à accomplir.

Au contraire, une **perception positive** de votre compétence comme orateur, construite à partir d'expériences heureuses et d'une comparaison réaliste avec les autres, peut transformer la nervosité naturelle en excitation devant le défi qui se pose et vous motiver à vous préparer de façon active et à répéter plusieurs fois afin d'arriver fin prêt devant le groupe.

idées préconçues

expériences passées

observation des autres

CONSCIENCE de sa compétence comme orateur

positive

négative

nervosité = excitation

préparation ACTIVE ET RÉPÉTITIONS

SUCCÈS

accentuation de l'évaluation positive

nervosité = anxiété

préparation PASSIVE ET PROCRASTINATION

ÉCHEC

accentuation de l'évaluation négative

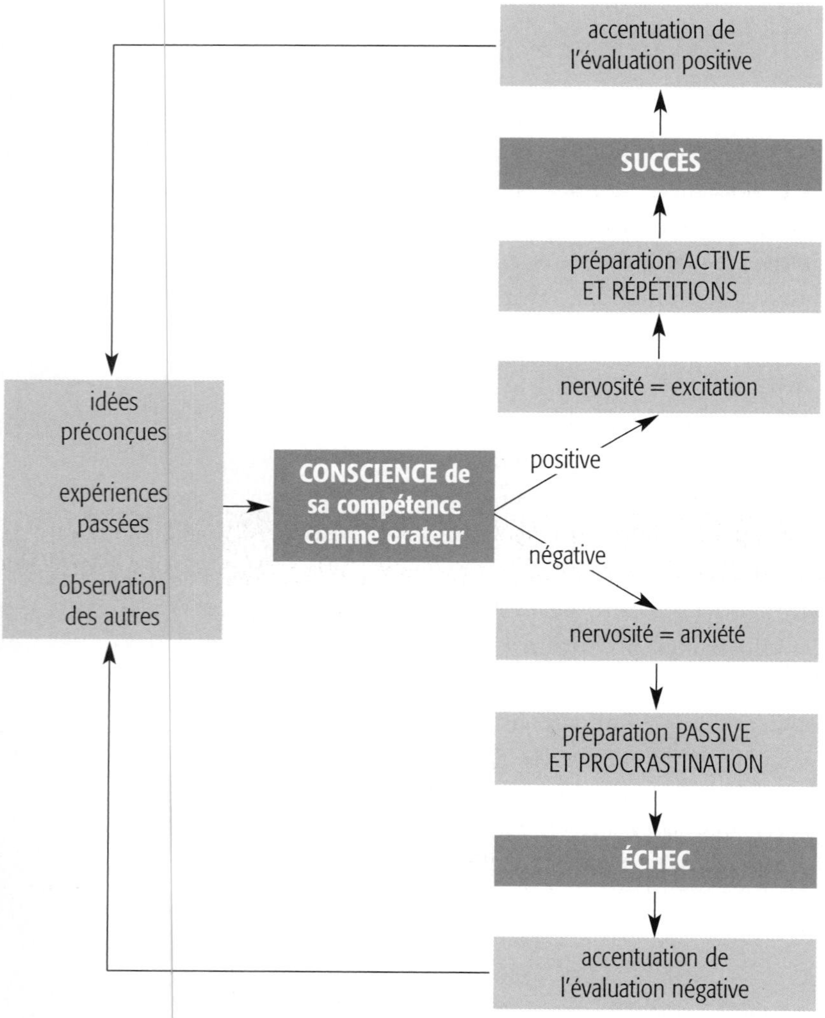

Figure 13.1 Le rôle de la conscience de soi dans l'exposé oral

5. Adapté de L. Todd THOMAS, *Public Speaking Anxiety,* New York, Harcourt Brace College Publishers, 1997, p. 8.

PRÉPAREZ SOIGNEUSEMENT VOTRE EXPOSÉ

Le secret d'un bon exposé, c'est la **préparation.** Faire un exposé, c'est communiquer des idées aux autres. Plus vous serez préparé, plus vous maîtriserez le contenu, plus vous vous sentirez à l'aise. Et alors, meilleur sera l'exposé!

Documentez-vous

Pour vous documenter à fond, consultez et mettez en pratique le contenu des chapitres 5 (*Se retrouver à la bibliothèque*), 6 (*Utiliser de bons outils de travail*), 7 (*Naviguer sur Internet*), 8 (*Se documenter grâce aux journaux et aux revues*) et 10 (*Effectuer un travail de recherche*).

Structurez vos idées

Ayez un plan et tenez-vous-en à ce plan au cours de l'exposé. Le tableau 13.1 donne un exemple de plan d'un exposé qui doit durer environ 15 minutes.

Employez la méthode des **fiches documentaires** (➜ *voir le chapitre 3, p. 40 à 49*) pour noter les informations et construire le schéma de votre exposé. Une quinzaine de fiches suffisent pour un exposé de 15 minutes : une fiche-titre, une deuxième fiche pour l'introduction, une douzaine de fiches pour le développement, une fiche ou deux pour la conclusion, comme dans l'exemple de la figure 13.2.

Tableau 13.1 **Exemple de plan d'exposé oral[6]**

Contenu	Durée	Suggestion de support matériel
Introduction Sujet amené (problématique) Sujet posé (hypothèse) Sujet divisé (plan)	Une à deux minutes	Transparent ou présentation *PowerPoint* (➜ *voir p. 269*) : hypothèse de travail
Développement 1re idée principale 2e idée principale 3e idée principale	8 à 12 minutes	*Exemples :* Transparent : tableau statistique Transparent : graphique Extrait d'une vidéo
Conclusion Retour sur la démarche Retour sur l'hypothèse Autocritique, prospective	Deux à trois minutes	

13

---

6. Inspiré de L. CLICHE et autres, *Démarche d'intégration des acquis en sciences humaines,* Saint-Laurent, ERPI, 1996, p. 296-297.

Conformez-vous au temps alloué

Il est très important de bien se conformer aux indications de l'enseignant concernant le temps alloué pour l'exposé. Un exposé de cinq minutes n'a rien à voir avec une conférence d'une heure. Il faudra donc sélectionner le contenu selon le temps permis. Gardez toujours en tête ces quelques conseils :

- évitez d'en dire trop (il s'agit du plus grand danger) ;

- concentrez-vous sur les idées essentielles et les plus intéressantes pour votre auditoire ;

- évitez de ne pas en dire assez, prévoyez du matériel complémentaire « au cas où » ;

- rappelez-vous que le trac accélère le débit : respirez bien ;

- prévoyez une marge de manœuvre (la possibilité d'abandonner certaines idées secondaires en cours de route).

Adaptez votre exposé à l'auditoire

- L'auditoire connaît-il un peu le sujet ? Sinon, **présentez le sujet** afin d'éviter de perdre le contact avec l'auditoire.

- Exprimez-vous simplement. **Éliminez toute phraséologie** ou répétition des textes d'auteurs savants : la prétention ne remplace jamais la clarté des idées.

- **Méfiez-vous du vocabulaire trop technique,** connu des seuls spécialistes : définissez les mots compliqués dont l'emploi est indispensable. Au besoin, écrivez ces mots au tableau ou même distribuez une feuille contenant un glossaire des mots employés. Par exemple, dans le cas d'un exposé sur l'informatique contenant des mots tels que « bureautique, logiciel, progiciel, base de données, serveur, octet, mémoire vive, microprocesseur », ce vocabulaire n'est pas nécessairement connu de tous et un bon orateur fera le nécessaire pour que son auditoire puisse le suivre.

- Cherchez les **exemples clairs,** les figures, les images, les tableaux, etc., qui feront comprendre à l'auditoire le sens de l'exposé.

Représentez-vous votre exposé

Une des causes principales de l'anxiété est la peur de l'inconnu. Pour contrer cette peur, rien de mieux qu'une visualisation de ce que sera l'exposé. Si vous ne connaissez pas le lieu où aura lieu votre présentation, allez le visiter à l'avance, vous vous sentirez plus en sécurité. Puis, projetez-vous dans le temps et imaginez-vous en train :

- d'entrer dans la pièce avec assurance, en marchant lentement ;

- de présenter votre sujet, debout et calmement ;

- de vous entendre exposer vos idées de manière enthousiaste ;

- de voir votre auditoire captivé par ce que vous dites ;

- d'entendre les applaudissements et les remarques positives de l'enseignant et de vos collègues[7].

---

7. *Ibid.,* p. 298.

EXPOSEZ VOS IDÉES

Captez l'attention dès le début

- Dès le début, **campez le sujet,** provoquez votre auditoire de façon à le captiver. Une phrase choc, une statistique révélatrice ou une citation bien choisie peuvent vous aider dans ce sens. Par exemple, vous faites un exposé sur le divorce et la famille au Québec : donnez le nombre total de divorces au Québec depuis dix ans et vous capterez l'attention dès le début !

- **Posez des questions** à l'auditoire : « Saviez-vous que... », « Croiriez-vous que... », « Pensez-vous qu'il est possible que... » et ainsi de suite. Les questions forcent les auditeurs à suivre l'exposé car elles les interpellent directement.

- **Assurez-vous** que l'on vous entende bien ; parlez pour les plus éloignés. Au besoin, demandez si l'on vous entend.

- **Expliquez le plan** de votre exposé dès le début. Insistez sur votre hypothèse de travail ou sur le sens de votre exposé, de manière à bien informer l'auditoire de votre intention dès le début.

Adoptez une attitude dynamique

- **Regardez l'auditoire.** Levez la tête, ne gardez pas les yeux fixés sur le papier (l'œil va plus vite que la parole, on retient facilement un ensemble de mots). Regardez les gens dans les yeux, tentez d'établir un contact avec eux.

- **Articulez** avec soin, prenez le temps de prononcer les mots en entier.

- **Respirez profondément** de temps en temps, de façon à ralentir le débit.

- **Cherchez à être vivant.** Changez de débit. Utilisez les silences. Variez le ton (gare aux fins de phrases tombantes !). Ne craignez pas l'humour, sans en abuser. Questionnez l'auditoire afin de susciter sa participation.

- Repérez et **éliminez vos tics,** du genre « Écoutez », « Euhhhh! », « À ce moment-ci », « Bien... », « J'veux dire », « Vous savez... », « En quelque part », « C'est comme lourd... » (au lieu de « C'est lourd ») et ainsi de suite.

- **Attention au choix des mots :** soyez précis, n'utilisez pas des mots comme « l'affaire », la « chose », le « *stuff* », ou des expressions populaires comme « *tsé veux dire* » (en voulant parler d'une évidence qui ne l'est peut-être pas pour tout le monde), « *Lui y l'a l'affaire* » (par exemple à propos d'un juge ou d'un politicien), « *Y a eu d'l'air fou* » (au sujet d'une entrevue avec une vedette), « *Y a mangé une volée* » (en parlant d'une défaite électorale), « *Y disent que...* » (pour remplacer l'auteur d'un énoncé) ; utilisez plutôt le mot juste et des expressions pertinentes, sans être prétentieux.

Que penseriez-vous d'un exposé sur la dénatalité qui commencerait comme suit :

« Ça fait que chaque femme en a à peu près 1,5, pis ça en prend 2 pour qu'on se reproduise. »

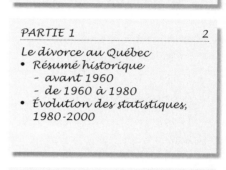

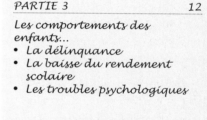

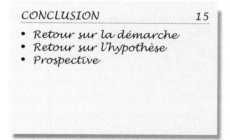

Figure 13.2 Exemples de fiches pour un exposé oral

13

267

Au lieu de :

« Les statistiques du dernier recensement, en 1996, montrent que le taux de fécondité atteint 1,5 enfant par Québécoise en âge de procréer, ce qui est bien inférieur au taux minimal de 2,1 enfants par femme requis pour qu'une population se reproduise. »

Ne croyez-vous pas que l'effet de la seconde phrase sera plus grand sur l'auditoire ?

Persuadez votre auditoire

Définition ➡ La **persuasion** peut être définie comme la communication qui influence et transforme les croyances, les émotions ou le comportement d'un auditeur. Les exposés persuasifs convainquent en énonçant des faits rigoureux, stimulent en exprimant des jugements de valeur qui vont droit au cœur et motivent en proposant des solutions réalistes[8].

Vous avez choisi le sujet de votre exposé. Formulez une proposition ou une hypothèse que vous allez défendre devant votre auditoire. On peut dégager trois types de propositions : l'énoncé factuel, le jugement de valeur et la solution.

L'énoncé factuel (l'état de fait)

L'appel à la raison présente des faits précis, une preuve complète et un raisonnement adéquat. « Les pertes d'Hydro-Québec dans la crise du verglas de 1998 s'élèvent à 400 millions de dollars », « La guerre en Irak a fait X milliers de morts dans la population civile », « Le facteur décisif dans la réussite scolaire est la motivation, selon le psychoéducateur Untel » sont des exemples de preuves ou d'énoncés factuels qui vous permettent de convaincre vos auditeurs, s'ils sont véridiques bien entendu.

Le jugement de valeur (l'évaluation)

Lorsque vous énoncez des arguments comme « Comment peut-on accepter que les femmes reçoivent des salaires non égaux à ceux des hommes à l'aube du 21e siècle », vous faites appel à l'**éthique** et aux **valeurs** de vos auditeurs. Vous faites valoir l'égalité entre les hommes et les femmes, la justice la plus élémentaire, la nécessité d'une équité dans les salaires, etc. Soyez conscient, toutefois, que l'appel aux valeurs ne peut suffire ; il doit s'accompagner de faits et de solutions. Enfin, notez que tout discours sur les valeurs doit soigneusement éviter l'appel à la violence et le langage abusif.

La solution (la nécessité de l'application de telle proposition)

Vous désirez présenter une solution à un problème précis. Après avoir énoncé les paramètres du problème, énoncez clairement votre solution, par exemple : « Le prix d'une place en garderie devrait être fixé à cinq dollars par jour quel que soit l'âge de l'enfant. » Donnez ensuite trois séries d'arguments pour appuyer cette solution. N'hésitez pas à soulever vous-même une objection à

---

8. Cette section est inspirée de S. METCALFE, *op. cit.,* chap. 17, p. 395-433.

cette solution puis à énoncer les arguments qui vous permettent d'écarter cette objection. Votre force de persuasion n'en sera que plus grande.

Chaque type de proposition implique un raisonnement particulier, le recours à des types d'arguments différents. Un bon exposé **combinera** les appels aux valeurs, à l'émotion et à la raison. Exercez-vous à construire des arguments variés qui font appel à l'une ou à l'autre de ces facettes de la nature humaine.

Utilisez adéquatement les supports audiovisuels

- Conformez-vous aux **consignes** de votre enseignant : autorise-t-il le recours aux supports audiovisuels pendant les exposés oraux ? Certains enseignants ne l'autorisent pas ; il est donc prudent de s'assurer de l'accord de l'enseignant avant plutôt que pendant l'exposé.

- Utilisez des supports audiovisuels afin de mettre l'accent sur **quelques éléments essentiels** de votre exposé. Cependant, vous devez toujours maintenir le contact visuel avec votre auditoire et ne pas vous laisser hypnotiser par le support audiovisuel.

- Assurez-vous que **tous les auditeurs voient et entendent bien** ce que vous allez montrer : qu'il s'agisse de diapositives, de films, de cédéroms, d'une présentation à l'aide de *PowerPoint*©, de transparents ou d'illustrations, chacun doit voir et entendre aisément ce que vous allez présenter.

- **Évitez de distribuer beaucoup d'objets,** de documents ou d'illustrations qui risquent de distraire votre auditoire pendant que vous parlez.

- **Choisissez le bon moment** pour recourir aux supports visuels : par exemple, ne dévoilez pas d'un seul coup les trois schémas ou les deux graphiques que vous avez choisis pour illustrer un problème. Si vous le faites, les auditeurs liront votre matériel avant que vous n'ayez eu le temps de l'expliquer. De plus, cachez les éléments visuels lorsque vous en avez terminé, car ils distraient l'auditeur.

- En ce qui concerne les **cartes** géographiques ou historiques, assurez-vous, avant l'exposé, que l'auditoire verra bien les légendes, les noms de lieux et les chiffres (degrés, etc.).

- **Écrivez au tableau** les mots difficiles, les idées principales, mais retournez-vous rapidement vers l'auditoire. Avant de faire l'exposé, vous pouvez préparer au tableau des schémas, des petits tableaux statistiques, de courtes listes de mots, ce qui vous permettra de vous concentrer sur ce que vous aurez à dire.

- **N'abusez pas du rétroprojecteur ni des présentations à l'aide de** *PowerPoint :* utilisez quelques transparents (le terme « acétate » est fautif) et assurez-vous préalablement que les gens les plus éloignés verront clairement le contenu de ces transparents, sinon cela n'en vaut pas la peine. Une règle d'or prévaut ici : on n'indique qu'**une seule idée par transparent** et le texte, écrit en caractères d'imprimerie, doit être grossi pour améliorer la

Page titre

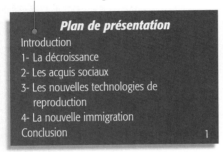

Plan de votre présentation

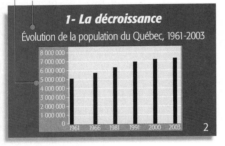

Tableau

Titre du tableau

Image insérée   Texte bref

Figure 13.3 Exemple de présenta-
tion avec *PowerPoint* ©

lisibilité. Vous pouvez photocopier des illustrations, des tableaux et des figures sur des transparents, en noir et blanc comme en couleurs (certaines coopératives scolaires, des pharmacies et des librairies offrent ce type de service).

- **Les films ou les diaporamas doivent être brefs.** Il faut les commenter, en présenter l'intérêt au début et en dégager l'essentiel à la fin.

- Enfin, il peut être très utile d'utiliser des **documents écrits :** par exemple, distribuez le plan de l'exposé ou un court texte, une citation, un tableau, une carte photocopiée, etc., afin de mettre l'accent, encore une fois, sur un élément essentiel de votre exposé. N'oubliez pas de commenter le document que vous distribuez.

Tactique

Utilisez adéquatement *PowerPoint* ©[9]

La compagnie *Microsoft* offre le logiciel *PowerPoint*, qui facilite la mise en page et met en valeur vos présentations audiovisuelles multimédias. Ce logiciel est relativement facile à maîtriser ; il permet d'élaborer des documents audiovisuels en y intégrant du texte, des images, des extraits vidéo, des liens hypertextes vers des sites Internet et du son ! Mais il y a des avantages et des inconvénients à utiliser *PowerPoint* © :

Avantages

- Permet de créer des diapositives très belles sans recourir à un graphiste.
- Harmonise vos présentations en utilisant un seul et même design.
- Combine le son, les images et le texte.
- Incorpore des tableaux, des graphiques, des organigrammes, des liens Internet et des séquences vidéo.
- Dynamise vos présentations à l'aide d'animations.
- Facilite le travail grâce à l'automatisation d'un diaporama ou grâce au pointeur laser, qui permet d'insister sur certains éléments d'une diapositive.

Inconvénients

- Requiert un matériel spécial : un canon électronique et un ordinateur.
- Nécessite une certaine facilité à utiliser l'ordinateur, le logiciel, le matériel, etc.
- Doit être présenté dans une pièce où la lumière est éteinte, ce qui rend la prise de notes difficile.
- Demande beaucoup de coordination : suivre le fil de son exposé, effectuer les changements de diapositives, regarder l'auditoire, s'assurer que la bonne diapositive est présentée au bon moment, etc.

(Voir la suite à la page suivante.)

9. Inspiré de Paul V. ANDERSON, *Technical Communication, A Reader-Centered Approach*, 4ᵉ éd., Forth Worth (Texas), Harcourt Brace, 1999, p. 409-427.

- Empêche la modification d'une séquence de diapositives pendant la présentation, élément utile quand il faut s'adapter à un auditoire spécifique, par exemple.
- Exige beaucoup de temps de préparation, surtout lorsqu'on veut incorporer des images, des extraits vidéo, des animations, etc.
- Entraîne parfois des abus en termes d'effets spéciaux qui peuvent détourner le public du contenu du message.

Pour faire les meilleures présentations possibles, respectez ces règles d'utilisation :

- Durant la présentation, ne vous **contentez** pas de lire ce qui apparaît à l'écran : commentez vos diapositives en vous adressant au public.
- **Tournez-vous vers le public,** pas vers l'écran ni vers l'ordinateur.
- Utilisez de **gros caractères** afin que le public puisse lire vos textes même du fond de la salle.
- Utilisez un fond pâle et des caractères foncés, ou l'inverse, afin de créer un **contraste dans le texte.**
- **N'encombrez pas** vos diapositives de trop d'éléments de présentation.
- Conservez une présentation **simple** dans vos tableaux, graphiques et illustrations.
- Utilisez des **mots clés,** ne faites pas de phrases complètes.
- Associez un **titre bref** à chaque diapositive.
- **Découvrez progressivement** vos titres et sous-titres les uns à la suite des autres.
- Contentez-vous d'un seul élément, d'une seule idée par diapositive.
- **Séparez** un élément complexe en plusieurs diapositives.
- Recourez à la **couleur** pour accentuer un élément, un mot.
- Utilisez un seul arrière-plan et une **mise en page uniforme** d'une diapositive à l'autre.
- **Évitez** de faire suivre plusieurs diapositives ne contenant que du texte.
- Sélectionnez soigneusement vos **animations :** n'en mettez pas trop.
- Soignez vos textes : les **fautes d'orthographe** sont plus évidentes lorsqu'elles sont projetées sur un grand écran.

13

Pour une description du logiciel et des conseils, voir le site Internet de *Microsoft* : http://office.microsoft.com/home/default.aspx

Pour accéder à des milliers d'images (appelées *clipart*), *voir* :
Microsoft office on line
http://office.microsoft.com/clipart/default.aspx?cag=1

Laissez une impression durable (en conclusion)

- Il est important de **conclure** de façon claire votre exposé afin de laisser les gens sur une bonne impression.

- Dégagez en une phrase ou deux le sens de l'exposé. Ne craignez pas de **répéter l'idée centrale.**

- S'il y a lieu, revenez sur votre **hypothèse de travail** et expliquez comment vous l'avez confirmée ou infirmée.

- Demandez s'il y a des **questions,** des commentaires, bref recherchez les réactions de l'auditoire à la fin de l'exposé.

L'EXPOSÉ EN ÉQUIPE

Réussir une communication en équipe suppose une bonne préparation et une coordination efficace. Dans un premier temps, consultez le chapitre 11 sur le travail en équipe. Appliquez les consignes suivantes avant et pendant l'exposé.

Avant l'exposé

- Assurez-vous de partager les mêmes idées quant au but de l'exposé et à la manière de le réaliser : un consensus est nécessaire et prenez le temps de l'atteindre avant le jour de l'exposé.

- Impliquez tous les membres de l'équipe dans la planification des opérations et dans la présentation devant le public.

- Encouragez les débats entre les membres de l'équipe : tous doivent pouvoir exposer leurs idées.

- Répartissez les éléments de contenu entre les membres de l'équipe.

- Effectuez une répétition avant le jour de l'exposé.

- N'hésitez pas à vous critiquer les uns les autres lors de la répétition, dans le respect des personnes et des habiletés de chacun. Chaque membre de l'équipe doit pouvoir corriger les imperfections et votre exposé collectif n'en sera que meilleur.

Pendant l'exposé

- Un des membres de l'équipe coordonne la présentation : il présente ses coéquipiers et introduit le sujet.

- Évitez de répéter ce que l'autre a dit avant vous : une bonne répartition des éléments du contenu entre les membres de l'équipe aidera à éviter ce problème.

- Planifiez l'exposé de manière à faire ressortir le fait qu'il s'agit d'un véritable travail d'équipe : les explications de l'un complètent celles de l'autre et le tout est présenté dans une séquence qui paraît évidente.

- Évitez de couper la parole à l'un des membres de l'équipe : établissez un contact visuel avec le coordonnateur qui vous cédera la parole.

13

- Assurez-vous que l'un des membres de l'équipe s'occupe des éléments techniques (ordinateur, projecteur, etc.).
- Le coordonnateur conclut l'exposé.

L'ÉVALUATION D'UN EXPOSÉ

La figure 13.4 présente un exemple de grille d'évaluation d'un exposé oral. Ce type de grille peut varier d'un enseignant à l'autre. Selon cet exemple, on accordera 75 % des points au contenu de votre exposé et 25 % à sa forme. L'enseignant pourra évaluer votre rendement selon trois niveaux de compétence : un exposé excellent vaudra 4 ou 5 sur 5, 8 à 10 sur 10 ; un exposé satisfaisant pourra mériter 3 sur 5, 6 ou 7 sur 10, tandis qu'un exposé non satisfaisant ne vaudra que 0 à 2 sur 5, 0 à 5 sur 10. N'hésitez pas à demander les commentaires de votre enseignant. Vous pourrez ainsi corriger ce qui doit l'être et vous améliorer en vue des prochains exposés.

Nom de l'élève :			Note : /100
Sujet :			
Contenu	**Excellent**	**Satisfaisant**	**Insatisfaisant**

1. **Contenu (75 %)**
Introduction
    Sujet amené (problématique) (/5)
    Sujet posé (hypothèse) (/5)
    Sujet divisé (plan) (/5)
 	
Développement
    Pertinence des arguments (/10)
    Liens entre les idées (/10)
    Référence aux auteurs consultés (/10)
    Originalité du propos (/10)
 	
Conclusion
    Retour sur l'hypothèse (/5)
    Retour sur la démarche (/5)
    Capacité d'autocritique (/5)
 	
Réponse aux questions
    Pertinence des réponses (/5)			

2. **Forme (25 %)**
    Ton, débit (/5)
    Attitude, contact visuel (/5)
    Supports audiovisuels (/5)
    Respect du temps alloué (/5)
    Niveau de langage (/5)			

Figure 13.4 Exemple de grille d'évaluation

Source : Inspiré de D. CHASSÉ et R. PRÉGENT, *Préparer et donner un exposé. Guide pratique,* Montréal, Éditions de l'École polytechnique de Montréal, 1990, p. 36.

13

Osez exprimer vos idées

- **Préparez-vous dès maintenant** à exprimer clairement votre point de vue. Au cours de votre carrière, vous devrez fréquemment exposer vos idées aux autres pour que des projets fonctionnent, pour que vos associés et vous puissiez suivre la même voie ou pour que, tout simplement, vos collègues de travail soient au courant de ce que vous pensez sur un sujet d'intérêt commun.

- **Osez exprimer vos idées** mais assurez-vous d'être bien préparé pour le faire. Un exposé oral ne s'improvise pas. Mieux vous serez préparé et plus vous aurez répété, plus vos arguments seront percutants et plus vous serez à l'aise devant un auditoire.

- **Croyez en ce que vous faites,** épousez passionnément « la cause » que vous allez défendre devant les autres : vous en serez d'autant plus convaincant.

- **Ayez confiance en vous,** en vos gestes, en votre voix, en vos arguments et en vos outils audiovisuels ; apprenez à maîtriser le logiciel *PowerPoint*© et peaufinez vos présentations. Dégagez une impression de calme et de confiance : votre auditoire sera plus aisément conquis.

- **Soyez respectueux des idées des autres.** Ce n'est pas en le ridiculisant, par exemple, que vous gagnerez l'estime de votre auditoire. Vous pouvez défendre vos arguments et montrer les limites de ceux des autres, mais ne vous lancez pas dans des charges à l'emporte-pièce... Cela pourrait vous retomber sur le nez !

À retenir

	OUI	NON
• Ai-je bien **préparé** mon **exposé** ?	☐	☐
• Ai-je **effectué** ma **recherche** documentaire ?	☐	☐
• Mes **idées** sont-elles **structurées** et mon plan est-il clair ?	☐	☐
• Ai-je eu le temps de m'**exercer** avec mes **fiches à la main** ?	☐	☐
• Ai-je **présenté** mes idées **avec calme,** enthousiasme et précision ?	☐	☐
• Ai-je **utilisé** de bons **supports** audiovisuels ?	☐	☐
• Ai-je **conclu de façon claire** ?	☐	☐

13

Abréviations courantes

A

abrév.	abréviation
anc.	ancien
a.n.è.	avant notre ère
apr. J.-C.	après Jésus-Christ
arch.	archives
art.	article
a/s de	aux (bons) soins de
auj.	aujourd'hui
av. J.-C.	avant Jésus-Christ

B

bd ou boul.	boulevard
bibl.	bibliothèque
bibliogr.	bibliographie
B.P.	boîte postale
bull.	bulletin

C

©	tous droits réservés (copyright)
c.a.	comptable agréé
c.-à-d.	c'est-à-dire
cap.	capitale
c.c.	copie conforme
cf.	*confer* (se reporter à)
ch.	chapitre (dans les références juridiques)
chap.	chapitre
chronol.	chronologie
Cie	compagnie
col.	colonne
coll.	collection
comp.	compilateur
corresp.	correspondance
cos	cosinus
cosec	cosécante
cotg	cotangente
C.P.	case postale
C.Q.F.D.	ce qu'il fallait démontrer
c.r.	compte rendu
cté ou cté	comté
cv	*curriculum vitæ*

D

dép.	département
dest.	destinataire
dir.	directeur
doc.	document
Dr ou Dr	docteur
douz. ou dz	douzaine

E

E.	est
éd.	édition
édit.	éditeur

E (suite)

e.g.	*exempli gratia* (par exemple)
encycl.	encyclopédie
enr.	enregistrée (entreprise)
env.	environ
et al.	*et alii* (et les autres)
etc.	*et cetera* (et le reste; ne pas mettre de points de suspension)
ex.	exemple
exc.	exception
excl.	exclu, exclusivement

F

fasc.	fascicule
fém.	féminin
fig.	figure, figuré
fl.	fleuve
fol. ou f°	folio
fr.	français

G

généal.	généalogie
géogr.	géographie
géol.	géologie
géom.	géométrie
GMT	(*Greenwich Mean Time*) heure moyenne de Greenwich
gramm.	grammaire

H

hab.	habitant
haut.	hauteur
hist.	histoire
HLM	habitation à loyer modéré (ou modique)
h.-t.	hors-texte

I

ibid.	*ibidem* (là même, au même endroit; remplace le titre d'un ouvrage, dans une référence)
id.	*idem* (le même, la même chose; remplace un auteur, dans une référence)
i.e.	*id est* (c'est-à-dire; utilisez plutôt l'abréviation c.-à-d.)
ill.	illustration
inc.	incorporée (compagnie)
incl.	inclus, inclusivement
inf.	*infra* (au-dessous, plus bas dans le texte)
int.	intérêt
intr.	introduction
ital.	italique

K

K	Kelvin

L

lat.	latitude
loc. cit.	*loco citato* (passage cité, à l'endroit déjà cité, pour un article de périodique)
long.	longueur
longit.	longitude
ltée	limitée (compagnie)

M

M., MM.	monsieur, messieurs
M.A.	modulation d'amplitude
masc.	masculin
maths	mathématiques
max.	maximum
M^e, M^{es}	maître, maîtres (avocat, notaire)
mens.	mensuel, mensuellement
M.F.	moyenne fréquence, modulation de fréquence
Mgr	monseigneur
min.	minimum
Mlle, Mlles	mademoiselle, mesdemoiselles
Mme, Mmes	madame, mesdames

N

N.	nord
N.B.	*nota bene* (notez bien)
N.D.A.	note de l'auteur
N.D.E.	note de l'éditeur
N.D.L.R.	note de la rédaction
N.D.T.	note du traducteur
n et b	noir et blanc
n°, n^{os}	numéro, numéros

O

O.	ouest
op. cit.	*opere citato* (dans l'ouvrage déjà mentionné)

P

p.	page, pages
paragr.	paragraphe
part.	partie
p. 100, p.c., %	pour cent
P.-D.G. ou PDG	président-directeur général
p. ex.	par exemple
PME	petites et moyennes entreprises
po	pouce
P.-S.	*post-scriptum*

Q

qq.	quelques
qqch.	quelque chose
qqf.	quelquefois
qqn	quelqu'un
quest. ou Q	question

R

R	recommandé
réf.	référence

r°	recto
R.S.V.P.	Réponse (répondez) s'il vous plaît
rte ou r^{te}	route

S

s.	siècle
S.	sud
S.A.	société anonyme
s.d.	sans date
sin.	sinus
s.l.	sans lieu (d'édition)
s.l.n.d.	sans lieu ni date
sq.	*sequiturque* (et suivant)
sqq.	*sequunturque* (et suivants)
St-, Ste-	Saint, Sainte (toponyme)
suiv.	suivant
suppl.	supplément
sup.	supra (au-dessus)
S.V.P. ou s.v.p.	s'il vous plaît

T

t.	tome
tél.	téléphone
tr.	traité
trad.	traduction
trim.	trimestre

V

v°	verso
vol.	volume(s)

Territoires et provinces du Canada

Alb.	Alberta
C.-B.	Colombie-Britannique
Î.-P.-É.	Île-du-Prince-Édouard
Man.	Manitoba
N.-B.	Nouveau-Brunswick
N.-É.	Nouvelle-Écosse
NT	Nunavut
Ont.	Ontario
QC	Québec
Sask.	Saskatchewan
T.-N.-L.	Terre-Neuve-et-Labrador
T.-N.-O.	Territoires-du-Nord-Ouest
Yn	Yukon

Mois de l'année

janv.	janvier
févr.	février
mars	mars
avril	avril
mai	mai
juin	juin
juil.	juillet
août	août
sept.	septembre
oct.	octobre
nov.	novembre
déc.	décembre

Abréviations courantes

Bibliographie

Bibliothèques et recherche documentaire

BOURGET, Manon, Robert CHIASSON et Marie-Josée MORIN. *L'indispensable documentation. Les outils de travail*, La Pocatière et Drummondville, Documentor et Association professionnelle des techniciennes et techniciens en documentation du Québec, 1990, 201 p.

CHARTIER, Lise. *Mesurer l'insaisissable : méthode d'analyse du discours de presse*, Sainte-Foy, Presses de l'Université du Québec, 2003, 263 p.

DARROBERS, Martine, et Nicole LE POTTIER. *La recherche documentaire*, Paris, Nathan, 1994, 160 p.

GATES, Jean Key. *Guide to the Use of Libraries and Information Sources*, 7ᵉ éd., New York, McGraw-Hill, 1994, 304 p.

LE ROY DES BARRES, Alexandre. *Utiliser dictionnaires et encyclopédies*, Paris, Hachette, 1993, 224 p.

Manuel canadien de la référence juridique/Canadian Guide to Uniform Legal Citation, 3ᵉ éd., Scarborough (Ont.), Carswell, 1992, 169 p.

MARCIL, Claude. *Comment chercher. Les secrets de la recherche d'information à l'heure d'Internet*, 2ᵉ éd., Montréal, Multimonde, 2001, 240 p.

MOULIS, Anne-Marie. *Les bibliothèques*, Toulouse, éd. Milan, 1996, 63 p.

Répertoire des bibliothèques canadiennes, 11ᵉ éd., Toronto, Micromedia, 1997.

WHITE, Patrick. *Le village CNN. La crise des agences de presse*, Montréal, Presses de l'Université de Montréal, 1997, 190 p.

Enseignement et pédagogie

ANGELO, Thomas A., et K. Patricia CROSS. *Classroom Assessment Techniques. A Handbook for College Teachers*, 2ᵉ éd., San Francisco, Jossey-Bass, 1993.

AYLWIN, Ulric. *Petit guide pédagogique*, Montréal, Association québécoise de pédagogie collégiale, 1994, 102 p.

GOULET, Jean-Pierre, dir. *Enseigner au collégial*, Montréal, Association québécoise de pédagogie collégiale, 1995, 417 p.

GOUPIL, Georgette, et Guy LUSIGNAN. *Apprentissage et enseignement en milieu scolaire*, Boucherville, Gaëtan Morin, 1993, 445 p.

GOUPIL, Georgette. *Portfolio et dossiers d'apprentissage*, Montréal, Chenelière/McGraw-Hill, 1998.

LAFORTUNE, Louise, et Lise SAINT-PIERRE. *Les processus mentaux et les émotions dans l'apprentissage*, Montréal, éd. Logiques, 1994.

LEGENDRE, Renald. *Dictionnaire actuel de l'éducation*, 2ᵉ éd., Montréal/Paris, Guérin/Eska, 1993, 1500 p.

PRÉGENT, Richard. *La préparation d'un cours*, Montréal, éd. de l'École polytechnique, 1990.

Internet

CLARK, Carol Lea. *Working The Web. A Student's Guide*, New York, Harcourt Brace College Publishers, 1997, 232 p.

COURRIER INTERNATIONAL. *Le kiosque en ligne, Le Guide mondial de la presse en ligne*, Dossier hors-série, octobre-novembre-décembre 2003.

GIRI - Guide d'initiation à la recherche sur INTERNET, Québec, CREPUQ, 1996. http://www.unites.uqam.ca/bib/GIRI/index.htm

GUGLIELMINETTI, Bruno. *Les 1000 meilleurs sites en français de la planète*, 10ᵉ éd., Montréal, éd. Logiques, 2003, 319 p.

LALONDE, Louis-Gilles, et André VUILLET. *Internet. Comment trouver tout ce que vous voulez*, Montréal, éd. Logiques, 1997, 335 p.

LEVINE, John R., Carol BAROUDI et Margaret LEVINE YOUNG. *Internet pour les nuls*, 2ᵉ éd., Paris, First Interactive, 2002, 264 p.

PÉCHERAI, Rémi, et Thierry CROUZET. *Guide des meilleurs sites Web*, 5ᵉ éd., Paris, First Interactive, 2003, 288 p.

REDDICK, Randy, et Elliot KING. *The Online Student. Making the Grade on the Internet*, New York, Harcourt Brace College Publishers, 1996, 317 p.

Méthodologie des sciences humaines

ANGERS, Maurice. *Initiation pratique à la méthodologie des sciences humaines*, 3ᵉ éd., Montréal, CEC, 2000.

BIBEAU, Jean-Pierre *et al. Démarche d'intégration en sciences humaines*, Boucherville, Gaëtan Morin, 1997, 193 p.

CLICHE, Line *et al. Démarche d'intégration des acquis en sciences humaines*, Saint-Laurent, ERPI, 1996, 306 p.

DIONNE, Bernard, et Michel GUAY. *Histoire et civilisation de l'Occident*, 2ᵉ éd. rev. et corr., Laval, Études vivantes, 1994, 537 p.

GAUTHIER, Benoît, dir. *Recherche sociale. De la problématique à la collecte des données*, 3ᵉ éd., Sillery, Presses de l'Université du Québec, 1997, 529 p.

GRAWITZ, Madeleine. *Lexique des sciences sociales*, 7ᵉ éd., Paris, Dalloz-Sirey, 2000, 424 p.

GRENIER, Chantal, et Nathalie THIBAULT. *Un monde en mouvement. Géographie, carte du monde*, Laval, Études vivantes, 1995, 290 p.

LAMOUREUX, Andrée. *Recherche et méthodologie en sciences humaines*, Laval, Études vivantes, 1995, 403 p.

LAVILLE, Christian, et Jean DIONNE. *La construction des savoirs*, Montréal, Chenelière/McGraw-Hill, 1996.

QUIVY, Raymond, et Luc VAN CAMPENHOUDT. *Manuel de recherche en sciences sociales*, 2ᵉ éd., Paris, Dunod, 1995.

RATHUS, Spencer A. *Psychologie générale*, 3ᵉ éd., adaptation de L. Marinier, N. Perreault, N. Talon, M. Thibault et L. Sarazin, trad. de L. Lepage, Laval, Études vivantes, 1995.

TRUDEL, Robert, et Rachad ANTONIUS. *Méthodes quantitatives appliquées aux sciences humaines*, Montréal, CEC, 1991.

WILLIAMS, Bronwyn T., et Mary BRYDON-MILLER. *Concept to Completion. Writing Well in the Social Sciences*, New York, Harcourt Brace College Publishers, 1997, 147 p.

Méthodologie du travail intellectuel

ANDERSON, Paul V. *Technical Communication, A Reader-Centered Approach*, 4ᵉ éd., Forth Worth (Texas), Harcourt Brace, 1999, 643 p.

BUZAN, Tony. *Une tête bien faite*, Paris, Les éditions d'organisation, 1979, 167 p.

CHASSÉ, D., et R. PRÉGENT. *Préparer et donner un exposé. Guide pratique*, Montréal, Éditions de l'École Polytechnique de Montréal, 1990.

COÉFFÉ, Michel. *Guide Bordas des méthodes de travail*, Paris, Bordas, 1990, 278 p.

DARTOIS, Claude. *Améliorez donc votre méthode de travail*, Paris, Les éditions d'organisation, 1981, 151 p.

ELLIS, Dave B. *La clé du savoir*, South Porcupine (Ontario), Collège Northern, 1992, 347 p.

FLEET, J., F. GOODCHILD et R. ZAJCHOWSKI. *Learning for Success. Skills and Strategies for Canadian Students*, Toronto, HBJ, 1990, 150 p.

GEROW, J.R., et N.S. GEROW. *College Decisions. A Practical Guide to Success in College*, New York, HBJ, 1997, 235 p.

GIROUX, Bruno. *Guide de présentation des manuscrits*, nouv. éd. mise à jour et enrichie, Québec, Les publications du Québec, 1997, 123 p.

HATCH, Cathie C., Timothy L. WALTER et Al SIEBERT. *Student Success Strategies*, New York, Harcourt Brace College Publishers, 1996, 310 p.

HOFFBECK, G., et J. WALTER. *Savoir prendre des notes vite et bien*, Paris, Dunod et Bordas, 1987.

METCALF, Allan A. *Research to the Point*, 2ᵉ éd., New York, Harcourt Brace College Publishers, 1995, 214 p.

METCALFE, Sheldon. *Building a Speech*, 3ᵉ éd., Harcourt Brace College Publishers, New York, 1998, 544 p.

NEMIROFF, Greta Hofmann. *Transitions. Succeeding in College and University*, Montréal, Harcourt Brace Canada, 1994, 98 p.

PISCITELLI, Stephen. *I Don't Need This Stuff! Or Do I ? A Study Skills and Time Management Book*, New York, HBJ, 1997, 166 p.

PROVOST, Marc *et al. Guide de présentation d'un rapport de recherche*, Trois-Rivières, Les éditions SMG, 1993, 135 p.

TAYLOR, Catherine, Heather AVERY et B. Lucille STRATH. *Making your Mark. Learning to do Well on Exams*, New York, Harcourt Brace & Company, 1994, 67 p.

THOMAS, L. Todd. *Public Speaking Anxiety. How to Face the Fear*, Harcourt Brace College Publishers, New York, 1997, 43 p.

WALTER, Timothy L., Al SIEBERT et Laurence N. SMITH. *Student Success. How to Succeed in College and Still Have Time for Your Friends*, 7ᵉ éd., New York, Harcourt Brace College Publishers, 1996, 264 p.

Rédaction et explication de texte

BAUMAN, M. Garrett. *Ideas and Details. A Guide to College Writing*, 3ᵉ éd., New York, Harcourt Brace College Publishers, 1997, 434 p.

BERGER, Richard, Diane DÉRY et Jean-Pierre DUFRESNE. *L'épreuve uniforme de français. Pour réussir sa dissertation critique*, Montréal, Beauchemin/CCDMD, 1998, 222 p.

BLAIN, Thérèse, *et al. Technique de dissertation. Comment élaborer et présenter sa pensée*, Sainte-Foy, Le Griffon d'argile, 1992, 186 p.

CCDMD. *Le répertoire Internet des meilleurs sites pour l'amélioration de la langue 2003-2004*, Montréal, Centre collégial de développement de matériel didactique, 52 p.

DE VILLERS, Marie-Éva. *Multidictionnaire de la langue française*, 4ᵉ éd., Montréal, Québec-Amérique, 2003, 1542 p.

GADBOIS, Vital. *Écrire avec compétence au collégial*, Belœil, La Lignée, 1994, 182 p.

GICQUEL, Bernard. *L'explication de texte et la dissertation*, 2ᵉ éd., (Coll. « Que sais-je ? » nᵒ 1805) Paris, Presses universitaires de France, 1982, 128 p.

LAFORTUNE, Monique. *L'analyse littéraire par l'exemple*, Laval, Mondia, 1996, 83 p.

LAVERRIERE, Jacques, Monique SANTUCCI et Renée SIMONET. *100 fiches d'expression écrite et orale à l'usage des formateurs*, Paris, Les éditions d'organisation, 1976.

LÉGARÉ, Raymond, et Simone ROBAIRE. *Discours et communication. Principes et procédés*, Montréal, Hurtubise HMH, 1997, 308 p.

LESSARD, Jean-Louis. *La communication écrite au collégial*, Sainte-Foy, Le Griffon d'argile, 1996, 237 p.

MALO, Marie. *Guide de la communication écrite au cégep, à l'université et en entreprise*, Montréal, Québec/Amérique, 1996, 322 p.

PILOTE, Carole. *Français ensemble I. Méthode d'analyse littéraire et littérature française*, Laval, Études vivantes, 1997, 354 p.

PLANTIN, Christian. *L'argumentation*, Paris, Seuil, 1996, 96 p.

RAMAT, Aurel. *Le Ramat de la typographie*, 7ᵉ éd., Montréal, Aurel Ramat éditeur, 2003, 224 p.

SABBAH, Hélène. *Le résumé (1) Initiation*, Paris, Hatier, 1991, 93 p.

SIMARD, Jean-Paul. *Guide du savoir-écrire*, Montréal, éditions Ville-Marie et éditions de l'Homme, 1984, 528 p.

SIMONET, R., A. MARRET et J. SALZER. *71 fiches de formation aux écrits professionnels*, Paris, Les éditions d'organisation, 1984.

TURABIAN, Kate L. *A Manual for Writers of Term Papers, Theses, and Dissertations*, 4ᵉ éd., Chicago, University of Chicago Press, 1973, 216 p.

VAN COILLIE-TREMBLAY, Brigitte. *Guide pratique de correspondance et de rédaction*, Québec, Éditeur officiel du Québec, 1976.

Crédits

h : haut *c* : centre *b* : bas *g* : gauche *d* : droite

Chapitre 2
p. 29 *FileMaker Pro 6*©

Chapitre 3
p. 37, 38 Fides/Le Devoir p. 142-143, 2003
p. 47 *FileMaker Pro 6*©

Chapitre 4
p. 56 Éditions Études Vivantes, *Langue et littérature au collégial 1, Le Moyen Âge et la Renaissance,* 2000, p. 15.

Chapitre 5
p. 72 *g* Biblio-Web. www.cegepgranby.qc.ca/biblio/
p. 72 *d* Cégep de Limoilou
p. 77 Biblio-Web. www.cegepgranby.qc.ca/biblio/
p. 78 Centre collégial des services regroupés, Réseau des services documentaires collégiaux (Resdoc)
p. 81 *h* Centre collégial des services regroupés, Réseau des services documentaires collégiaux (Resdoc)
p. 81 *b* Cégep Lionel-Groulx (b) Disque compact *Amérique française : histoire et civilisation.* Réalisé conjointement par le Centre de recherche en histoire de l'Amérique française de la Fondation Lionel-Groulx et les Services documentaires multimedia Inc. en collaboration avec l'Aupelf-Uref
p. 82 *h* Bibliothèque nationale du Québec 2002-2004
p. 82 *b* *Encyclopædia Universalis*
p. 84 Bibliothèque nationale du Québec 2002-2004

Chapitre 6
p. 91 *h* Boréal, Dictionnaire du cinéma *d Artchive*
p. 94 Bibliothèque nationale du Québec 2002-2004
p. 96 Statistique Canada
p. 97 *h Encyclopædia Universalis*
p.97 *c* Stanké, *L'encyclopédie du Canada,* p 864
p. 97 *b* Fides, *L'annuaire du Québec 2004*
p. 99 Larousse-Bordas, *Dictionnaire des peuples : sociétés d'Afrique, d'Amérique, d'Asie et d'Océanie,* 1998
p. 101 Le Nouvel Observateur, *Atlaséco 2004.* Atlas économique et politique mondial, Paris, 2003

p. 102 *h* Commission de toponymie
p. 102 *b* Boréal/La Découverte, *L'état du monde 2004,* 2003
p. 104 Fides, *Dictionnaire des œuvres littéraires du Québec* (volume 6)
p. 107 Robert Laffont, *Atlas du nouvel ordre mondial,* 2003

Chapitre 7
p. 115 *h* Google Canada
p. 115 *b* © *La Toile du Québec* – Réseau Canoë, © *Netgraphe*
p. 116 Office québécois de la langue française
p. 117 *Outlook Express*
p. 118 Collège Lionel-Groulx
p. 120 *h Explorer*
p. 120 *b Netscape*
p. 121 © *La Toile du Québec* – Réseau Canoë © *Netgraphe*

Chapitre 8
p. 144 *b* Institut d'histoire de l'Amérique française, *Revue d'histoire de l'Amérique française,* volume 51, nº 2 (automne 1997)
p. 152 *La Presse,* 31 janvier 2004, p. A6
p. 153 *La Presse,* 31 janvier 2004, p. A10
p. 155 *Index Le Monde*
p. 156 *g* CEDROM-SNI, *d La Presse,* 20 janvier 2004/p. Monde
p. 157 *h Canadian Index*
p. 157 *b Le Monde diplomatique*
p. 158 *h* Hebsco Host
p. 158 *b Repère*
p. 163 *Le Devoir,* 31 janvier 2004, p. A1

Chapitre 9
p. 171,172 Fides/Le Devoir, *L'Annuaire du Québec 2004* p. 213-214, 2003
p. 176 Études Vivantes, *Psychologie générale,* p. 103, 2000

Chapitre 13
p. 270 *PowerPoint*©

Index